Ansatzpunkte für eine Reform des Finanzierungssystems der Europäischen Union

FINANZWISSENSCHAFTLICHE SCHRIFTEN

Herausgegeben von den Professoren
Konrad, Krause-Junk, Littmann, Oberhauser, Pohmer, Schmidt

Band 114

PETER LANG
Frankfurt am Main · Berlin · Bern · Bruxelles · New York · Oxford · Wien

Markus Euler

Ansatzpunkte für eine Reform des Finanzierungssystems der Europäischen Union

PETER LANG
Europäischer Verlag der Wissenschaften

Bibliografische Information Der Deutschen Bibliothek
Die Deutsche Bibliothek verzeichnet diese Publikation in der Deutschen Nationalbibliografie; detaillierte bibliografische Daten sind im Internet über <http://dnb.ddb.de> abrufbar.

Zugl.: Mainz, Univ., Diss., 2005

D 77
ISSN 0170-8252
ISBN 3-631-54125-2

www.peterlang.de

Vorwort

Die voliegende Arbeit entstand während meiner Tätigkeit als wissenschaftlicher Mitarbeiter am Institut für Finanzwissenschaft der Johannes Gutenberg-Universität Mainz. Sie wurde im Wesentlichen im Sommer 2004 abgeschlossen und im Wintersemester 2004/05 vom Fachbereich Rechts- und Wirtschaftswissenschaften der Johannes Gutenberg-Universität als Dissertation angenommen. Die mündliche Prüfung war am 11. März 2005.

Mein erster Dank gilt dem Betreuer der Arbeit, Herrn Professor Dr. Rolf Peffekoven, der durch seine Vorlesungen zur Finanzwissenschaft und zur europäischen Integration mein Interesse am Thema dieser Arbeit geweckt hat und bei ihrer Anfertigung hilfreiche Unterstützung bot. Herrn Professor Dr. Georg Tillmann danke ich für die Übernahme des Zweitreferates und wertvolle Hinweise.

Für die aufmerksame und kritische Korrekturlektüre des Manuskripts danke ich Herrn Dipl.-Volkswirt Marco Penske und Herrn Dr. Frank Roland sehr herzlich. Für die gute und stets angenehme Zusammenarbeit am Lehrstuhl bedanke ich mich auch bei Frau Dr. Christiane Liesenfeld, Frau Dipl.-Volkswirtin Sibylle Wagener und Herrn Dipl.-Volkswirt Frank Zipfel. Dank gebührt auch den wissenschaftlichen Hilfskräften und der Lehrstuhlsekretärin Frau Edeltraud Egger.

Zu guter Letzt möchte ich mich bei meinen Eltern herzlich dafür bedanken, dass sie mir eine akademische Ausbildung ermöglicht haben.

Mainz, im April 2005

Markus Euler

Inhaltsverzeichnis

Abbildungsverzeichnis

Tabellenverzeichnis

Abkürzungsverzeichnis

ABl.	Amtsblatt der Europäischen Union / Europäischen Gemeinschaften
AKP-Staaten	Staaten des afrikanisch-karibisch-pazifischen Raumes, die dem Partnerschaftsabkommen mit der EU beigetreten sind
BEZ	Bundesergänzungszuweisungen
BIP	Bruttoinlandsprodukt
BLP	Bestimmungslandprinzip
BNE	Bruttonationaleinkommen
BSP	Bruttosozialprodukt
BVE	Bruttovolkseinkommen
BVerfGE	Entscheidungen des Bundesverfassungsgerichts
cif	cost, insurance, freight
CO_2	Kohlendioxid
DBA	Doppelbesteuerungsabkommen
EAG	Europäische Atomgemeinschaft
EAGFL	Europäischer Ausrichtungs- und Garantiefonds für die Landwirtschaft
EAGV	Vertrag zur Gründung der Europäischen Atomgemeinschaft
ECOFIN-Rat	Rat der Wirtschafts- und Finanzminister
ECU	European Currency Unit
EEA	Einheitliche Europäische Akte
EEF	Europäischer Entwicklungsfonds
EFRE	Europäischer Fonds für regionale Entwicklung
EFTA	Europäische Freihandelszone
EG	Europäische Gemeinschaft(en)
EGKS	Europäische Gemeinschaft für Kohle und Stahl
EGKSV	Vertrag über die Gründung der Europäischen Gemeinschaft für Kohle und Stahl
EGV	Vertrag zur Gründung der Europäischen Gemeinschaft
EIB	Europäische Investitionsbank
EP	Europäisches Parlament
EPG	Europäische Politische Gemeinschaft

ESF	Europäischer Sozialfonds
ESVG	Europäisches System Volkswirtschaftlicher Gesamtrechnungen
ESZB	Europäisches System der Zentralbanken
EU	Europäische Union
EuGH	Europäischer Gerichtshof
EUR	Euro
Euratom	Europäische Atomgemeinschaft
Europol	Europäisches Polizeiamt
EUV	Vertrag über die Europäische Union
EVG	Europäische Verteidigungsgemeinschaft
EWG	Europäische Wirtschaftsgemeinschaft
EWGV	Vertrag zur Gründung der Europäischen Wirtschaftsgemeinschaft
EWU	Europäische Währungsunion
EWWU	Europäische Wirtschafts- und Währungsunion
FIAF	Finanzinstrument für die Ausrichtung der Fischerei
GAP	Gemeinsame Agrarpolitik
GASP	Gemeinsame Außen- und Sicherheitspolitik
GG	Grundgesetz für die Bundesrepublik Deutschland
GMP	Gemeinsamer-Markt-Prinzip
GZT	Gemeinsamer Zolltarif
HNE	Haushaltsnettoeinkommen
HVE	Haushaltsvorentwurf
IO	internationale Organisation
KKS	Kaufkraftstandards
MdEP	Mitglied des Europäischen Parlaments
MNU	multinationale Unternehmen
MwSt	Mehrwertsteuer
NAFTA	Nordamerikanische Freihandelszone
NATO	Nordatlantikpakt-Organisation
NGI	Neues Gemeinschaftsinstrument
NOA	nicht obligatorische Ausgaben
OA	obligatorische Ausgaben

OECD	Organisation für wirtschaftliche Zusammenarbeit und Entwicklung
OPEC	Organisation Erdöl exportierender Länder
OTIF	Zwischenstaatliche Organisation für den internationalen Eisenbahnverkehr
Pkw	Personenkraftwagen
ULP	Ursprungslandprinzip
UNO	Vereinte Nationen
USA	Vereinigte Staaten von Amerika
VE	Verpflichtungsermächtigungen
WTO	Welthandelsorganisation
ZE	Zahlungsermächtigungen
ZJIP	Zusammenarbeit in der Justiz- und Innenpolitik

Länderkürzel[1]

A	= Österreich
B	= Belgien
CY	= Zypern
CZ	= Tschechische Republik
D	= Deutschland
DK	= Dänemark
E	= Spanien
EE	= Estland
EL	= Griechenland
F	= Frankreich
FIN	= Finnland
HU	= Ungarn
I	= Italien
IRL	= Irland
L	= Luxemburg
LT	= Litauen
LV	= Lettland
MT	= Malta
NL	= Niederlande
P	= Portugal
PL	= Polen
S	= Schweden
SI	= Slowenien
SK	= Slowakei
UK	= Vereinigtes Königreich
VK	= Vereinigtes Königreich

[1] Die Abkürzungen entsprechen mit Ausnahme von VK den Länderkürzeln des Statistischen Amtes der Europäischen Gemeinschaften (Eurostat). Die Reihenfolge der Mitgliedstaaten in Tabellen und Abbildungen in Text und Anhang entspricht, sofern sie nicht inhaltlichen Kriterien wie z.B. abnehmendem Pro-Kopf-Einkommen folgt, ebenfalls der Ordnung von Eurostat. Alte und neue Mitgliedstaaten der Europäischen Union werden dabei getrennt voneinander und in alphabetischer Reihenfolge des Landesnamens in der jeweiligen Landessprache aufgelistet.

Einleitung

Die Europäische Union (EU) hat sich zum 1. Mai 2004 um zehn, vorwiegend mittel- und osteuropäische Staaten auf nunmehr 25 Mitgliedstaaten erweitert. Der Beitritt Bulgariens und Rumäniens steht kurz vor Verhandlungsabschluss; bis zum Ende dieses Jahrzehnts dürfte auch Kroatien in die EU aufgenommen werden. Mit einem möglichen EU-Beitritt der Türkei steigt die Zahl der Mitgliedstaaten auf fast 30 an.

Das Finanzierungssystem der EU im engeren Sinn, also die Einnahmenseite des Gemeinschaftshaushalts, stammt im Wesentlichen aus Zeiten, in denen die Gemeinschaft noch aus sechs, zehn oder zwölf Mitgliedstaaten bestand. Das Finanzierungssystem im weiteren Sinne[2], also Einnahmen- und Ausgabenseite innerhalb und außerhalb des Haushalts, ist derweil in erheblichem Maße gewachsen. Allein der Gemeinschaftshaushalt beläuft sich derzeit auf etwa 100 Milliarden Euro, was die Budgetsumme des Jahres 1971 um mehr als das Vierzigfache übersteigt und etwa dem Dreifachen der Jahresausgaben von 1986 entspricht. Bis zum Jahr 2013 sollen die jährlichen Ausgaben nach Plänen der EU-Kommission auf mehr als 140 Milliarden Euro ansteigen, wenngleich die Regierungen einiger Mitgliedstaaten, darunter Deutschlands, erheblichen Widerstand gegen solch massive Ausgabenerhöhungen angekündigt haben.

Verglichen mit der gesamtwirtschaftlichen Leistung der EU sind diese, in absoluten Zahlen beeindruckenden Beträge jedoch weiterhin relativ geringfügig: Etwa 1 % des in der EU erwirtschafteten Bruttonationaleinkommens (BNE) fließt derzeit durch den Brüsseler Haushalt und auch 2013 würde nach den Kommissionsplänen die Eigenmittelobergrenze von 1,24 % des BNE nicht ausgeschöpft werden; im Vergleich mit nationalen Staatsausgabenquoten ist dies wenig. Angesichts enger Spielräume in den nationalen Haushalten sind jedoch auch die Zahlungen an den EU-Haushalt und die Rückflüsse in die Mitgliedstaaten fiskalisch bedeutsame Größen. Für die Finanzierungsperiode 2007 bis 2013 sind daher extrem harte Verteilungskämpfe zu erwarten, zumal die Interessen der Mitgliedstaaten sehr weit auseinander liegen.

---

[2] Die Verwendung des Begriffs Finanzierungssystem ist im Folgenden – soweit nichts anderes angegeben ist – im engeren Sinne zu verstehen.

Gegenstand dieser Arbeit ist es,

- das bestehende Finanzierungssystem aus finanzwissenschaftlicher Perspektive zu analysieren,
- Anforderungen an ein rationales Finanzierungssystem zu formulieren und
- Ansatzpunkte für eine Reform des Finanzierungssystems zu diskutieren.

Der erste Teil der Arbeit dient der Beschreibung des bestehenden Finanzierungssystems, insbesondere der Einnahmenseite. Dabei wird zunächst die „Entwicklung des Finanzierungssystems von 1952 bis 2006“ (1.1) nachgezeichnet. Dieser Rückblick rechtfertigt sich dadurch, dass viele der geltenden Regelungen nur aus ihren konkreten Entstehungszusammenhängen erklärt werden können. Die verschiedenen Erweiterungen um neue Mitgliedstaaten sind dabei ebenso zu berücksichtigen wie die Erweiterungen um neue Aufgabengebiete, die mit zusätzlichen Ausgaben verbunden waren. „Die Ausgaben der Europäischen Union“ (1.2) werden nicht in allen Einzelheiten, jedoch so fundiert behandelt, dass an anderen Stellen quantitative und qualitative Implikationen für das Einnahmensystem deutlich gemacht werden können. Ausführlich werden hingegen „Die Eigenmittelarten im Einzelnen“ (1.3) hinsichtlich ihrer Berechnung und Erhebung beschrieben, wobei die Mehrwertsteuer-Eigenmittel aufgrund ihrer Verknüpfung mit dem Korrekturmechanismus für das Vereinigte Königreich besonders komplex sind. „Sonstige Einnahmen und Anleiheoperationen“ (1.4) beschließen den ersten Teil, um den Blick auf das Finanzierungssystem der EU im weiteren Sinne zu vervollständigen.

Im Mittelpunkt des zweiten Teils der Arbeit stehen konzeptionelle Überlegungen darüber, wie ein rationales Finanzierungssystem der EU aussehen sollte. Als „Grundlagen“ (2.1) werden dabei zunächst die grundsätzlichen Optionen hinsichtlich des vertikalen Finanzausgleichs, insbesondere im Hinblick auf die Finanzierung von internationalen Organisationen analysiert, um mit diesen konzeptionellen Vorarbeiten die konkrete Gestaltung des EU-Finanzierungssystems charakterisieren zu können. Daran anschließend werden normative „Gestaltungspostulate für das Finanzierungssystem der EU“ (2.2) formuliert. Gerechtigkeit, Aufgabenadäquanz, Autonomie und Transparenz sind abstrakte Anforderungen an ein rationales Finanzierungssystem, die inhaltlich konkretisiert werden. In der „Zusammenfassenden Beurteilung“ (2.3) wird das bestehende Finanzierungssystem schließlich anhand dieser Postulate kritisch beurteilt.

Erkennbare Unzulänglichkeiten des bestehenden Finanzierungssystems begründen Forderungen nach einer Reform. Möglichkeiten einer Neugestaltung werden im dritten Teil der Arbeit dargestellt und diskutiert. Als Bewertungsmaßstab dienen wiederum die genannten Gestaltungspostulate. Nach einer Abwägung der „Grundsätzlichen Alternativen: Beiträge versus eigene Einnahmen" (3.1), die zumindest gegenwärtig für die Beibehaltung eines Beitragssystems spricht, werden Möglichkeiten für eine „Reform innerhalb des Beitragssystems" (3.2) erörtert. Dabei stehen Veränderungen der bestehenden Eigenmittelarten und des derzeit praktizierten Korrekturmechanismus zu Gunsten des Vereinigten Königreichs zur Debatte. Schließlich werden mögliche Folgen für das Beitragssystem skizziert, die sich bei der Einführung eines sekundären Finanzausgleichs ergeben würden.

Eine „Erweiterung des Eigenmittelsystems um neue eigene Einnahmen" (3.3) würde den Charakter des Finanzierungssystems erheblich verändern. Zur Debatte stehen das Recht zur Kreditaufnahme, vor allem aber die Möglichkeit einer EU-eigenen Steuer. Verschiedene, in der Literatur als mögliche EU-Steuern genannte Abgaben werden auf ihre Eignung hierfür überprüft, wobei neben den Gestaltungspostulaten auch fiskalische Kriterien zur Beurteilung dienen. In die Beurteilung mit einbezogen wird, ob unabhängig von der Entscheidung für eine EU-Steuer Gründe vorliegen, die jeweilige Steuer der supranationalen Ebene zuzuordnen anstelle der nationalen.

Im vierten und abschließenden Teil werden die Ergebnisse der Arbeit zu Empfehlungen zusammengefasst.

Die Arbeit basiert auf dem Rechtsstand im Juli 2004. Jüngste Literaturquelle ist der im Juli 2004 von der Kommission angenommene Bericht über das Funktionieren des Eigenmittelsystems[3]. Voraussichtliche Rechtsstandsänderungen in Folge der im November 2004 unterzeichneten, jedoch noch nicht von den Mitgliedstaaten ratifizierten EU-Verfassung werden berücksichtigt, zumal einige der erörterten Reformoptionen weniger auf der kurzfristigen Agenda – also von 2007 an – als vielmehr auf der mit-

[3] Vgl. Europäische Kommission (2004b), Europäische Kommission (2004c).

tel- bis langfristigen Agenda – also etwa von 2014 an – stehen. Berechnungen möglicher Belastungs- und Entlastungswirkungen für die Mitgliedstaaten basieren freilich auf Vergangenheitsdaten. Die politische Durchsetzbarkeit von Reformoptionen, die wesentlich von diesen Be- und Entlastungswirkungen abhängt, muss in den meisten Fällen als unwahrscheinlich eingeschätzt werden. Ziel dieser Arbeit ist es aber nicht, das wahrscheinlichste Finanzierungssystem zu bestimmen, sondern das an ökonomischen Kriterien gemessen geeignetste.

1. Das Finanzierungssystem der Europäischen Union

1.1 Die Entwicklung des Finanzierungssystems von 1952 bis 2006

1.1.1 Finanzierung bis 1970

„Wir müssen eine Art Vereinigte Staaten von Europa schaffen!"[4], forderte der britische Premierminister Churchill bereits 1946. Führende Staatsmänner erkannten schon bald nach Ende des Zweiten Weltkrieges, dass eine dauerhafte Gewähr des Friedens in Europa nur durch die Einigung Europas erreicht werden könne. Elementar war dabei für Churchill ein „Zusammengehen zwischen Frankreich und Deutschland"[5]. Zu dieser Zeit bestanden jedoch auch noch Ressentiments gegenüber solchen Zielen, weshalb dem 1949 gegründeten Europarat nie eine größere Bedeutung zukam. Weiterführender waren die Ideen des Franzosen Jean Monnet, die Kontrolle über die französische und die deutsche Kohle- und Stahlproduktion, und damit einen kriegswichtigen Wirtschaftssektor einer supranationalen Ebene zuzuordnen. Monnets Plan wurde vom damaligen französischen Außenminister Schuman übernommen und von diesem am 9. Mai 1950 auf einer Pressekonferenz verkündet. Der „Schuman-Plan" war das Fundament, auf dem der Vertrag über die Gründung der Europäischen Gemeinschaft für Kohle und Stahl (EGKS-Vertrag) aufbaute, welcher am 18. April 1951 in Paris von Frankreich, Deutschland, Italien, Belgien, Luxemburg und den Niederlanden unterzeichnet wurde und am 25. Juli 1952 für 50 Jahre in Kraft trat.[6] Gemäß Artikel 2 des Pariser Vertrages war es Aufgabe der EGKS, „im Einklang mit der Gesamtwirtschaft der Mitgliedstaaten und auf der Grundlage eines gemeinsamen Marktes [...] zur Ausweitung der Wirtschaft, zur Steigerung der Wirtschaft, zur Steigerung der Beschäftigung und zur Hebung der Lebenshaltung [...] beizutragen". Die Montanunion war also vordergründig an ökonomischen Zielen orientiert, obgleich

---

[4] Churchill, W. zitiert nach Weindl, J., Woyke, W. (1999), S. 1.
[5] Churchill, W. zitiert nach Weindl, J., Woyke, W. (1999), S. 1. Bekanntermaßen sah Churchill das Vereinigte Königreich nicht als Bestandteil der Vereinigten Staaten von Europa an.
[6] Vgl. Wessels, W. (1996), S. 21, Weindl, J., Woyke, W. (1999), S. 1 f., Harbrecht, W. (1984), S. 9 ff. Der EGKSV lief am 23. Juli 2002 aus; die verbliebenen Aufgaben gingen auf die EG über.

politisch motiviert.[7] Zu den Aufgaben der EGKS im engeren Sinn gehörte es nach Artikel 3 des Vertrages, eine geordnete Versorgung mit Montanprodukten zu garantieren, den gleichen Zugang der Verbraucher zur Produktion bei niedrigen Preisen zu sichern, den Ausbau des Produktionspotenzials zu fördern und die Lebens- und Arbeitssituation der Montanarbeiter zu verbessern. Institutionell ausgestattet wurde die EGKS mit einer „Hohen Behörde", einer parlamentarischen „Gemeinsamen Versammlung", einem „Besonderen Ministerrat" sowie einem „Europäischen Gerichtshof".

Die EGKS verfügte über eine beachtliche finanzielle Autonomie. Gemäß Artikel 49 des EGKS-Vertrages durfte sich die Hohe Behörde die notwendigen Mittel zur Erfüllung ihrer operationellen und Verwaltungsaufgaben durch die Erhebung einer allgemeinen Umlage auf Montanerzeugnisse sowie die Aufnahme von Anleihen beschaffen. Darüber hinaus war sie – jedoch nicht zur Finanzierung hoheitlicher Aufgaben, sondern zur Marktregulierung – berechtigt, spezielle Umlagen zu erheben.[8]

Bei der allgemeinen Umlage handelte es sich um eine zweckgebundene[9] Abgabe auf – im Vertrag nur sehr allgemein formuliert – „die Erzeugung von Kohle und Stahl" (Art. 49 EGKSV).[10] Sie wird als erste „europäische Steuer" angesehen, und zwar als Steuer sowohl im rechtlichen als auch im ökonomischen Sinn.[11]

Steuersubjekt der allgemeinen Umlage waren die Kohle und Stahl erzeugenden Unternehmen innerhalb der Montanunion; erhoben wurde sie von der Hohen Behörde. Steuerobjekt war die Produktion – ergo nicht der Verbrauch – der von der Hohen Behörde festgelegten Montanerzeugnisse innerhalb des Gemeinschaftsgebiets, unabhängig davon, wo die Produkte verwendet wurden. Es galt also das Ursprungsland-

---

[7] In der Präambel des EGKS-Vertrages bekunden die Unterzeichner ihre Entschlossenheit, „durch die Errichtung einer wirtschaftlichen Gemeinschaft den ersten Grundstein für eine weitere und vertiefte Gemeinschaft unter Völkern zu legen".

[8] Der Begriff „*allgemeine* Umlage" stammt von Weides; vgl. Weides, N.P. (1960), S. 109.

[9] Nach Art. 50 § 2 EGKSV ist das Aufkommen zweckgebunden für die Verwaltungsausgaben, die nicht rückzahlungspflichtigen Anpassungshilfen, Kreditausfälle aus der Darlehensgewährung sowie Ausgaben zur Forschungsförderung.

[10] Genauere Bestimmungen wurden in den Anlagen des Vertrages sowie in Artikel 1 der Entscheidung Nr. 2/52 der Hohen Behörde vom 23. Dezember 1952 (ABl. Nr. B 1 (1952), S. 3) getroffen. Umlagepflichtige Erzeugnisse waren Braunkohlenbriketts und -schwelkoks, Steinkohle, Roheisen, Thomasstahl und sonstiger Stahl in Blöcken sowie die in Anlage I des Vertrages aufgezählten Fertigerzeugnisse und weiterverarbeiteten Erzeugnisse.

[11] Vgl. z.B. Weides, N.P. (1960), S. 111 ff., Nittka, U. (1979), S. 29 ff., Peffekoven, R. (1994), S. 37. Bei Regul findet sich hingegen die Ansicht, dass die EGKS keine Steuerhoheit habe. Vgl. Regul, R. (1956), S. 315.

prinzip. Bemessungsgrundlage war nach Artikel 2 der Entscheidung Nr. 2 der Hohen Behörde der für jedes von der Umlage betroffene Produkt jährlich festgestellte Durchschnittswert je Tonne, orientiert am geschätzten Reinerlös ab Werk je verkaufter Tonne.[12] Zur Vermeidung von Mehrfachbelastungen wurde von diesem Durchschnittswert der Wert der normalerweise verwendeten, umlagepflichtigen Vorerzeugnisse abgezogen. Die so für jede Produktkategorie ermittelten Netto-Umlagebeträge wurden mit dem einheitlichen Umlagesatz, der gemäß Artikel 50 § 2 des EGKS-Vertrages bis zu 1 % betragen durfte[13], multipliziert.

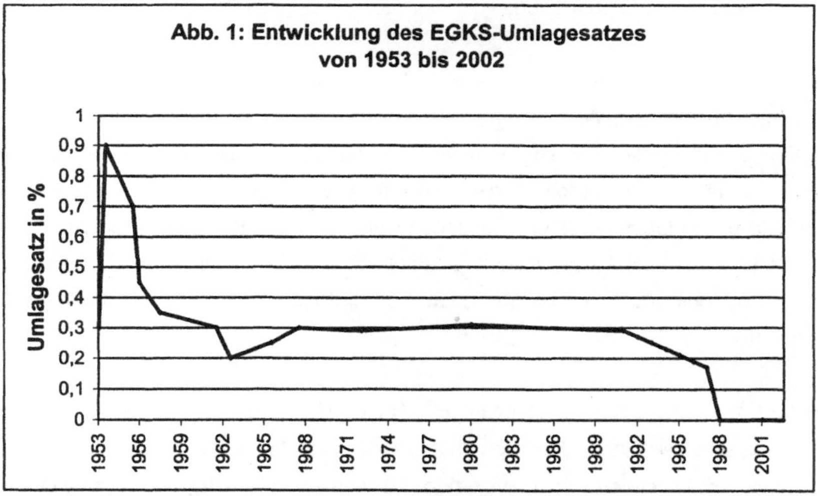

Abb. 1: Entwicklung des EGKS-Umlagesatzes von 1953 bis 2002
Quelle: Europäische Kommission (2002c), S. 373.

Die Berechnung der Umlageschuld (in der jeweils aktuellen europäischen Rechnungseinheit[14]) war Aufgabe der Unternehmen (Selbstveranlagung), die monatlich errechneten Beträge waren (in Landeswährung) an die Hohe Behörde abzuführen.[15]

[12] Die Orientierung an durchschnittlichen anstelle von erzielten Preisen trug tendenziell eine Privilegierung hochpreisiger Hersteller in sich.
[13] Die Bestimmung des Satzes lag in der Hand der Hohen Behörde; mit Zustimmung des Ministerrates wäre auch ein Überschreiten der 1 %-Grenze möglich gewesen. Vgl. Weides, N.P. (1960), S. 137.
[14] Von 1953 bis 1975 in Rechnungseinheiten der Europäischen Zahlungsunion bzw. des Europäischen Währungsabkommens, von 1976 bis 1980 in Europäischen Rechnungseinheiten, von 1981 bis 1998 in European Currency Units (ECU) und ab 1999 in Euro (EUR).
[15] Vgl. Weides, N.P. (1960), S. 126 ff.

Steuersystematisch lässt sich die allgemeine Umlage einordnen als indirekte, internationale, wertschöpfungsorientierte Produktionssteuer.[16] Die Zuordnung der Steuerkompetenzen war in erstaunlichem Maße supranational ausgerichtet: Die Objekthoheit lag bei der Hohen Behörde, mit der Einschränkung der Zustimmungspflicht des Ministerrates (mit Zweidrittelmehrheit) bei einer (nie vorgenommenen) Erhöhung des Umlagesatzes über 1 % hinaus, die Ertragshoheit über das Aufkommen lag vollständig bei der EGKS und sogar die Verwaltungshoheit[17] war auf Gemeinschaftsebene angesiedelt. Die allgemeine Umlage wurde letztmals 1997 erhoben. Von 1998 bis zum Auslaufen des EGKSV belief sich der Umlagesatz auf 0 %. Die Entwicklung des Umlagesatzes von 1953 bis 2002 ist in Abbildung 1 dargestellt.

Neben der allgemeinen Umlage hatte die Hohe Behörde auch das Recht, spezielle Umlagen zu erheben, die jedoch nur beschäftigungspolitischen und nicht fiskalischen Zielen dienen durften. Die so genannte Krisenumlage zur Sicherung der Beschäftigung im Falle von Absatzkrisen, die nach Artikel 58 § 2 EGKSV als Lenkungsinstrument in einem Quotensystem vorgesehen war, trat nie in Kraft. Lediglich von 1953 bis 1958 wurde eine Ausgleichsumlage zu Gunsten des italienischen und belgischen Kohlebergbaus und zu Lasten der deutschen und niederländischen Kohlewirtschaft erhoben.[18]

Neben der Umlagenerhebung gestattete Artikel 49 des EGKS-Vertrages auch die Aufnahme von Anleihen. Die daraus aufgebrachten Mittel durften jedoch nur zur Gewährung von Krediten verwendet werden (Artikel 51 § 1 EGKSV), welche hauptsächlich zur Durchführung montanindustrieller Investitionen vergeben wurden. Die EGKS-Kredite waren sehr günstig, weil die Organisation nicht gewinnorientiert arbeitete und als Anleiheemittent erstklassige Bonität[19] besaß.[20]

---

[16] Vgl. Nittka, U. (1979), S. 29 ff.

[17] Der Verwaltungsaufwand für die Erhebung der Umlage war wegen der begrenzten Zahl von Steuerpflichtigen, der Selbstveranlagung der Unternehmen und der Einfachheit der Abgabe auch recht gering. Vgl. Reister, E. (1975), S. 158, 160.

[18] Zu den speziellen Umlagen vgl. Nittka, U. (1979), S. 33 ff., Weides, N.P. (1960), S. 146 ff.

[19] Die erstklassigen Ratings für EGKS-Anleihen erklären sich durch die Möglichkeit der Erhebung von Umlagen (Quasi-Steuererhebungsrecht), die zweckgebundene Vergabe der Anleihemittel und ein besonderes Garantiesystem, das in Form einer Sicherungsvereinbarung mit der Bank für Internationalen Zahlungsausgleich (bis 1961) bzw. eines Garantiefonds (ab 1962) bestand. Vgl. Peffekoven, R. (1994), S. 38 f., Nittka, U. (1979), S. 36 f., Strasser, D. (1991), S. 87.

[20] Vgl. Nittka, U. (1979), S. 35 ff., Weides, N.P. (1960), S. 154 ff.

Zu den Umlagen und Anleihen kamen noch weitere, quantitativ jedoch vernachlässigbare Einnahmen hinzu: Zinseinnahmen (aus der kurzfristigen Anlage von Umlagemitteln und der Kreditgewährung), Steuern und Abgaben von Beschäftigten der EGKS, Geldbußen und Strafgelder sowie währungsbedingte Gewinne. So genannte gesonderte finanzielle Ausgleichsmechanismen (zum Beispiel für den Schrottmarkt von 1954 bis 1958) wurden separat finanziert.[21]

Nach der erfolgreichen Gründung der Montanunion scheiterte die Gründung einer Europäischen Verteidigungsgemeinschaft (EVG) und einer Europäischen Politischen Gemeinschaft (EPG) an der Ablehnung des EVG-Vertrages durch die französische Nationalversammlung am 30. August 1954.[22] Daraufhin gewann die Grundidee des Schuman-Plans wieder an Bedeutung, wonach sich nur über das Zwischenziel einer wirtschaftlichen Integration das Endziel einer politischen Einigung erreichen ließe.

Mitte 1956 begannen die Verhandlungen über die Gründung einer Europäischen Atomgemeinschaft (EAG, auch Euratom) und einer Europäischen Wirtschaftsgemeinschaft (EWG), die nach gerade einmal neun Monaten mit der Unterzeichnung der so genannten Römischen Verträge endeten. Der institutionelle Aufbau der beiden neuen Gemeinschaften ähnelte sehr dem der EGKS. Gemäß dem Abkommen über gemeinsame Organe für die Europäischen Gemeinschaften wurden von Beginn an nur eine Versammlung sowie nur ein Gerichtshof eingerichtet. Hingegen gab es bis zum Inkrafttreten des Fusionsvertrages[23] am 1. Juli 1967 neben der Hohen Behörde der EGKS je eine Kommission für die EAG und EWG[24] sowie (de jure) drei Räte.[25]

Aufgabe der EAG war es, einen gemeinsamen Markt im damals noch jungen Sektor der Kernenergie zu schaffen; darüber hinaus bestand das Ziel der Schaffung von

---

[21] Vgl. Weides, N.P. (1960), S. 149 ff., Peffekoven, R. (1994), S. 39 ff.

[22] Eine Schilderung zur misslungenen Entstehungsgeschichte der EVG und EPG findet sich bei Harbrecht, W. (1984), S. 17 ff.

[23] Vertrag zur Einsetzung eines gemeinsamen Rates und einer gemeinsamen Kommission der Europäischen Gemeinschaften vom 8. April 1965, Bundesgesetzblatt II (1965), S. 1454.

[24] EAG- und EWG-Kommission hatten gemeinsam einen Wirtschafts- und Sozialausschuss, der jedoch (bis heute) nur beratende Funktion hat.

[25] Die Zusammenlegung der Organe der Gemeinschaften durch den Fusionsvertrag berührte nicht die formaljuristische Selbständigkeit derselben.

Wettbewerbsfähigkeit gegenüber den Großmächten.[26] Zur Erfüllung ihrer Aufgaben hatte die EAG nach Artikel 2 des EAG-Vertrages (EAGV) unter anderem die Forschung zu unterstützen, kerntechnische Investitionen zu fördern, Sicherheitsnormen zu vereinheitlichen und zu überwachen, die friedliche Nutzung der Kernstoffe zu gewährleisten, aber auch den Zugang zu den Absatz- und Beschaffungsmärkten zu sichern. Nach Artikel 174 des EAG-Vertrages wurden die Einnahmen und Ausgaben der EAG in einen Verwaltungshaushalt, der neben den Verwaltungsausgaben auch Sicherheitsüberwachungs- und Gesundheitsschutzausgaben enthielt, und einem Forschungs- und Investitionshaushalt, in welchem die Ausgaben für die entsprechenden Zwecke aufgeführt wurden, getrennt.

Die EAG wurde in der Gründungsphase hauptsächlich über Beiträge der Mitgliedstaaten finanziert. Dabei kamen für die beiden Haushalte unterschiedliche Finanzierungsschlüssel zur Anwendung. Für den Verwaltungshaushalt galt nach Artikel 172 Absatz 1 EAGV in der ursprünglichen Fassung der in Tabelle 1 dargestellte Aufbringungsschlüssel (Spalte 1). Die drei großen sowie die beiden mittelgroßen Mitgliedstaaten hatten demnach jeweils den gleichen Budgetanteil zu tragen.[27] Der Finanzierungsschlüssel für den Forschungs- und Investitionshaushalt nach Artikel 174 Absatz 2 ursprüngliche Fassung – dargestellt in Spalte 2 von Tabelle 1 – unterschied sich vom Verwaltungsausgabenschlüssel dadurch, dass Italien und die Niederlande zu Lasten Frankreichs, Belgiens und der Bundesrepublik Deutschland geringere Anteile beizutragen hatten, was nach Nittka „auf eine stärkere Berücksichtigung der finanziellen Leistungsfähigkeit der Mitgliedstaaten sowie ihrer divergierenden Interessenlage [...] zurückzuführen“[28] ist.[29] Forschungs- und Investitionsausgaben der EAG (in Darlehensform) dürfen gemäß Artikel 172 Absatz 4 EAGV auch über Anleihen finanziert werden, jedoch wurde von dieser Möglichkeit nur in geringem Umfang Gebrauch gemacht.[30]

---

[26] Vgl. Harbrecht, W. (1984), S. 32 f. Nach Artikel 1 des EAG-Vertrages besteht die Aufgabe darin, „durch die Schaffung der für die schnelle Bildung und Entwicklung von Kernindustrien erforderlichen Voraussetzungen zur Hebung der Lebenshaltung in den Mitgliedstaaten und zur Entwicklung der Beziehungen mit den anderen Ländern beizutragen“. Lindenthal sieht die EAG als den Preis an, den Frankreich für die Gründung der EWG verlangte. Vgl. Lindenthal, D. (2000), S. 8.

[27] In geringerem Ausmaß kamen zu diesen Finanzbeiträgen zum Verwaltungshaushalt noch so genannte andere laufende Einnahmen dazu, wie zum Beispiel die Steuern und Rentenbeiträge der EAG-Bediensteten. Vgl. Nittka, U. (1979), S. 146.

[28] Ebenda, S. 147.

[29] Auch in diesem Haushaltsteil kamen geringfügig weitere Einnahmen, so genannte andere Mittel, hinzu; dazu zählten zum Beispiel Beiträge von an Forschungsprojekten beteiligten Drittstaaten oder Einnahmen aus Beteiligungen an Gemeinschaftsunternehmen. Vgl. ebenda, S. 147 f.

[30] Vgl. Peffekoven, R. (1994), S. 42 f.

Die Aufgaben- und Zielstellung der EWG war wesentlich vielfältiger als die der beiden sektorspezifischen Organisationen. Vorläufiges Ziel der EWG sollte zunächst die Schaffung eines Gemeinsamen Marktes im Sinne einer (schrittweise eingeführten) Zollunion sein, weshalb eine erste Aufgabe in der Beseitigung tarifärer und nicht-tarifärer Handelshemmnisse lag. Weitere Aufgaben waren die Schaffung der vier so genannten Grundfreiheiten[31], einer gemeinsamen Agrar-, Verkehrs- und Wettbewerbspolitik, Koordination der Wirtschaftspolitik, Harmonisierung des den Gemeinsamen Markt betreffenden Rechts sowie die Schaffung eines Europäischen Sozialfonds und einer Europäischen Investitionsbank. Verglichen mit dem EGKS-Vertrag war der EWG-Vertrag marktorientierter und weniger dirigistisch.[32]

Tab. 1: Finanzierungsschlüssel für EAG und EWG

Mitgliedstaat	(1) EAG Verwaltungsausgaben	(2) EAG Forschungs- und Investitionsausgaben	(3) EWG Verwaltungsausgaben	(4) EWG Europäischer Sozialfonds	(5) Bevölkerungsanteile 1957	(6) Bruttosozialproduktanteile 1957
Belgien	7,9	9,9	7,9	8,8	5,4	6,5
Deutschland	28,0	30,0	28,0	32,0	30,7	33,0
Frankreich	28,0	30,0	28,0	32,0	27,0	36,4
Italien	28,0	23,0	28,0	20,0	29,9	17,9
Luxemburg	0,2	0,2	0,2	0,2	0,2	0,3
Niederlande	7,9	6,9	7,9	7,0	6,7	5,9

Tab. 1: Finanzierungsschlüssel für EAG und EWG (Angaben in %)
Quelle: EAGV, EWGV (jeweils ursprüngliche Fassung), Reister, E. (1975), S. 26.

Die Finanzierung der EWG lief zunächst ausschließlich über Finanzbeiträge. Dabei wurde wie bei der EAG nach dem Verwendungszweck unterschieden. Für die Verwaltungsausgaben galt der Finanzierungsschlüssel nach Artikel 200 Absatz 1 des EWGV (siehe Spalte 3 der Tabelle 1), welcher identisch war mit dem EAG-Verwaltungsausgabenschlüssel.[33] Die operativen Ausgaben des Europäischen Sozialfonds[34] (ESF) finanzierten die Mitgliedstaaten nach einem Beitragsschlüssel (Arti-

[31] Neben der Freiheit der Güterverkehrs zählen dazu die Personen-, Dienstleistungs- und Kapitalverkehrsfreiheit.
[32] Vgl. Bulmer, S. (2001), S. 13.
[33] Die Verwaltungsausgaben wurden zu einem geringen Teil auch durch so genannte andere Einnahmen wie zum Beispiel Steuern und Rentenbeiträge der EWG-Bediensteten oder Geldbußen und Zwangsgelder gedeckt. Vgl. Peffekoven, R. (1994), S. 44.
[34] Beim Sozialfonds handelt es sich nicht um einen Fonds im Sinne eines Sondervermögens außerhalb des Haushalts, wie das zum Beispiel beim Europäischen Entwicklungsfonds der Fall ist.

kel 200 Absatz 2 EWGV, dargestellt in Spalte 4 der Tabelle 1), der – verglichen mit dem Verwaltungsausgabenschlüssel – Italien und die Niederlande entlastete. Der Verwaltungsausgabenschlüssel lässt eine Orientierung am Bevölkerungsanteil (Spalte 5 der Tabelle 1) und der Sozialfondsschlüssel am Sozialproduktanteil (Spalte 6 der Tabelle 1) erkennen, obgleich jeweils keine exakte Proportionalität vorliegt.[35] Die Beitragsidentität von Frankreich und Deutschland war nicht zuletzt politisch bedingt.

Im Jahre 1962 richtete die EWG den Europäischen Ausrichtungs- und Garantiefonds für die Landwirtschaft (EAGFL) ein. Dieser bestand von Beginn an aus zwei Abteilungen: EAGFL-Garantie und EAGFL-Ausrichtung, wobei die erste, auf die Finanzierung europäischer Marktordnungen ausgerichtete Abteilung, die zweite, strukturpolitisch intendierte Abteilung, seit jeher vom Ausgabenvolumen deutlich übertrifft. Da die im Rahmen der Gemeinsamen Agrarpolitik (GAP) erhobenen Agrarabschöpfungen zunächst nicht der EWG zuflossen, sondern den Mitgliedstaaten, musste auch die GAP in den ersten Jahren beitragsfinanziert werden. Bis Mitte 1965 fand dazu der Verwaltungsausgabenschlüssel nach Artikel 200 Absatz 1 EWGV (Spalte 3 der Tabelle 1) Anwendung.[36] In den Folgejahren wurden die Anteile fast jährlich neu verhandelt und geändert, wobei eine deutliche Entlastung Italiens zu Lasten Deutschlands, der Niederlande und zum Teil Frankreichs erkennbar ist.[37] Die Ausgaben im Rahmen der GAP wurden von den Mitgliedstaaten vorgestreckt und von der EWG erstattet, indem sie mit den Beitragspflichten verrechnet wurden.[38]

1.1.2 Eigenmittelbeschlüsse

Die Beitragsfinanzierung war von Anfang an nur für eine Übergangszeit gedacht; schon in den Römischen Verträgen (Artikel 201 EWGV sowie Artikel 173 EAGV) war die Finanzierung der Gemeinschaften aus „eigenen Mitteln" postuliert. Darauf stützte sich der Beschluss des Rates vom 21. April 1970 über die Ersetzung der Finanzbei-

[35] Verglichen mit dem Sozialproduktanteil (Spalte 6 der Tabelle 1) wurden Belgien, Italien und die Niederlande bei den Verwaltungsausgaben überproportional belastet, in Relation zum Bevölkerungsanteil (Spalte 5 der Tabelle 1) auch Frankreich, jedoch nicht Italien. Das gleiche Bild – abgesehen von einer zum Bevölkerungsanteil leicht überproportionalen deutschen Belastung – ergibt sich bei den Beiträgen zum Sozialfonds.

[36] Bis zu 20 % der Beiträge (1964/65) wurden nach Artikel 7 Absatz 1 der Verordnung Nr. 25 über die Finanzierung der gemeinsamen Agrarpolitik (ABl. Nr. 30 (1962), S. 991/62) vom jeweiligen Anteil der Mitgliedstaaten an den Nettoagrarimporten aus Drittstaaten bestimmt.

[37] Vgl. zu den jährlichen Anteilen Peffekoven, R. (1994), S. 48.

[38] Vgl. ebenda, S. 45 ff.

träge der Mitgliedstaaten durch eigene Mittel der Gemeinschaften[39], im Folgenden kurz Eigenmittelbeschluss 1970. Danach wurde den Europäischen Gemeinschaften[40] (EG) die Ertragskompetenz über folgende Einnahmen in zeitlichen Stufen zugeordnet:

- Abschöpfungen, Prämien, Zusatz- oder Ausgleichsbeträge und andere Abgaben, die im Rahmen der GAP erhoben werden, sowie Abgaben, die im Rahmen der Marktordnung für Zucker erhoben werden, zusammengefasst Agrarabschöpfungen genannt.
- Zölle aus dem Gemeinsamen Zolltarif und andere Zölle aus dem Handel mit Drittstaaten. Die EWG hatte seit dem 1. Juli 1968 den Integrationsgrad einer Zollunion, also einer Freihandelszone mit gemeinsamen Außenzöllen erreicht. Importwaren aus Drittstaaten wurden von da an bei der Einfuhr ins EWG-Gebiet einheitlich verzollt.
- Einnahmen, die sich aus der Anwendung eines für alle Länder einheitlichen Satzes auf die vereinheitlichte Bemessungsgrundlage der Mehrwertsteuer (MwSt) ergeben, im Folgenden Mehrwertsteuer-Eigenmittel genannt.

Die Agrarabschöpfungen fließen dem Gemeinschaftshaushalt seit 1971 zu, allerdings wurden sie zunächst weiterhin von den nationalen Finanzbehörden erhoben. Zur Aufwandsentschädigung erstattete die EG den Mitgliedstaaten eine Erhebungskostenpauschale, die zunächst 10 % betrug. Das Aufkommen aus den – ebenfalls von den Mitgliedstaaten eingenommenen – Zöllen wurde zunächst nur teilweise, dann stufenweise ansteigend und von 1975 an vollständig der Gemeinschaft überwiesen. Auch bei den Zöllen bekamen die Mitgliedstaaten zunächst 10 % der abgeführten Mittel erstattet.[41] Agrarabschöpfungen und Zölle werden oft als traditionelle oder originäre Eigenmittel bezeichnet.[42]

---

[39] Abl. Nr. L 94 (1970), S. 19.

[40] Seit Inkrafttreten des Fusionsvertrages gab es für alle drei Gemeinschaften einen Gesamthaushaltsplan, außerhalb dessen es jedoch weiterhin den Funktionshaushalt der EGKS gab. EWG, EAG und EGKS wurden von da an als Europäische Gemeinschaft(en) (EG) bezeichnet.

[41] Zölle und Abschöpfungen standen zuvor den nationalen Fiski zu. In der Bundesrepublik Deutschland lag die Ertragshoheit gemäß Artikel 106 Absatz 1 Nr. 1 und Nr. 7 GG beim Bund.

[42] Das Adjektiv „traditionell" lässt sich damit erklären, dass sie seit dem ersten Eigenmittelbeschluss der Gemeinschaft zufließen, „originär" damit, dass beide direkten Bezug zu Gemeinschaftspolitiken haben, nämlich der Agrar- und der Außenwirtschaftspolitik. Auch der Begriff der Eigenmittel passt hier uneingeschränkt, da die Gemeinschaft Objekt- und Ertragshoheit hat.

Die Einführung der Mehrwertsteuer-Eigenmittel zur Restfinanzierung bedurfte der Harmonisierung der Mehrwertsteuer. Dabei war die Vereinheitlichung des Mehrwertsteuersystems sowie der Bemessungsgrundlage notwendig. Eine vollständige Harmonisierung, also insbesondere der Steuersätze, verlangten die Mehrwertsteuer-Eigenmittel jedoch nicht. Sie stellen nämlich keine quotale Beteiligung am Aufkommen der Steuer dar (Steuerverbund), sondern bemessen sich nach dem nationalen mehrwertsteuerpflichtigen Konsum. Gemäß Artikel 4 Absatz 1 des Eigenmittelbeschlusses 1970 sollten die Mehrwertsteuer-Eigenmittel ab 1975 den Haushalt mitfinanzieren. Das war jedoch nicht möglich, da die Harmonisierung der Bemessungsgrundlage bis dahin noch nicht erreicht war. In der vorgesehenen Übergangszeit von 1971 bis 1974 wurden erneut Finanzbeiträge zum Haushaltsausgleich gezahlt. Der Schlüssel dazu wurde „als arithmetisches Mittel aus den Sozialproduktanteilen und einem gewogenen Mittel aller in den Verträgen vorgesehenen Beitragsschlüssel gebildet“[43]. Er musste entsprechend angepasst werden, als 1973 mit dem Vereinigten Königreich, Dänemark und Irland drei neue Mitgliedstaaten Aufnahme in die EG fanden.[44] Die fehlende Harmonisierung der Bemessungsgrundlage[45] machte es notwendig, dass über 1974 hinaus sozialproduktorientierte Finanzbeiträge gezahlt wurden. Erstmals 1980 führten alle neun damaligen Mitgliedstaaten Mehrwertsteuer-Eigenmittel ab.[46] Griechenland, das 1981 zehntes Mitglied der EG wurde, bekam bis 1985 Teile seiner abgeführten Eigenmittel erstattet.[47] Da Griechenland erst 1988 die Mehrwertsteuer einführte, zahlte es bis dahin BSP-Beiträge.[48]

Der für die Höhe der Abführungen entscheidende Satz, mit dem die Mehrwertsteuer-Bemessungsgrundlage belastet wird, wurde im jährlichen Haushaltsverfahren neu festgelegt und durfte nach Artikel 4 Absatz 1 des Eigenmittelbeschlusses 1970 1 % nicht übersteigen. Die Mehrwertsteuermittel waren von 1980 an die wichtigste Einnahmequelle der EG.[49]

---

[43] Reister, E. (1975), S. 31.
[44] Die neuen Mitgliedstaaten hatten gemäß Artikel 130 des Beitrittsvertrages (ABl. Nr. L 73 (1972), S. 5) erst ab 1978 hundertprozentige, zuvor nur (abnehmend) reduzierte Abführungs- und Beitragslasten zu tragen. Die tatsächlichen Beitragsanteile der Jahre 1971 bis 1974 finden sich bei Reister, E. (1975), S. 31, 38.
[45] Die Definiton der einheitlichen Bemessungsgrundlage wurde in der sechsten Mehrwertsteuer-Richtlinie vom 17. Mai 1977 (ABl. Nr. L 145 (1977), S. 1) niedergelegt.
[46] Vgl. Messal, R. (1991), S. 63.
[47] Gemäß Artikel 127 des Beitrittsvertrages mit Griechenland (ABl. Nr. L 291 (1979), S. 17) bekam Griechenland 1981 70 %, 1982 50 %, 1983 30 %, 1984 20 % und 1985 10 % der Beiträge erstattet.
[48] Vgl. Fugmann, F. (1992), S. 122 f.
[49] Zu einer eingehenderen Auseinandersetzung mit den Mehrwertsteuer-Eigenmitteln siehe Kap. 1.3.2.

Die Einnahmenseite des EG-Haushalts war quasi zweifach plafoniert: Zum einen waren die Einnahmen aus den traditionellen Eigenmitteln nicht nach fiskalischen Gesichtspunkten, sondern nach agrar- und handelspolitischen Aspekten zu gestalten und damit begrenzt, zum anderen gab es eine Obergrenze für die Mehrwertsteuermittel. Diese einnahmeseitigen Restriktionen und steigende Belastungen auf der Ausgabenseite machten Veränderungen im System der Eigenmittelfinanzierung notwendig.[50] Der Beschluss des Rates vom 7. Mai 1985 über das System der eigenen Mittel der Gemeinschaften[51], kurz Eigenmittelbeschluss 1985, hielt an den drei Einnahmearten fest, nahm jedoch zwei bedeutende Änderungen vor: Erstens wurde für das Vereinigte Königreich ein Korrekturmechanismus zur Abmilderung seiner Haushaltsbelastung durch die EG eingeführt, der zu gespaltenen Mehrwertsteuer-Eigenmittelsätzen führte. Zweitens wurde die Obergrenze für diese Sätze ab 1986 auf 1,4 % angehoben, mit der Option, bei einstimmigem Beschluss im Rat und Zustimmung gemäß den nationalen Verfahren 1988 sogar auf 1,6 % zu erhöhen.

Der Korrekturmechanismus, auch als Britenrabatt bezeichnet, hatte zum Ziel, die hohe Nettozahlerposition des Vereinigten Königreichs zu verringern. Unter einer Nettozahlerposition versteht man im Allgemeinen eine Situation, in der die an den Gemeinschaftshaushalt fließenden Mittel eines Mitgliedslandes die Rückflüsse in das Land übersteigen.[52] Das Vereinigte Königreich bekam nach dem Eigenmittelbeschluss 1985 66 % des Betrages erstattet, um den seine Mehrwertsteuermittel die dem Land zurechenbaren Ausgaben des EG-Haushalts bei Anwendung des einheitlichen Mehrwertsteuer-Abrufsatzes übersteigen würden. Tatsächlich wurde der auf die britische Mehrwertsteuer-Bemessungsgrundlage anzuwendende Satz in entsprechendem Maße reduziert. Die sich daraus ergebenden Ausfälle auf der Einnahmenseite hatten die anderen Mitgliedstaaten durch höhere Mehrwertsteuerabführungen auszugleichen. Allerdings wurde die Mehrbelastung des größten Nettozahlers, der Bundesrepublik Deutschland, um ein Drittel reduziert, was wiederum von den restli-

[50] 1983 musste der Höchstsatz von 1 % voll in Anspruch genommen werden, 1984 leisteten die Mitgliedstaaten sogar Vorschüsse, um den Haushaltsausgleich zu gewährleisten. Vgl. Bundesministerium der Finanzen (2001b), S. 40.

[51] ABl. Nr. L 128 (1985), S. 15.

[52] Zu einer eingehenderen Auseinandersetzung mit dem Begriff der Nettozahlerposition siehe Kap. 2.2.2.1.2.

chen Mitgliedern über einen erhöhten Abrufsatz – der 1,4 % nicht übersteigen durfte – ausgeglichen wurde.[53]

Bereits in den ersten beiden Jahren nach Inkrafttreten des Eigenmittelbeschlusses 1985 reichten die Mittel nicht mehr aus, um den Haushalt auszugleichen. Fällige Zahlungen mussten in die folgenden Haushaltsjahre verschoben werden.[54] Zusätzliche Haushaltsbelastungen entstanden in diesen Jahren durch den Beitritt Spaniens und Portugals 1986[55] und die Einheitliche Europäische Akte[56], mit welcher der EG unter anderem neue Kompetenzen (Forschungs-, Technologie- und Umweltpolitik) zugeordnet wurden, die Regional- und Strukturpolitik ausgebaut und das Binnenmarktziel formuliert wurde. Im Jahre 1987 legte die Kommission einen umfassenden Reformvorschlag für das Haushalts- und Finanzwesen der Gemeinschaft vor, das nach ihrem damaligen Präsidenten benannte Delors-I-Paket: Das vom Europäischen Rat im Februar 1988 beschlossene Konzept zur Reform des Finanzwesens sah vor,

- der Gemeinschaft in den Jahren 1988 bis 1992 zusätzliche Mittel zur Verfügung zu stellen,
- das Ausgabenwachstum – vor allem im Agrarbereich – zu bremsen und strukturpolitischen Maßnahmen Vorrang einzuräumen sowie
- die Verteilung der Finanzierungslast auf die Mitgliedstaaten stärker am relativen Wohlstand auszurichten.[57]

In einem „package deal" beschloss der Europäische Rat im Februar 1988 die verschiedenen Maßnahmen des Delors-I-Paketes.[58] Dazu zählte unter anderem die

---

[53] Zu einer eingehenderen Auseinandersetzung mit dem Korrekturmechanismus und schon vorher praktizierten Ausgleichsmaßnahmen (Finanzmechanismus, Ad-hoc-Zahlungen) siehe Kap. 1.3.2.2 und 1.3.2.3.
[54] Vgl. Bundesministerium der Finanzen (2001b), S. 40.
[55] Auch Spanien und Portugal erhielten nach Artikel 187 bzw. 374 der Beitrittsakte (ABl. Nr. L 302 (1985), S. 23) bis 1991 degressiv Teilerstattungen ihrer Mehrwertsteuerabführungen bzw. (im Falle Portugals vorübergehend ersatzweise gezahlten) Finanzbeiträge.
[56] Die Einheitliche Europäische Akte (EEA) (ABl. Nr. L 169 (1987), S. 1) war sowohl ein Abkommen der Mitgliedstaaten zur Änderung der Gründungsverträge als auch ein originärer völkerrechtlicher Vertrag. Mit der EEA wurden der Wille zur Schaffung der Europäischen Union sowie zur Verwirklichung des gemeinsamen Binnenmarktes ausgedrückt und weitere wirtschafts-, sozial- und umweltpolitische Ziele in den EWG-Vertrag aufgenommen. Ferner stärkte die EEA die Rechte des Europäischen Parlaments und gab der Europäischen Politischen Zusammenarbeit ein vertragliches Fundament. Vgl. Weindl, J., Woyke, W. (1999), S. 9 ff.
[57] Vgl. Peffekoven, R. (1994), S. 64, Europäische Kommission (1987), S. 12 ff.
[58] ABl. Nr. L 185 (1988), S. 1.

erstmals angestrebte Interinstitutionelle Vereinbarung[59] zwischen Kommission, Parlament und Europäischem Rat vom 24. Juni 1988, mit der zum ersten Mal eine Finanzielle Vorausschau[60] (mittelfristige Finanzplanung) für die Jahre 1988 bis 1992 entworfen wurde. Ebenfalls am 24. Juni 1988 wurde ein neuer Eigenmittelbeschluss[61] gefasst.[62]

Die Änderungen im Finanzierungssystem durch den Eigenmittelbeschluss 1988 lassen sich in fünf Punkten zusammenfassen:

1. Die Erhebungskostenpauschalen für die traditionellen Eigenmittel werden nicht mehr erstattet, sondern von den Mitgliedstaaten einbehalten. Außerdem erhält die EG die Ertragskompetenz für Zölle auf Montanprodukte (EGKS-Zölle).
2. Bei den Mehrwertsteuer-Eigenmitteln wird die einheitliche Bemessungsgrundlage nur noch zu maximal 55 % des jeweiligen nationalen Bruttosozialprodukts (BSP) in Ansatz gebracht.
3. Als vierte Einnahmeart werden Bruttosozialprodukt-Eigenmittel eingeführt.
4. Erstmals wird eine Eigenmittelobergrenze festgelegt.
5. Der Korrekturmechanismus wird so modifiziert, dass das Vereinigte Königreich durch die Punkte 2 und 3 weder gewinnt noch verliert.

Die Änderung bei den Erhebungskosten führt zu einer Budgetverkürzung, da Ausgaben und Einnahmen in gleichem Maße sinken; die Einhaltung des Ausgaben-Plafonds wird damit erleichtert. Die so genannte Kappung der Mehrwertsteuer-Bemessungsgrundlage war eine Kompensation im Zusammenhang mit der Ausgestaltung der vierten Eigenmittelquelle.[63] Spanien hatte die Kappung vorgeschlagen, mit der Begründung, der hohe Zustrom ausländischer Touristen blähe das spanische

---

[59] Interinstitutionelle Vereinbarung über die Haushaltsdisziplin und die Verbesserung des Haushaltsverfahrens, ABl. Nr. L 185 (1988), S. 33.

[60] Eine Finanzielle Vorausschau ist „[d]em rechtlichen Charakter nach [...] nicht mehr als eine informelle politische Vereinbarung – ‚soft law'". Wuermeling, J. (1996), S. 262. Eine Interinstitutionelle Vereinbarung ist jedoch auch „mehr als ein bloßes Gentlemen's Agreement zwischen Parlament, Rat und Kommission". Schmidhuber, P.M. (1991), S. 331.

[61] Beschluss des Rates vom 24. Juni 1988 über das System der Eigenmittel der Gemeinschaften (88/376/EWG, Euratom), ABl. Nr. L 185 (1988), S. 24.

[62] Messal weist darauf hin, dass die deutsche Bezeichnung „Eigenmittel" im Titel eines solchen Beschlusses erstmals 1988 verwendet wurde, zuvor hingegen der Begriff „eigene Mittel" (Ausnahme: Artikel 3 des Eigenmittelbeschlusses 1985). Inhaltlich mache dies keinen Unterschied, es diene lediglich der sprachlichen Eleganz. Vgl. Messal, R. (1991), S. 21.

[63] Vgl. Messal, R. (1991), S. 71.

Mehrwertsteueraufkommen auf.[64] Rechtfertigung erhält sie häufig mit dem Argument, die Mehrwertsteuer-Eigenmittel hätten wegen des höheren Konsumanteils in ärmeren Mitgliedstaaten eine regressive Wirkung, die mit der Kappung abgeschwächt wird.[65] Die vierte Einnahmeart ist ein Mitteltransfer der Mitgliedstaaten an den EG-Haushalt in Höhe eines im Vorhinein festgelegten, einheitlichen Prozentsatzes des BSP. Die BSP-Eigenmittel ersetzten die Mehrwertsteuer-Eigenmittel als Instrument der Restfinanzierung[66], der einheitliche Prozentsatz ist dieser Aufgabe entsprechend auszurichten.[67] Um dem rapiden Wachstum der EG-Ausgaben Einhalt zu gebieten, wurde erstmals eine Eigenmittelobergrenze festgelegt, welche die Summe der Zahlungsermächtigungen im Haushalt auf 1,2 % des EG-BSP limitierte.[68] Der Korrekturmechanismus schließlich musste aufgrund des veränderten Eigenmittel-Gefüges angepasst werden. Das Vereinigte Königreich bekommt weiterhin 66 % des oben genannten Differenzbetrages erstattet, jedoch werden die Ersparnisse, die sich für das Vereinigte Königreich aus der Kappung der Mehrwertsteuer-Bemessungsgrundlage ergeben, davon abgezogen.[69] Die Verteilung der Finanzierungslast wird seitdem nicht mehr durch die Anteile an der gemeinschaftlichen Mehrwertsteuer-Bemessungsgrundlage, sondern durch die Anteile am EG-BSP bestimmt, wobei die Entlastung Deutschlands beibehalten wurde (Artikel 5 Absatz 1 des Eigenmittelbeschlusses 1988).

Ein weiteres bedeutsames Jahr für die europäische Integration war 1993. In diesem Jahr wurde zum 1. Januar der Binnenmarkt vollendet und zum 1. November traten die im Februar 1992 unterzeichneten Maastrichter Verträge in Kraft. Der Vertrag über die Europäische Union (EUV) vollzog den schon durch die Einheitliche Europäische

---

[64] Vgl. Wissenschaftlicher Beirat beim Bundesministerium für Wirtschaft und Technologie (1999), S. 2008.

[65] Vgl. z.B. Milbrandt, B. (2001), S. 39, Bundesministerium der Finanzen (2001b), S. 41. Zu einer eingehenderen Auseinandersetzung mit der Kappung der Bemessungsgrundlage und der regressiven Wirkung der Mehrwertsteuer-Eigenmittel siehe Kap. 1.3.2.1 und 3.2.1.2.

[66] Vgl. Peffekoven, R. (1994), S. 67.

[67] Zu einer eingehenderen Auseinandersetzung mit den BSP-Eigenmitteln siehe Kap. 1.3.3.

[68] Um eine vorzeitige Ausschöpfung dieses Plafonds zu verhindern, wurden nach Artikel 3 Absatz 1 des Eigenmittelbeschlusses 1988 Teilobergrenzen festgelegt: 1,15 % für 1988, 1,17 % für 1989, 1,18 % für 1990, 1,19 % für 1991 und 1,2 % ab 1992. Verpflichtungsermächtigungen durften nach Artikel 3 Absatz 2 1,3 % des EG-BSP nicht übersteigen. Der finanzielle Rahmen wurde damit in einem Maße erweitert, wie es eine Erhöhung des maximalen MwSt-Eigenmittelabrufsatzes auf 1,9 bis 2 % bewirkt hätte. Vgl. Begg, I., Grimwade, N., Price, P. (1997), S. 13.

[69] Zum geänderten Verfahren vgl. Peffekoven, R. (1994), S. 70 oder siehe Kap. 1.3.2.2. Eine weitere Verkomplizierung machten auf der Ausgabenseite getätigte Erstattungen an Spanien und Portugal notwendig, die zum Ausgleich für die Mitfinanzierung des Britenrabatts gezahlt wurden und damit wiederum die Haushaltsposition des Vereinigten Königreichs verschlechterten. Vgl. ebenda, S. 70 f.

Akte angestrebten Übergang zur Europäischen Union (EU).[70] Der Vertrag zur Gründung der Europäischen Gemeinschaft (EGV) ersetzte den EWG-Vertrag, was der Tatsache Rechnung trug, dass Bestimmungen Eingang fanden, die nicht mehr einer reinen Wirtschaftsgemeinschaft zuzuordnen waren, wie zum Beispiel die Unionsbürgerschaft.[71] Das bedeutendste Element des EG-Vertrages von Maastricht war die Festlegung eines Drei-Stufenplans zur Errichtung einer Europäischen Wirtschafts- und Währungsunion (EWWU).[72]

Zur Vorbereitung auf die EWWU beschloss der Europäische Rat von Maastricht die Einrichtung eines Kohäsionsfonds für die wirtschaftlich schwachen Mitgliedstaaten. Weitere ausgabenwirksame Beschlüsse, wie zum Beispiel der Ausbau der Transeuropäischen Netze[73] machten eine erneute Anpassung des Finanzrahmens notwendig. Die Kommission schlug im Februar 1992 eine stufenweise Ausweitung des Eigenmittelplafonds bis auf 1,37 % des EU-BSP im Jahre 1997 vor (Delors-II-Paket).[74] Der Europäische Rat von Edinburgh am 11. und 12. Dezember 1992 einigte sich schließlich auf folgende Ergebnisse, die am 31. Oktober 1994 in einen neuen Eigenmittelbeschluss[75] umgesetzt wurden:

- Die Eigenmittelobergrenze steigt schrittweise an auf 1,27 % im Jahre 1999.[76]
- Der maximale Mehrwertsteuer-Abrufsatz sinkt schrittweise von 1,4 % auf 1 %.[77]
- Die Kappungsgrenze der Mehrwertsteuer-Bemessungsgrundlage sinkt schrittweise auf 50 % des nationalen BSP.[78]

---

[70] Die EU bekam durch den EUV keine eigene Rechtspersönlichkeit. Der EUV ummantelte die drei Europäischen Gemeinschaften (EGKS, Euratom und Europäische Gemeinschaft (ehemals EWG)) sowie die beiden neuen Bereiche Gemeinsame Außen- und Sicherheitspolitik (GASP) und Zusammenarbeit in der Justiz- und Innenpolitik (ZJIP). Vgl. Beutler, B. et al. (2001), S. 45.

[71] Vgl. Weindl, J., Woyke, W. (1999), S. 12.

[72] Für eine genauere Darstellung der drei Stufen vgl. Deutsche Bundesbank (2004a), S. 16 ff.

[73] Vgl. Steyer, R.M. (2001), S. 10 ff. Die meisten der damals geplanten 14 vorrangigen Transeuropäischen Netze sind bis heute nicht verwirklicht worden.

[74] Das Europäische Parlament forderte sogar 1,4 %, die britische Regierung war zu maximal 1,25 % bereit. Vgl. Peffekoven, R. (1994), S. 78.

[75] Beschluss des Rates vom 31. Oktober 1994 über das System der Eigenmittel der Europäischen Gemeinschaften (94/728/EG, Euratom), ABl. Nr. L 293 (1994), S. 9.

[76] Die Teilobergrenzen lagen bei 1,2 % für 1993 und 1994, 1,21 % für 1995, 1,22 % für 1996, 1,24 % für 1997 und 1,26 % für 1998. Vgl. Artikel 3 Absatz 1 des Eigenmittelbeschlusses 1994.

[77] Der maximale MwSt-Abrufsatz lag 1995 bei 1,32 %, 1996 bei 1,24 %, 1997 bei 1,16 %, 1998 bei 1,08 % und ab 1999 bei 1,00 %. Vgl. Artikel 2 Absatz 4 Buchst. a des Eigenmittelbeschlusses 1994.

[78] Die Kappungsgrenze für Mitgliedstaaten, deren BSP pro Kopf 1991 weniger als 90 % des EG-Durchschnitts betrug – das waren Spanien, Griechenland, Portugal und Irland –, sank 1995 direkt auf 50 %; die der anderen in Einprozent-Schritten bis 1999. Vgl. Artikel 2 Absatz 1 Buchst. c des Eigenmittelbeschlusses 1994. Die Wahl der 90 %-Grenze wurde bewusst so gewählt, dass nur die genannten vier Länder davon betroffen sind. Vgl. Messal, R., Klein, A. (1993), S. 376.

Außerdem beschloss der Europäische Rat von Edinburgh eine neue Finanzielle Vorausschau für die Jahre 1993 bis 1999, die nach der Einigung mit dem Europäischen Parlament Eingang in eine neue Interinstitutionelle Vereinbarung[79] fand, die allerdings nach dem Beitritt Österreichs, Finnlands und Schwedens[80] im Jahre 1995 angepasst werden musste.

Angesichts einer näher rückenden Osterweiterung legte die Kommission im Jahre 1997 die Mitteilung „Agenda 2000 – Eine stärkere und erweiterte Union“[81] vor. In deren drittem Teil „Der neue Finanzrahmen (2000-2006)“ präsentierte sie ihre Vorstellungen zur Entwicklung der Ausgaben in dieser Zeit und eine Einschätzung der Einnahmensituation. Dabei ging die Kommission von einer ersten, „kleinen“ Beitrittswelle[82] etwa zur Mitte dieser Finanziellen Vorausschau aus. Sie kam zu dem Schluss, dass bei entsprechenden Reformen der Ausgabenpolitiken (vor allem Agrar- und Regionalpolitik) der bestehende Eigenmittelplafonds ausreichen, ja sogar Spielraum bieten müsste, weshalb aus diesem Grund eine Reform des Einnahmensystems nicht nötig sei.[83] In ihrem Eigenmittelbericht von 1998 wies die Kommission allerdings auf die negativen Haushaltspositionen Deutschlands, der Niederlande, Österreichs und Schwedens hin, die einen allgemeinen Ausgleichsmechanismus rechtfertigen würden, und schlug zudem eine noch stärkere Orientierung der Beiträge am BSP vor.[84]

Die Agenda 2000 wurde vom Europäischen Rat am 24. und 25. März 1999 in Berlin beraten. Im Vorfeld der Beratungen drehte sich die Diskussion des Finanzierungssystems vor allem um Fragen der Verteilung von Finanzierungslasten.[85] So drängte Deutschland mit Unterstützung anderer Nettozahler auf eine Begrenzung (Kappung) seiner Nettobelastung, während Spanien mit Unterstützung Griechenlands und Portugals eine progressive Gestaltung des Beitragssystems forderte.[86]

---

[79] Interinstitutionelle Vereinbarung vom 29. Oktober 1993 über die Haushaltsdisziplin und die Verbesserung des Haushaltsverfahrens, ABl. Nr. C 331 (1993), S. 1.
[80] Auch Österreich, Finnland und Schweden bekamen bis 1998 degressiv ausgestaltete Festbeträge erstattet.
[81] Vgl. Europäische Kommission (1997).
[82] Polen, Ungarn, Tschechien, Estland und Slowenien sowie Zypern.
[83] Vgl. Europäische Kommission (1997), S. 73 ff.
[84] Vgl. Europäische Kommission (1998), S. 23 ff., 36.
[85] Vgl. Bünder, H. (1998), S. 12.
[86] Zu einer eingehenderen Auseinandersetzung mit diesen Vorschlägen siehe Kap. 3.2.2.2.2 und 3.2.1.3.2.2.

Der Europäische Rat von Berlin traf bezüglich des Finanzierungssystems folgende Entscheidungen:[87]

1. Die Eigenmittelobergrenze von 1,27 % des EU-BSP bleibt unverändert.
2. Der maximale Abrufsatz für die Mehrwertsteuer-Eigenmittel sinkt 2002 auf 0,75 % und 2004 auf 0,5 % der vereinheitlichten Bemessungsgrundlage.
3. Der bei den traditionellen Eigenmitteln von den Mitgliedstaaten einbehaltene Anteil steigt 2001 auf 25 %.
4. Der Korrekturmechanismus wird so modifiziert, dass das Vereinigte Königreich „keine ‚Windfall-Gewinne', die sich aus Änderungen des Finanzierungssystems ergeben"[88], macht. Außerdem solle sich der britische Abschlag durch den Zeitpunkt der Osterweiterung nicht beeinflussen lassen.[89]
5. Deutschland, Österreich, Schweden und die Niederlande müssen von 2002 an nur noch 25 % ihres eigentlichen Anteils an der Finanzierung des Britenrabatts aufbringen. Die dadurch entstehende Lücke wird von den restlichen zehn Mitgliedstaaten geschlossen.

Die Berliner Beschlüsse[90] bildeten die Grundlage für die neue Interinstitutionelle Vereinbarung[91] über den Finanzrahmen[92] für die Jahre 2000 bis 2006 vom 6. Mai 1999 und den vorläufig letzten Eigenmittelbeschluss[93] vom 29. September 2000.

Gemäß Artikel 3 des Eigenmittel-Beschlusses 2000 war die Kommission angewiesen, im Dezember 2001 einen neuen, auf zwei Dezimalstellen gerundeten Prozentsatz zu benennen, durch den verhindert werden sollte, dass die absolute Eigenmittelobergrenze allein durch eine veränderte Sozialproduktberechnung steigt oder sinkt. Die Änderungen bei der Berechnung des BSP vom Europäischen System

---

[87] Vgl. Europäischer Rat (1999).
[88] Ebenda, Rz. 72.
[89] Zu einer eingehenderen Auseinandersetzung mit dem Korrekturmechanismus siehe Kap. 1.3.2.2.
[90] Der deutsche Sachverständigenrat kommentiert die Ergebnisse wie folgt: „Diese Beschlüsse lassen das bisherige Finanzierungssystem im Prinzip unverändert und korrigieren lediglich die Finanzierungslast unter verteilungspolitischen Gesichtspunkten." Sachverständigenrat zur Begutachtung der gesamtwirtschaftlichen Entwicklung (1999), S. 43.
[91] Interinstitutionelle Vereinbarung vom 6. Mai 1999 zwischen dem Europäischen Parlament, dem Rat und der Kommission über die Haushaltsdisziplin und die Verbesserung des Haushaltsverfahrens, ABl. Nr. C 172 (1999), S. 1.
[92] Der Finanzrahmen besteht aus zwei Finanziellen Vorausschauen: Eine für eine EU mit 15 und eine für eine EU mit 21 Mitgliedern (ab 2002).
[93] 2000/597/EG, Euratom: Beschluss des Rates vom 29. September 2000 über das System der Eigenmittel der Europäischen Gemeinschaften, ABl. Nr. L 253 (2000), S. 42.

Volkswirtschaftlicher Gesamtrechnungen (ESVG) der zweiten Auflage zum ESVG 95 wurden dabei so berücksichtigt, dass der Quotient aus den EU-Bruttosozialprodukten der Jahre 1998, 1999 und 2000 nach ESVG 2. Auflage und den EU-Bruttosozialprodukten derselben drei Jahre nach ESVG 95 (auch als Bruttovolkseinkommen (BVE) oder Bruttonationaleinkommen (BNE) bezeichnet) mit 1,27 % multipliziert wurde.[94] Für die Obergrenze bei den Mitteln für Verpflichtungen wurde dieser Quotient, dessen Wert bei etwa 0,98 lag, mit 1,335 % vervielfacht.[95] Die neue Eigenmittelobergrenze liegt nunmehr bei 1,24 % des BNE nach ESVG 95, die Obergrenze für Verpflichtungsermächtigungen bei 1,31 %.[96]

Dem Eigenmittelbeschluss 2000 ging – wie es üblich ist – ein Vorschlag der Kommission (8. Juli 1999) und eine Stellungnahme des Europäischen Parlaments (17. November 1999) voraus. Im Anschluss an den einstimmig gefassten Beschluss musste dieser noch von allen Mitgliedstaaten nach den jeweiligen nationalen Regelungen (in Deutschland zum Beispiel mit Zustimmung von Bundestag und Bundesrat) ratifiziert werden. Eigenmittelbeschlüsse werden als primäres Gemeinschaftsrecht angesehen.[97]

Die nach 1970 folgenden drei Eigenmittelbeschlüsse von 1985, 1988 und 1994 verfolgten nach Ansicht von Guth folgende Ziele:

1. Berücksichtigung von Erweiterungsschritten der Gemeinschaft (1985),
2. Kompensation gravierender Ungleichgewichte in der Belastung einzelner Mit-

---

[94] Die Mitgliedstaaten sind seit 1999 verpflichtet, ihre Volkswirtschaftliche Gesamtrechnung nach dem ESVG 95 durchzuführen. Die quantitativ wichtigsten konzeptionellen Änderungen liegen in einem erweitert gefassten Investitionsbegriff, der Ansetzung von Abschreibungen auf öffentliche Tiefbauten sowie der Aufnahme des Saldos aus empfangenen Subventionen (z.B. Agrarsubventionen) und geleisteten Produktions- und Importabgaben (z.B. Zölle) in die Übergangsposition vom BIP zum BNE. Dieser Saldo, der zusammen mit dem bisher schon angesetzten Saldo der Erwerbs- und Vermögenseinkommen den Unterschied zwischen BIP und BNE markiert, entspricht der Nettoposition des Landes im Verhältnis zur EU, allerdings ohne BSP-Eigenmittel. Vgl. zu Letzterem Statistisches Bundesamt (1999a), S. 263 f. Vgl. allgemein zur Umstellung auf ESVG 95 Statistisches Bundesamt (1999a), S. 257 ff., Statistisches Bundesamt (1999b), S. 449 ff.

[95] Bei dieser Obergrenze handelt es sich gemäß Artikel 3 Absatz 2 des Eigenmittelbeschlusses 1994 und dem sechsten Erwägungsgrund des Eigenmittelbeschlusses 2000 um eine zusätzliche Obergrenze neben der Eigenmittelobergrenze in Höhe von 1,335 % des EU-BSP, die sich auf die im Haushalt veranschlagten Mittel für Verpflichtungen (Verpflichtungsermächtigungen) bezieht.

[96] Vgl. Mitteilung der Kommission an den Rat und das Europäische Parlament: Anpassung der Eigenmittelobergrenze und der Obergrenze der Mittel für Verpflichtungen nach Inkrafttreten des Beschlusses 2000/597/EG, Euratom, Brüssel, den 28.12.2001, KOM(2001) 801 endg., S. 2 f.

[97] Vgl. Europäische Kommission (1995), S. 45, Bundesministerium der Finanzen (2001b), S. 39. Zur Rechtsform der Eigenmittelbeschlüsse vgl. auch Fugmann, F. (1992), S. 144 ff.

gliedstaaten (1985, 1988),

3. Finanzierung neuer politischer Aufgaben (1988, 1994),
4. Stärkere Ausrichtung des Eigenmittelsystems am Grundsatz der Leistungsfähigkeit (1994).[98]

Der Eigenmittelbeschluss 2000 wäre ebenfalls dem vierten Ziel, in Ansätzen auch dem zweiten Ziel zuzuordnen.

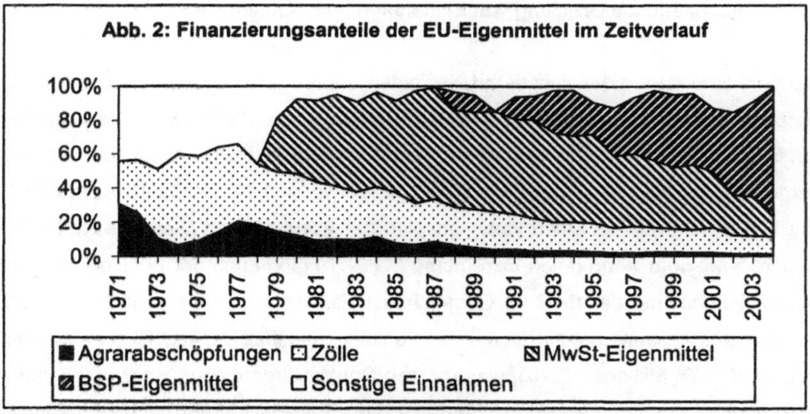

Abb. 2: Finanzierungsanteile der EU-Eigenmittel im Zeitverlauf (1971 – 2004)
Quelle: Europäische Kommission (2000c), S. 42 ff., Europäische Kommission (2002d), S. 23, Europäische Kommission (2003d), S. 18, Europäische Kommission (2004d), S. 24, eigene Berechnungen.

Eine graphischen Überblick auf den Bedeutungswandel der Eigenmittelarten liefert Abbildung 2. In den 1970er Jahren hatten die traditionellen Eigenmittel einen bedeutenden Finanzierungsanteil, in den 1980er Jahren dominierten die Mehrwertsteuer-Eigenmittel. In den 1990er Jahren wurde der Anteil der BSP-Eigenmittel kontinuierlich größer und mittlerweile sind die BSP-Eigenmittel eindeutig die Hauptfinanzierungsquelle der EU. Zu berücksichtigen ist, dass sich die Gesamteinnahmen seit 1971 etwa um den Faktor 40 erhöht haben.

[98] Vgl. Guth, E. (1997), S. 97.

1.2 Die Ausgaben der Europäischen Union

1.2.1 Haushaltsverfahren

Obwohl der Fokus dieser Arbeit auf der Einnahmenseite des Gemeinschaftshaushaltes liegen soll, lässt sich diese nicht ohne den Blick auch auf die Ausgabenseite fundiert beurteilen. Im Sinne des Mollschen „logischen Primats" der Aufgaben- und Ausgabenverteilung über die Einnahmenverteilung kann schließlich nur die Notwendigkeit von Ausgaben die Erzielung von Einnahmen rechtfertigen.

Wie bereits in Kap. 1.1.1 ausgeführt, verfügten die drei Europäischen Gemeinschaften zunächst über getrennte Haushaltswirtschaften, wobei die Verwaltungsausgaben von EGKS und EAG jeweils gesondert budgetiert wurden. Durch den Fusionsvertrag wurden der Haushaltsplan der EWG sowie die Verwaltungshaushaltspläne der EGKS und EAG nach 1967 in einen Haushaltsplan der Europäischen Gemeinschaften integriert.[99] Mit dem Vertrag von Luxemburg[100] (1970) ging auch der Forschungs- und Investitionshaushalt der EAG im Gesamthaushaltsplan auf.[101] Dauerhaft außerhalb des Gesamthaushalts geführt wurde der Funktionshaushalt der EGKS (Volumen im Jahr 2000: 178 Millionen Euro), was mit den Spezialitäten dieses Haushalts (Umlageerhebung, Anleihenbegebung, Flexibiltät der Bewirtschaftung) zusammenhing, unter dem Gesichtspunkt der Transparenz jedoch kritisch zu betrachten war.[102]

Weitere finanzwirtschaftliche Aktivitäten außerhalb des (jetzigen) EU-Gesamthaushalts, so genannte „off-budget-activities" oder „Schattenhaushalte", stellen der

---

[99] Vgl. Blümich, H. (1999), S. 21 f.
[100] Vertrag zur Änderung bestimmter Haushaltsvorschriften der Verträge zur Gründung der Europäischen Gemeinschaften und des Vertrages zur Einsetzung eines gemeinsamen Rates und einer gemeinsamen Kommission der Europäische Gemeinschaften, ABl. Nr. L 2 (1971), S. 1.
[101] Vgl. Europäische Kommission (2000c), S. 26.
[102] Vgl. Peffekoven, R. (1994), S. 30.

Europäische Entwicklungsfonds[103] (EEF) und die Europäische Investitionsbank[104] (EIB) dar. Ebenso extrabudgetär (und damit Verstöße gegen das Einheitsprinzip) sind die Haushalte einiger „Satelliteneinrichtungen“[105], Anleihe- und Darlehenstransaktionen der Gemeinschaft (vgl. 1.4) sowie Teile der operativen Ausgaben im Rahmen der zweiten und dritten „Säule“ der EU (GASP und ZJIP).[106]

Das Haushaltsverfahren ist wesentlich komplizierter als nationale Haushaltsverfahren, was an dem komplexen institutionellen Gefüge der EU liegt. Die rechtliche Grundlage für die Haushaltsaufstellung liefert Artikel 272 des EG-Vertrages. Der Rat der Europäischen Union und das (seit 1979 direkt gewählte) Europäische Parlament bilden zusammen (seit 1975) die gemeinsame Haushaltsbehörde der Gemeinschaft. Zu Beginn des Haushaltsverfahrens für ein Jahr t kommt der Kommission, also der Exekutivbehörde die Aufgabe zu, bis zum 15. Juni des Jahres t-1 einen Haushaltsvorentwurf (HVE) aufzustellen und an die Haushaltsbehörde weiterzuleiten. Der HVE gelangt daraufhin zur ersten Lesung im Rat. Der Rat erstellt auf Grundlage des HVE bis zum 31. Juli t-1 den Haushaltsentwurf und leitet diesen dem Parlament zu. Im Laufe des Monats Oktober t-1 findet die erste Lesung im Parlament statt. Das Parlament kann dabei Änderungsvorschläge bei den obligatorischen Ausgaben (OA) ma-

---

[103] Der EEF unterstützt u.a. Maßnahmen zur Verringerung der Schuldenlast und von Zahlungsbilanzschwierigkeiten, wirtschafts- und strukturpolitische Reformen, die Schaffung von Institutionen und deren Entwicklung, stellt aber auch Mittel für humanitäre Hilfe und Soforthilfen zur Verfügung. Von den 13,8 Mrd. Euro, die für den neunten EEF (2000 – 2005) zur Verfügung stehen, fließen fast 98 % an staatliche und private Empfänger in den Ländern des afrikanisch-karibisch-pazifischen Raumes (AKP-Staaten), welche dem EU-AKP-Partnerschaftsabkommen (früher Lomé-Abkommen) beigetreten sind. Vgl. Tkaczyński, J.W., Rossmann, G. (2001), S. 144 ff. Die extrabudgetäre Behandlung des größten Teils der EU-Entwicklungshilfe wird mit der Sicherstellung der nationalen Einflussmöglichkeiten auf diesen Politikbereich begründet. Vgl. Folkers, C. (1998), S. 582. Die Finanzierungsanteile der Mitgliedstaaten am EEF weichen zum Teil deutlich von ihren Anteilen am EU-BIP ab: Insbesondere Frankreich und Belgien engagieren sich überproportional, das Vereinigte Königreich, Spanien, Portugal – alle mit „kolonialer Vergangenheit“ – und Irland hingegen unterproportional. Die Kommission hat sich dafür ausgesprochen, den EEF in den Haushalt zu integrieren. Vgl. Europäische Kommission (2003h).

[104] Die EIB verfolgt nach Art. 267 EGV die Aufgabe, durch die Gewährung von Darlehen und Bürgschaften die Finanzierung von Vorhaben zur Erschließung der weniger entwickelten Gebiete, zur Modernisierung von Unternehmen und Schaffung neuer Arbeitsplätze sowie solchen von gemeinsamem Interesse für mehrere Mitgliedstaaten zu erleichtern. Sie verfolgt keinen Erwerbszweck und unterstützt die Ziele der gemeinsamen Struktur- und Regionalpolitik. Im Jahr 2000 belief sich die Darlehensvergabe auf 36 Mrd. Euro. Vgl. Hillenbrand, O. (2002), S. 140 f.

[105] Dazu zählen z.B. die Euratom-Versorgungsagentur, die Europäische Drogenbeobachtungsstelle oder das Gemeinschaftliche Sortenamt. Diese Einrichtungen werden zum Teil durch Zuschüsse aus dem Gesamthaushalt, zum Teil durch Entgelte finanziert. Vgl. Europäische Kommission (1995), S. 56 f.

[106] Vgl. ebenda, S. 56 ff.

chen und Änderungen bei den nicht obligatorischen Ausgaben (NOA) vornehmen.[107] Zu den OA zählen die Ausgaben, die sich zwingend aus dem EG-Vertrag oder darauf aufbauenden Rechtsakten ergeben; wichtigster Posten dieser Kategorie sind die Agrarausgaben. Wichtigster Posten der NOA, zu denen alle Ausgaben zählen, die keine OA sind[108], sind die strukturpolitischen Mittel.[109] Für die Abänderung der NOA gilt allerdings die Restriktion, dass wenn der Rat in der ersten Lesung die NOA um mehr als die Hälfte eines von der Kommission vorgegebenen Höchstsatzes[110] erhöht hat, das Parlament höchstens um die Hälfte dieses Höchstsatzes zusätzlich erhöhen darf.

In der der ersten Lesung im Parlament folgenden zweiten Lesung im Rat (Mitte November) entscheidet der Rat über die beschlossenen Abänderungen und genehmigten Änderungsvorschläge. Über die Höhe der OA entscheidet er nun endgültig.[111] Über die Höhe der NOA entscheidet endgültig das Parlament in seiner zweiten Lesung im Dezember.[112] Der Haushalt wird damit festgestellt, es sei denn, er wird global abgelehnt.[113]

---

[107] Zur Abänderung an den NOA bedarf es gemäß Artikel 272 Absatz 4 EGV der Mehrheit der Stimmen seiner Mitglieder. Zur Genehmigung eines Änderungsvorschlages bei den OA bedarf es der absoluten Mehrheit der abgegebenen Stimmen.

[108] Die Einordnung der Personalausgaben zu den NOA ist nach Ansicht Biehls insofern inkonsequent, als die Besoldungsordnung ein auf dem Vertrag beruhender Rechtsakt ist. Vgl. Biehl, D. (1996), S. 47.

[109] Zur umstrittenen Einteilung in OA und NOA bemerkt Swann ironisch: „[N]o benefit would be derived from delving into the logic of this nomenclature." Swann, D. (2000), S. 78. Sie wird seit 1970 vorgenommen, wobei der Anteil der NOA von anfänglich ca. 5 % auf mittlerweile etwa 50 % zugenommen hat. Um Streitigkeiten bzgl. der Klassifizierung besser beilegen zu können, läuft gemäß den jeweiligen Interinstitutionellen Vereinbarungen, parallel zum oben beschriebenen Haushaltsverfahren, das so genannte Trilog-Verfahren, bei dem sich die Präsidenten von Kommission, Parlament und Rat beraten. Vgl. Guth, E. (1997), S. 104 ff.

[110] Dieser Höchstsatz nach Artikel 272 Absatz 9 EGV wird von der Kommission auf der Grundlage der Entwicklung des EU-BSP, der nationalen Haushalte und der Lebenshaltungskosten berechnet. Rat und Parlament können jedoch auch – so notwendig – einvernehmlich einen neuen Höchstsatz festlegen.

[111] Der Rat kann gemäß Artikel 272 Absatz 5 EGV die Abänderungen der NOA mit qualifizierter Mehrheit erneut ändern, anderenfalls akzeptiert er sie. Änderungsvorschläge für die OA, die zu einer Erhöhung der Gesamtausgaben führen, bedürfen einer Zustimmung des Rates mit qualifizierter Mehrheit, anderenfalls sind sie abgelehnt. Änderungsvorschläge, die zu keiner Erhöhung der Gesamtausgaben führen, können mit qualifizierter Mehrheit abgelehnt werden, anderenfalls sind sie akzeptiert.

[112] Zu dieser zweiten Lesung kommt es jedoch nur dann, wenn der Rat die Änderungen bzw. Änderungsvorschläge des Parlaments nicht akzeptiert. Für erneute Abänderungen bei den NOA bedarf es einer Mehrheit der Stimmen des Parlaments sowie von drei Fünfteln der abgegebenen Stimmen.

[113] Eine Globalablehnung bedarf gemäß Artikel 272 Absatz 8 EGV der Mehrheit der Stimmen sowie zwei Drittel der abgegebenen Stimmen. Der Rat wird durch eine Globalablehnung gezwungen, einen neuen Haushaltsentwurf vorzulegen. Ist der Haushalt zu Beginn des Haushaltsjahres t noch nicht verabschiedet, können „monatliche Ausgaben bis zur Höhe eines Zwölftels der im abgelaufenen Haushaltsplan bereitgestellten Mittel vorgenommen werden" (Artikel 273 EGV).

Nach dem von den europäischen Staats- und Regierungschefs verabschiedeten Vertrag über eine Verfassung für Europa (im Folgenden kurz: EU-Verfassung)[114] würde die Differenzierung zwischen OA und NOA in Bezug auf das Haushaltsrecht des Parlaments entfallen. Nach Artikel III-310 EU-Verfassung legt die Kommission den Entwurf des Haushaltsplans bis zum 1. September des Jahres t-1 dem Ministerrat und dem Parlament vor. Der Ministerrat leitet seinen Standpunkt bis zum 1. Oktober dem Parlament zu. Nimmt das Parlament innerhalb von 42 Tagen mit der Mehrheit seiner Mitglieder Änderungen an diesem Standpunkt vor, beruft der Präsident des Parlaments einen Vermittlungsausschuss von Rat und Parlament ein.[115] Der Vermittlungsausschuss hat die Aufgabe, binnen 21 Tagen einen gemeinsamen Entwurf zu entwickeln, dem eine qualifizierte Mehrheit der Ratsmitglieder im Ausschuss und eine Mehrheit der Parlamentsmitglieder im Ausschuss zustimmen. Dieser gemeinsame Entwurf bedarf binnen 14 Tagen noch der Zustimmung von einer qualifizierten Mehrheit im Rat sowie der Mehrheit im Parlament. Wenn diese Zustimmung nicht erreicht oder kein gemeinsamer Standpunkt erzielt worden ist, kann das Parlament binnen 14 Tagen mit der Mehrheit seiner Mitglieder und drei Fünfteln der abgegebenen Stimmen seine Änderungen am Standpunkt des Rates endgültig bestätigen; andernfalls gilt der Standpunkt des Rates als angenommen. Somit hätte das Parlament im Bezug auf die gesamten Ausgaben ‚das letzte Wort'. Kommt es indessen nicht zu einem gemeinsamen Entwurf im Vermittlungsausschuss binnen 21 Tagen, muss die Kommission einen neuen Haushaltsentwurf vorlegen.

Nach der endgültigen Feststellung beginnt der Haushaltsvollzug, der in der Verantwortung der Kommission liegt. Die Haushaltskontrolle findet sowohl intern (unabhängige Kontrolle innerhalb der Organe) als auch extern statt. Die externe Kontrolle obliegt zum einen dem (1977 gegründeten) Europäischen Rechnungshof, der die Recht- und Ordnungsmäßigkeit der Haushaltsmittel sowie die Wirtschaftlichkeit in der Haushaltsführung in seinen Berichten beurteilt. Die andere externe Kontrollinstanz ist das Parlament, welches auf Grundlage der Rechnungshofberichte (und der Antwor-

---

[114] Vorläufige konsolidierte Fassung des Vertrags über eine Verfassung für Europa, CIG 86/04, im Internet veröffentlicht unter http://ue.eu.int/igcpdf/de/04/cg00/cg00086.de04.pdf [9.7.2004].

[115] Das Zusammentreten des Vermittlungsausschusses entfällt, wenn der Ministerrat den Änderungen des Parlaments innerhalb von zehn Tagen zustimmt.

ten der Organe darauf) sowie auf Empfehlung des Rates hin die Kommission entlastet.[116]

Ein wichtiges Kriterium zur Beurteilung eines Haushalts ist die Verwirklichung von Budgetprinzipien. Allgemein anerkannte Budgetprinzipien[117] sind die Grundsätze der Vollständigkeit, Klarheit, Einheit, Genauigkeit, Vorherigkeit, Spezialität, Öffentlichkeit, Non-Affektation und Jährlichkeit.[118] Gegen einige dieser Prinzipien liegen Verstöße vor: Auf Verstöße gegen den Einheitsgrundsatz wurde in diesem Abschnitt bereits hingewiesen. Zahlreiche, quantitativ gleichwohl unbedeutende Ausnahmen vom Grundsatz der Non-Affektation listet Artikel 18 der Haushaltsordnung der EG[119] auf, die Einnahmen nach Artikel 2 des Eigenmittelbeschlusses dienen ausschließlich der Gesamtdeckung der Ausgaben. Das Saldieren von Einnahmen mit Ausgaben, so wie es beim Nettoansatz der traditionellen Eigenmittel geschieht, ist als Verstoß gegen die Vollständigkeit zu werten. Auch die Vorherigkeit wurde in manchen Jahren (1980, 1984, 1987 und 1988) nicht gewahrt. Möglichkeiten, nicht verwendete strukturpolitische Mittel auf spätere Jahre zu übertragen oder zwischen Haushaltskapiteln bzw. Haushaltsartikeln Mittel zu übertragen, verwässern das Prinzip der Spezialität (in zeitlicher oder qualitativer Dimension) und damit die Kontrolle des Haushaltsgesetzgebers.

Das Prinzip der Jährlichkeit mit der Durchführung von mehrjährigen Ausgabenprogrammen zu vereinbaren, gelingt durch die Unterscheidung in Zahlungs- und Verpflichtungsermächtigungen.[120] Keinen Verstoß gegen den Jährlichkeitsgrundsatz stellt die Finanzielle Vorausschau dar. Dieser Bestandteil der Interinstitutionellen

---

[116] Vgl. Blümich, H. (1999), S. 35 ff. Das Parlament führt seit 1976 auch mitlaufende Haushaltskontrollen (sog. Notenboomverfahren) durch, wodurch möglichst früh auf mögliche Abweichungen vom Haushaltsplan hingewiesen werden kann. Vgl. Folkers, C. (1998), S. 581.

[117] Vgl. z.B. Neumark, F. (1952), S. 572 ff., Kolms, H. (1976), S. 107 ff., Andel, N. (1998), S. 59 ff.

[118] Die konkret für den EU-Haushalt geltenden Budgetgrundsätze sind in Art. 3 ff. der Haushaltsordnung für den Gesamthaushaltsplan der Europäischen Gemeinschaften aufgeführt: Einheit, Haushaltswahrheit, Jährlichkeit, Haushaltsausgleich, Rechnungseinheit (Euro), Gesamtdeckung, Spezialität, Wirtschaftlichkeit und Transparenz. Sie entsprechen im Wesentlichen den oben genannten allgemeinen Budgetprinzipien. Eine Besonderheit ist allerdings das Prinzip des (materiellen) Haushaltsausgleichs, welches gleichbedeutend mit dem Verbot der Kreditaufnahme ist.

[119] Verordnung Nr. 1605/2002 des Rates vom 25. Juni 2002 über die Haushaltsordnung für den Gesamthaushaltsplan der Europäischen Gemeinschaften, ABl. Nr. L 248 (2002), S. 1.

[120] Die Verpflichtungsermächtigungen (VE) decken alle Kosten von Entscheidungen des Haushaltsjahres, unabhängig davon, in welchem Jahr sie fällig werden. Zahlungsermächtigungen (ZE) decken alle Ausgaben, die in einem Haushaltsjahr anfallen, unabhängig davon, in welchem Jahr die Entscheidungen dafür getroffen wurden. Vgl. Europäische Kommission (1995), S. 61. Diese Unterscheidung kollidiert gleichwohl mit dem Grundsatz der zeitlichen Spezialität. Vgl. Folkers, C. (1998), S. 579.

Vereinbarung entspricht nicht einem Mehrjahreshaushaltsplan, aber auch keiner vorläufigen Finanzplanung. Sie legt die Verteilung der Mittel auf die einzelnen Rubriken fest und gibt Ausgabenobergrenzen für diese vor, stellt ansonsten aber keine Einschränkung der Flexibilität der jährlichen Budgetbestimmung dar.[121] Nach Inkrafttreten der EU-Verfassung wäre der mehrjährige Finanzrahmen auch vertraglich etabliert (Artikel I-54 EU-Verfassung).

Das Prinzip der Genauigkeit ist beim EU-Haushalt – im Gegensatz zu sonstigen Staatshaushalten – eher auf der Ausgabenseite gefährdet. Während die Schwankungen auf der Einnahmenseite wegen des hohen Beitragsanteils geringer als bei hauptsächlich steuerfinanzierten Haushalten sind, ist es auf der Ausgabenseite möglich, dass eingeplante Mittel, die kofinanziert werden müssen oder von Marktentwicklungen abhängen, gar nicht abgerufen werden. Folge solch mangelnder Genauigkeit sind zahlreiche Berichtigungs- und Nachtragshaushalte.[122]

Das Prinzip der Klarheit fordert von einem Haushalt, dass er zur Erhöhung der Transparenz für den Bürger in verschiedenen Aggregationsstufen dargestellt und nach unterschiedlichen Klassifikationskriterien gegliedert wird. Diesen Anspruch erfüllt der EU-Haushalt; jedoch trägt unter anderem die budgetkompetenzbedingte Unterscheidung in OA und NOA dazu bei, „dass die Entscheidungsverfahren für die ‚Normalbürger' als völlig intransparent erlebt werden"[123]. Welcher EU-Bürger wüsste etwa, ob eine Strukturmaßnahme im Agrarbereich letztlich vom Rat oder vom Europäischen Parlament zu verantworten ist?[124]

---

[121] Vgl. Europäische Kommission (2000c), S. 11. Heinemann urteilt über die Einführung der Finanziellen Vorausschauen positiv: „Die Etablierung eines für die Akteure verbindlichen mittelfristigen Finanzrahmens hat sich seit 1988 als erfolgreich erwiesen, um zuvor regelmäßig auftretende Krisen im jährlichen Haushaltsprozess zu vermeiden." Heinemann, F. (2002a), S. 517. Zu den Unterschieden der Finanziellen Vorausschau gegenüber der mittelfristigen Finanzplanung des Bundes gehört u.a., dass der Planungszeitraum länger ist (7 Jahre), keine gleitende Planung vorgenommen wird und vorwiegend zu konstanten Preisen geplant wird. Vgl. Bundesministerium der Finanzen (2001a), S. 118 f.

[122] Vgl. Ott. G. (1982), S. 367 f.

[123] Schreyer, M. (2000), Rz. 13.

[124] Die lange Zeit immer wieder zu Streit führende Frage nach der Zuordnung bestimmter Ausgaben zu den OA oder NOA wird mittlerweile durch einen Anhang der Interinstitutionellen Vereinbarung geklärt.

1.2.2 Haushaltsgliederung

Der EU-Haushalt gliedert sich zunächst einmal in acht, den Organen entsprechende Einzelpläne: Europäisches Parlament (Einzelplan I), Ministerrat (II), Kommission (III), Gerichtshof (IV), Rechnungshof (V) sowie Einzelplan VI für den Wirtschafts- und Sozialausschuss[125], VII für den (1994 installierten) Ausschuss der Regionen[126] und VIII für den Europäischen Bürgerbeauftragten und den Datenschutzbeauftragten. Der Einzelplan III ist nochmals untergliedert in Teil A (Verwaltungsausgaben) und Teil B[127] (operationelle Ausgaben). Die Aussagekraft dieser Gliederung ist jedoch begrenzt, da etwa 95 % aller Zahlungsermächtigungen aus Einzelplan III/B stammen.

Aufschlussreicher als diese Klassifikation ist die Gliederung der Ausgaben nach den Rubriken der Finanziellen Vorausschau. Diese Darstellung vermittelt einen Eindruck der jeweiligen Ausgabenbedeutung der gemeinschaftlichen Politikbereiche; die Rubriken sind:

1. Landwirtschaft
2. Strukturpolitische Maßnahmen
3. Interne Politikbereiche
4. Externe Politikbereiche
5. Verwaltungsausgaben
6. Reserven
7. Heranführungshilfe
8. Erweiterung / Ausgleichsbeträge

In die erste Rubrik Landwirtschaft fallen die Ausgaben des Agrarfonds (EAGFL). Die

[125] Der mit 222 Vertretern aus den verschiedensten ökonomischen und sozialen Bereichen besetzte Ausschuss hat beratende Funktion. Sich selbst sieht der Wirtschafts- und Sozialausschuss als „Sprachrohr der organisierten Bürgergesellschaft auf europäischer Ebene". Europäischer Wirtschafts- und Sozialausschuß (o.J.), S. 1.

[126] Der mit 222 Vertretern regionaler und lokaler Gebietskörperschaften besetzte Ausschuss hat beratende Funktion. Er profilierte sich als Verfechter des im Maastrichter Vertrag niedergelegten Subsidiaritätsprinzips.

[127] Auch Teil A und Teil B sind noch tiefer untergliedert. Vgl. Europäische Kommission (2000c), S. 80 ff.

Ausgaben im Rahmen der Gemeinsamen Agrarpolitik[128] verteilen sich auf die Bereiche Agrarmarkt- und -preispolitik, Agrarstrukturpolitik (seit 1972) und Agrarumweltpolitik (seit 1992).[129] Agrarstruktur- und -umweltpolitik werden allerdings unter der Rubrik 2 subsumiert. Der quantitativ eindeutig dominierende Bereich der GAP ist jedoch die Markt- und Preispolitik, die aus der EAGFL-Abteilung Garantie finanziert wird.

Das wesentliche Instrument der Markt- und Preispolitik ist die Einrichtung von Gemeinsamen Marktordnungen. Ist für ein bestimmtes Agrarprodukt eine Marktordnung eingerichtet[130], bedeutet dies in der Regel für die Landwirte die Garantie eines Mindestpreises (Interventionspreis); für die Gemeinschaft ergeben sich daraus aus folgenden Gründen Ausgaben:

- Die Garantie eines Mindestpreises zwingt die Gemeinschaft, im Falle eines Absinkens des Marktpreises unter den Interventionspreis bzw. einer am Markt nicht absetzbaren Überproduktion zu intervenieren, das heißt Produktion zum Mindestpreis aufzukaufen und zu lagern.
- Sollen Teile der Überschussproduktion exportiert werden, müssen den Exporteuren Ausfuhrerstattungen gezahlt werden, um die Produkte auf die in der Regel niedrigeren Weltmarktpreise herabzusubventionieren.
- Dritter, jedoch nicht ausgabenwirksamer, sondern einnahmenwirksamer wesentlicher Bestandteil einer Marktordnung ist die Erhebung von Agrarabschöpfungen als Schutz des gemeinsamen Agrarmarktes vor Weltmarktprodukten.[131]

Der EAGFL-Garantie ist seit 1966 größter Ausgabenblock im Gemeinschaftshaushalt; über die Jahrzehnte hinweg erreichte er ein gewaltiges Ausmaß, wie Abbildung 3 zeigt. Der Anteil des EAGFL-Garantie am Gesamthaushalt sank indessen von 92 % im Jahr 1970 auf mittlerweile unter 50 %. Diese Entwicklung (trotz absoluten

[128] Ziel der GAP ist nach Artikel 33 EGV, die Produktivität in der Landwirtschaft zu steigern, den Beschäftigten in der Landwirtschaft eine angemessene Lebenshaltung zu gewährleisten, die Märkte zu stabilisieren, die Versorgung sicherzustellen und für angemessene Verbraucherpreise zu sorgen. Zusätzlich ist das allgemeine handelspolitische Ziel des Abbaus von Handelsbeschränkungen und Zollschranken (Artikel 131 EGV) zu beachten. Koester weist darauf hin, dass die einzelnen Ziele teilweise konkurrieren, wenn nicht sogar konfligieren. Vgl. Koester, U. (2001), S. 315 f.
[129] Vgl. ebenda, S. 313 f.
[130] Etwa 90 % der landwirtschaftlichen Produktion unterliegen Gemeinsamen Marktordnungen. Diese beruhen auf den drei Grundprinzipien der Einheit der Märkte, der Gemeinschaftspräferenz für Agrarprodukte und der finanziellen Solidarität. Vgl. Koester, U. (1996), S. 142 ff.
[131] Zu einer eingehenderen Betrachtung der Agrarabschöpfungen siehe Kap. 1.3.1.1. Der Instrumenteneinsatz in der Markt- und Preispolitik wird ausführlicher beschrieben bei Koester, U. (2001), S. 320 ff.

Wachstums) ist zum einen auf steigende Ausgaben in anderen Bereichen, insbesondere bei der Regionalpolitik zurückzuführen, zum anderen auf Bemühungen das Wachstum der Agrarausgaben zu bremsen, wie sie seit Ende der 1980er-Jahre angestellt werden. Die wesentlichen Maßnahmen zur „Bändigung" der Agrarausgaben sind die so genannte Agrarleitlinie, die MacSharry-Reform 1992 und die Agenda 2000. Die parallel zum Eigenmittelbeschluss 1988 eingeführte Agrarleitlinie begrenzt das jährliche Wachstum der Agrarausgaben auf das 0,74-fache des Wachstums des EU-BSP.[132] Die Agrarreform des damals zuständigen Kommissars MacSharry führte ebenso wie die agrarpolitischen Beschlüsse der Agenda 2000 insbesondere zu Absenkungen von Interventionspreisen (bei Teilkompensation durch Direktzahlungen).[133] Die Umstellung von Preisgarantien auf Direkthilfen ist so weit fortgeschritten, dass mittlerweile mehr als 60 % der Agrarausgaben als direkte Einkommenszahlungen an die Landwirte fließen.[134]

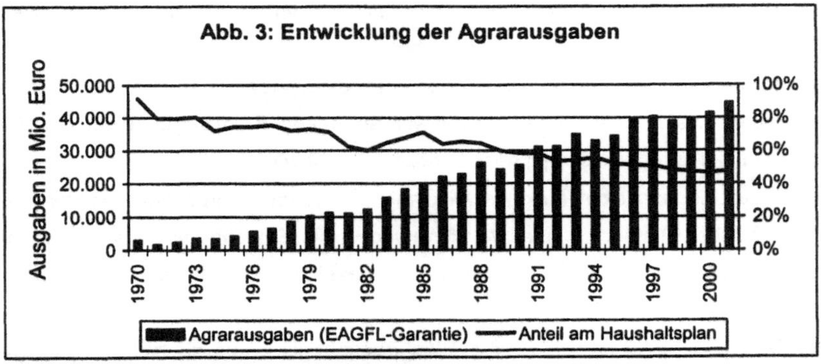

Abb. 3: Entwicklung der Agrarausgaben (1970 – 2001)
Quelle: Europäische Kommission (2000c), S. 29 ff., eigene Berechnungen.

Die Ausgaben in der zweiten Rubrik Strukturpolitische Maßnahmen stammen aus verschiedenen Fonds: dem Europäischen Fonds für regionale Entwicklung (EFRE),

---

132 Mit der Agenda 2000 wurde die Agrarleitlinie auch auf die Agrarausgaben im Zusammenhang mit der Heranführung und Erweiterung ausgeweitet, also verschärft. Vgl. Europäische Kommission (2000c), S. 103.

133 Vgl. zur MacSharry-Reform Sachverständigenrat zur Begutachtung der gesamtwirtschaftlichen Entwicklung (1997), S. 242 ff. sowie zur Agenda 2000 Sachverständigenrat zur Begutachtung der gesamtwirtschaftlichen Entwicklung (1999), S. 40, 42. Die Durchführung der beiden Reformen ist nicht zuletzt auch auf den Druck durch die Uruguay-Runde (1986–1994) bzw. durch die Welthandelsorganisation, den Agrarprotektionismus zu reduzieren, zurückzuführen. Vgl. Colman D. (2001), S. 103 ff., Sachverständigenrat zur Begutachtung der gesamtwirtschaftlichen Entwicklung (1997), S. 242, Sachverständigenrat zur Begutachtung der gesamtwirtschaftlichen Entwicklung (2001), S. 248.

134 Vgl. o.V. (2002a), S. 5.

dem Europäischen Sozialfonds (ESF), der EAGFL-Abteilung Ausrichtung und dem Finanzinstrument für die Ausrichtung der Fischerei (FIAF). Aus den Strukturfonds werden auch Maßnahmen im Rahmen von vier Gemeinschaftsinitiativen finanziert. Der Kohäsionsfonds wird ebenfalls dieser Rubrik zugerechnet.

Die dem Kohäsionsgedanken[135] verpflichtete Struktur- und Regionalpolitik ist nach den Beschlüssen zur Agenda 2000 vor allem auf drei Ziele gerichtet:

Ziel 1: Förderung der Entwicklung und strukturellen Anpassung von Regionen mit Entwicklungsrückstand

Ziel 2: Erleichterung der wirtschaftlichen und sozialen Umstellung von Gebieten mit strukturellen Schwierigkeiten

Ziel 3: Hilfe bei der Anpassung und Modernisierung der Ausbildungs-, Berufsbildungs- und Beschäftigungspolitiken und -systeme

Der mit 69,7 % größte Anteil an den zur Verfügung stehenden Strukturfondsmitteln fällt auf die Ziel 1-Förderung.[136] Regionen mit einem Bruttoinlandsprodukt (BIP) pro Kopf in Kaufkraftstandards von weniger als 75 % des entsprechenden Gemeinschaftsdurchschnitts erhalten finanzielle Unterstützung bei der Durchführung regionalpolitischer Maßnahmen. Die Kofinanzierungssätze, also die jeweiligen EU-Förderquoten liegen bei wenigstens 50 % der zuschussfähigen öffentlichen Ausgaben und bei höchstens 75 % der Gesamtkosten, in speziellen Fällen sogar bei bis zu 85 %.[137]

Der Kohäsionsfonds entstand im Zusammenhang mit den Beschlüssen zur EWWU. Die ursprüngliche Aufgabe des nach Artikel 161 EGV eingerichteten Fonds lag in der

---

[135] Nach Artikel 158 EGV verfolgt die Gemeinschaft eine Politik der Stärkung des wirtschaftlichen und sozialen Zusammenhalts, die insbesondere den Abbau von Unterschieden regionaler Entwicklungsstände zum Ziel hat.

[136] Für strukturpolitische Maßnahmen aus den Strukturfonds sieht die Finanzielle Vorausschau für die Jahre 2000 bis 2006 einen Gesamtbetrag für Verpflichtungen in Höhe von 195 Mrd. Euro vor. Neben den 69,7 % für Ziel 1-Regionen entfallen 11,5 % auf Ziel 2-Förderung und 12,3 % auf Ziel 3-Förderung. Der Rest verteilt sich auf die vier Gemeinschaftsinitiativen Interreg, EQUAL, Leader und URBAN sowie innovative Hilfsmaßnahmen und technische Hilfe. Vgl. Artikel 7 und 20 ff. der Verordnung (EG) Nr. 1260/1999 des Rates vom 21. Juni 1999 mit allgemeinen Bestimmungen über die Strukturfonds (ABl. Nr. L 161 (1999), S. 1), Europäischer Rat (1999), Rz. 28 ff., Sachverständigenrat zur Begutachtung der gesamtwirtschaftlichen Entwicklung (1999), S. 40.

[137] Vgl. ebenda, S. 39 ff. Fraglich ist, ob bei solch hohen Kofinanzierungssätzen der Grundsatz der Additionalität, also der Zusätzlichkeit der Mittel befolgt wird. Zu den Grundsätzen der Strukturpolitik (Additionalität, Kofinanzierung, Konzentration, Partnerschaft und Kohärenz) vgl. Franzmeyer, F. (2001), S. 284.

Vorbereitung der wirtschaftlich rückständigsten Mitgliedstaaten auf die Währungsunion. Die Länder, deren Pro-Kopf-BSP unter 90 % des EU-Durchschnitts liegt, erhalten Mittel daraus, wobei nur Umweltschutz- und Verkehrsinfrastrukturinvestitionen (mit 80 bis 85 %) unterstützt werden.[138]

Um die Absorptionsfähigkeit der Volkswirtschaften nicht überzubeanspruchen, darf die Gesamtsumme der strukturpolitischen Mittel, die an einen Mitgliedstaat fließen, 4 % des nationalen BIP nicht übersteigen. Die quantitative Entwicklung der strukturpolitischen Maßnahmen ist in Abbildung 4 graphisch dargestellt.

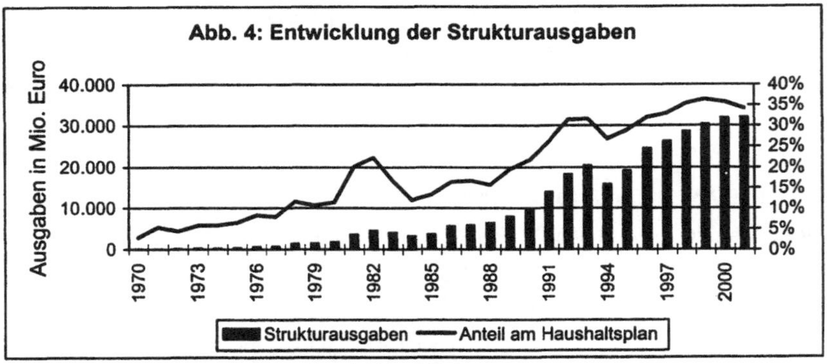

Abb. 4: Entwicklung der Strukturausgaben (1970 – 2001)
Quelle: Europäische Kommission (2000c), S. 29 ff., eigene Berechnungen.

Die dritte Rubrik heißt Interne Politikbereiche. Darin befindet sich eine Ansammlung verschiedener Maßnahmen, die im Inneren der Gemeinschaft wirken. Unter dieser Rubrik (Verpflichtungsermächtigungen (VE) 2003: 6.796 Millionen Euro) werden die Ausgaben der Teileinzelpläne III/B3, B4, B5 und B6 sowie einige kleinere Kapitel des Teileinzelplans III/B2 zusammengefasst. B3 beinhaltet Maßnahmen in den Bereichen Bildung und Jugend, Kultur, Information und sonstige Sozialmaßnahmen, B4 die Bereiche Energie und Umwelt und B5 die Gebiete Verbraucherschutz, Binnenmarkt und Transeuropäische Netze. Der mit großem Abstand wichtigste Teileinzelplan in dieser Rubrik ist B6 Forschung und technologische Entwicklung. Bei den Rubrik 3 zugeord-

[138] Für den Zeitrahmen 2000 bis 2006 sind (EU-15, zu Preisen von 1999) insgesamt 18 Mrd. Euro vorgesehen. Nach den Beschlüssen zur Agenda 2000 werden auch weiterhin die vier Mitgliedstaaten Spanien, Griechenland, Portugal und Irland gefördert, obwohl 1999 bereits drei davon (und seit 2001 alle vier) Mitglied der EWWU waren und Irland die 90 %-Schwelle bereits deutlich überschritt. Die zehn Beitrittsländer erhalten von 2004 an ebenfalls Mittel aus dem Kohäsionsfonds, bis 2006 insgesamt 7,6 Mrd. Euro.

neten Ausgaben aus dem Teileinzelplan B2 (Strukturmaßnahmen) handelt es sich um verschiedene Interventionen in den Bereichen Landwirtschaft, Fischerei, Regionalpolitik und Verkehr.[139]

Die Rubrik 4 Externe Politikbereiche (VE 2003: 4.949 Millionen Euro) fasst die Ausgaben der Gemeinschaft für Drittstaaten exklusive der Hilfen für Beitrittskandidaten zusammen.[140] Haushaltstechnisch gesprochen besteht die Rubrik aus den Teileinzelplänen III/B7 (Außenpolitische Maßnahmen) ohne die Kapitel Heranführungsstrategie und Reserven sowie III/B8 (GASP).[141]

Die Rubrik 5 Verwaltungsausgaben (VE (=ZE) 2003: 5.360 Millionen Euro) umfasst die administrativen Ausgaben aller EU-Organe. Da die Etats der Organe mit Ausnahme der Kommission nur Verwaltungsausgaben beinhalten, gehören zur Rubrik die Einzelpläne I, II, IV, V und VI sowie die Verwaltungsausgaben der Kommission (III/A). Letztere machen etwa die Hälfte (2000: 49,2 %) aller Verwaltungsausgaben aus, wobei davon wiederum etwa ein Drittel (2000: 15,7 %) als Ausgaben mit organübergreifendem Charakter angesehen werden, wie zum Beispiel der Zuschuss für die Europäischen Schulen.[142]

In der Rubrik 6 Reserven (VE 2003: 434 Millionen Euro) sind die Soforthilfereserve und die Reserve für Darlehensgarantien zusammengefasst. Die Reserven werden nur im Bedarfsfall mobilisiert und dann in die entsprechenden Haushaltslinien eingestellt.[143]

In der Rubrik 7 Heranführungshilfe sind bis 2006 jährlich 3.120 Millionen Euro für die beitrittswilligen, aber noch nicht beigetretenen Länder eingeplant. Die Summe verteilt sich auf ein agrarpolitisches und ein strukturpolitisches Anpassungsinstrument sowie Mittel für Beitrittskandidaten aus dem PHARE-Programm und Vorbereitungshilfen für Zypern und Malta.[144]

---

139 Vgl. Europäische Kommission (1995), S. 95 ff., Europäische Kommission (2000c), S. 14.

140 Die Ausgaben des Europäischen Entwicklungsfonds werden über einen Sonderhaushalt finanziert und erscheinen deswegen nicht in dieser Rubrik.

141 Vgl. Europäische Kommission (1995), S. 97 f., Europäische Kommission (2000c), S. 15 f.

142 Vgl. Europäische Kommission (1995), S. 98 f., Blümich, H. (1999), S. 84.

143 Vgl. Europäische Kommission (1995), S. 99, Blümich, H. (1999), S. 84 f.

144 Vgl. Europäische Kommission (2000c), S. 103 ff. Das PHARE-Programm (ursprünglich für „Poland and Hungary: Aid for Restructuring of the Economies") fungiert als Finanzinstrument zur Unterstützung der mittel- und osteuropäischen Beitrittsländer.

Die Rubrik 8 Erweiterung ist mittlerweile durch die Rubrik Ausgleichsbeträge abgelöst worden. In der ursprünglichen Finanziellen Vorausschau umfasste sie die Ausgaben für beigetretene Länder, allerdings in einer Variante mit 21 Mitgliedstaaten ab 2002. In der aktualisierten Finanziellen Vorausschau sind diese Ausgaben den jeweiligen Rubriken zugeordnet; in der achten Rubrik stehen indessen Finanzierungsmittel für den ‚vorübergehenden Haushaltsausgleich' und ‚besondere Cashflow-Fazilitäten', die auf der Tagung des Europäischen Rates von Kopenhagen (12. und 13. Dezember 2002) zu Gunsten der zehn neuen Mitgliedstaaten vereinbart wurden.

Die Verteilung auf die Rubriken in der (aktualisierten) Finanziellen Vorausschau 2000-2006 ist in Tabelle 2 dargestellt:

Tab. 2: Finanzielle Vorausschau 2000 – 2006

Ausgabenrubrik	2000	2001	2002	2003	2004	2005	2006
1. Landwirtschaft	41.738	44.530	46.587	47.378	49.305	51.439	51.587
2. Strukturpol. Maßnahmen	32.678	32.720	33.638	33.968	41.035	42.441	43.701
3. Interne Politikbereiche	6.031	6.272	6.558	6.796	8.722	9.012	9.138
4. Externe Politikbereiche	4.627	4.735	4.873	4.972	5.082	5.119	5.130
5. Verwaltungsausgaben	4.638	4.776	5.012	5.211	5.983	6.185	6.356
6. Reserven	906	916	676	434	442	446	446
7. Heranführungshilfe	3.174	3.240	3.328	3.386	3.455	3.472	3.472
8. Ausgleichsbeträge					1.410	1.305	1.046
Σ Mittel f. Verpflichtungen	93.792	97.189	100.672	102.145	115.434	119.419	120.876
Σ Mittel für Zahlungen	91.322	94.730	100.078	102.767	111.380	114.060	116.555
in % des BNE	1,07	1,07	1,09	1,11	1,11	1,09	1,08

Tab. 2: Finanzielle Vorausschau 2000 – 2006 (EU-15/25, Angaben in Millionen Euro zu jeweiligen Preisen, 2006 zu Preisen von 2005)
Quelle: Europäische Kommission (2003g), Anhang Tab. 1.

Eine seit 2001 praktizierte Analyse des EU-Haushalts ist das Konzept des Activity Based Budgeting. Danach werden die Ausgaben ihren jeweiligen Politikbereichen, die im Wesentlichen den einschlägigen Generaldirektionen entsprechen, zugeordnet.[145] Diese Darstellung entspricht dem in vielen Haushaltsplänen (zum Beispiel Bundeshaushalt) verwendeten Ministerialprinzip. Kombiniert mit der Analyse in Rubriken, lassen sich die Ausgaben auch in Matrixform darstellen.[146]

[145] Vgl. Europäische Kommission (2000c), S. 117 ff.
[146] Vgl. ebenda, S. 120.

Tab. 3: Finanzielle Vorausschau 2007 – 2013 (Kommissionsvorschlag)

Ausgabenrubrik	2007	2008	2009	2010	2011	2012	2013
1. Nachhaltiges Wachstum	59.675	62.795	65.800	68.235	70.660	73.215	76.785
2. Nachhaltige Bewirtschaftung und Schutz der natürlichen Ressourcen (davon GAP)	57.180 (43.500)	57.900 (43.673)	58.115 (43.354)	57.980 (43.034)	57.850 (42.714)	57.825 (42.506)	57.805 (42.293)
3. Unionsbürgerschaft, Freiheit, Sicherheit und Recht	1.630	2.015	2.330	2.645	2.970	3.295	3.620
4. Die EU als globaler Partner	11.400	12.175	12.945	13.720	14.495	15.115	15.740
5. Verwaltung	3.675	3.815	3.950	4.090	4.225	4.365	4.500
Verpflichtungsermächtigungen	133.560	138.700	143.140	146.670	150.200	154.315	158.450
Zahlungsermächtigungen	124.600	136.500	127.700	126.000	132.400	138.400	143.100
in % des BNE	1,15	1,23	1,12	1,08	1,11	1,14	1,15

Tab. 3: Finanzielle Vorausschau 2007 – 2013 (Kommissionsvorschlag)(Angaben in Millionen Euro zu Preisen von 2004)
Quelle: Europäische Kommission (2004f), S. 35.

Für die der Agenda 2000 folgende Finanzierungsperiode 2007 bis 2013 hat die Kommission im Februar 2004 eine neue Finanzielle Vorausschau vorgeschlagen. Die Kommission hat dabei die Auflistung der Ausgaben in Rubriken beibehalten, die Rubriken jedoch umbenannt und neu geordnet.[147] Auch die Reihenfolge der nun von einigen Euphemismen gekennzeichneten Rubriken wurde geändert: Die neue erste Rubrik soll ‚Nachhaltiges Wachstum' heißen; darin enthalten sind vor allen Dingen die strukturpolitischen Maßnahmen, aber auch die bisher den Internen Politiken zugeordneten Ausgaben für Forschung und Transeuropäische Netze. Die zweite Rubrik soll den wohlklingenden Namen ‚Nachhaltige Bewirtschaftung und Schutz der natürlichen Ressourcen' tragen. Neben den bisher den Internen Politiken zugeordneten Umweltschutzausgaben würde diese Rubrik indessen zu drei Vierteln aus Agrarausgaben bestehen. Ausgaben für Sicherheit und Kriminalitätsbekämpfung, aber auch Ausgaben für Kultur sollen unter der Rubrik ‚Unionsbürgerschaft, Freiheit, Sicherheit und Recht' zusammengefasst werden. Die vierte Rubrik Externe Politikmaßnahmen würde zusammen mit den Reserven in ‚Die EU als globaler Partner' umbenannt. Die fünfte Rubrik wäre weiterhin Verwaltung, jedoch ohne die Verwaltungsausgaben der Kommission, die in den anderen Rubriken enthalten sind. Die von der Kommission vorgeschlagenen Mittel für die einzelnen Rubriken sind in Tabelle 3 aufgeführt.

Mit Ausnahme des Jahres 2008 bliebe der EU-Haushalt damit weiterhin deutlich unter der Ausgabenobergrenze von 1,24 % des EU-BNE. Da sich die Staats- und Re-

[147] Vgl. Europäische Kommission (2004f), S. 7 ff.

gierungschefs der Nettozahlerstaaten Deutschland, Frankreich, Vereinigtes Königreich, Niederlande, Österreich und Schweden bereits im Dezember 2003 in einem gemeinsamen Schreiben an den Präsidenten der Kommission dafür aussprachen, die Ausgaben in der kommenden Finanzierungsperiode auf 1,0 % des BNE zu „deckeln", sind für die Beschlussfassung des neuen Finanzrahmens schwierige Verhandlungen zu erwarten.[148]

1.3 Die Eigenmittelarten im Einzelnen

1.3.1 Traditionelle Eigenmittel

1.3.1.1 Agrarabschöpfungen

Das Aufkommen aus den Agrarabschöpfungen fließt der Gemeinschaft seit 1971 zu. Nach Artikel 2 Absatz 1 Buchst. a des Eigenmittelbeschlusses 2000 gehören dazu

> „Abschöpfungen, Prämien, Zusatz- oder Ausgleichsbeträge, zusätzliche Teilbeträge und andere Abgaben auf den Warenverkehr mit Drittländern, die von den Organen der Gemeinschaften im Rahmen der gemeinsamen Agrarpolitik eingeführt worden sind oder noch eingeführt werden, sowie Abgaben, die im Rahmen der gemeinsamen Marktorganisation für Zucker vorgesehen sind".

Die Formulierung „Warenverkehr mit Drittländern" impliziert, dass weder Abgaben auf landwirtschaftliche Dienstleistungen noch auf innergemeinschaftlichen Agrarhandel darunter fallen, hingegen sowohl Agrarimport- als auch Agrarexportabgaben.[149] Zu Agrarexportabgaben kann es nur kommen, wenn der Weltmarktpreis über dem Richtpreis der Gemeinschaft liegt, was angesichts des protektionistischen Kurses in der Agrarpolitik sehr selten der Fall ist. Im Folgenden sind deshalb Abschöpfungen – mit Ausnahme der Zuckerabgaben – als Agrarimportabgaben anzusehen. Die Zuckerabgaben werden als Abschöpfungen im weiteren Sinne den Agrarabschöpfungen zugerechnet. Im engeren Sinne versteht man unter Abschöpfungen Abgaben, die durch den Ausgleich von Weltmarkt- und EU-Preis dem Ziel der Gemeinschaftspräferenz dienen sollen. Als EU-Preis ist hierbei der jährlich vom Rat der Agrarminister festgelegte Richtpreis oder Schwellenpreis für ein Agrarprodukt anzusehen. Die-

---

[148] Vgl. Chirac, J. et al. (2003), o.V. (2004b), S. 1.
[149] Vgl. Messal, R. (1991), S. 46.

ser Richtpreis liegt regelmäßig oberhalb des ebenfalls politisch festgelegten Interventions- oder Mindestpreises. Der Interventionspreis garantiert den Landwirten (sofern keine Mengenrestriktionen bestehen) die Abnahme ihrer Produktion zu mindestens diesem Preis. Bei niedrigeren Weltmarktpreisen lässt sich Nachfrage nach EU-Agrarprodukten nur durch Abschöpfungen sicherstellen.

Die Abschöpfung ist ein variabler Mengenzoll (Gleitzoll), der bis Juni 1995 so erhoben wurde, dass er in der Höhe genau dem Differenzbetrag zwischen dem Schwellenpreis und dem cif-Weltmarktpreis, also dem Angebotspreis an der EU-Grenze entsprach.[150] Die Abschöpfungssätze wurden sogar täglich von der Kommission neu festgelegt, so dass der europäische Markt quasi perfekt abgeschottet war. Liegt der EU-Preis nämlich unter dem Mindesteinfuhrpreis, haben Produkte aus Drittstaaten (ohne Sonderregelungen) keine Absatzchancen. In einem solchen Fall hätte die Abschöpfung prohibitiven Charakter.

Da solch ein System mit freiem Welthandel nicht vereinbar ist, war der Agrarprotektionismus der EG einer der Hauptstreitpunkte der Uruguay-Runde, die im Ergebnis unter anderem dazu führte, dass die Gemeinschaft ihr Abschöpfungssystem verändern musste. Seit Juli 1995 werden nur noch fixe, jedoch im Zeitablauf sinkende Beträge erhoben. Diese Zolläquivalente richteten sich in der Höhe nach den Abschöpfungsbeträgen einer Basisperiode (1986-89), einer Periode, in der die Weltmarktpreise (Abschöpfungen) recht niedrig (hoch) waren.[151]

Zu den Agrarabschöpfungen werden auch die bereits seit 1967 erhobenen Zuckerabgaben gezählt. Es ist zu unterscheiden zwischen der Lagerkostenabgabe und der Produktionsabgabe. Die seit dem Wirtschaftsjahr 2001/2002 nicht mehr erhobene Lagerkostenabgabe hatte rein lenkenden Charakter; mit ihrem Aufkommen, das beim Zuckerabsatz entstand, wurden Lagerhaltungskosten für Zucker pauschal vergütet, so dass die Lagerung den Zuckerpreis nicht beeinflusste.[152] Die Produktionsabgabe ist Bestandteil eines Kontingent- und Quotensystems; mit ihr sollen Ausgaben für den Zuckermarkt gedeckt und die Überproduktion von Zucker gedämpft werden. Sie wird seit 1977 auch für Isoglucose, ein industriell erzeugtes Zuckersubstitut, erhoben.

---

[150] Vgl. Koester, U. (2001), S. 328.
[151] Vgl. ebenda, S. 328 f.
[152] Vgl. Peffekoven, R. (1994), S. 51.

Eine Lagerkostenabgabe auf Isoglucose gab und gibt es nicht, da sie im Gegensatz zu Zucker ganzjährig hergestellt werden kann.[153] Dasselbe gilt für die seit 1994 abgabepflichtige Produktion von Inulinsirup.

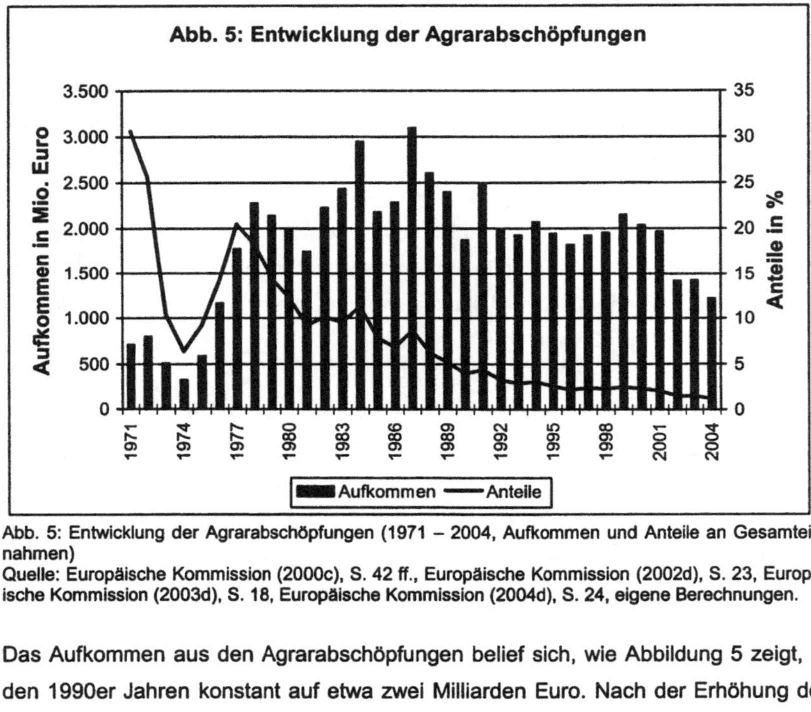

Abb. 5: Entwicklung der Agrarabschöpfungen (1971 – 2004, Aufkommen und Anteile an Gesamteinnahmen)
Quelle: Europäische Kommission (2000c), S. 42 ff., Europäische Kommission (2002d), S. 23, Europäische Kommission (2003d), S. 18, Europäische Kommission (2004d), S. 24, eigene Berechnungen.

Das Aufkommen aus den Agrarabschöpfungen belief sich, wie Abbildung 5 zeigt, in den 1990er Jahren konstant auf etwa zwei Milliarden Euro. Nach der Erhöhung der Erhebungskostenpauschale von 10 auf 25 %, die 2002 wirksam wurde, ist das Aufkommen deutlich gesunken.[154] Der Anteil dieser Eigenmittelart an den Gesamteinnahmen der EU (vergleiche ebenfalls Abbildung 5) ist in den vergangenen drei Jahrzehnten deutlich geschrumpft und liegt mittlerweile bei weniger als 2 %.

Die Europäische Union verfügt bei den Abschöpfungen über die vollständige Objekt- und Ertragshoheit. Letztere wird nicht dadurch eingeschränkt, dass die Mitgliedstaaten zum Ausgleich der Erhebungskosten pauschal 25 % einbehalten.[155] Die Zuord-

[153] Vgl. Messal, R. (1991), S. 49 f.
[154] Im Jahr 2004 sinkt das veranschlagte Aufkommen trotz der Erweiterung um zehn Staaten zum 1. Mai 2004 nochmals um fast 15 %.
[155] Vgl. Messal, R. (1991), S. 52. Gleichwohl dürfte die Erhebungskostenpauschale von 25 % die tatsächlichen Verwaltungskosten deutlich übersteigen.

nung des Aufkommens zur EU ist folgerichtiger Ausfluss der Kompetenzzuordnung in diesem Bereich. Es handelt sich um Lenkungsabgaben[156], deren Ausgestaltung und Höhe von agrar- und handelspolitischen Gesichtspunkten abhängig ist und deren fiskalische Wirkung nur von untergeordneter Bedeutung ist.

Eine finanzwirtschaftspolitische Würdigung der Abschöpfungen hat zum einen den quantitativ relativ geringen Umfang zu beachten; zum anderen sind die Abgaben nicht unabhängig, sondern als Bestandteil des hochkomplexen Systems der Gemeinsamen Agrarpolitik (GAP) zu betrachten. Die GAP führt mit ihren Abschöpfungen, Exportsubventionen, Preisgarantien usw. zu allokativen Verzerrungen[157], Wohlfahrtsverlusten und einer gewaltigen Ausgabentätigkeit. Die Agrarreformen der 1990er-Jahre haben jedoch zu Verbesserungen geführt.[158]

1.3.1.2 Zölle

Die Schaffung eines Gemeinsamen Marktes war eines der wesentlichen Ziele bei der Gründung der Europäischen Wirtschaftsgemeinschaft. Ein Etappenziel war dabei die 1968 vollendete Errichtung einer Zollunion. Eine Zollunion ist eine Integrationsform, die über eine Freihandelszone hinausgeht und eine Vorstufe zu einem Gemeinsamen Markt darstellt. Während innerhalb einer Freihandelszone[159] allein die Zollschranken beim Handel zwischen den beteiligten Ländern fallen, ist eine Zollunion darüber hinaus durch die Vereinheitlichung der Zölle auf Importe aus Drittstaaten gekennzeichnet (Gemeinsamer Außenzoll). Ein Gemeinsamer Markt[160] zeichnet sich zusätzlich durch das Wegfallen nicht-tarifärer Handelshemmnisse und freie Faktor-

---

[156] Etwas abenteuerlich mutet die Interpretation der Abschöpfungen als Abgaben nach dem Verursacherprinzip (Importeur verursacht Kosten im Rahmen der GAP) an. Vgl. Messal, R. (1991), S. 48.
[157] Die indirekte Besteuerung von Agrarprodukten führt nicht nur zu allokativen Veränderungen auf den Märkten für diese Produkte selbst, sondern auch auf den Märkten für Erzeugnisse, bei deren Produktion solche Agrarprodukte verarbeitet werden. Insbesondere für die Ernährungsindustrie können somit Wettbewerbsnachteile gegenüber Anbietern aus Drittstaaten entstehen. Vgl. Koester, U. (2001), S. 329.
[158] Vgl. Sachverständigenrat zur Begutachtung der gesamtwirtschaftlichen Entwicklung (2001), S. 244 f.
[159] Historische Beispiele für Freihandelszonen sind die Europäische Freihandelszone (EFTA) und die Nordamerikanische Freihandelszone (NAFTA).
[160] Vgl. Rose, K., Sauernheimer, K. (1999), S. 627.

mobilität aus. Dieser Integrationsgrad wurde in der EU mit der Vollendung des Binnenmarktes 1993 erreicht.[161]

Die Innenwirkung einer Zollunion besteht durch die Beseitigung von Binnenzöllen im Abbau nationaler Protektion und einer Tendenz zu stärkerer Spezialisierung.[162] Die Einheitlichkeit der Außenzölle wird durch den Gemeinsamen Zolltarif (GZT) erreicht. Die Zölle bestehen hauptsächlich in Form von Wertzöllen, es gibt aber auch spezifische Zölle (Mengenzölle).

Das Zufließen des Zollaufkommens an die Zentralebene ist in einer Zollunion keine conditio sine qua non, das Aufkommen könnte – wie es nach 1968 zunächst auch tatsächlich war – den nationalen Haushalten zufließen. Die Einnahmen fließen dem Zentralhaushalt teilweise seit 1971, vollständig seit 1975 zu. Seit 1988 behalten die Mitgliedstaaten zum Ausgleich von Erhebungskosten einen Pauschalbetrag (10 %, seit 2001 25 %) ein. Seit 1988 gehört auch das Aufkommen aus den Zöllen auf Montanerzeugnisse (EGKS-Zölle) zu den eigenen Mitteln.

Nach der Theorie des fiskalischen Föderalismus spricht für die Zentralisierung der Ertragshoheit einer Abgabe, wenn die regionale Zuordnung des Aufkommens schwierig bis unmöglich ist.[163] Eben das ist bei den Zöllen – wie auch bei den Agrarzöllen – der Fall. In die EU eingeführte, dem GZT unterliegende Waren werden nämlich in dem Land verzollt, über dessen Grenze sie in die Gemeinschaft gelangen, unabhängig von der Frage, ob sie in diesem oder in einem anderen Mitgliedsland ihre Bestimmung haben. Dies führt insbesondere dazu, dass kleine Mitgliedsländer mit bedeutenden Importhäfen ein überproportionales Zollaufkommen vereinnahmen. Namentlich Belgien und die Niederlande haben ein sehr hohes Aufkommen pro Kopf, wie Abbildung 6 verdeutlicht.

---

[161] Die Schaffung einer Wirtschafts- und Währungsunion (in der EU seit 1999) kann quasi als Krönung der wirtschaftlichen Integration angesehen werden. Sie beseitigt auch die durch die Unterschiedlichkeit der Währung bedingten Handelshemmnisse, verstärkt aber gleichzeitig gegenseitige Abhängigkeit.

[162] Vgl. Regul, R. (1968), S. 315.

[163] Vgl. Peffekoven, R. (1980), S. 618.

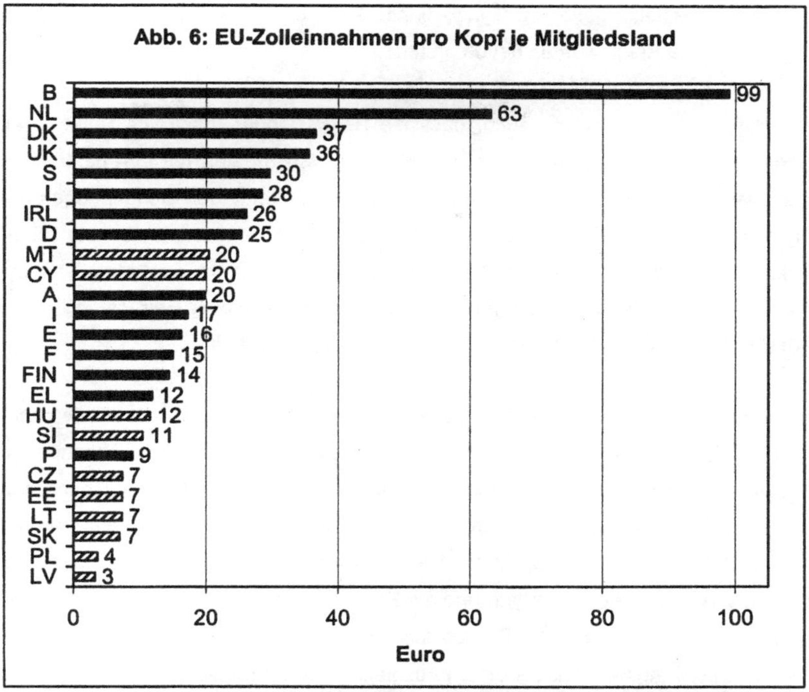

Abb. 6: EU-Zolleinnahmen pro Kopf je Mitgliedsland (EU-25, im Haushaltsplan 2004 veranschlagte Einnahmen nach Abzug der Erhebungskostenpauschale, Einnahmen der Beitrittsländer wegen Beitritt zum 1. Mai 2004 zwecks Vergleichbarkeit um 50 % erhöht, Einwohnerzahlen 2003)
Quelle: Gesamthaushaltsplan der Europäischen Union für das Haushaltsjahr 2004 (ABl. Nr. C 105 (2004), S. 9), Eurostat, eigene Berechnungen.

Dieses Phänomen wird als Rotterdam-Antwerpen-Effekt[164] oder auch als Gateway-Effekt[165] bezeichnet, der – sofern nicht berücksichtigt – Aussagen über nationale Zahlungen an die EU verzerrt.[166] Wäre es dauerhaft bei nationaler Ertragshoheit über die Zölle (und Abschöpfungen) geblieben, hätte es sicherlich Forderungen nach ei-

[164] Vgl. Ott, G. (1984), S. 345, Peffekoven, R. (1994), S. 74. Schätzungen zufolge entfallen 27 % der Zölle, die in den Niederlanden erhoben werden und 31 % der Zölle, die in Antwerpen (Belgien) vereinnahmt werden, auf Waren, deren Bestimmung in anderen Mitgliedstaaten liegt. Vgl. Europäische Kommission (1998), Anhang 2, S. 2, Fn. 4.

[165] Vgl. ebenda. Gretschmann differenziert zusätzlich zwischen einem – dem oben beschriebenen Effekt entsprechenden – ‚First Round Gateway Effect' und einem ‚Second Round Gateway Effect', der durch den Re-Export aus Drittländern stammender, aber in einem EU-Land weiterverarbeiteter Waren entsteht. Vgl. Gretschmann (1998), S. 36 f.

[166] Zu einer genaueren Auseinandersetzung mit diesem Problem siehe die Ausführungen zum Thema Nettoposition in Kap. 2.2.2.1.2.

nem Finanzausgleich gegeben;[167] insbesondere die Länder, bei denen die Traglast die Zahllast übersteigt, würden davon profitieren.

Die Graphik veranschaulicht auch, dass die Beitrittsländer (gestreifte Balken) mit Ausnahme der Inselstaaten Zypern und Malta zu den Staaten mit den niedrigsten Zolleinnahmen pro Einwohner zählen.[168] Im oberen Drittel finden sich hingegen neben Belgien und den Niederlanden weitere wohlhabende Mitgliedstaaten wie Dänemark, Luxemburg und Schweden. Eine regressive Wirkung in der Belastung ist somit nicht erkennbar – eher eine progressive; allerdings ist in dieser Betrachtung – wie bereits betont – der Rotterdam-Antwerpen-Effekt implizit enthalten.

Die Anhebung der Erhebungskostenpauschale von 10 % auf 25 % hat relativ gesehen die Mitgliedstaaten mit überdurchschnittlichen Zolleinnahmen (und Abschöpfungen) pro Kopf begünstigt; insbesondere für die Mitgliedstaaten, die vom Rotterdam-Antwerpen-Effekt betroffen sind, ergaben sich „windfall gains"[169]. Das Europäische Parlament war mit der Anhebung nicht einverstanden, weil es den Zusammenhang mit tatsächlichen Kosten nicht sah und die Pauschale folglich als „eine Art versteckter Rabatt"[170] ansah. Auch der Europäische Rechnungshof sieht „diese Maßnahme eher einem Beitragsnachlaß als einem Ausgleich für die Erhebungskosten gleich"[171]. Die Erhöhung kann jedoch auch als verbesserter Anreiz, die Abgaben einzutreiben angesehen werden.[172]

Bei der Gestaltung der Zölle im Rahmen der gemeinsamen Außenwirtschaftspolitik der EU stehen fiskalische Zielsetzungen im Hintergrund. Zollpolitik ist vor allem Wirtschaftspolitik, nicht Finanzpolitik.[173] Dies zeigt sich zum einen in der allgemeinen Absenkung des Zollniveaus, die in engem Zusammenhang mit der Liberalisierung des Welthandels steht, zum anderen in der Vielfältigkeit von Erleichterungen für bestimm-

---

[167] Vgl. Peffekoven, R. (1994), S. 58.
[168] Da die Beitrittsländer im Jahr 2004 nur acht Monate lang Mitglied der EU sind, wurden die im Haushaltsplan veranschlagten Einnahmen zu Vergleichszwecken um 50 % erhöht.
[169] Begg, I. (2000), S. 57.
[170] Europäisches Parlament (2001), S. 11.
[171] Europäischer Rechnungshof (1999), Tz. 13.
[172] Vgl. Lienemeyer, M. (2002), S. 222.
[173] Die Kommission benennt in einer Darstellung über die Zollpolitik neun Ziele in der gemeinsamen Zollpolitik, die von der Förderung des Welthandels über den Schutz des Binnenmarktes bis hin zur Erhebung von Handelsdaten für statistische Zwecke reichen; die Erzielung von Einnahmen zählt nicht dazu. Vgl. Europäische Kommission (1999), S. 4.

te Länder(-gruppen), wie zum Beispiel Entwicklungsländer oder die mittel- und osteuropäischen Länder.

Die Einnahmen der Gemeinschaft aus den Zöllen sind im Zeitablauf – wie Abbildung 7 veranschaulicht – fast permanent gestiegen. Ihren vorläufigen Höhepunkt erreichten sie 1995 mit einem Aufkommen von 12,5 Milliarden Euro. Seitdem entwickelt sich das Aufkommen tendenziell leicht rückläufig. Durch die EU-Erweiterung zum 1. Mai 2004 steigt das veranschlagte Aufkommen in diesem Jahr indessen um gut 7 % gegenüber dem Vorjahr.

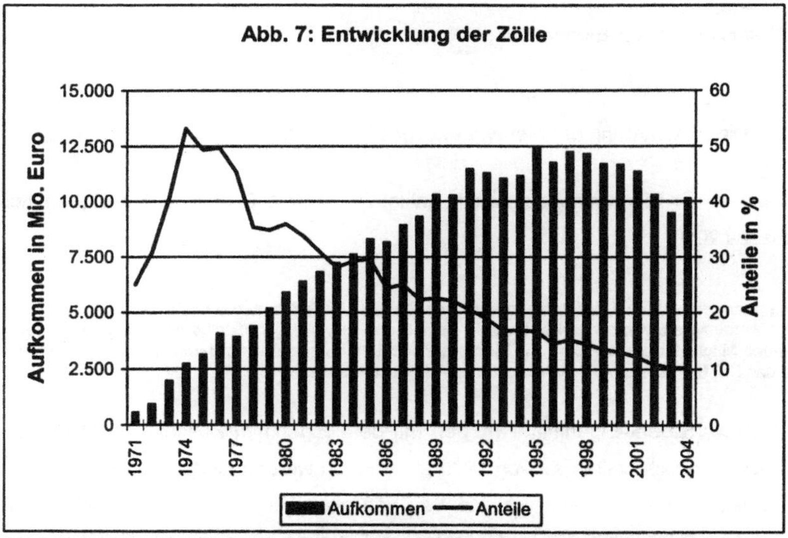

Abb. 7: Entwicklung der Zölle (1971 – 2004, Aufkommen und Anteile an Gesamteinnahmen)
Quelle: Europäische Kommission (2000c), S. 42 ff., Europäische Kommission (2002d), S. 23, Europäische Kommission (2003d), S. 18, Europäische Kommission (2004d), S. 24, eigene Berechnungen.

Wie bei den Abschöpfungen zeigen sich auch hier Auswirkungen der Uruguay-Runde (Absenkung des allgemeinen Zollniveaus[174]). Der relative Bedeutungsverlust der Zölle, den ebenfalls Abbildung 7 verdeutlicht, ist auf Folgendes zurückzuführen: Zum einen ist der Haushalt wesentlich stärker gewachsen als das Zollaufkommen und zum anderen sind die Einnahmen aus der dritten und vierten Eigenmittelquelle

[174] Theoretisch kann eine Zollsatzsenkung auch zu einer Erhöhung des Zollaufkommens führen, sofern der positive Mengeneffekt den negativen Preiseffekt übersteigt.

enorm gestiegen. Seit 1974 (53 %) ist der Anteil der Zölle an den Gesamteinnahmen fast kontinuierlich gesunken; 2004 liegt er noch bei 10 %.

Zölle und Abschöpfungen sind der „fiskalische Ausdruck einer protektionistischen Politik"[175]. Darüber hinaus sind sie äußerst verwaltungsaufwändig und kompliziert; die Zollgesetzgebung der EU umfasst über 11.000 Tarifpositionen und einen Gemeinschaftskodex mit einer Einteilung in rund 400 Warenkategorien.[176] Solange Abgaben in dieser Form noch erhoben werden, wird es jedoch unstrittig bleiben, dass das Aufkommen der Zentralebene zufließt.[177]

1.3.2 Mehrwertsteuer-Eigenmittel

1.3.2.1 Die Bestimmung der Mehrwertsteuer-Eigenmittel

Mehrwertsteuer-Eigenmittel sind nach Artikel 2 Absatz 1 Buchst. c des Eigenmittelschlusses 2000

> „Einnahmen, die sich aus der Anwendung eines für alle Mitgliedstaaten einheitlichen Satzes auf die nach Gemeinschaftsvorschriften bestimmte einheitliche MWSt-Eigenmittelbemessungsgrundlage eines jeden Mitgliedstaats ergeben. Die für diese Zwecke heranzuziehende Bemessungsgrundlage darf 50 % des [...] BSP eines jeden Mitgliedstaats nicht überschreiten".

Die Mehrwertsteuer-Eigenmittel wurden mit dem Eigenmittelbeschluss 1970 eingeführt. Ursprünglich sollten sie von 1975 an erhoben werden, wegen technischer Probleme wurden sie aber erst von 1980 an von allen Mitgliedstaaten gezahlt.[178] Die technischen Probleme lagen in der fehlenden Einigung auf eine einheitliche Bemessungsgrundlage, die man erst 1977 mit der sechsten Mehrwertsteuer-Richtlinie[179] erreichte, die anschließend aber noch in nationales Recht umzusetzen war.

---

[175] Huber, B. (2001b), S. 53.

[176] Vgl. Europäische Kommission (1998), S. 9.

[177] Auch ohne Zollunion, das heißt bei nationalstaatlicher Zollerhebung, fließt das Aufkommen regelmäßig der Zentralebene zu, wie es z.B. in Deutschland durch Art. 106 Abs. 1 Nr. 1 GG geregelt ist.

[178] Griechenland und Portugal bekamen nach ihren Beitritten jeweils Übergangsfristen bei der Einführung der Mehrwertsteuer-Eigenmittel zugestanden. Sie zahlten stattdessen vorübergehend BSP-Beiträge.

[179] Sechste Richtlinie des Rates vom 17. Mai 1977 zur Harmonisierung der Rechtsvorschriften der Mitgliedstaaten über die Umsatzsteuern – Gemeinsames Mehrwertsteuersystem: einheitliche Bemessungsgrundlage – (77/388/EWG), ABl. Nr. L 145 (1977), S. 1.

Bereits 1967 gaben die erste und zweite Mehrwertsteuer-Richtlinie[180] den „Startschuss“ zur Vereinheitlichung des Mehrwertsteuersystems. Von 1970 an (in Deutschland schon seit 1968)[181] wurde die Umsatzsteuer nicht mehr – wie zuvor in den meisten Mitgliedstaaten – als Bruttoallphasen-Umsatzsteuer, sondern als Nettoallphasen-Umsatzsteuer mit Vorsteuerabzug erhoben.[182] Dieses auch als Mehrwertsteuer vom EU-Typ bezeichnete System ist in Artikel 2 Satz 1 und 2 der ersten Mehrwertsteuerrichtlinie wie folgt definiert:

„Das gemeinsame Mehrwertsteuersystem beruht auf dem Grundsatz, daß auf Gegenstände und Dienstleistungen, ungeachtet der Zahl der Umsätze, die auf den vor der Besteuerungsstufe liegenden Produktions- und Vertriebsstufen bewirkt wurden, eine allgemeine zum Preis der Gegenstände und Dienstleistungen genau proportionale Verbrauchssteuer anzuwenden ist.
Bei allen Umsätzen wird die Mehrwertsteuer, die nach dem auf den Gegenstand oder die Dienstleistung anwendbaren Steuersatz auf den Preis des Gegenstands oder der Dienstleistung errechnet wird, abzüglich des Mehrwertsteuerbetrags geschuldet, der die verschiedenen Kostenelemente unmittelbar belastet hat.“

Die zuvor angewendeten Bruttoallphasen-Umsatzsteuern hatten den Charakter von Produktionssteuern und durch ihre Erhebung auf jeder Wertschöpfungsstufe kumulative Belastungswirkungen. Die Steuerkumulation hatte zur Folge, dass der Steueranteil in zum Export oder Import bestimmten Lieferungen und Leistungen schwierig zu ermitteln und die bei Anwendung des im internationalen Handel üblichen Bestimmungslandprinzips notwendige Steuererstattung bei der Ausfuhr bzw. Belastung bei der Einfuhr entsprechend ungenau war.[183] Die Umstellung des Umsatzsteuersystems auf die Mehrwertsteuer diente also der Entwicklung des Gemeinsamen Marktes durch die Beseitigung steuerlich bedingter Wettbewerbsverzerrungen im internationalen Handel. Darüber hinaus besteuert die Umsatzsteuer – zumindest der Idee nach – den inländischen Konsum, während die Investitionen weitgehend steuerfrei

---

[180] Erste Richtlinie des Rates vom 11. April 1967 zur Harmonisierung der Rechtsvorschriften der Mitgliedstaaten über die Umsatzsteuer (67/227/EWG), ABl. Nr. 71 (1967), S. 1301, sowie Zweite Richtlinie des Rates vom 11. April 1967 zur Harmonisierung der Rechtsvorschriften der Mitgliedstaaten über die Umsatzsteuern – Struktur und Anwendungsmodalitäten des gemeinsamen Mehrwertsteuersystems (67/228/EWG), ABl. Nr. 71 (1967), S. 1303.

[181] Die Niederlande führten die MwSt 1969 ein, Luxemburg 1970. Belgien und Italien erhielten Aufschuberlaubnisse und stellten 1971 bzw. 1973 um. Frankreich hatte schon vor der Verabschiedung der Richtlinien eine MwSt. Dänemark hatte sie auch bereits seit 1967, das Vereinigte Königreich und Irland führten sie etwa gleichzeitig mit ihrem Beitritt ein. Griechenland benötigte nach seinem Beitritt 1981 hingegen noch sechs Jahre. Vgl. Jaser, D. (1997), S. 5.

[182] Zu den verschiedenen Formen der Umsatzbesteuerung vgl. Pohmer, D. (1980), S. 666 ff.

[183] In der Praxis arbeitete man mit Durchschnittssätzen, die auch wenn sie im Durchschnitt richtig lagen, im Einzelfall zu hoch oder zu niedrig sein konnten. Vgl. Andel, N. (1998), S. 358, Europäische Kommission (2000d), S. 12.

bleiben. Weil sie damit im Großen und Ganzen einer Verbrauchssteuer entspricht, wird sie auch Mehrwertsteuer vom Konsumtyp genannt.[184]

Neben der Vereinheitlichung des Umsatzsteuersystems war zur Einführung der Mehrwertsteuer als Finanzierungsinstrument der Gemeinschaft auch die Harmonisierung der Bemessungsgrundlagen notwendig. Ebendies wurde durch die sechste Mehrwertsteuer-Richtlinie vom 17. Mai 1977 verwirklicht. Hierin ist definiert, was zur Besteuerungsgrundlage zählt und was nicht. Außerdem wird festgelegt, welche Gegenstände und Dienstleistungen einem ermäßigten Steuersatz unterworfen werden können. Gleichwohl ist diese Richtlinie zur Vereinheitlichung der Bemessungsgrundlage ein Sammelsurium von Ausnahmen und Sonderregelungen. So enthält Anhang E eine Liste von befreiten Umsätzen, die nach Artikel 28 Absatz 3 Buchst. a weiterhin besteuert werden dürfen, und Anhang F eine Aufzählung von zu besteuernden Umsätzen, die nach Artikel 28 Absatz 3 Buchst. b weiterhin befreit werden können.

Die Gestaltung der Steuersätze war den Mitgliedstaaten zunächst freigestellt. Erst 1992 wurden vorsichtige Schritte der Steuersatzharmonisierung unternommen, die jedoch in keinem Zusammenhang mit den Mehrwertsteuer-Eigenmitteln standen.[185] Nach Artikel 12 Absatz 3 Buchst. a der sechsten Mehrwertsteuer-Richtlinie sind die Mitgliedstaaten seit 1993 verpflichtet, bei der Besteuerung einen Normalsatz anzuwenden, der nicht niedriger als 15 % sein darf. Außerdem dürfen sie einen oder zwei ermäßigte Sätze anwenden, die wenigstens 5 % betragen müssen.[186] Darüber hinaus gibt es auch hierzu wieder Ausnahmeregelungen, die den Mitgliedstaaten in bestimmten Fällen noch niedrigere Sätze oder sogar Nullsätze[187] ermöglichen. Das Gefüge der Mehrwertsteuersätze ist folglich immer noch sehr heterogen.

Die nicht vollständige Identität der nationalen Bemessungsgrundlagen und die Unterschiedlichkeit der Steuersätze müssen bei der Bestimmung der Mehrwertsteuer-Eigenmittel berücksichtigt werden und machen ihre Berechnung dementsprechend

---

[184] Vgl. Peffekoven, R. (1989), S. 5.

[185] Vgl. Richtlinie 92/77/EWG des Rates vom 19. Oktober 1992 zur Ergänzung des gemeinsamen Mehrwertsteuersystems und zur Änderung der Richtlinie 77/388/EWG (Annäherung der MWSt-Sätze), ABl. Nr. L 316 (1992), S. 1.

[186] Die Anwendung ermäßigter Sätze wird üblicherweise entweder mit der Abschwächung von Regressionseffekten oder mit der Förderung meritorischer Güter begründet. Vgl. Peffekoven, R. (1989), S. 7 f.

[187] Der Unterschied eines Nullsatzes gegenüber einer Nichtbesteuerung besteht in der Gewährung des Vorsteuerabzugs.

kompliziert. Bei den Mehrwertsteuer-Eigenmitteln handelt es sich jedenfalls nicht um eine Beteiligung der EU an den nationalen Umsatzsteueraufkommen, auch wenn diese Beschreibung immer wieder zu finden ist. Die Verrechnung im deutschen Bundeshaushalt von Mehrwertsteuer-Eigenmittelzahlungen mit dem Bundesanteil an der Umsatzsteuer entspricht daher eher einem Verstoß gegen das Bruttoprinzip denn einem Nachweis der falschen Behauptung.

Die Höhe der Mehrwertsteuer-Eigenmittelschuld eines Mitgliedstaates i wird bestimmt, wie in Gleichung (1) formelhaft dargestellt:

$$M_i^t = m_e^t \cdot \min\left\{\frac{T_i^t}{s_i^{t-2}} + \tilde{U}_i^t - U_i^t\,;\,0.5 \cdot Y_i^t\right\} \qquad (1)$$

M_i^t = Mehrwertsteuer-Eigenmittel des Landes i im Jahr t

m_e^t = einheitlicher Mehrwertsteuer-Abrufsatz

T_i^t = (korrigiertes) Mehrwertsteueraufkommen des Landes i im Jahr t

s_i^{t-2} = gewogener mittlerer Steuersatz des Landes i im Jahr t – 2

$\tilde{U}_i^t$ = nicht besteuerte Umsätze, die aber zur einheitlichen Bemessungsgrundlage zählen

U_i^t = besteuerte Umsätze, die nicht zur einheitlichen Bemessungsgrundlage zählen

Y_i^t = Bruttosozialprodukt/ Bruttonationaleinkommen des Landes i

Die Mehrwertsteuer-Eigenmittel, die ein Land zu zahlen hat, ergeben sich aus der Multiplikation der nationalen vereinheitlichten Bemessungsgrundlage mit dem einheitlichen Mehrwertsteuer-Abrufsatz.

Die vereinheitlichte Bemessungsgrundlage wird mit Hilfe der so genannten Einnahmenmethode errechnet; diese wurde mit der Verordnung Nr. 1553/89[188] zur endgültig einheitlichen Methode bestimmt.[189] Ausgangspunkt der Berechnungen sind die kas-

[188] Verordnung (EWG, Euratom) Nr. 1553/89 des Rates vom 29. Mai 1989 über die endgültige Regelung für die Erhebung der Mehrwertsteuereigenmittel, ABl. Nr. L 155 (1989), S. 9.

[189] Zu den beiden Alternativen, der Methode nach der Volkswirtschaftlichen Gesamtrechnung und der Methode nach den Steuererklärungen der Steuerpflichtigen, von denen Letztere bis 1985 von einigen Mitgliedstaaten angewandt wurde, vgl. Messal, R. (1991), S. 65 ff.

senmäßigen Mehrwertsteuereinnahmen des jeweiligen Landes, die um kleinere nationale Besonderheiten korrigiert werden.[190] Diese korrigierten Steuereinnahmen dividiert durch den als Dezimalbruch dargestellten gewogenen mittleren Steuersatz des Landes ergeben die Summe der steuerpflichtigen Umsätze, die zur harmonisierten Bemessungsgrundlage gehören und in diesem Mitgliedstaat tatsächlich versteuert wurden. Das heißt, dass in dieser so genannten intermediären Grundlage sowohl die Umsätze fehlen, die illegal unversteuert blieben (Steuerhinterziehung, Schwarzarbeit), als auch solche Umsätze, die durch die Inanspruchnahme von Übergangsbestimmungen national steuerfrei gestellt sind. Da Letztere aber zur Eigenmittel-Bemessungsgrundlage zählen, werden sie der Höhe nach hinzugerechnet; dies gilt zum Beispiel für Umsätze mit Büchern in Polen, die bis 2007 mit 0 % belastet werden. Abgezogen werden solche Bestandteile der nationalen Bemessungsgrundlage, die nach der sechsten Mehrwertsteuer-Richtlinie steuerfrei sind, national aber übergangsweise weiter besteuert werden. Das gilt zum Beispiel für die Leistungen von Zahntechnikern in Deutschland, die übergangsweise mit dem ermäßigten Satz besteuert werden, obwohl diese Umsätze nach der EG-Richtlinie steuerfrei sind.

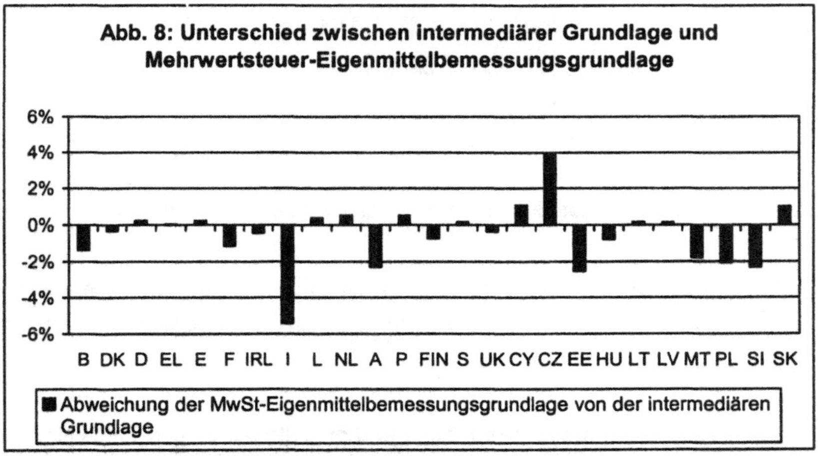

Abb. 8: Unterschied zwischen intermediärer Grundlage und Mehrwertsteuer-Eigenmittelbemessungsgrundlage (EU-25, 2001)[191]
Quelle: Europäische Kommission, Generaldirektion Haushalt, eigene Berechnungen.

[190] Vgl. Messal, R. (1991), S. 68. Solche Korrekturen werden zum Beispiel durch Pauschalierungssysteme bei der Besteuerung von Landwirten notwendig. Bei den meisten Mitgliedstaaten unterscheiden sich die korrigierten von den kassenmäßigen Einnahmen um weniger als ein Prozent.
[191] Eine tabellarische Darstellung der verglichenen Daten ist in Anhang 1 zu finden.

Der Unterschied zwischen intermediärer Grundlage und Eigenmittelbemessungsgrundlage ist im Durchschnitt der EU-25 relativ gering. Im Jahre 2001 lag er in den heutigen 25 Mitgliedstaaten bei 0,9 % der Eigenmittelbemessungsgrundlage. Wie Abbildung 8 zeigt, differieren die Unterschiede zwischen den Mitgliedstaaten jedoch erheblich: Während die italienische intermediäre Grundlage um 5,4 % unter der italienischen Eigenmittelbemessungsgrundlage lag, lag die tschechische um 3,9 % über der Bemessungsgrundlage; in Griechenland sind die Beträge nahezu identisch.

Die Höhe des gewogenen mittleren Satzes – bis auf Dänemark hat jeder Mitgliedstaat mindestens zwei Sätze – wird mit Hilfe von Daten der Volkswirtschaftlichen Gesamtrechnung ermittelt. Das Gewicht eines Satzes bestimmt sich dabei durch den Anteil der entsprechenden Umsätze am Gesamtbetrag der Umsätze. Da die Daten nur mit Verzögerung zur Verfügung stehen, beziehen sich die Werte nach Artikel 4 Absatz 4 der Verordnung Nr. 1553/89 in der Regel auf das vorletzte Jahr.[192] Formelhaft dargestellt bestimmt sich der gewogene mittlere Satz, wie in Gleichung (2) dargestellt:

$$(2) \qquad s_i^{t-2} = \sum_j \left(s_{i,j}^t \cdot \frac{U_{i,j}^{t-2}}{\sum_j U_{i,j}^{t-2}} \right)$$

s_i^{t-2} = gewogener mittlerer Satz des Landes i im Jahr t-2

$s_{i,j}^t$ = Steuersatz j des Landes i im Jahr t

$U_{i,j}^{t-2}$ = Summe der zum Steuersatz j des Landes i besteuerten Umsätze im Jahr t-2

Übersteigt die nationale Bemessungsgrundlage für die Mehrwertsteuer-Eigenmittel die Hälfte des nationalen Bruttosozialprodukts, geht der Anteil, der oberhalb 50 % liegt, nicht in die Berechnung der Mehrwertsteuer-Eigenmittel ein; die Bemessungsgrundlage wird ab diesem Betrag „gekappt". Die Kappung wurde durch den Eigenmittelbeschluss 1988 in das Finanzierungssystem eingeführt. Sie sollte die Mitgliedstaa-

[192] Art. 4 Abs. 4 der Verordnung Nr. 1553/89 gestattet auf Antrag auch die Bezugnahme auf ein anderes Jahr, „äußerstenfalls jedoch das fünfte Jahr vor dem betreffenden Haushaltsjahr". Die Anteile an den Umsatzgruppen werden allerdings mit den aktuellen MwSt-Sätzen gewichtet. Vgl. Europäische Kommission (2003i), S. 17.

ten kompensieren, die gegen die Einführung der vierten Eigenmittelquelle in Form der Bruttosozialprodukt-Eigenmittel waren und stattdessen für die so genannte Differenzgrundlage (BSP minus Mehrwertsteuer-Bemessungsgrundlage) plädierten.[193] Die Kappungsgrenze lag anfänglich bei 55 % des BSP, wurde aber mit dem Eigenmittelbeschluss 1994 für die vier wirtschaftlich schwächsten Mitgliedstaaten Spanien, Griechenland, Portugal und Irland mit dem Jahr 1995 auf 50 % gesenkt; für die anderen elf Mitglieder sank die Grenze in Einprozent-Schritten bis 1999 auf 50 %. Häufig wird die Kappung mit dem Argument gerechtfertigt, sie dämpfe die regressive Belastungswirkung der Mehrwertsteuer-Eigenmittel. Dabei wird unterstellt, dass der Konsumausgabenanteil der Bevölkerung in ärmeren Ländern höher sei als in den wohlhabenden, die Beitragsbelastung mithin übermäßig.[194]

Dieses Argument ist in zweierlei Hinsicht fragwürdig: Zum einen impliziert es eine wertende Aussage über die Frage der Beitragsgerechtigkeit. So wird der Mehrwertsteuer-Bemessungsgrundlage die Eigenschaft abgesprochen, ein geeigneter Indikator für die nationale Leistungsfähigkeit zu sein. Mag diese Ansicht auch sachlich zutreffend sein, so müsste sie zur generellen Infragestellung der Mehrwertsteuer als Bemessungsgrundlage für Eigenmittel führen. Zum anderen ist zu fragen, ob das Argument einer empirischen Überprüfung überhaupt standhält. In Kap. 3.2.1.2 dokumentierte Untersuchungen zeigen, dass ein negativer Zusammenhang zwischen Pro-Kopf-Wohlstand und Mehrwertsteuer-Eigenmittelbemessungsgrundlage zwarbesteht, jedoch nicht signifikant ist.

Im Übrigen zeigen Messal und Klein, dass eine Kappung der Mehrwertsteuer-Bemessungsgrundlage nicht zwangsläufig zur Annäherung der Finanzierungsanteile an Sozialprodukt-Relationen führen muss, schließlich müssen Entlastungen auf der einen Seite immer durch Belastungen auf der anderen Seite getragen werden; in diesem Falle sind das die Länder, die von der Kappung nicht profitieren.[195]

Überschreitet die Bemessungsgrundlage eines Mitgliedstaates die Kappungsgrenze, unterscheiden sich seine Mehrwertsteuer-Eigenmittelabführungen materiell kaum

---

[193] Vgl. Messal, R. (1991), S. 71. Zu den BSP-Eigenmitteln und der Differenzgrundlage siehe Kap. 1.3.3.
[194] Vgl. z.B. Milbrandt, B. (2001), S. 39, Lindenthal, D. (2000), S. 36. Siuts sieht in der Kappung sogar die Teilbereinigung einer „systemimmanenten Beitragsungerechtigkeit". Siuts, C.-G. (2001), S. 68.
[195] Vgl. Messal, R., Klein, A. (1993), S. 382 f.

noch von Bruttosozialprodukt-Eigenmitteln. In beiden Fällen ist die Beitragspflicht abhängig von der Höhe des BSP. Unterschiedlich sind allerdings die Bestimmungsgründe für die Höhe der auf die Bemessungsgrundlagen anzuwendenden Sätze.

Beim Mehrwertsteuer-Eigenmittelsatz ist unter vorläufiger Nichtbeachtung der Implikationen des Britenrabatts zweierlei zu unterscheiden: der maximale Abrufsatz und der einheitliche Abrufsatz. Der maximale Satz wird durch den jeweils geltenden Eigenmittelbeschluss festgelegt.[196] Die Höhe des einheitlichen Satzes war bis zur Einführung des Britenrabatts 1985 allein durch den Restfinanzierungsbedarf des EG-Haushalts bestimmt; er entsprach gleichzeitig dem durchschnittlichen Abrufsatz. Die Entwicklung des maximalen Abrufsatzes im Zeitablauf ist in Abbildung 9 graphisch dargestellt.

Abb. 9: Entwicklung des maximalen Mehrwertsteuer-Eigenmittelabrufsatzes (1979 – 2004)
Quelle: Eigenmittelbeschlüsse, eigene Darstellung.

Mit der Einführung der BSP-Eigenmittel als Instrument der Restfinanzierung 1988 entfiel die Bestimmungsgröße Restfinanzierungsbedarf. Die Höhe des einheitlichen Satzes wird seitdem von den Korrekturregeln und vom maximalen Satz bestimmt. Ohne Korrekturmechanismus wären der einheitliche und der maximale Satz identisch. Welche Auswirkungen der Rabatt auf die Mehrwertsteuer-Eigenmittel hat, wird im nächsten Abschnitt untersucht, wobei Ausgangspunkt die historische Entwicklung der Sonderregelungen für das Vereinigte Königreich sein soll.

[196] Die aktuell gültige Regelung bestimmt Art. 2 Abs. 4 Buchst. a des Eigenmittelbeschlusses 2000.

1.3.2.2 Der Korrekturmechanismus für das Vereinigte Königreich

Bereits während der Beitrittsverhandlungen des Vereinigten Königreichs (VK) mit der EG war für die Beteiligten offensichtlich, dass es in eine für die britische Seite inakzeptable Haushaltsposition geraten würde, und nicht lange nach dem Beitritt reklamierte die 1973 ins Amt gekommene Regierung Wilson (Labour) eine Beitragsentlastung für sich.

Als Erklärung für die Nettozahlerposition des Vereinigten Königreichs, dessen relativer Wohlstand zu jener Zeit deutlich unter dem Durchschnitt der Gemeinschaft lag, dienen Gründe, die nur zum Teil immer noch von Bedeutung sind:[197]

- Der landwirtschaftliche Sektor ist im Vereinigten Königreich – verglichen mit den anderen Mitgliedstaaten – relativ klein.[198] Dementsprechend gering ist der britische Anteil an den Agrarausgaben, die aber wiederum den größten Ausgabenblock im Gemeinschaftshaushalt darstellen.
- Mit der geringen Agrarproduktion im Vereinigten Königreich und der Kolonialgeschichte des Landes hängt es zusammen, dass das Land ein Nettoimporteur von Agrarprodukten aus Drittstaaten ist. Das hatte überdurchschnittliche Abführungen an Abschöpfungen zur Folge. Auch bei den Zöllen hatte das Vereinigte Königreich wegen der hohen Einfuhr aus Drittstaaten überdurchschnittliche Lasten. Da die Mitgliedschaft in der EU zu Handelsumlenkungseffekten führte, ist dieser Grund von abnehmender Bedeutung.
- Das Vereinigte Königreich verwendete einen relativen großen Anteil seines Sozialprodukts für die private Konsumtion. Konsequenz dieser Tatsache waren eine relativ hohe Mehrwertsteuer-Bemessungsgrundlage und entsprechend hohe Eigenmittelverpflichtungen. Diesbezüglich begrenzte jedoch schon die 1988 eingeführte Kappung der Bemessungsgrundlage die Belastung. In den 1990er Jahren ist der Anteil der vereinheitlichten Mehrwertsteuer-Bemessungsgrundlage am britischen BSP zudem deutlich zurückgegangen.

---

[197] Vgl. Begg, I., Grimwade, N. (1998), S. 87 f., Biehl, D., Winter, H. (1990), S. 62.
[198] Während sich der britische Anteil am EU-BIP (in den Jahren 1997 bis 2000) um 17 % bewegt, liegt der Anteil des Vereinigten Königreichs an der landwirtschaftlichen Bruttowertschöpfung nur bei 7 bis 8 %. Eigene Berechnungen nach Eurostat (2002), S. 160, 247.

Infolge der vermeintlichen Nachteile der Mitgliedschaft für das Vereinigte Königreich ergab sich für die Gemeinschaft ein Konflikt, der sie zeitweise vor Zerreißproben stellte und der bis heute unbefriedigend gelöst ist. Laffan unterteilt die Zeitspanne bis zur Entwicklung des vom Prinzip her bis heute gültigen Korrekturmechanismus in drei Phasen: „The phoney war" (1973-1978), „Our money back" (1979-1984) und „The road to Fontainebleau" (1984).[199]

In der ersten Phase, dem „Sitzkrieg", hatte das Vereinigte Königreich, wie die beiden anderen Neumitglieder, übergangsweise nur ermäßigte Beitragslasten zu tragen. Da die Nettozahlerposition jedoch vorhersehbar war, drängte die britische Regierung frühzeitig auf einen Ausgleich. Als Kompromiss wurde auf der Tagung des Europäischen Rates von Dublin am 11. März 1975 für die Dauer von fünf Jahren der so genannte Finanzmechanismus beschlossen. Dieser sah den Ausgleich übermäßiger Finanzierungsanteile mit progressiv steigenden, jedoch mit Obergrenzen versehenen Zuwendungssätzen vor.[200] Der Finanzmechanismus war allgemein, das heißt, alle Länder konnten die Zuwendungen erhalten, sofern sie die Bedingungen erfüllten. Diese Bedingungen waren aber so restriktiv, dass sie von keinem Mitgliedstaat je erfüllt wurden. Gleichzeitig musste nämlich

- das Bruttosozialprodukt pro Kopf 85 % des entsprechenden Gemeinschaftsdurchschnitts unterschreiten,
- die reale Wachstumsrate des Pro-Kopf-BSP geringer als 120 % des entsprechenden Gemeinschaftsdurchschnitts sein und
- die tatsächliche Eigenmittelzahlung des Landes den fiktiven Betrag, der sich bei einer Beitragsbemessung anhand eines Sozialproduktschlüssels ergeben hätte, um mehr als 10 % übersteigen.[201]

Die Tatsache, dass der Finanzmechanismus weder für das Vereinigte Königreich[202] noch für einen anderen Mitgliedstaat jemals Anwendung fand, ist für Begg und Grimwade auf folgende Fehlkonstruktion desselben zurückzuführen: „The trouble

---

[199] Vgl. Laffan, B. (1997), S. 51 ff.
[200] Vgl. Peffekoven, R. (1994), S. 56.
[201] Vgl. Andel, N. (1983), S. 333 f., Peffekoven, R. (1994), S. 55.
[202] Speziell um die britischen „Chancen" auf Zuwendungen zu verbessern, wurde 1980 vom Bruttosozialprodukt auf das Bruttoinlandsprodukt pro Kopf umgestellt. Auch dies zeigte jedoch keine Wirkung. Vgl. Messal, R. (1991), S. 112, Fn. 3.

with this mechanism was that it referred only to an excessive *gross* contribution. However, Britain's problem was its *net* contribution."[203] Eine Möglichkeit, die Nettoposition zu verbessern, bestand darin, die Rückflüsse in das Vereinigte Königreich zu erhöhen. In diesem Zusammenhang ist die Einrichtung des Europäischen Regionalfonds (EFRE) 1975[204] und dessen zügige Aufstockung zu sehen.

Nach dem Regierungswechsel im Vereinigten Königreich 1979, als Frau Thatcher (Konservative) Premierministerin wurde, verschärfte sich der Ton im Konflikt mit der EG. Die folgenden Jahre der „Our money back"-Phase[205] gehören zu den schwierigsten Belastungsproben für die Gemeinschaft. Im Ergebnis konnte die britische Regierung für die Jahre 1980 bis 1984 jeweils so genannte ad-hoc-Ausgleichsmaßnahmen erreichen, die in den Jahren bis 1983 über die Ausgabenseite und 1984 über die Einnahmenseite abgewickelt wurden. Die Ausgleichszahlungen beliefen sich auf insgesamt rund 4.400 Millionen ECU, die pauschale Einnahmenverrechnung 1984 auf 1.000 Millionen ECU.[206] Diese Maßnahmen reduzierten die Nettobeiträge des Vereinigten Königreichs auf jeweils etwa ein Drittel.[207] An dieser Entlastungswirkung orientierte sich auch der nicht mehr ad hoc, sondern dauerhaft festgelegte Korrekturmechanismus von Fontainebleau.

Auf dem Gipfel von Fontainebleau am 25. und 26. Juni 1984 beschloss der Europäische Rat unter anderem die Einführung eines allgemeinen Korrekturmechanismus. Dieser wurde im Eigenmittelbeschluss 1985 implementiert. In dessen Erwägungsgründen ist niedergelegt, „daß jeder Mitgliedstaat, der gemessen an seinem relativen Wohlstand eine zu große Haushaltslast trägt, zu gegebener Zeit in den Genuß einer

---

[203] Begg, I., Grimwade, N. (1998), S. 88. Laffan stellt dazu allgemein fest: „It would have been extremely difficult for any member state to fulfil the preconditions necessary to trigger the mechanism." Laffan, B. (1997), S. 52.

[204] Vgl. Karl, H. (1995), S. 111.

[205] Die Bezeichnung bezieht sich auf die während eines Europäischen Ratsgipfels 1979 in Dublin ausgesprochene und häufig zitierte Forderung von Frau Thatcher „We want our money back". Vgl. z.B. Sturm, R. (1999), S. 23.

[206] Vgl. Messal, R. (1991), S. 116, Fn. 8 f. Teilweise waren die Geldbeträge zweckbestimmt für spezielle Programme zu Gunsten bestimmter Regionen, von Innenstädten und Projekten im Energiebereich. Vgl. Laffan, B. (1997), S. 53.

[207] Vgl. Begg, I., Grimwade, N. (1998), S. 89. Bedingt durch ein unerwartetes gebremstes Wachstum bzw. Absinken der Agrarausgaben in den Jahren 1980 und 1981 wurde der britische Nettobeitrag letztlich sogar fast auf null reduziert. Vgl. ebenda. An der Finanzierung der Entlastungsmaßnahmen musste sich die Bundesrepublik Deutschland ab 1982 nur noch zur Hälfte, ab 1984 zu zwei Dritteln seines eigentlichen Finanzierungsanteils beteiligen. Vgl. Regling, K. (1996), S. 217, 231.

Korrekturmaßnahme gelangen kann"[208]. Im Eigenmittelbeschluss selbst wurde die nach Artikel 3 Absatz 3 bestimmte Korrekturmaßnahme aber allein auf das Vereinigte Königreich bezogen.

Dieser Korrekturmechanismus sah die Erstattung von 66 % der britischen Nettobeiträge vor. Dabei wurde allerdings so gerechnet, als ob der Gemeinschaftshaushalt nur durch Mehrwertsteuer-Eigenmittel finanziert würde.[209] Der Grund dafür liegt in der Einordnung der traditionellen Eigenmittel als originäre, also den jeweiligen Mitgliedstaaten nicht mehr zurechenbare Mittel.[210] Die notwendige Vergleichbarkeit von Zahlungen und Rückflüssen wurde durch Anteilsrechnungen erreicht.

Zunächst wurde der unkorrigierte Anteil des Vereinigten Königreichs an den gesamten Mehrwertsteuer-Eigenmitteln errechnet. Davon wurde der britische Anteil an den Rückflüssen aus dem EG-Haushalt abgezogen. Der sich ergebende Prozentbetrag wurde mit dem Gesamtbetrag der EG-Ausgaben, die einzelnen Mitgliedstaaten zurechenbar waren (zurechenbare Gesamtausgaben), multipliziert. Das Ergebnis wurde mit 0,66 multipliziert, woraus sich der Korrekturbetrag für das Vereinigte Königreich ergab. Tabelle 4 verdeutlicht das Vorgehen am konkreten Beispiel des Jahres 1986:

Tab. 4: Ermittlung des Korrekturbetrages für das Vereinigte Königreich 1986

	Britischer Anteil an den Mehrwertsteuer-Eigenmitteln	19,6 %
./.	Britischer Anteil an den zurechenbaren Gesamtausgaben	11,4 %
=	Differenz	8,2 %
•	Volumen der zurechenbaren Gesamtausgaben	~33,4 Mrd. ECU
=	Fiktiver Finanztransfersaldo des Vereinigten Königreichs	~2,75 Mrd. ECU
•	Korrektursatz	66 %
=	Korrekturbetrag (Abwicklung im Folgejahr)	~1,8 Mrd. ECU

Tab. 4: Ermittlung des Korrekturbetrages für das Vereinigte Königreich 1986
Quelle: Messal, R. (1989), S. 29.

Die Wahl des Korrektursatzes von 66 % war eine politische Entscheidung, die sich an den Entlastungsergebnissen der Jahre 1980 bis 1984 orientierte.[211] In Höhe des

[208] Beschluss des Rates vom 7. Mai 1985 über das System der eigenen Mittel der Gemeinschaften (85/257/EWG, Euratom), ABl. Nr. L 128 (1985), S. 15.
[209] Vgl. Peffekoven, R. (1994), S. 61 f.
[210] Vgl. Messal, R. (1989), S. 28.
[211] Vgl. Messal, R. (1991), S. 117.

Korrekturbetrages wurden die Mehrwertsteuerzahlungen des Vereinigten Königreichs im jeweils folgenden Jahr reduziert.

Bei den nachfolgenden Änderungen des Eigenmittelsystems wurde der Korrekturmechanismus jeweils so angepasst, dass dem Vereinigten Königreich keine besonderen Vor- oder Nachteile erwuchsen. Die Einführung der Kappung der Mehrwertsteuer-Bemessungsgrundlage und der BSP-Eigenmittel im Rahmen der Reform 1988 wurde wie folgt behandelt:[212] Zunächst wird der Korrekturbetrag errechnet, der sich bei Fortführung des alten Systems ergeben hätte. Dann werden die finanziellen Auswirkungen der Reform bestimmt, indem der ungekappte Mehrwertsteuer-Eigenmittelanteil des Vereinigten Königreichs (in der Annahme, es gäbe keine BSP-Mittel) mit dem Gesamtvolumen an nichtoriginären Eigenmitteln multipliziert wird und davon die tatsächlichen Zahlungen abgezogen werden. Ein positives Ergebnis wird von dem traditionell berechneten Korrekturbetrag abgezogen, ein negatives hinzugefügt.

Auch die Änderungen des Eigenmittelbeschlusses 2000 werden im Korrekturmechanismus neutralisierend berücksichtigt:[213] die zusätzliche Absenkung des maximalen Mehrwertsteuer-Eigenmittelsatzes und die Erhöhung der Erhebungskostenpauschale bei den traditionellen Eigenmitteln; außerdem soll das Vereinigte Königreich keine Vorteile aus dem Beitritt der neuen Mitgliedstaaten ziehen. Der Korrekturbetrag wird nun wie folgt berechnet:

Vom prozentualen Anteil der ungekappten britischen Mehrwertsteuer-Bemessungsgrundlage an der gesamten (ungekappten) Grundlage wird der britische Anteil an den zurechenbaren Gesamtausgaben abgezogen. Multipliziert mit dem Gesamtbetrag der zurechenbaren Ausgaben und dem Faktor 0,66 ergibt sich eine als „ursprünglicher Betrag der Ermäßigung für das VK“ bezeichnete Euro-Summe. Davon abgezogen wird der Differenzbetrag zwischen den Zahlungen, die das Vereinigte Königreich hätte leisten müssen, wenn es die BSP-Eigenmittel und die Begrenzungen bei den Mehrwertsteuer-Eigenmitteln nicht gäbe und dem Betrag, den es an BSP- und Mehrwertsteuer-Eigenmitteln tatsächlich leisten musste. Die Subtraktion dieses so genannten „Vorteils des VK“ von dem „ursprünglichen Betrag“ ergibt die „Grundermäßigung für das VK“.

---

[212] Vgl. Peffekoven, R. (1994), S. 70.
[213] Vgl. dazu und im Folgenden Europäische Kommission (2000a), S. 2 ff.

Von der „Grundermäßigung für das VK" abgezogen werden die „Windfall-Gewinne bei den traditionellen Eigenmitteln", die definiert sind als Multiplikation von einem Fünftel[214] der gesamten in den Gemeinschaftshaushalt eingestellten traditionellen Eigenmittel (nach Abzug der Erhebungskosten) mit der Differenz zwischen dem britischen Anteil an den traditionellen Eigenmitteln und dem Anteil der britischen Mehrwertsteuer-Bemessungsgrundlage an der gesamten (ungekappten) Grundlage.

Mit dem Beitritt der neuen Mitgliedstaaten im Jahr 2004 wird das Berechnungsverfahren so modifiziert, dass für das Vereinigte Königreich keine Windfall-Gewinne aus der Erweiterung entstehen. Von dem Gesamtbetrag der zurechenbaren Ausgaben wird jeweils der Betrag abgezogen[215], der für die beigetretenen Länder im Jahr vor ihrem Beitritt als Heranführungshilfe (nicht zurechenbare Ausgabe) bereitgestellt wurde.

Der komplizierte Berechnungsmodus lässt sich zusammenfassend formelhaft beschreiben. Die Ermäßigung für das Vereinigte Königreich ermittelt sich wie in Gleichung (3) dargestellt:

(3)

$$K_{VK} = 0{,}66 \cdot \left(\frac{B_{VK}^{NK}}{B_{EU}^{NK}} - \frac{A_{VK}}{A_{EU} - A_{VOR}^{t*}} \right) \cdot \left(A_{EU} - A_{VOR}^{t*} \right) - \left[\frac{B_{VK}^{NK}}{B_{EU}^{NK}} \cdot \left(M_{EU} + YE_{EU} \right) - \left(M_{VK} + YE_{VK} \right) \right] -$$

$$0{,}2 \cdot TE_{EU} \cdot \left(\frac{TE_{VK}}{TE_{EU}} - \frac{B_{VK}^{NK}}{B_{EU}^{NK}} \right)$$

K_{VK} = Korrekturbetrag für das Vereinigte Königreich

B^{NK} = ungekappte Mehrwertsteuer-Bemessungsgrundlage

A = zurechenbare EU-Ausgaben

A_{VOR}^{t*} = Heranführungshilfen für beigetretene Mitgliedstaaten im Jahr vor ihrem Beitritt, gemäß BSP-Deflator jährlich angepasst

M = Mehrwertsteuer-Eigenmittelzahlungen

[214] Ohne die Erhöhung der Erhebungskostenpauschale von 10 auf 25 % fielen die Einnahmen der EU aus den traditionellen Eigenmitteln um 20 % höher aus.
[215] Dieser Betrag wird jährlich um den in der Finanziellen Vorausschau verwendeten BSP-Deflator angepasst.

YE = Bruttosozialprodukt-Eigenmittelzahlungen

TE = traditionelle Eigenmittelzahlungen (Nettobetrag)

Die Werte beziehen sich, bis auf die Heranführungshilfen auf das Jahr, für das der Ausgleich durchgeführt wird.

1.3.2.3 Die Finanzierung des Korrekturbetrages und die Mehrwertsteuer-Eigenmittel

Der Korrekturbetrag wird in dem Jahr, das dem Jahr folgt, für welches der Ausgleich durchgeführt wird, von den Mehrwertsteuer-Eigenmittelverpflichtungen des Vereinigten Königreichs abgezogen. An der Finanzierung des Ausgleichs ist das Vereinigte Königreich nicht beteiligt. Die Anteile der anderen Mitgliedstaaten an der Finanzierung bestimmen sich wie folgt: Grundlage ist der Anteil des jeweiligen Mitgliedstaates am gemeinschaftlichen BSP ohne das britische BSP. Diese Prozentbeträge werden im Falle der Länder Deutschland, Österreich, Schweden und Niederlande um drei Viertel gekürzt;[216] die Finanzierungsanteile der restlichen Mitgliedstaaten werden um den entsprechenden Betrag und nach Maßgabe nochmals modifizierter BSP-Anteile (ohne die fünf begünstigt behandelten Mitgliedstaaten) erhöht. Anhand eines Zahlenbeispiels lässt sich die Berechnung erläutern:[217]

Belgien hatte 2002 einen Anteil am Gemeinschafts-BSP (EU-15) von 2,97 %, ohne das Vereinigte Königreich (EU-14) von 3,62 %. Deutschland, Österreich, Schweden und die Niederlande („Lucky Four"[218]) hatten bezüglich EU-14 einen Anteil von 40,78 %, wovon drei Viertel, also 30,59 % nicht zur Finanzierung des Korrekturbetrages zur Verfügung standen. Von diesen 30,59 % hatte Belgien soviel zu übernehmen, wie seinem Anteil am BSP der restlichen zehn Mitgliedstaaten entsprach. Das waren 1,87 Prozentpunkte, die zusammen mit den 3,62 % einen belgischen Finanzierungsanteil am Korrekturbetrag von 5,49 % ergaben.

---

[216] Diese vier Mitgliedstaaten drängten im Vorfeld der Verhandlungen zur Agenda 2000 auf eine Begrenzung ihrer Belastungen. Dabei wurde sogar die Verallgemeinerung des Korrekturmechanismus gefordert. Vgl. Europäische Kommission (1998), Anhang 6, S. 1. Vor dem Jahr 2002 wurde nur der deutsche Anteil um ein Drittel gesenkt. Das Zugeständnis eines verringerten Finanzierungsanteils stellt allerdings immer nur eine relative und keine absolute Entlastung dar.

[217] Vgl. Europäische Kommission (2002c), S. 234.

[218] Wernicke, C. (2004), S. 19, „EU-Jargon" zitierend.

Bis zum Inkrafttreten des Eigenmittelbeschlusses 1988 richtete sich die Verteilung der Finanzierungslast des Korrekturbetrages grundsätzlich nach den Anteilen an der gemeinschaftlichen Mehrwertsteuer-Bemessungsgrundlage. Die Korrektur und deren Finanzierung ging über eine Reduzierung der britischen Mehrwertsteuer-Eigenmittelzahlungen (niedrigerer Abrufsatz) und eine Erhöhung der Mehrwertsteuer-Eigenmittelabführungen der anderen Mitgliedstaaten (höhere Abrufsätze). Die Finanzierung über die Mehrwertsteuer-Einnahmen wurde auch nach Einführung der BSP-Eigenmittel beibehalten.[219]

Der einheitliche Mehrwertsteuer-Abrufsatz wird von drei Faktoren determiniert:[220]

1. vom maximalen Abrufsatz (seit 2004 0,5 %),
2. vom Korrekturbetrag für das Vereinigte Königreich, auch Referenzausgleichsbetrag genannt und
3. von dessen Finanzierung.

Technisch ergibt sich der einheitliche Satz wie folgt: Vom maximalen Abrufsatz wird ein so genannter „eingefrorener Satz" abgezogen, der nach Artikel 2 Absatz 4 Buchst. b des Eigenmittelbeschlusses 2000 dem Verhältnis zwischen dem Referenzausgleichsbetrag und der Summe der gekappten Mehrwertsteuer-Bemessungsgrundlagen entspricht, unter Berücksichtigung der britischen Nichtbeteiligung an der Korrekturfinanzierung und der deutschen, österreichischen, schwedischen und niederländischen Minderbeteiligung.

Der eingefrorene Satz entspricht einem Bruch, dessen Zähler folgendermaßen errechnet wird:[221] Von der Ermäßigung für das Vereinigte Königreich (Referenzausgleichsbetrag) wird der fiktive Korrekturfinanzierungsbeitrag Deutschlands, Österreichs, Schwedens und der Niederlande abgezogen, der sich unter der Annahme einer vollständig über die gekappten Mehrwertsteuer-Eigenmittel finanzierten Korrektur ergäbe. Der Nenner ist die Summe der gekappten Mehrwertsteuer-

[219] Die Umstellung wirkte sich entlastend für Länder aus, deren Anteil an der MwSt-Grundlage größer war als der an der BSP-Grundlage, insbesondere Portugal, Luxemburg und Irland. Belastend wirkte sie für die Länder mit umgekehrter Konstellation, insbesondere Italien, jedoch nicht für Deutschland und die Niederlande. Vgl. Messal, R. (1991), S. 132 f.
[220] Vgl. Europäischer Rechnungshof (1999), Tz. 17.
[221] Vgl. Europäische Kommission (2000a), S. 10 f.

Bemessungsgrundlagen der zehn nicht gesondert behandelten Mitgliedstaaten. Formal entspricht der Bruch Gleichung (4):

$$(4) \qquad e^{t+1} = \frac{\left(1 - \frac{\sum_k B_k^{t+1}}{\sum_j B_j^{t+1}} \cdot 0.25\right) \cdot K_{VK}^{t}}{\sum_i B_i^{t+1} - \sum_k B_k^{t+1} - B_{VK}^{t+1}}$$

e^{t+1}	=	eingefrorener Satz des Jahres t+1
B^{t+1}	=	(gekappte) Mehrwertsteuer-Bemessungsgrundlage im Jahr t+1
K_{VK}^{t}	=	Korrekturbetrag für das Vereinigte Königreich im Jahr t
i	=	alle Mitgliedstaaten der EU
j	=	alle Mitgliedstaaten der EU außer dem Vereinigten Königreich
k	=	Deutschland, Österreich, Schweden, Niederlande

Der einheitliche Mehrwertsteuer-Eigenmittelabrufsatz m_e in einem Jahr t+1 ergibt sich gemäß Gleichung (5):

$$(5) \qquad m_e^{t+1} = 0.005 - e^{t+1}$$

Im Jahr 2004 beläuft sich der einheitliche Satz gemäß Haushaltsplan auf 0,3151 %, da der eingefrorene Satz bei 0,1849 % liegt.

Der tatsächlich für ein Mitgliedsland angewendete Abrufsatz unterscheidet sich vom einheitlichen Abrufsatz entsprechend den Verpflichtungen – im Falle des Vereinigten Königreichs der Ermäßigung – im Rahmen des Korrekturmechanismus. Reicht der Betrag, der sich aus der Differenz zwischen einheitlichem und maximalem Satz (multipliziert mit der gekappten Mehrwertsteuer-Grundlage) ergibt, bei einem Land nicht aus, werden die Fehlbeträge über erhöhte BSP-Eigenmittel beglichen. Dass der Korrekturmechanismus zwar (seit 1988) anhand von BSP-Anteilen, aber über die Mehrwertsteuer-Eigenmittel finanziert wird, ist gewissermaßen ein historisches Relikt, weil bei der Reform 1988 der Mechanismus von 1985 möglichst beibehalten werden sollte.[222] Nochmals komplizierter wird die Finanzierung der Korrektur durch eine dreifache Korrektur des Korrekturbetrages, die durch gegenseitige Verrechnung von Mehrwertsteuer- und BSP-Eigenmitteln sogar das Vereinigte Königreich in geringem Umfang an seinem eigenen Ausgleich beteiligt.[223]

Der Korrekturmechanismus ist äußerst kompliziert und intransparent. Durch die enge Verknüpfung mit den Mehrwertsteuer-Eigenmitteln werden auch Letztere noch schwerer vermittelbar, als sie es ohnehin schon sind. Die Beseitigung des Britenrabatts gilt als eine der Hauptbedingungen für eine wirklich umfassende und sinnvolle Reform des Finanzierungssystems. Gleichwohl wäre eine Abschaffung an die Zustimmung des Vereinigten Königreichs gebunden, welche ohne eine politisch akzeptable Gegenleistung kaum zu erreichen sein wird.[224] Da die Ursachen des britischen Haushaltsungleichgewichts auf der Ausgabenseite und nicht auf der Einnahmenseite zu finden sind, wäre die Ausgabenpolitik das richtige Instrument zur Behebung. Das erkannte der Europäische Rat bereits 1984 in Fontainebleau; mangels Lösung wird aber seit nunmehr 20 Jahren an der Einnahmenkorrektur festgehalten.[225] Für das Vereinigte Königreich ist der einnahmenseitige Mechanismus mit dem Vorteil verbunden, institutionell stärker abgesichert zu sein.[226]

Begg und Grimwade nennen drei grundsätzliche Kritikpunkte an den Mehrwertsteuer-Eigenmitteln:[227]

---

[222] Vgl. Messal, R. (1991), S. 82. Dass im Falle der Nichtausreichendheit auch zusätzliche BSP-Eigenmittel statt zusätzlicher MwSt-Eigenmittel abgeführt werden müssen, kommentiert Messal wie folgt: „Entscheidend für diese Komplizierung war, daß der tatsächliche MWSt-Eigenmittelsatz zumindest optisch für keinen Mitgliedstaat über 1,4 vH [damaliger maximaler Satz, Anm. d. Verf.] liegen sollte. Es wäre einfacher gewesen, diese Zahlungen vollständig über die BSP-Eigenmittel abzurechnen, denn das Verfahren selbst hat keinen Einfluß auf die Verteilung der Finanzierungslasten." Ebenda, S. 136. Zu weiteren Komplikationen bei der Umstellung der Finanzierung des Korrekturbetrages 1988 vgl. Klein, A. (1997), S. 88 f.

[223] Vgl. Europäische Kommission (1998), Anhang 4, S. 9.

[224] Bis zum Jahr 2001 hat der Korrekturmechanismus dem Vereinigten Königreich Beiträge in Höhe von insgesamt über 35 Mrd. Euro erspart. Vgl. Haug, J. (2001), S. 226.

[225] Vgl. Europäischer Rechnungshof (1999), Tz. 5 f. Bereits die Einführung des Europäischen Fonds für regionale Entwicklung (EFRE) im Jahre 1975 war ein erster, gleichwohl nicht ausreichender Versuch, das Vereinigte Königreich ausgabenseitig besser zu stellen.

[226] „Mme Thatcher voulait éviter que «son cheque» fût soumis au vote annuel du Parlement Européen." Goulard, S., Nava, M. (2002), S. 37.

[227] Vgl. Begg, I., Grimwade, N. (1998), S. 54.

1. Mitgliedstaaten mit höherem Konsumanteil am BSP zahlen höhere Beiträge,
2. Mitgliedstaaten mit höherem Staatsanteil am BSP zahlen weniger und
3. Mitgliedstaaten, die Nettoexporteure sind, sind durch das Bestimmungslandprinzip im Vorteil.

Während auf den ersten Kritikpunkt bereits ausführlich eingegangen wurde, ist der zweite nicht ganz nachvollziehbar; schließlich sind die Investitionen und Verbrauchsausgaben öffentlicher Gebietskörperschaften umsatzsteuerpflichtig. Dem dritten ist hinzuzufügen, dass gerade diese Nettoexportländer offensichtlich die Hauptprofiteure der wirtschaftlichen Integration Europas sind.

Abb. 10: Entwicklung der Mehrwertsteuer-Eigenmittel

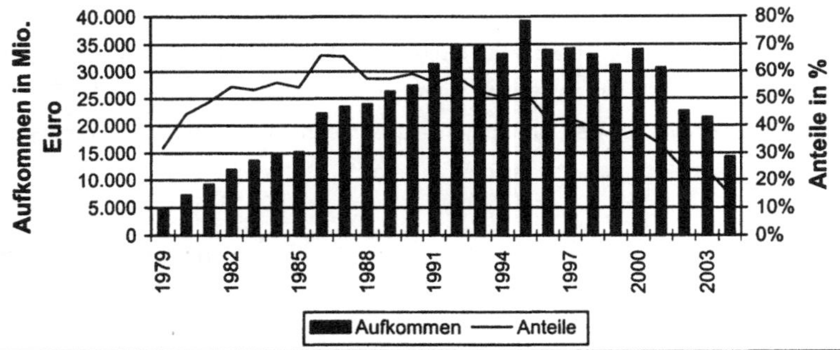

Abb. 10: Entwicklung der Mehrwertsteuer-Eigenmittel (1979 – 2004, Aufkommen und Anteile an Gesamteinnahmen)
Quelle: Europäische Kommission (2000c), S. 42 ff., Europäische Kommission (2002d), S. 23, Europäische Kommission (2003d), S. 18, Europäische Kommission (2004d), S. 24, eigene Berechnungen.

Die Mehrwertsteuer-Eigenmittel haben sicherlich einen erheblichen Beitrag zur Harmonisierung der Umsatzsteuer innerhalb der EU (einheitliches Umsatzsteuersystem, vereinheitlichte Bemessungsgrundlage, Annäherung der Steuersatzstrukturen) geleistet. Bei den noch ausstehenden Harmonisierungsaufgaben, die insbesondere auf dem Feld der Besteuerung des innergemeinschaftlichen Handels liegen, können sie jedoch keinen Entschließungsdruck mehr ausüben. Der immer wieder beklagten systemimmanenten Verteilungsungerechtigkeit begegneten die Entscheidungsträger durch Modifikationen der Erhebung: Allen voran ist die in zwei Schritten eingeführte Kappung der Bemessungsgrundlage zu nennen, des Weiteren die 1994 eingeleitete und 2000 fortgeführte Absenkung des maximalen Abrufsatzes sowie die Einführung der sozialproduktorientierten vierten Eigenmittelquelle 1988. Diese Maßnahmen haben den Mehrwertsteuer-Eigenmitteln einen Bedeutungsverlust zugefügt, der sich, wie Abbildung 10 zeigt, insbesondere am sinkenden Anteil an den Gesamteinnahmen zeigt. Belief sich dieser in der Spitze (1986) auf 66 %, so liegt er mittlerweile nur noch bei weniger als 15 %.

Gegenüber der Absenkung des maximalen Abrufsatzes zum Jahr 2004 fallen die zusätzlichen Mehrwertsteuer-Eigenmittel durch die EU-Erweiterung kaum ins Gewicht. Da die gekappte Mehrwertsteuer-Bemessungsgrundlage der zehn neuen Mitgliedstaaten (aufs Jahr gerechnet) knapp 230 Milliarden Euro beträgt, können die Mehrwertsteuer-Eigenmittel der zehn Neuen 1.150 Millionen Euro pro ganzem Jahr nicht übersteigen. Bei einem einheitlichen Abrufsatz von gut 0,3 % sind es kaum mehr als 700 Millionen Euro, die die Beitrittsstaaten an Mehrwertsteuer-Eigenmitteln zum EU-Haushalt – also ohne Finanzierungsanteile zum Korrekturbetrag – beitragen.

1.3.3 Bruttosozialprodukt-Eigenmittel

Bruttosozialprodukt-Eigenmittel sind nach Artikel 2 Absatz 1 Buchst. d des Eigenmittelbeschlusses 2000

„Einnahmen, die sich ergeben aus der Anwendung eines im Rahmen des Haushaltsverfahrens unter Berücksichtigung aller übrigen Einnahmen festzulegenden Satzes auf den Gesamtbetrag des BSP aller Mitgliedstaaten".

Durch die Berücksichtigung ‚aller übrigen Einnahmen'[228] übernimmt diese Eigenmittelart die Funktion der Restfinanzierung, welche vor der Einführung die Mehrwertsteuer-Eigenmittel innehatten. Der BSP-Eigenmittelabrufsatz, also der Prozentsatz, welcher auf das nationale BSP angewendet wird, wird im jährlichen Haushaltsverfahren, das heißt im Voraus festgelegt.[229] Da diese Veranschlagung in mehrfa-

---

[228] Damit sind nicht nur die traditionellen und Mehrwertsteuer-Eigenmittel, sondern auch die sonstigen Einnahmen der EU (siehe dazu 1.4) gemeint. Umgekehrt führt Messal – Bezug nehmend auf den Eigenmittelbeschluss 1988 – aus, dass gemäß der damaligen Wendung „aller sonstigen Einkünfte" (Art. 2 Abs. 1 Buchst. d) gerade die Eigenmittel, wenngleich inkorrekt, nicht erfasst gewesen wären. Vgl. Messal, R. (1991), S. 100. Mit dem Eigenmittelbeschluss 1994 wurden die „sonstigen" durch die „übrigen" Einnahmen ersetzt. In den englischsprachigen Fassungen der Eigenmittelbeschlüsse bestand allerdings keine Unklarheit in der Begrifflichkeit.

[229] Ist der Haushaltsplan zu Beginn eines Haushaltsjahres noch nicht angenommen, bleibt nach Art. 2 Abs. 6 des Eigenmittelbeschlusses 2000 der Abrufsatz des vergangenen Jahres vorläufig in Kraft. Diese Regelung gilt im Übrigen auch für den MwSt-Eigenmittelabrufsatz.

cher Hinsicht auf Schätzungen basiert, kann es sowohl zu Unter- als auch Überschätzungen des BSP-Eigenmittelbedarfs kommen. Wurde der Bedarf überschätzt, ergo ein Haushaltsüberschuss erzielt, wird dieser Mehrbetrag auf das folgende Haushaltsjahr übertragen (Artikel 7 Eigenmittelbeschluss 2000).[230]

Formelhaft lässt sich die Höhe der BSP-Eigenmittel, die ein Mitgliedstaat zu leisten hat, wie in Gleichung (6) darstellen:

$$(6) \qquad YE_i^t = y^t \cdot Y_i^t + \tilde{K}_{VK,i}^{t-1}$$

wobei

$$(7) \qquad y^t = \frac{A_{ges}^t - \left(TE_{EU}^t + M_{EU}^t\right) - SE^t}{Y_{EU}^t}$$

und

$$(8) \qquad \tilde{K}_{VK,i}^{t-1} = \begin{cases} K_{VK,i}^{t-1} - \left(0.005 - m_e^t\right) \cdot B_i^t & \text{für } K_{VK,i}^{t-1} > \left(0.005 - m_e^t\right) \cdot B_i^t \\ 0 & \text{für } K_{VK,i}^{t-1} \leq \left(0.005 - m_e^t\right) \cdot B_i^t \end{cases}$$

Unter Berücksichtigung der Finanzierung des Korrekturbetrages für das Vereinigte Königreich lässt sich für einen Mitgliedstaat i ein modifizierter BSP-Eigenmittelabrufsatz bestimmen:

$$(9) \qquad \tilde{y}_i^t = \frac{y^t \cdot Y_i^t + \tilde{K}_{VK,i}^{t-1}}{Y_i^t}$$

YE_i	=	Bruttosozialprodukt-Eigenmittel des Landes i
y	=	einheitlicher BSP-Eigenmittelabrufsatz
Y_i	=	BSP bzw. BNE des Landes i
$K_{VK,i}$	=	Beitrag des Landes i zur Finanzierung des Korrekturbetrages für das Vereinigte Königreich

[230] Fehlschätzungen bei der Bemessungsgrundlage werden nachträglich korrigiert.

$\tilde{K}_{VK,i}$ = nicht von Mehrwertsteuer-Eigenmitteln gedeckter Anteil des Landes i an der Finanzierung des Korrekturbetrages für das Vereinigte Königreich

A_{ges} = veranschlagte Gesamtausgaben der EU

TE = traditionelle Eigenmittelzahlungen (Nettobetrag)

M = Mehrwertsteuer-Eigenmittelzahlungen des Landes i

SE = sonstige Einnahmen der EU

m_e = einheitlicher Mehrwertsteuer-Abrufsatz

B_i = (gekappte) Mehrwertsteuer-Bemessungsgrundlage des Landes i

$\tilde{y}_i$ = modifizierter BSP-Eigenmittelabrufsatz des Landes i

Die BSP-Zahlungen eines Mitgliedstaates setzen sich also zusammen aus dem Produkt des einheitlichen Abrufsatzes mit der nationalen Bemessungsgrundlage sowie bestimmten Finanzierungsbeiträgen zum Korrekturbetrag für das Vereinigte Königreich. Dabei handelt es sich um die Anteile an der Finanzierung, die von der Differenz zwischen einheitlichem und maximalem Mehrwertsteuer-Abrufsatz (multipliziert mit der gekappten Mehrwertsteuer-Bemessungsgrundlage) nicht mehr gedeckt werden können.[231]

Die BSP-Eigenmittel werden allerdings zu dem Teil nicht von den Mitgliedstaaten tatsächlich abgerufen, der zur Deckung der in den Haushaltsplan eingesetzten Reserven dient. Dabei handelt es sich um die Reserve zur Finanzierung von Darlehensgarantien und die Reserve für Soforthilfen zu Gunsten von Drittländern. Nur wenn die Reserven in Anspruch genommen werden, kommt es zum Abruf der entsprechenden Mittel.[232]

Der BSP-Eigenmittelabrufsatz hat keine explizite Höchstgrenze.[233] Lediglich der Prozentsatz der Eigenmittelobergrenze (1,24 % des BNE) stellt einen, jedoch nur theoretisch erreichbaren[234], maximalen BSP-Abrufsatz dar.

[231] Zur Finanzierung des Korrekturbetrages für das Vereinigte Königreich siehe 1.2.3.3.
[232] Dasselbe galt für die bis 2002 vorgesehene EAGFL-Währungsreserve.
[233] Eine entsprechende Behauptung von Henke und Perschau ist dementsprechend falsch. Die irrtümliche Behauptung der beiden, die BSP-Eigenmittel seien auf „maximal 0,3247 % des nationalen Bruttosozialprodukts fixiert", beruht wahrscheinlich auf dem tatsächlichen einheitlichen Satz des Jahres 1994, der genau 0,3247 % betrug. Henke, K.-D., Perschau, O.D. (1999), S. 36, vgl. Europäische Kommission (1995), S. 85, Genser, B. (1997), S. 107 f., Fn. 7.
[234] Dazu müssten die Einnahmen aus traditionellen und Mehrwertsteuer-Eigenmitteln sowie die sonstigen Einnahmen auf null sinken und der Eigenmittelplafonds ausgabenseitig voll ausgeschöpft werden.

Ebenso wie bei den Mehrwertsteuer-Eigenmitteln bedarf es auch zur Erhebung der BSP-Eigenmittel einer harmonisierten Bemessungsgrundlage. Die Bemessungsgrundlage der vierten Eigenmittelquelle ist das nationale Bruttosozialprodukt zu Marktpreisen. Unter dem BSP ist gemäß Artikel 2 Absatz 7 des Eigenmittelbeschlusses 2000 das Bruttovolkseinkommen (BVE) – anderswo auch Bruttonationaleinkommen (BNE) genannt – zu verstehen. Das BVE/BNE ist das nach den Vorschriften des ESVG 95[235] ermittelte BSP. Neben der Bezeichnung unterscheidet es sich konzeptionell vom BSP in der Berechnung nach dem ESVG 2. Auflage unter anderem durch einen erweitert gefassten Investitionsbegriff und die Ansetzung von Abschreibungen auf öffentliche Tiefbauten. In den Differenzbetrag zwischen BIP zum BNE geht nun auch der Saldo aus von der EU empfangenen Subventionen (z.B. Agrarsubventionen, strukturpolitische Mittel) und an die EU geleisteten Produktions- und Importabgaben (z.B. Mehrwertsteuer-Eigenmittel, Zölle) ein.[236]

Die Einführung sozialproduktorientierter Eigenmittel sollte bei der Verteilung der Finanzierungslast zu einer stärkeren Orientierung an der wirtschaftlichen Leistungsfähigkeit von Mitgliedstaaten führen. Den Mehrwertsteuer-Eigenmitteln wurden diesbezüglich die bekannten Vorbehalte entgegengebracht. Für die insbesondere gegenüber den Mehrwertsteuer-Eigenmitteln bessere Eignung des Sozialprodukts als Bemessungsgrundlage nennt Henke[237] fünf Gründe, die im Folgenden näher diskutiert werden:

1. Das BSP erfasst die nationale Leistungsfähigkeit besser.

Diese Auffassung dürfte kaum kontrovers sein, obgleich auch das Sozialprodukt als alleiniger Indikator nationaler Leistungsfähigkeit nicht unumstritten ist.[238] Die Verwendung des BSP als Wohlstandsindikator war innerhalb des Einnahmensystems der EU im Übrigen nicht neu. Bereits der Dubliner Finanzmechanismus[239] von 1975

---

[235] Diese Vorschriften sind niedergelegt in der Verordnung (EG) Nr. 2223/96 des Rates vom 25. Juni 1996 zum Europäischen System Volkswirtschaftlicher Gesamtrechnungen auf nationaler und regionaler Ebene in der Europäischen Gemeinschaft.

[236] Vgl. Statistisches Bundesamt (1999a), S. 257 ff. Die Differenz zwischen dem BNE (Inländerkonzept) und BIP (Inlandskonzept), der ‚Saldo der Primäreinkommen aus der übrigen Welt', besteht nun – wie bisher – aus dem Saldo der Erwerbs- und Vermögenseinkommen und eben zusätzlich dem Saldo aus den EU-Subventionen an einen Mitgliedstaat und den an die EU gezahlten Produktions- und Importabgaben. Zu Letzteren zählen die traditionellen und die MwSt-Eigenmittel, jedoch nicht die BSP-Eigenmittel, die als Transfers verbucht werden. Vgl. Rose, F.-J. (2002), S. 404.

[237] Vgl. Henke, K.-D. (1988), S. 140.

[238] Vgl. Peffekoven, R. (1983), S. 254 ff. Zur Kritik am BSP als Wohlstandsindikator siehe Brümmerhoff, D. (2002), S. 221 ff.

[239] Zum Dubliner Finanzmechanismus siehe 1.2.3.2.

nahm Bezug auf das BSP ebenso wie verschiedene vorübergehend erhobene Finanzbeiträge in den 1970er und 1980er Jahren. Trotz der berechtigten Kritik an der Aussagekraft der Sozialproduktgrößen ist ihre Verwendung in diesem Zusammenhang dennoch sinnvoll. Das BSP steckt für einen Nationalstaat den maximalen Besteuerungsrahmen ab. Häufig beklagte Unschärfen bei der Sozialproduktmessung, wie die fehlende Berücksichtigung der Schattenwirtschaft, von Heimarbeit oder die unbeachtete Wohlstandswirkung von sinkender Arbeitszeit sind hier nicht zu beanstanden. Hausarbeit zum Beispiel ist zwar zweifellos wohlstandserhöhend, erhöht aber nicht die nationale Beitragskapazität.[240]

2. Für das BSP besteht kein Harmonisierungsbedarf, da die Berechnung bereits harmonisiert ist.

Das war 1988 jedoch noch nicht der Fall. Insbesondere der intratemporale internationale Vergleich absoluter BSP-Daten – und dieser ist hier entscheidend – war bei der Einführung wegen uneinheitlicher Messmethodik anzweifelbar. Parallel zum Eigenmittelbeschluss 1988 verabschiedete der Rat eine Richtlinie zur Harmonisierung der BSP-Erfassung[241], womit eine tatsächliche Harmonisierung selbstredend noch nicht erreicht war.[242] Die Vereinheitlichung der Ermittlungsmethodik ist mittlerweile jedoch – spätestens seit der Umsetzung von ESVG 95 – erreicht, die Anwendung der Bemessungsgrundlage BSP mit der Begründung mangelnder Vergleichbarkeit mithin nicht mehr zu beanstanden.[243]

3. Es besteht die Möglichkeit, eine regionalpolitisch begründbare Progression einzubauen.

Von dieser theoretischen Möglichkeit wurde bisher nicht Gebrauch gemacht. Der BSP-Eigenmittelsatz ist für alle Mitgliedstaaten einheitlich, wobei der Abrufsatz einzelner Mitgliedstaaten höher liegen kann, wenn ein Teil des Finanzierungsbeitrags zum Korrekturbetrag für das Vereinigte Königreich als BSP-Eigenmittel zu zahlen ist.

---

[240] Am Pigouschen Hausfrauenparadox erläutert: Wenn ein Mann seine Haushälterin heiratet, sinkt nicht nur das Sozialprodukt, sondern auch die Besteuerungsgrundlage für den Staat.

[241] Richtlinie des Rates vom 13. Februar 1989 zur Harmonisierung der Erfassung des Bruttosozialprodukts zu Marktpreisen (89/130/EWG, Euratom), ABl. Nr. L 49 (1989), S. 26.

[242] Vgl. Messal, R. (1991), S. 92 ff. Messal fasst den Vergleich von BSP- und MwSt-Bemessungsgrundlage zum damaligen Zeitpunkt thesenartig wie folgt zusammen: „[D]ie MWSt-Bemessungsgrundlage ist harmonisiert und ein eingeschränkter Leistungsindikator, [...] das BSP ist ein umfassender Leistungsindikator und nicht harmonisiert." Ebenda, S. 94.

[243] Grundsätzlich ein Vorteil bei der Heranziehung des BSP als Bemessungsgrundlage für Eigenmittel ist die Tatsache, dass ein zu niedriger Ausweis des BSP zwar die BSP-Eigenmittelzahlungen eines Mitgliedstaates reduzieren würde, jedoch nicht im sonstigen Interesse des Landes steht.

Die spanische Regierung schlug 1998 tatsächlich die Umstellung von einem proportionalen auf ein progressives Beitragssystem vor.[244] Zwar fand der Vorschlag abgesehen von Griechenland und Portugal keine Unterstützung, soll aber dennoch bei der Diskussion von Reformoptionen für das Beitragssystem, in Kap. 3.2.1.3.2.2 näher betrachtet werden.[245]

4. Durch höhere Aufkommenselastizität und Satzautonomie besitzen die BSP-Eigenmittel ausreichende fiskalische Ergiebigkeit.

Unter der Aufkommenselastizität einer Steuer bzw. Abgabe wird im Allgemeinen die prozentuale Veränderung des Aufkommens aus dieser Abgabe im Verhältnis zu einer einprozentigen Erhöhung des Bruttosozialprodukts oder Bruttoinlandsprodukts verstanden.[246] Bezogen auf das BSP haben die BSP-Eigenmittel (bei konstantem Abrufsatz) eine Aufkommenselastizität von eins. Die Mehrwertsteuer-Eigenmittel hatten bei Einführung der vierten Einnahme hingegen eine Aufkommenselastizität (bei konstantem Abrufsatz) von weniger als eins, da ihre Bemessungsgrundlage langsamer als das BSP wächst, der Anteil des Konsums daran also sinkt.[247] Während das Bruttoinlandsprodukt in der EU (in Preisen von 1995) zwischen 1991 und 2002 um 24,4 % wuchs, verzeichneten die Konsumausgaben im selben Zeitraum eine Steigerung von lediglich 22,8 %.[248] Bezüglich der Aufkommenselastizität der BSP-Eigenmittel ist jedoch deren geringe Bedeutung angesichts der real verwirklichten Erhebung festzustellen: Die vierte Einnahmequelle dient der Restfinanzierung, dementsprechend flexibel ist sie ausgestaltet. Sollte das BSP-Wachstum geringer als zur Restfinanzierung notwendig ausfallen, wird eben der Abrufsatz erhöht. Die diskretionäre Anpassung ist wesentlich unkomplizierter als zum Beispiel bei nationalen Steuern. Gleichzeitig erhöht jedes BSP-Wachstum auch die Eigenmittelobergrenze und damit die maximal abrufbare Summe an BSP-Eigenmitteln. Weicht das tatsächliche Wachstum vom geschätzten Wachstum ab, werden die BSP-Beiträge nachträglich (im folgenden Jahr) korrigiert.

---

[244] Vgl. Europäische Kommission (1998), Anhang 7, S. 1 ff., Rato, R. de, Matutes, A. (1998).
[245] Da Henke die Möglichkeit der Satzdifferenzierung speziell als Grund für das Sozialprodukt und gegen die MwSt-Grundlage nennt, sei hier angemerkt, dass auch beim MwSt-Eigenmittelabrufsatz eine Differenzierung theoretisch möglich wäre.
[246] Vgl. Peffekoven, R. (1996), S. 56, Brümmerhoff, D. (2001), S. 383.
[247] Vgl. Europäische Kommission (1987), S. 22.
[248] Vgl. Sachverständigenrat zur Begutachtung der gesamtwirtschaftlichen Entwicklung (2003), S. 503 ff., eigene Berechnungen.

5. Die Beeinträchtigung der nationalen Föderalismusstruktur und Steuerpolitik ist gering.

Mit den BSP-Eigenmitteln tritt die EU nicht in Konkurrenz mit den Mitgliedstaaten um das Aufkommen aus bestimmten Abgaben. Die Gemeinschaft gibt den Mitgliedstaaten mit der Bemessung nach dem nationalen BSP auch lediglich die Höhe der abzuführenden Mittel vor, die Frage der inneren Aufbringung, also woher der Mitgliedstaat die notwendigen Mittel bezieht, bleibt diesem überlassen.[249] Mit den Mehrwertsteuer-Eigenmitteln trat die Gemeinschaft aber auch nicht in direkte Konkurrenz um das Umsatzsteueraufkommen der Mitgliedstaaten, da es sich nur um Beiträge handelt, deren Höhe sich nach der (harmonisierten) Mehrwertsteuer-Bemessungsgrundlage richtet. Gleichwohl war zur Einführung dieser Eigenmittelart eine weitgehende Harmonisierung der nationalen Umsatzbesteuerung notwendig, die Autonomie der nationalen Steuerpolitik demnach beeinträchtigt.

Im Vorfeld des Eigenmittelbeschlusses 1988 wurden auch andere Vorschläge für eine vierte Einnahme diskutiert. Der Vorschlag des Delors-I-Pakets sah die Einführung eines Finanzbeitrags vor, dessen Bemessungsgrundlage der Unterschied zwischen dem nationalen BSP zu Marktpreisen und der tatsächlichen Mehrwertsteuer-Bemessungsgrundlage sein sollte.[250] Die Anwendung dieser Differenzgrundlage hätte zu einer Belastung der Investitionen, Teilen des öffentlichen Verbrauchs und des Nettoexports geführt. Somit wäre das gesamte BSP von Beiträgen belastet gewesen, jedoch je nach Komponente unterschiedlich stark.[251] Im bestehenden System wird die Mehrwertsteuer-Bemessungsgrundlage – also im Wesentlichen der Konsum – doppelt belastet: einmal durch die Mehrwertsteuer- und zum anderen durch die BSP-Eigenmittel.

Die Differenzgrundlage wäre dementsprechend den Staaten zugute gekommen, bei denen der Anteil der Mehrwertsteuer-Bemessungsgrundlage am BSP überdurch-

---

[249] Die BSP-Eigenmittel werden gelegentlich auch als Sozialproduktsteuer bezeichnet, was insofern zu rechtfertigen ist, als sie wie Steuern nach der Definition von § 3 der Abgabenordnung Geldleistungen sind, die nicht Gegenleistung für besondere Leistungen darstellen und von einem öffentlich-rechtlichen Gemeinwesen (hier EU) zur Erzielung von Einnahmen allen auferlegt werden, bei denen (hier Mitgliedstaaten) der Tatbestand zutrifft, an den das Gesetz (hier Eigenmittelbeschluss) die Leistungspflicht knüpft.

[250] Vgl. Europäische Kommission (1987), S. 23. Die Verwendung der „tatsächlichen" anstelle der harmonisierten MwSt-Bemessungsgrundlage ist in Zusammenhang mit dem entsprechenden und gleichzeitig gemachten Reformvorschlag für die MwSt-Eigenmittel zu sehen. Vgl. ebenda.

[251] Vgl. Stahl, G. (1987), S. 189.

schnittlich hoch ist. Ausgehend von der Annahme eines negativen Zusammenhangs zwischen Wohlstand und Konsumquote erhoffte man sich von der Differenzgrundlage einen wohlstandsbezogenen Progressionseffekt. Mit steigendem Abführungssatz bei der Differenzgrundlage (und konstantem Mehrwertsteuer-Eigenmittelabrufsatz) hätte sich der Gesamtanteil eines Mitgliedstaates an der Finanzierung immer mehr seinem Anteil an der gemeinschaftlichen Differenzgrundlage angenähert. Die Differenzgrundlage hat aber das konzeptionelle Problem, dass sie für sich gesehen über keinerlei ökonomische Aussagekraft verfügt.[252] Im Übrigen wäre das Eigenmittelsystem noch komplizierter und für den Bürger noch weniger nachvollziehbar geworden als ohnehin.[253]

Eine spezielle Bezeichnung haben die Einnahmen nach Artikel 2 Absatz 1 Buchst. d nicht. Neben vierte Einnahme, BSP-Zahlungen und BSP-Beiträge ist der Begriff BSP- oder BNE-Eigenmittel die am häufigsten verwendete Bezeichnung. Als wichtigste Einnahme innerhalb des „Eigenmittelsystems“ ist die Verwendung dieses Terminus plausibel. Die Verwendung des Begriffs der Eigenmittel hat jedoch euphemistischen Charakter. De facto handelt es sich bei diesen Zahlungen um Finanzbeiträge, um Matrikularbeiträge oder Umlagen der nationalen an die supranationale Ebene. Im Gegensatz zu den Mehrwertsteuer-Eigenmitteln, die auch keine Steuerhoheit für die EU darstellen, ist bei den BSP-Mitteln nicht einmal der Bezug zu einer Steuer mehr zu erkennen. Die Gemeinschaft hat gegenüber den Mitgliedstaaten lediglich den Rechtsanspruch auf die Mittel. Die nationalen Parlamente haben keine Entscheidungsbefugnis mehr über die Abführung der Mittel, auch wenn sie in manchen nationalen Haushaltsplänen, zum Beispiel dem deutschen, rubriziert sind.[254] Die Einführung der BSP-Eigenmittel war ein Rückschritt auf dem Weg zu der von Artikel 269 EGV geforderten Finanzierung durch eigene Mittel, der den Eindruck von der EU als „Kostgänger der Mitgliedsländer“[255] nur verstärkte. Die damalige Ablehnung durch das Europäische Parlament verwundert daher nicht; die ehemalige EU-Kommissarin

---

[252] Vgl. Messal, R. (1991), S. 96 ff., Messal, R. (1989), S. 157 ff.

[253] Alternativ wurde seinerzeit auch das BSP oder BIP zu Faktorkosten oder in Kaufkraftparitäten als Bemessungsgrundlage sowie die Gewichtung der Mehrwertsteuer-Eigenmittelanteile nach BSP/BIP-pro-Kopf-Relationen vorgeschlagen. Vgl. Messal, R. (1991), S. 96 f., Fn. 9. Zu einer eingehenderen Auseinandersetzung mit solchen alternativen Bemessungsgrundlagen siehe 3.2.1.3.1.

[254] Vgl. Beutler, B. et al. (2001), S. 203, Fn. 26.

[255] Henke, K.-D. (1997), S. 45.

Schreyer sah die vierte Einnahme als Entwertung der ursprünglichen Idee von Eigenmitteln an.[256]

Die BSP-Eigenmittel sind seit 1998 die wichtigste Einnahmequelle der EU, zu mehr als 55 % trugen sie 2003 zur Finanzierung des EU-Haushalts bei. Das starke Wachstum der vierten Einnahme veranschaulicht graphisch Abbildung 11. Der starke Zuwachs im Jahr 2004 um mehr als 20 Milliarden Euro gegenüber 2003 ist indessen nur teilweise auf die Osterweiterung zum 1. Mai zurückzuführen. Von den Beitrittsländern sind BSP-Eigenmittel in Höhe von gut zwei Milliarden Euro veranschlagt. Vor allem eine Folge der Osterweiterung sind auch die um gut sieben Milliarden Euro höher angesetzten Ausgaben, die voll bei der vierten Eigenmittelquelle zu Buche schlagen. Unklar ist dabei indessen, ob die geplanten Ausgaben in Höhe von fast 100 Milliarden Euro tatsächlich realisiert werden. Sollte dies nicht vollständig der Fall sein – wie in den vergangenen Jahren üblich –, steigen die Überschüsse und sinken die BSP-Eigenmittel im folgenden Jahr.[257] Mit mehr als sieben Milliarden Euro wirkt sich jedoch auch die Absenkung des maximalen Mehrwertsteuer-Eigenmittelabrufsatzes von 0,75 auf 0,5 % auf die BSP-Eigenmittel aus.

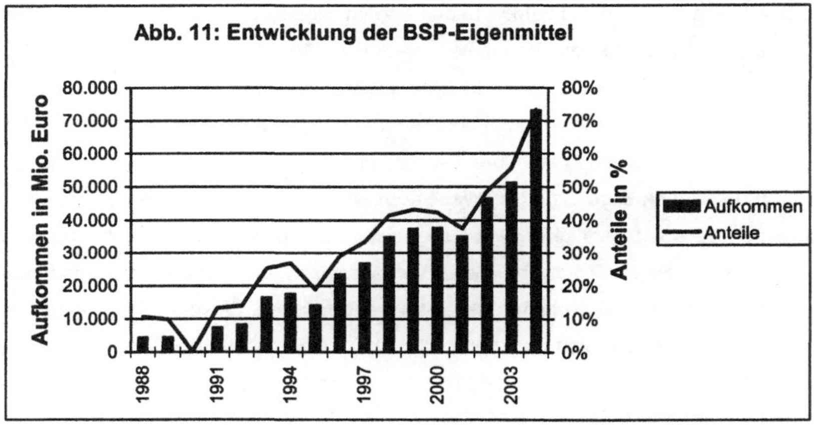

Abb. 11: Entwicklung der BSP-Eigenmittel (1988 – 2004, Aufkommen und Anteile an den Gesamteinnahmen
Quelle: Europäische Kommission (2000c), S. 42 ff., Europäische Kommission (2002d), S. 23, Europäische Kommission (2003d), S. 18, Europäische Kommission (2004d), S. 24, eigene Berechnungen.

[256] Vgl. Begg, I., Grimwade, N. (1998), S. 46, Schreyer, M. (2001), S. 223.

[257] Auch im Jahr 2004 sind den BSP-Eigenmittelzahlungen Beitragsrückerstattungen gegenzurechnen. So kann Deutschland wegen hoher Überschüsse im Jahr 2003 seine Beitragszahlungen im Jahr 2004 um 1,4 Mrd. Euro reduzieren. Vgl. o.V. (2004c), S. 4.

Zusammenfassend lässt sich der voranschreitende Bedeutungszuwachs der BSP-Eigenmittel in Übereinstimmung mit dem Europäischen Parlament aus drei Perspektiven beurteilen:[258]

1. Die immer stärkere Finanzierung der EU durch die BSP-Eigenmittel trägt zu einer gerechteren Verteilung der Lasten bei, da das BSP – trotz Kritik – der beste Indikator für relativen Wohlstand ist.
2. Das Eigenmittelsystem der EU verliert immer mehr den Charakter der echten Eigenmittelfinanzierung und gewinnt immer mehr den Charakter der Beitragsfinanzierung.
3. Es besteht keine sichtbare Verknüpfung zwischen der Gemeinschaft und ihren Bürgern. Von einer Finanz- und Steuerautonomie ist die EU weit entfernt.

1.4 Sonstige Einnahmen und Anleiheoperationen

1.4.1 Sonstige Einnahmen

Zu den Einnahmen der EU zählen neben den im Eigenmittelbeschluss aufgeführten und unter 1.3 analysierten Einnahmen bestimmte Anleihetätigkeiten sowie die so genannten sonstigen Einnahmen. Zu den sonstigen Einnahmen[259], die keine Eigenmittel sind, zählen zunächst einmal die Steuern und Sozialabgaben, die von den Beamten der EU-Institutionen entrichtet werden; damit werden Einnahmen in Höhe von etwa 700 Millionen Euro erzielt.[260] Wesentlich geringer sind die Einnahmen aus der laufenden Verwaltungstätigkeit, wie zum Beispiel Bankzinsen, oder Zahlungen von Drittstaaten an die EU. Dasselbe gilt für Verzugszinsen, die von den Mitgliedstaaten aufgrund verspäteter Gutschriften gezahlt werden müssen. Zinsen auf Einlagen und Geldbußen im Rahmen von Sanktionsverfahren des Stabilitäts- und Wachstumspaktes wären ebenfalls sonstige Einnahmen, würden aber unter den EWWU-

[258] Vgl. Europäisches Parlament (2001), S. 12.
[259] Vgl. Europäische Kommission (2002c), S. 233, 235.
[260] Mit den Steuern und Sozialabgaben der EU-Bediensteten fließen dem EU-Haushalt keine zusätzlichen Mittel zu, da sie in direktem Zusammenhang mit Ausgaben der EU (Gehälter und Sozialleistungen) stehen. Vgl. Nittka, U. (1979), S. 40 f.

Mitgliedstaaten, die kein übermäßiges Defizit haben, proportional zu deren BSP aufgeteilt.[261]

Erhebliche Beträge können durch Geldbußen erzielt werden. Die bisher höchste Geldbuße hat die Kommission im Jahr 2004 gegen die Firma Microsoft in Höhe von knapp 500 Millionen Euro verhängt. Neben zahlreichen weiteren marginalen Einnahmequellen zählen schließlich auch die Überschüsse aus dem vorhergehenden Haushaltsjahr zu den sonstigen Einnahmen. Der Höhe nach übersteigen sie die anderen sonstigen Einnahmen in der Regel erheblich.

1.4.2 Anleiheoperationen

Nach Artikel 268 EGV ist der Gesamthaushaltsplan in Einnahmen und Ausgaben auszugleichen. Im Gegensatz zu Artikel 110 Absatz 1 GG fordert die Finanzverfassung der EU den materiellen, nicht nur den formellen Haushaltsausgleich. Die im Haushaltsplan der EU veranschlagten Ausgaben dürfen also nicht mit Krediten finanziert werden. Außerhalb des Haushaltsplans gibt es im Rahmen der Europäischen Gemeinschaften jedoch verschiedene Anleihetätigkeiten, die an dieser Stelle skizziert werden sollen.[262]

Sowohl die EGKS als auch die EAG hatten gemäß ihren Gründungsverträgen das Recht zur Begebung von Anleihen, wovon in unterschiedlichem Ausmaß Gebrauch gemacht wurde. Die EGKS hat mit Anleihemitteln von insgesamt über 24 Milliarden Euro Darlehen für Investitionen und Umstrukturierungsmaßnahmen im Montanbereich und sozialen Wohnungsbau für Arbeitnehmer in diesem Sektor finanziert. Darlehen für Forschungsprojekte und Investitionen im Bereich der Kernenergie wurden durch Anleihen finanziert, die von der EAG emittiert wurden.

Ein makroökonomischer Anleihe-/ Darlehensmechanismus für Mitgliedstaaten mit Zahlungsbilanzschwierigkeiten wurde Mitte der 1970er Jahre eingeführt; mit der drit-

---

[261] Vgl. Art. 16 der Verordnung Nr. 1467/97 des Rates vom 7. Juli 1997 über die Beschleunigung und Klärung des Verfahrens bei einem übermäßigen Defizit (ABl. Nr. L 209 (1997), S. 6). Mitgliedstaaten, die nicht der Währungsunion angehören, können von solchen Einnahmen folglich nicht profitieren.

[262] Vgl. dazu ausführlicher Europäische Kommission (2002c), S. 345 ff., Folkers, C. (1998), S. 601 ff., Europäische Wirtschaft (1993), S. 105 ff.

ten Stufe der EWWU entfiel seine rechtliche Grundlage. Ebenfalls über Anleihen finanziert haben Drittstaaten, wie zum Beispiel die Republiken der ehemaligen Sowjetunion, Darlehen bekommen. Eher mikroökonomisch angelegt war das 1978 geschaffene „Neue Gemeinschaftsinstrument" (NGI). Die im Rahmen des NGI vergebenen Darlehen – gut 6 Milliarden Euro – sollten dazu dienen, die industrielle Wettbewerbsfähigkeit zu verbessern.

Die Europäische Investitionsbank darf Darlehen und Garantien in Höhe von bis zu 250 % ihres Eigenkapitals (derzeit 150 Milliarden Euro) gewähren. Zu deren Finanzierung begibt sie unter anderem ebenfalls Anleihen auf dem Kapitalmarkt, im Jahre 2002 in Höhe von 38 Milliarden Euro. Innerhalb der EU fördert die EIB Projekte mit strukturpolitischer Zielsetzung, außerhalb der EU mit entwicklungspolitischer Zielsetzung.

Die Nichtbudgetierung[263] der Anleihe-/ Darlehensoperationen ist vielfach kritisiert worden, insbesondere als Verstoß gegen den Haushaltsgrundsatz der Budgeteinheit. Zudem ist der EU-Haushalt nicht gänzlich von diesen Aktivitäten getrennt: Werden Darlehensempfänger zahlungsunfähig, sind die Verpflichtungen gegenüber den Gläubigern aus Haushaltsmitteln zu bestreiten.

Festzustellen bleibt, dass durch die Koppelung von Anleihegeschäften mit der Vergabe von Darlehen, also vorübergehenden Ausgaben, die endgültigen Ausgaben der EU nicht kreditfinanziert sind, also vollständig durch endgültige Einnahmen gedeckt sind.

Inwiefern das in diesem ersten Teil der Arbeit dargestellte Finanzierungssystem der EU Anforderungen an ein rationales Finanzierungssystem genügt, ist Gegenstand des zweiten Teils.

---

[263] Die Anleihe- und Darlehensoperationen sind in einer Anlage zu Einzelplan III/B dokumentiert, allerdings nur mit indikativem Charakter. Ein Vorschlag der Kommission im Jahre 1978, die Operationen voll einzubeziehen, wurde vom Rat abgelehnt. Der Rat wollte offenbar die alleinige Kontrolle darüber nicht preisgeben. Vgl. Europäische Kommission (2002c), S. 353 f.

2. Anforderungen an ein rationales Finanzierungssystem der Europäischen Union

2.1 Grundlagen

2.1.1 Grundtypen des vertikalen Finanzausgleichs

2.1.1.1 Trennsysteme

In mehrstufig aufgebauten Staatssystemen ist regelmäßig eine Entscheidung darüber zu treffen, wie die verschiedenen Einnahmequellen und die daraus „sprudelnden“ Einnahmen auf die einzelnen Ebenen verteilt werden sollen. Innerhalb von Nationalstaaten handelt es sich bei den Einnahmen der Gebietskörperschaften im Wesentlichen um Steuereinnahmen. Im internationalen Kontext spielen auch Beiträge eine bedeutende Rolle: Beiträge sind jedoch in diesem Zusammenhang nicht als originäre, sondern als derivative Staatseinnahmen anzusehen, da sie in der Regel durch andere (Steuer-)Einnahmen finanziert werden.

In der Systematik des Finanzausgleichs im weiteren Sinn lässt sich die vertikale Einnahmenverteilung als erster Schritt des aktiven Finanzausgleichs ansehen.[264] Letzterem – auch als Finanzausgleich im engeren Sinn bezeichnet – gehen dem „logischen Primat“ der Aufgabenverteilung gehorchend die Verteilung von Aufgaben und Ausgaben (passiver Finanzausgleich) voraus. Die Frage nach der optimalen und realen Aufteilung der Staatsaufgaben auf die verschiedenen Ebenen ist in der finanzwissenschaftlichen Literatur ausgiebig erörtert worden.[265] Die Erkenntnisse der Ökonomischen Theorie des Föderalismus zu dieser Frage sollen in dieser Arbeit nicht ausführlich dargestellt werden, da im Rahmen der Themenstellung davon ausgegangen werden kann, dass sowohl die gegenwärtige als auch die zukünftige Aufteilung der Kompetenzen politische Daten sind. Die Implikationen dieser Entscheidungen für eine sinnvolle Gestaltung des Einnahmensystems sollen jedoch nicht übersehen werden (vgl. Kap. 2.2.2.2).

---

[264] Vgl. zur Systematisierung des Finanzausgleichsbegriffs Peffekoven, R. (1980), S. 608 ff.

[265] Vgl. Oates, W.E. (1972), S. 4 ff., 31 ff., Musgrave, R.A., Musgrave, P.B. (1973), S. 595 ff., Peffekoven, R. (1980), S. 611 ff., Zimmermann, H., Henke, K.-D. (1994), S. 174 ff.

Dem vertikalen Einnahmenausgleich folgt in föderalen Systemen üblicherweise ein horizontaler Einnahmenausgleich. Fragen des primären horizontalen Finanzausgleichs spielen auch im europäischen Zusammenhang eine nicht unwesentliche Rolle; hier ist insbesondere an die seit vielen Jahren überfälligen Lösungen bezüglich des endgültigen Mehrwertsteuersystems (Ursprungslandprinzip mit grenzüberschreitendem Vorsteuerabzug) und der Zinsbesteuerung zu denken. Im Hinblick auf das Finanzierungssystem der EU sind diese Fragen aber nur von untergeordneter Bedeutung. Einen sekundären horizontalen Finanzausgleich gibt es auf EU-Ebene nicht; Möglichkeiten der Ergänzung des geltenden Beitragssystems um Finanzausgleichselemente werden in Kap. 3.2.3 diskutiert.

Als Grundtypen der vertikalen Zuordnung von Einnahmenkompetenzen lassen sich das Trennsystem und das Verbundsystem (vgl. Kap. 2.1.1.2) unterscheiden. Der allgemeine Begriff der Einnahmenkompetenz ist dabei zu differenzieren: zum Ersten nach der Objekt- oder Gesetzgebungshoheit, die das Steuerfindungs- und Steuergestaltungsrecht beinhaltet, zum Zweiten nach der Ertragshoheit, die das Recht zur Vereinnahmung des Aufkommens beinhaltet, und zum Dritten nach der Verwaltungshoheit.

Trennsysteme sind allgemein dadurch gekennzeichnet, dass das Aufkommen aus den Steuern jeweils einer staatlichen Ebene zufließt, die somit die alleinige Ertragshoheit besitzt. Unterschiedlich kann jedoch die Gestaltung der Gesetzgebungshoheit sein. Besitzt die Ebene mit der Ertragshoheit über eine Steuer die vollständige Gesetzgebungshoheit über diese, kann sie also selbst darüber entscheiden, welches Steuerobjekt sie in welcher Art und in welcher Höhe besteuern möchte, spricht man vom freien oder ungebundenen Trennsystem. Da es hierbei möglich ist, dass mehrere Ebenen das gleiche Steuerobjekt belasten, ist auch vom Konkurrenzsystem die Rede. Der große Vorteil dieses Verfahrens ist die Flexibilität und der hohe Autonomiegrad der Körperschaften. Sehr nachteilhaft ist aber die „Gefahr der Mehrfachbesteuerung einzelner Steuerquellen durch verschiedene Körperschaften“[266] sowie die unter allokationspolitischen Gesichtspunkten unter Umständen unerwünschte un-

---

[266] Peffekoven, R. (1980), S. 619. Die Nutzung ein und derselben Steuerquelle durch mehrere Ebenen kann aus Kosten- und Effizienzgründen aber auch als sinnvoll angesehen werden. So stellt Oates fest: „[T]he rigid maintenance of separate revenue sources may be quite costly. Recent experience in a number of countries suggests that the coordinated taxation of the same tax base may in many instances be a very effective and inexpensive procedure." Oates, W.E. (1972), S. 148.

gleichmäßige Besteuerung. Vor allem wegen des mit einem rationalen Steuersystem nicht vereinbaren Nebeneinanders von zahlreichen unkoordinierten Einzelsteuern, spielt das freie Trennsystem praktisch keine Rolle.[267]

Um diese Probleme zu vermeiden, wird in separierenden oder gebundenen Trennsystemen nur die Ertragshoheit getrennt zugewiesen. Die Gesetzgebungshoheit liegt hingegen mehr oder weniger konzentriert auf einer Ebene. So steht zum Beispiel das Aufkommen aus der deutschen Kraftfahrzeugsteuer voll den Ländern zu, die Entscheidungskompetenz darüber, dass überhaupt und in welcher Form und Höhe das Halten von Kraftfahrzeugen besteuert wird, liegt aber auf der Bundesebene.[268] Gebundene Trennsysteme können aber auch mit partieller Dezentralisierung der Gesetzgebungshoheit verbunden sein. Kann eine Gebietskörperschaft selbst entscheiden, in welcher Höhe sie das ihr zugewiesene Steuerobjekt besteuern möchte, so wie zum Beispiel die deutschen Gemeinden mit dem Hebesatzrecht bei den Realsteuern, liegt ein erhöhter Autonomiegrad vor. Noch höher ist dieser, wenn die Gebietskörperschaft völlige Gestaltungsfreiheit hat, also wie und ob überhaupt das ihr zugewiesene Steuerobjekt besteuert werden soll.

Die Frage, welche Steuern im Einzelnen welcher staatlichen Ebene aus ökonomischen Gründen zugewiesen werden sollten, wird wesentlich von der getroffenen Aufgabenverteilung, den ökonomischen Eigenschaften dieser Steuern und nicht zuletzt dem fiskalischen Bedarf der verschiedenen Gebietskörperschaften beeinflusst. Da es aus Sicht der Ökonomischen Theorie des Föderalismus sinnvoll ist, Aufgaben aus dem Bereich der Stabilisierung und der Distribution zu zentralisieren, spricht einiges dafür, die zur Unterstützung dieser Aufgaben am besten geeignete Steuer, nämlich die Einkommensteuer dem Oberverband zu übertragen.[269] Auch unter allokativen Gesichtspunkten sollte die Aufgabenzuordnung für die Einnahmenverteilung von Be-

---

[267] In den USA gibt es zum Beispiel eine Bundeserbschaftsteuer, die als Nachlasssteuer gestaltet ist. In den meisten Bundesstaaten gibt es zusätzlich eigene Erbschaftsteuern, die sich meist an den Regelungen der Bundessteuer orientieren, zum Teil aber auch als Erbanfallsteuern erhoben werden.

[268] Im genannten Fall – ebenso wie bei den anderen in Art. 106 Abs. 2 GG genannten Ländersteuern – hat der Bund die konkurrierende Gesetzgebung (Art. 105 Abs. 2 GG), die sich aus dem Vorliegen der Voraussetzungen des Artikels 72 Abs. 2 GG ergibt: Sind zur Herstellung gleichwertiger Lebensverhältnisse im Bundesgebiet oder zur Wahrung der Rechts- und Wirtschaftseinheit bundeseinheitliche Regelungen notwendig, verfügt der Bund über das Gesetzgebungsrecht.

[269] Die built-in flexibility der (progressiven) Einkommensteuer, also die im Konjunkturverlauf stark prozyklische Entwicklung des Aufkommens spricht für die Zuweisung an die Ebene mit der stabilisierungspolitischen Aufgabe. Die Wirkung der progressiven Einkommensteuer als Umverteilungsinstrument macht sie für die Ebene mit der distributionspolitischen Verantwortung geeignet.

deutung sein: So kann es sinnvoll sein, eine Steuer, die mit einer bestimmten Staatsaufgabe sachlich in engerem Bezug steht, der Ebene zukommen zu lassen, die diese Aufgabe erfüllt. Demnach wäre es zum Beispiel angebracht, die Kraftfahrzeugsteuer oder die Mineralölsteuer der Ebene zukommen zu lassen, die für den Straßenbau zuständig ist, oder die Zolleinnahmen der Ebene, die für die Außenwirtschaftspolitik verantwortlich ist. Die Zuweisung einer Steuer an die Zentralebene kann insbesondere dann sinnvoll sein, wenn einer der folgenden Sachverhalte vorliegt:[270]

1. Eine dezentrale Steuerzuordnung würde zu unerwünschten regionalen Disparitäten und damit zu Forderungen nach einem aktiven Finanzausgleich führen. Bei harmonisierten Steuern tritt dieses Problem auf, wenn die Bemessungsgrundlagen regional schwer oder nicht zurechenbar sind. Das ist häufig bei indirekten Steuern der Fall. Besteuerungsobjekt indirekter Steuern ist oft der Verbrauch bestimmter Güter, Ort der Besteuerung ist aber regelmäßig ein anderer als der Ort des Verbrauchs, zum Beispiel der Produktionsort oder der Einfuhrort.

2. Die dezentrale Besteuerung ist mit die Grenzen der Gebietskörperschaft überschreitenden externen Effekten („spillovers") verbunden. Bei nicht harmonisierten Steuern und interregional mobilen Bemessungsgrundlagen kann es durch Steuerwettbewerb zu externen Effekten kommen, was aus ökonomischer Sicht aber nicht per se zu verurteilen ist. Wenn doch, zum Beispiel weil ein unerwünschtes „race to the bottom" zu beobachten ist, kann mit Steuerharmonisierung – negativ formuliert: einem Steuerkartell – diesem begegnet werden; eine Zentralisierung ist deswegen nicht zwingend geboten. Anders liegt der Fall, wenn die Steuern als aktives allokationspolitisches Instrument eingesetzt werden. Wenn zum Beispiel durch eine Steuer die Emission von Schadstoffen, die über die Gebietskörperschaft hinaus negative Wirkungen zeigen, reduziert werden soll, kann eine Zentralisierung dieser Steuer suboptimale Ergebnisse verhindern.

3. Die dezentrale Zuordnung ist mit höherem Verwaltungsaufwand verbunden. Die Zentralisierung kann mit Skalenerträgen verbunden sein. Allerdings kann auch das Gegenteil der Fall sein. Aufgrund hoher administrativer Entfernung kann die zentralisierte Verwaltung auch mit diseconomies of scale verbunden sein. „Moreover, even if

[270] Vgl. dazu z.B. Begg, I., Grimwade, N. (1998), S. 24 f., Caesar, R. (1996a), 256 f.

falling administrative costs favours centralization, there is no necessary reason, why the revenues collected should also be assigned to the central level."[271]

Die Vorteile von Trennsystemen liegen zusammengefasst in der relativ hohen finanzwirtschaftlichen Autonomie der einzelnen Gebietskörperschaften und in der Transparenz, also der besseren Durchschaubarkeit für den Bürger. Von Nachteil sind die Vielzahl von Einzelsteuern, die möglichen Doppelbesteuerungen in freien Trennsystemen und die ungleichmäßige Entwicklung des Aufkommens der einzelnen Steuern in gebundenen Trennsystemen, die zu Forderungen nach einer Neuverteilung der Ertragskompetenzen führen kann.

2.1.1.2 Verbundsysteme

Um die mit den Trennsystemen verbundenen Nachteile zu umgehen, werden in Verbundsystemen Steuern zwar von einer Ebene erhoben – was schon aus Verwaltungsgründen sinnvoll ist –, dann aber wird das Aufkommen nach vorgegebenen Quoten auf die ertragsbeteiligten Gebietskörperschaften aufgeteilt. Legt man eine Aufteilungsquote für alle Steuern fest, spricht man von einem Gesamtverbundsystem. Üblich, weil flexibler sind jedoch Einzelverbundsysteme, bei denen für jede Verbundsteuer einzeln Quoten bestimmt werden. Besteht eine ertragsbeteiligte Ebene aus mehreren Gebietskörperschaften, so ist regelmäßig auch die Frage zu klären, wie das anteilige Aufkommen horizontal verteilt werden soll.

Die Vorteile der Verbundsysteme liegen zum einen darin, dass mehrere Ebenen an den Hauptsteuern (Einkommensteuer und Umsatzsteuer) partizipieren können. Zum anderen kommt es insbesondere in Gesamtverbundsystemen oder bei ähnlichen Aufteilungsquoten für die wichtigsten Steuern zu gleichmäßigen Auswirkungen auf die Einnahmen der Ebenen, wenn sich die einzelnen Steuern unterschiedlich entwickeln. Das ist aber auch nur dann ein Vorteil, wenn sich die Ausgaben in den Haushalten der einzelnen Ebenen gleichmäßig entwickeln (sollen). Wenn eine Revision der Aufteilungsquoten notwendig wird, ist es von Vorteil, klare Regeln dafür zu haben, wie die Quoten möglichst objektiv und ohne langwierige Verhandlungen verän-

[271] Begg, I., Grimwade, N. (1998), S. 25.

dert werden können.[272] Sind die Quoten sehr starr, eventuell sogar konstitutionell festgelegt, können umständliche Haushaltskonstruktionen notwendig werden.[273]

Die Einheitlichkeit des Steuersystems kann effizient sein, wenn damit unerwünschte Wanderungen vermieden werden. Sie nimmt den beteiligten Gebietskörperschaften aber auch ein Instrument im Standortwettbewerb. Die Beteiligung verschiedener Ebenen an einzelnen Steuern in unterschiedlicher und im Zeitablauf veränderlicher Höhe mindert die Transparenz des Steuersystems und verwischt Verantwortlichkeiten. Steueränderungen werden üblicherweise den Repräsentanten der zentralen Ebene zur Last gelegt bzw. zugute gehalten. Die finanzwirtschaftliche Autonomie der ertragsbeteiligten Ebenen ohne Gesetzgebungshoheit ist gering, insbesondere dann, wenn weder Mitwirkungs- noch Zustimmungsrechte bei der Steuergestaltung und der Quotenfestlegung bestehen.[274]

Da Verbundsysteme wie Trennsysteme sowohl Vor- als auch Nachteile haben, werden in der Realität häufig Mischsysteme praktiziert. In Deutschland werden die meisten Steuern nach dem separierenden Trennsystem entweder dem Bund (z.B. Mineralölsteuer), den Ländern (z.B. Erbschaftsteuer) oder den Gemeinden (z.B. Grundsteuer) zugewiesen. Der größte Anteil des Steueraufkommens – etwa drei Viertel – wird aber über Verbundsysteme verteilt. Ein ähnliches Steuersystem wird in Österreich praktiziert.

Eine Verbundsystemen ähnliche, aber mit höherem Autonomiegrad verbundene Möglichkeit der vertikalen Einnahmenverteilung sind Zuschlagssysteme. Hierbei be-

---

[272] Wie schwierig die Definition solcher Regeln sein kann, zeigt die weiterhin unbefriedigende Lösung bei der Konkretisierung der Umsatzsteuer-Revisionsklausel nach Art. 106 Abs. 4 Satz 1 GG. Vgl. dazu Peffekoven, R. (2001), S. 208 ff.

[273] Zur Beseitigung der ostdeutschen Flutschäden im Jahre 2002 wurde ein nationaler Solidaritätsfonds „Aufbauhilfe" als Sondervermögen des Bundes eingerichtet. Zur Aufbringung der Mittel für diese Bundesaufgabe wurde unter anderem beschlossen, die Einkommensteuer-Reformstufe des Jahres 2003 um ein Jahr zu verschieben und die Körperschaftsteuer für ein Jahr geringfügig zu erhöhen. Da beide Steuern aber gemäß Art. 106 Abs. 3 Satz 2 GG – abgesehen vom Gemeindeanteil an der Einkommensteuer – Bund und Ländern je zur Hälfte zustehen, hätten Länder und Gemeinden mehr als die Hälfte des daraus resultierenden Mehraufkommens vereinnahmen können. Um hier Windfall-Gewinne zu vermeiden und die Mittel aufzubringen, wurden die Länder mit ihren Gemeinden an der Finanzierung des Fonds mit den geschätzten Mehreinnahmen entsprechenden (geringfügig höheren) Absolutbeträgen beteiligt.

[274] Bei der deutschen Einkommensteuer sind sowohl die Länder als auch die Gemeinden Ertragsbeteiligte ohne Gesetzgebungshoheit. Während aber die Gemeinden (als selbständige Ebene betrachtet) über gar keinen Einfluss auf die Steuergestaltung und -verteilung verfügen, haben die Länder wenigstens die Einflussmöglichkeit über den Bundesrat.

kommen ertragsbeteiligte Ebenen ohne Gesetzgebungshoheit das Recht, die Höhe ihrer Ertragsbeteiligung selbst zu bestimmen, ohne dass die jeweils anderen Ebenen dadurch Einbußen erleiden würden. In Kanada zum Beispiel erheben die drei Territorien Zuschläge auf die Bundeseinkommensteuer.[275] Elemente eines Zuschlagssystems sind auch die in Deutschland erhobenen Zuschlagssteuern wie die Ergänzungsabgaben des Bundes (Solidaritätszuschlag) oder die – allerdings in der Gesetzgebungshoheit der Länder stehende – Kirchensteuer. Zuschläge können sowohl auf die Steuerschuld als auch auf die Bemessungsgrundlage erhoben werden.

2.1.2 Finanzierung internationaler und supranationaler Organisationen

2.1.2.1 Internationale und supranationale Organisationen

In diesem Abschnitt (2.1.2) sollen die Fragen des vertikalen Finanzausgleichs speziell unter dem Gesichtspunkt der Einbindung von Staaten in internationale und supranationale Organisationen behandelt werden. Die Finanzierung solcher Organisationen findet in der Regel entweder über (Finanz-)Beitragssysteme oder über Eigenmittelsysteme statt, wobei eine regelmäßige Anwendung von Beitragssystemen bei internationalen Organisationen und teilweise eine Anwendung von Eigenmittelsystemen bei supranationalen Organisationen zu beobachten ist. Allerdings ist schon die Unterscheidung zwischen internationaler und supranationaler Organisation nicht unproblematisch.

In der rechtswissenschaftlichen Literatur gibt es bereits über den Begriff der internationalen Organisation (IO) keine einheitliche Definition. Zunächst lassen sich problemlos zwischenstaatliche IOen und nicht zwischenstaatliche IOen unterscheiden, wobei Letztere hier nicht von Belang sind. Meermagen definiert die (zwischenstaatliche) IO wie folgt: „Eine internationale Organisation ist ein auf dauernde Zusammenarbeit angelegtes Gebilde, das durch eine völkerrechtliche Willenseinigung zwischen zwei oder mehreren Völkerrechtssubjekten geschaffen wird.“[276] Dabei ist die eigene

---

[275] Die meisten Provinzen taten dies bis 2000 auch, wenden nun aber eigene Tarife auf die einheitliche Bemessungsgrundlage an.
[276] Meermagen, B. (2002), S. 11 f.

Völkerrechtsidentität der IO unter anderem an die folgenden Voraussetzungen geknüpft:[277]

- Die Einrichtung der IO ist auf Dauer angelegt.
- Die IO ist durch völkerrechtliche Willenseinigung entstanden.
- Die beteiligten Staaten übertragen auf Basis der Gleichheit die Ausübung souveräner Rechte.
- Die IO kann einen eigenen Willen haben und hat wenigstens ein Organ, welches diesen besonderen Willen zu vertreten berechtigt ist.

Die Gründung internationaler Organisationen begann etwa Mitte des 19. Jahrhunderts, wobei es vor allem der technische und wirtschaftliche Fortschritt war, der grenzüberschreitende Zusammenarbeit zunehmend notwendig machte, wie zum Beispiel bei der Europäischen Donaukommission (1856), dem Weltpostverein (1874) oder der Internationalen Arbeitsorganisation (1919). IOen werden in der Regel zur Erfüllung eines bestimmten Zweckes oder zur Erreichung eines bestimmten Zieles gegründet. In dieser Hinsicht lassen sich bestehende IOen in drei Kategorien einordnen: friedenspolitisch motivierte IOen (z.B. UNO), sicherheitspolitisch motivierte IOen (z.B. NATO) und wirtschaftspolitisch motivierte IOen (z.B. OECD).[278]

Eine Teilmenge der internationalen Organisationen sind die supranationalen Organisationen. Die besonderen Charakteristika, die supranationale von „gewöhnlichen" internationalen Organisationen unterscheiden, liegen in folgenden Eigenheiten:[279]

- Durch Mehrheitsentscheidungen getroffene Beschlüsse können für die Mitgliedstaaten rechtlich bindend sein.
- Die Rechtsetzung der Organisation hat – auch ohne die Mitwirkung der Exekutive der Mitgliedstaaten – rechtliche Bindung für die Bürger der Mitgliedstaaten.
- Die Organe, zu denen auch ein Gericht zählt, sind von Weisungen der Mitgliedstaaten unabhängig.

---

[277] Vgl. Seidl-Hohenveldern, I., Loibl, G. (2000), Rz. 0105.
[278] Vgl. Meermagen, B. (2002), S. 10 f.
[279] Vgl. ebenda, S. 14 f.

- Die Organisation verfügt über finanzielle Autonomie; das heißt, dass sie nicht oder nicht ausschließlich über Finanzbeiträge finanziert wird.

Um eine IO als supranationale Organisation bezeichnen können, muss wohl mehr als eines dieser Kriterien erfüllt sein, da sonst nahezu jede IO auch eine supranationale Organisation wäre; es müssen aber auch nicht alle Bedingungen gleichzeitig und vollständig erfüllt sein, um von einer supranationalen Organisation sprechen zu können.[280]

Einigkeit besteht darüber, dass man die Europäischen Gemeinschaften – zumindest teilweise – als supranationale Organisationen ansehen kann.[281] Bereits in der (französischen) Originalfassung des EGKS-Vertrages wurde der damaligen Montanunion ein „caractère supranational" zugesprochen. Allerdings waren auch Rückschritte bei der Integration zu verzeichnen, wie zum Beispiel durch den Luxemburger Kompromiss[282] von 1966. Heute lässt sich festhalten, dass die EG ihre Mitgliedstaaten durch Mehrheitsbeschlüsse binden kann, die Ausübung dieser Befugnis durch ein von Weisungen unabhängiges Organ (Kommission) stattfindet, der Grundsatz der Unmittelbarkeit der Anwendung und der Grundsatz der Direktwirkung gilt, und mit dem Europäischen Gerichtshof (EuGH) eine obligatorische Gerichtsbarkeit besteht.[283] Außerdem stehen der EG „auch andere Finanzierungsquellen als Beiträge der Mitgliedstaaten zur Verfügung"[284], wobei die genauere Untersuchung der letzten Behauptung Gegenstand der folgenden Ausführungen sein wird.

---

[280] Folgte man solch einem absoluten Begriff der Supranationalität, gäbe es praktisch gar keine real existierenden supranationalen Organisationen. Vgl. Meermagen, B. (2002), S. 15.

[281] Vgl. Fischer, K.H. (2001), S. 18, Seidl-Hohenveldern, I., Loibl, G. (2000), Rz. 0115, mit weiteren Belegen Meermagen, B. (2002), S. 13.

[282] Der Luxemburger Kompromiss war der Preis für die Beendigung de Gaulles „Politik des leeren Stuhls". Die Vereinbarung hatte zum Inhalt, dass Mehrheitsentscheidungen in der EWG nicht gegen den Willen eines Mitgliedstaates getroffen werden konnten. Vgl. Harbrecht, W. (1984), S. 94 ff.

[283] Vgl. Fischer, K.H. (2001), S. 18 f., Seidl-Hohenveldern, I., Loibl, G. (2000), Rz. 0113.

[284] Ebenda, Rz. 0113.

2.1.2.2 Beitragssysteme und Eigenmittelsysteme

2.1.2.2.1 Beitragssysteme

Das am weitesten verbreitete Verfahren, internationale Organisationen finanziell auszustatten, ist die Finanzierung über Beiträge. Im allgemeinen finanzwissenschaftlichen Sprachgebrauch werden unter Beiträgen „Geldleistungen verstanden, die von jedem erhoben werden, dem ein dauernder Vorteil durch die mögliche Inanspruchnahme einer öffentlichen Einrichtung geboten wird“[285]. Die tatsächliche Inanspruchnahme der öffentlichen Leistung spielt – im Gegensatz zu Gebühren – bei der Bemessung keine Rolle. Spricht man von Beiträgen im Sinne von Zahlungen von Gebietskörperschaften an andere Gebietskörperschaften, ist dies einer dritten – unter 2.1.1 nicht näher untersuchten – idealtypischen Grundform der vertikalen Einnahmenzuordnung zuzurechnen, dem Zuweisungssystem. In einem reinen Zuweisungssystem besitzt eine Ebene im Staatsaufbau eine besonders starke Stellung, da sie die anderen Ebenen alimentiert. Handelt es sich bei den Zuweisungen um Zahlungen „von oben nach unten“, spricht man auch von Überweisungen oder Dotationen.[286] Fließen die Zuweisungen hingegen „von unten nach oben“, nennt man sie Umlagen, Matrikularbeiträge oder eben Beiträge.

„Beiträge sind Übertragungszahlungen aus nationalen Einnahmen der Mitgliedstaaten an die Organisation zur Erfüllung der von den Mitgliedern festgelegten Aufgaben. Dabei werden Schlüssel für die Beitragsbemessung festgelegt, nicht jedoch nationale Finanzierungsquellen, aus denen die Mittel stammen.“[287] Der zweite Teil dieser Definition beinhaltet zweierlei: Erstens, die Finanzierung durch Beiträge bedarf der Festlegung eines Beitragsschlüssels, und zweitens, über die innere Aufbringung der Mittel entscheiden die Mitgliedstaaten.

---

[285] Lexikon der deutschen und internationalen Besteuerung (1994), S. 74.

[286] Die vielfältigen Gestaltungsmöglichkeiten von Zuweisungen dieser Art, zu denen sich auch die strukturpolitischen Mittel der EU zählen lassen, können hier nicht näher betrachtet werden. Für eine knappe Darstellung der Varianten kann auf Zimmermann, H., Henke, K.-D. (1994), S. 187 f. verwiesen werden, für eine ausführliche auf Fischer, H. (1988), S. 24 ff.

[287] Folkers, C. (1998), S. 589 f.

Die Möglichkeiten zur Aufteilung von Beitragslasten sind vielfältig.[288] Eine sehr einfache Methode besteht darin, allen Mitgliedern den gleichen Beitrag abzuverlangen. Dem Vorteil der Einfachheit und Klarheit kann dabei der Nachteil der Ungerechtigkeit gegenüber kleinen Mitgliedsländern entgegenstehen. Gleiche Beiträge wendet zum Beispiel die Organisation Erdöl exportierender Länder (OPEC) an.[289] Eine gerechtere Variante ist es, mehrere Beitragsklassen einzurichten, innerhalb derer jedes Mitglied den gleichen Betrag zahlt. Die Einstufung eines Landes in eine Klasse kann dabei von der IO vorgenommen werden, aber auch nach eigener Entscheidung des Mitglieds; Letzteres verleitet allerdings zu Trittbrettfahrerverhalten. Reales Beispiel für die Anwendung von Beitragsklassen (mit eigener Einstufung) ist der Weltpostverein[290], der den internationalen Postverkehr regelt. Am weitesten verbreitet sind aber Beitragssysteme, bei denen für jeden Mitgliedstaat individuell, nach Vorgabe eines bestimmten Schlüssels, Beiträge festgelegt werden.

Die Ausgestaltung der Finanzierungsschlüssel orientiert sich in der Regel an einem der beiden fundamentalen Gerechtigkeitsprinzipien der öffentlichen Abgabenerhebung: dem Äquivalenzprinzip oder dem Leistungsfähigkeitsprinzip.[291]

Eine Ausrichtung der Finanzbeiträge nach dem Äquivalenzprinzip bedeutet, dass der Betrag, den ein Mitgliedstaat zu entrichten hat, entweder dessen Nutzen aus der Mitgliedschaft in der IO entspricht oder den durch ihn verursachten Kosten.[292] Die Anwendung dieses Beitragsbemessungsverfahrens erfordert Indikatoren für die genaue oder annähernd genaue Höhe der Nutzen bzw. Kosten, die entstehen. Durch die Schwierigkeit einen solchen Indikator zu identifizieren, wird die äquivalente Verteilung der Finanzierungslasten eher selten vorgenommen. Wenn doch, handelt es sich dabei meist um IOen mit eng begrenztem Aufgabengebiet und geringem Finanzvolumen. Für IOen, die mit ihrem Finanzierungssystem auch eine zwischenstaatliche Umverteilung anstreben, ist die Finanzierung nach dem Äquivalenzprinzip nicht geeignet, da sie mit keinerlei Finanzausgleichseffekten verbunden ist.[293]

---

[288] Vgl. Szawlowski, R. (1965), S. 326 ff., Biehl, D. (1980), S. 702.
[289] Vgl. Meermagen, B. (2002), S. 46.
[290] Vgl. ebenda, S. 47, Seitel, H.P. (1998), S. 267.
[291] Zu einer eingehenderen Auseinandersetzung mit den beiden fundamentalen Gerechtigkeitsprinzipien siehe 2.2.2.1.
[292] Vgl. Peffekoven, R. (1981), S. 19.
[293] Vgl. Biehl, D. (1980), S. 700 f., Peffekoven, R. (1981), S. 19.

Ein sehr grober Indikator, mit dem sich bei bestimmten IOen annäherungsweise nutzen- oder kostenäquivalente Beiträge bestimmen lassen, kann die Bevölkerungszahl eines Landes sein. Diese einer Besteuerung der Mitgliedstaaten nach der Anzahl ihrer Köpfe gleichkommende Methode hat den Nachteil der regressiven Verteilungswirkung. Die ist so lange unproblematisch, wie das Beitragsvolumen gering ist. Der Europarat wandte diesen Indikator zeitweise an, ebenso der Deutsche Bund.[294] Besser für die äquivalenzmäßige Beitragsbemessung ist es, wenn der Indikator in direktem Zusammenhang mit dem Aufgabengebiet der Organisation steht, wie zum Beispiel der Anteil am Welthandel bei der Welthandelsorganisation (WTO) oder die Länge der Bahnstrecken bei der zwischenstaatlichen Organisation für den internationalen Eisenbahnverkehr (OTIF).[295]

Wesentlich häufiger als nach Äquivalenzgesichtspunkten werden Beitragssysteme nach Aspekten der wirtschaftlichen Leistungsfähigkeit ausgerichtet. Auch hierbei stellt sich unmittelbar die Frage nach dem passenden Indikator. Üblich ist die Verwendung von Sozialproduktkonstrukten, insbesondere des BSP, des Volkseinkommens (Nettosozialprodukt) sowie der entsprechenden Pro-Kopf-Größen. Bei Anwendung von konstanten Hebesätzen führt Letzteres zu einer progressiven Belastung des Sozialproduktes, verstärkt dann, wenn „pro Kopf" noch ein beitragsfreies Existenzminimum gewährt wird. Häufig werden die Sozialproduktschlüssel modifiziert angewendet: So werden bei der UNO zum Beispiel Mindest- und Höchstbeträge festgelegt. Ebenfalls bei der UNO wurde zeitweise der Stand der Auslandsverschuldung wegen damit verbundener Zahlungsbilanzprobleme mitberücksichtigt.[296] Verursacht durch die beständigen Zweifel an der Eignung von Sozialproduktgrößen als Wohlstandsindikator im Allgemeinen und als Anzeiger von Zahlungskräftigkeit im Besonderen, werden mitunter auch andere, „soziale Indikatoren" als Ergänzung diskutiert: Gesundheitszustand der Bevölkerung, demographische Bedingungen, Ausbildungsniveau und Ähnliches.[297] Ergänzende ökonomische Indikatoren könnten zum Beispiel der Zustand der Zahlungsbilanz oder die Lage des Staatshaushalts sein.[298] Probleme solcher Alternativen liegen regelmäßig in der Definition und der Operationalisierung.

---

[294] Vgl. Meermagen, B. (2002), S. 21, 49.
[295] Vgl. ebenda, S. 48.
[296] Vgl. Koschorreck, W. (1991), Rz. 19 f., Meermagen, B. (2002), S. 51 ff.
[297] Vgl. Biehl, D. (1980), S. 703.
[298] Vgl. Peffekoven, R. (1983), S. 254.

Beitragssysteme, die sich an Gesichtspunkten der Leistungsfähigkeit orientieren, eignen sich vor allem für solche IOen, die ein breites Aufgabenspektrum haben, wodurch sich Nutzen und Kosten der Mitgliedschaft kaum messen lassen. Ebenso passen sie zu IOen, bei denen Nutzen und Kosten gar nicht maßgebend sein sollen, sondern eine gewisse Umverteilung beabsichtigt ist.

Als Vorteile insbesondere sozialproduktorientierter Beitragssysteme werden genannt:[299]

- Sie sind technisch relativ einfach.
- Es bleibt den Mitgliedstaaten überlassen, wie sie die erforderlichen Mittel im Inneren aufbringen.
- Es gibt keine Konkurrenz um Besteuerungsgrundlagen.
- Eine progressive Ausgestaltung ist möglich.

Problematisch bei Finanzbeiträgen kann die innere Aufbringung sowie die Transferierung der Mittel werden.[300] Das Problem der inneren Aufbringung ist quasi die Kehrseite der Freiheit der inneren Aufbringung. Virulent wird es allerdings erst, wenn das Beitragsvolumen eine gewisse Größenordnung erreicht, und dann wird es durch die von der Organisation erhaltenen Mittel (Rückflüsse) relativiert. Probleme der Transferierung können auftreten, wenn die Beiträge in Fremdwährung zu leisten sind, aber keine Reserven vorhanden oder keine Überschüsse in der Leistungsbilanz zu verzeichnen sind.

Beiträge können zwei Funktionen ausüben: [301]

1. Subsidiaritätsfunktion: Beiträge dienen als Ersatzfinanzierung, solange eigene Einnahmen nicht in ausreichendem Maße zur Verfügung stehen.
2. Spitzenfinanzierungsfunktion: Beiträge schließen die Lücke zwischen dem Finanzbedarf der Organisationen und ihren eigenen Einnahmen.

---

[299] Vgl. Peffekoven, R. (1984), S. 317.
[300] Vgl. dazu Peffekoven, R. (1981), S. 15 ff.
[301] Vgl. Meermagen, B. (2002), S. 82.

Insbesondere die zweite Funktion zeigt, dass Beiträge ausgabenorientiert sind. Sie werden nur bis zu der Höhe erhoben, die für die Finanzierung des Budgets notwendig ist. Aus Sicht der internationalen Organisation spricht gegen die Finanzierung über Beiträge die geringe finanzielle Autonomie, also die große Abhängigkeit der IO von den Mitgliedstaaten. Nicht verwunderlich ist daher die Forderung nach eigenen Mitteln.

2.1.2.2.2 Eigenmittelsysteme

Allgemein lassen sich Eigenmittel verstehen als Mittel, „die nach Art und Umfang grundsätzlich unabhängig vom weiteren Willen der Mitgliedstaaten anfallen und der Gemeinschaft zustehen und ihr damit – im Gegensatz zur Finanzierung durch Beiträge der Mitgliedstaaten – zumindest eine gewisse Finanzautonomie sichern“[302]. Diese Beschreibung enthält zwei wesentliche Merkmale. Zum einen die stärkere Unabhängigkeit von den Mitgliedstaaten: Eigenmittel sind nicht den jährlichen Budgetentscheidungen der nationalen Parlamente unterworfen.[303] Eigenmittel müssen dementsprechend auch nicht in den nationalen Haushaltsplänen aufgeführt werden; werden sie dennoch aufgeführt – wie zum Beispiel die Eigenmittel der EU in einer Anlage zum Bundeshaushaltsplan – hat dies lediglich informativen Charakter.

Das andere wesentliche Merkmal von Eigenmitteln ist die im Vergleich zu Beiträgen größere finanzielle Autonomie der Organisation. Zum Wesen von Eigenmitteln gehört die Übertragung von Gesetzgebungs- und Ertragshoheit von den Mitgliedstaaten auf die Organisation. Die Verwaltungshoheit gehört hingegen nicht zum notwendigen Kompetenzrahmen der Organisation.[304] Eigenmittel können also durchaus von den Mitgliedstaaten erhoben werden.

Das Aufkommen von Eigenmitteln ist nicht wie das von Beitragssystemen ausgabenorientiert, sondern nicht exakt vorherbestimmbar. „Own resources [...] are [...] revenue-orientated. They produce a given amount which is independent of the expendi-

[302] Griese, A. (1998), S. 463.
[303] Wie existenzbedrohend die Zahlungsunwilligkeit von nationalen Parlamenten für IOen sein kann, zeigte sich in den vergangenen Jahren, als sich der US-Kongress mehrfach weigerte, den amerikanischen Beitragszahlungen an die UNO zuzustimmen.
[304] Vgl. Meermagen, B. (2002), S. 97, Ehlermann, C.D. (1982), S. 583.

ture to be financed."[305] Da unter dem Begriff der Eigenmittel im Allgemeinen Einnahmen im Sinne von supranationalen Steuereinnahmen verstanden werden, gelten Einnahmen von IOen dann nicht als Eigenmittel, wenn ihre Erhebung in engem Bezug zu geleisteten Diensten der IO steht, mithin der Gebührencharakter überwiegt. Einnahmen werden aber auch dann nicht als Eigenmittel angesehen, wenn die Besteuerungsgrundlage auf Ressourcen der IO beruht, wie zum Beispiel die Abgaben der Beschäftigten der IO etwa zur Alterssicherung.[306]

Da die Nationalstaaten selten bereit sind, umfassende Einnahmenkompetenzen an IOen abzutreten, sind Eigenmittelsysteme wesentlich seltener vorzufinden als Beitragssysteme. Letztlich verfügen nur die Europäischen Gemeinschaften über eigene Mittel. Inwieweit im Finanzierungssystem der EG jedoch tatsächlich von einem Eigenmittelsystem gesprochen werden kann, wird im nächsten Abschnitt beurteilt.

2.1.3 Implikationen der Sonderstellung der Europäischen Union als Staatenverbund

Die unter 2.1.1 und 2.1.2 dargestellten Systeme sind die Prototypen des vertikalen Finanzausgleichs in spezifischen Gestalten des Staatsaufbaus. Die Aufteilung der Staatseinnahmen nach dem Trennsystem, dem Verbundsystem oder einer Mischung aus beidem sowie durch Zuweisungssysteme mit Dotationen („von oben nach unten") ist das typische Vorgehen in Bundesstaaten. Die Alimentierung der Zentralebene durch (Matrikular-)Beiträge, aber auch die eng umgrenzte Übertragung von eigenen Mitteln sind hingegen charakteristische Formen der Finanzierung von Staatenbünden.[307]

Die Europäische Union kann in ihrem derzeitigen Status weder als Bundesstaat noch als Staatenbund klassifiziert werden. Sie verfügt über „keine eigene vollständige Völkerrechtssubjektivität"[308], kann aber insbesondere durch die Ausweitung ihrer Kom-

---

[305] Ehlermann, C.D. (1982), S. 584.
[306] Vgl. Fugmann, F. (1992), S. 150 f.
[307] „Ein Bundesstaat ist die Vereinigung mehrerer Staaten in einem Gesamtstaat [...] mit ausschließlicher Völkerrechtssubjektivität für den Gesamtstaat. Ein Staatenbund ist demgegenüber die Vereinigung mehrerer souveräner Staaten im Rahmen einer Konföderation, der prinzipiell keine eigene Völkerrechtssubjektivität zukommt [...]." Scholz, R. (1995), S. 116 f. Eine Gegenüberstellung von Staatenbund und Bundesstaat aus ökonomischem, insbesondere vertragstheoretischem Blickwinkel findet sich bei Blankart, C.B. (2003), S. 590 ff.
[308] Scholz, R. (1995), S. 116.

petenzen seit dem Maastricht-Vertrag als „Grundform oder Beginn einer ‚eigenstaatlichen Einrichtung' supranationaler Qualität"[309] angesehen werden. Sie befindet sich gewissermaßen in einem Zwischenstatus, weshalb das Bundesverfassungsgericht den Begriff des Staatenverbundes kreiert hat.[310] So schwierig dieser Begriff allein für Staatsrechtler zu fassen ist, so wenig erstaunlich ist es, dass die Finanzwissenschaft keine eindeutige Lösung für die Finanzierung eines solchen Staatenverbundes parat hat. Der Zwischenstatus impliziert, dass auch die Finanzierung irgendwo zwischen reiner Beitragsfinanzierung und autonomer Mittelbeschaffung geregelt sein sollte.

Wie das gegenwärtige Finanzierungssystem anhand der oben vorgenommenen Klassifikationen beurteilt werden kann, soll im Folgenden untersucht werden. Grundzüge eines rationalen Finanzierungssystems eines Staatenverbundes, insbesondere der EU, werden dann in Kap. 2.2. analysiert. Dabei gilt es auch zu bedenken, dass die EU sich in ihrer Entwicklung selbst in einem Zwischenstatus befindet. Ob sie sich eher in Richtung Bundesstaat bewegt oder ob aufgrund der Erweiterung auf 25 bis 30 Staaten eher eine Desintegration bevorsteht, ist gegenwärtig völlig unklar. Möglicherweise gewinnt das Verfahren über eine verstärkte Zusammenarbeit nach Titel VII EUV an Bedeutung, vielleicht entsteht sogar ein „Europa der zwei Geschwindigkeiten", mit einer Avantgarde integrationswilliger Mitgliedstaaten.

Für die finanzausgleichtheoretische Beurteilung der Einnahmen der Europäischen Gemeinschaften empfiehlt sich wieder die historische Reihenfolge. Die Haupteinnahme der Montanunion war die allgemeine Umlage (vgl. Kap. 1.1.1). Bei dieser Umlage oblag sowohl die Gesetzgebungs- als auch die vollständige Ertragshoheit und sogar die Verwaltungshoheit der Gemeinschaftsebene. Es handelte sich zweifelsohne um eine steuerähnliche Abgabe, die sich bedingt durch folgende Charakteristika auch recht eindeutig dem Eigenmittelbegriff subsumieren lässt:

1. Steuersubjekt waren nicht Mitgliedstaaten, sondern Unternehmen,
2. die Abgabe war im EGKS-Vertrag verankert,
3. sie wurde durch die Hohe Behörde (respektive Kommission) erhoben und
4. das Aufkommen wurde nur zu Gunsten der EGKS verwendet.[311]

---

[309] Scholz, R. (1995), S. 115.
[310] Vgl. BVerfGE 89 (Maastricht-Urteil), 155 (188), Blankart, C.B. (2003), S. 590 ff.
[311] Vgl. Ehlermann, C.D. (1982), S. 576.

Durch die Nichtbeteiligung der Mitgliedstaaten am Aufkommen lässt sich die EGKS-Umlage als Steuer nach dem separierenden Trennsystem klassifizieren.[312] „Die EGKS kann daher als eine finanziell autonome supranationale Organisation bezeichnet werden."[313]

Die Ausgaben der EWG und der EAG wurden in den ersten Jahren nach spezifischen Haushaltsschlüsseln finanziert (vgl. 1.1.1). Die Mitgliedstaaten zahlten also Finanzbeiträge, wobei diese ausschließlich die Subsidiaritätsfunktion (vgl. 2.1.2.2.1) ausübten; finanzausgleichtheoretisch lag bei der Finanzierung dieser beiden Organisationen folglich ein Zuweisungssystem mit Umlagen vor.[314] Von der fiskalischen Wirkung lässt sich diese Finanzierung mit einem Verbundsystem vergleichen, da die Gemeinschaftseinnahmen mit dem Steueraufkommen der nationalen Fiski verbunden sind, wenngleich ohne feste Aufkommensquoten.[315]

Mit dem Eigenmittelbeschluss 1970 machte die Gemeinschaft von der bereits in den Römischen Verträgen angelegten Möglichkeit Gebrauch, eigene Mittel zu vereinnahmen. Von 1975 an wurden sowohl die Agrarabschöpfungen als auch die Zölle – beides steuerähnliche Abgaben – vollständig in den EG-Haushalt eingestellt. Wie die Umlage der EGKS werden diese traditionellen Eigenmittel von individuellen Steuersubjekten gezahlt, sie sind vertraglich verankert und werden in ihrer Ausgestaltung vollständig von Institutionen der Gemeinschaftsebene bestimmt. Anders als die Montanumlage erhebt die traditionellen Eigenmittel nicht die Kommission, sondern die jeweilige nationale Finanzverwaltung, allerdings von der Kommission überwacht. Die Mitgliedstaaten behalten dafür pauschal einen Prozentbetrag des Aufkommens zur Deckung der Erhebungskosten ein. Einigkeit besteht darüber, dass die traditionellen Eigenmittel Einnahmen nach dem separierenden Trennsystem sind.[316] Die pauschale Einbehaltung von Erhebungskosten (bis 2000: 10 %) macht sie nicht zu Einnah-

---

[312] Vgl. Peffekoven, R. (1978), S. 133, Ehlermann, C.D. (1982), S. 576 f. Streng genommen setzt die Klassifikation separierendes Trennsystem voraus, dass den Mitgliedstaaten das Recht versagt gewesen wäre, die gleiche Steuer zu erheben. Der Formulierung von Art. 4 Buchst. c EGKSV, wonach „von den Staaten bewilligte Subventionen oder Beihilfen oder von ihnen auferlegte Sonderlasten, in welcher Form dies auch immer geschieht", untersagt sind, ist zumindest indirekt der Ausschluss solch einer zusätzlichen nationalen Besteuerung zu entnehmen.

[313] Meermagen. B. (2002), S. 129.

[314] Vgl. Peffekoven, R. (1982), S. 413 f. Die EAG hatte gegenüber der EWG eine größere finanzielle Autonomie, da sie für spezielle Zwecke das Recht zur Kreditaufnahme besaß.

[315] Mit der unter 2.1.1.2 getroffenen Definition von Verbundsystemen i.e.S. ist das EWG-/EAG-Beitragssystem aber nicht zu vereinbaren. Vgl. Peffekoven, R. (1978), S. 133.

[316] Vgl. Ehlermann, C.D. (1982), S. 577, Peffekoven, R. (1982), S. 415, Messal, R. (1991), S. 181.

men nach dem Verbundsystem.[317] Nach der Aufstockung der Erhebungskostenpauschale auf 25 % ist diese Aussage aus ökonomischer Sicht allerdings nicht mehr zweifelsfrei aufrechtzuerhalten.[318] Die Vorgehensweise einiger Mitgliedstaaten, Zölle und Abschöpfungen als Einnahmen und Ausgaben in den Haushaltsplänen zu verbuchen, ändert (auch) nichts an der vollständigen Ertragshoheit der Gemeinschaft.[319]

Bei den – ebenfalls mit dem Eigenmittelbeschluss 1970 eingeführten – Mehrwertsteuer-Eigenmitteln ist hingegen die Frage offen, ob die Gemeinschaft überhaupt eine Ertragshoheit hinsichtlich der zugrunde liegenden Steuer hat, also gewissermaßen ein Steuerverbund vorliegt.[320] Wegen der unterschiedlichen Steuertarife und der nicht vollständig vereinheitlichten Bemessungsgrundlage konnten diese Eigenmittel nur als Prozentbetrag einer hypothetischen Bemessungsgrundlage definiert werden und nicht als prozentualer Anteil am tatsächlichen Aufkommen. Theoretisch ließe sich zwar eine Verbundquote der EU an den nationalen Mehrwertsteuer-Einnahmen formulieren.[321] Sie wäre als das Verhältnis der Mehrwertsteuer-Eigenmittelzahlungen eines Landes zu seinem vereinnahmten Mehrwertsteuer-Aufkommen zu definieren. Dabei wäre zu sehen, dass sich die Eigenmittelzahlungen ceteris paribus[322] mit dem nationalen Aufkommen gleich entwickeln, die Quote folglich in etwa konstant bleibt. Das hieße aber nicht, dass die EU einen ertragshoheitlichen Verbundanteil in dieser Höhe an den Mehrwertsteuer-Aufkommen hätte. Den Mitgliedstaaten steht es vielmehr vollkommen frei, aus welchen Mitteln sie die Eigenmittelschuld aufbringen. Die im deutschen Bundeshaushalt eingeführte Praxis, die Umsatzsteuereinnahmen des Bundes um die voraussichtlichen Mehrwertsteuer-Eigenmittelzahlungen reduziert – quasi netto – anzusetzen, dient nach Hidiens Vermutung der besseren Haushaltstransparenz.[323] Da die Eigenmittelzahlungen gesondert ausgewiesen werden, liegt hier zwar kein Verstoß gegen das Saldierungsverbot vor, diese Praxis präjudiziert aber einen direkten Zusammenhang zwischen EU-Ansprüchen und dem nationalen Umsatzsteueraufkommen, der so nicht besteht. „Die EG hat keinen unmittelbaren

[317] Vgl. Messal, R. (1991), S. 181.
[318] An der juristischen Einschätzung ändert die Erhöhung nichts. Vgl. Lienemeyer, M. (2002), S. 221 f.
[319] Vgl. Meermagen, B. (2002), S. 208.
[320] Bezüglich der Gesetzgebungshoheit über die Mehrwertsteuer hat die EU bereits erheblichen Anteil. Vgl. dazu Kap. 1.3.2.1.
[321] Vgl. Hidien, J. (1997), S. 105, Messal, R. (1991), S. 184.
[322] Das hieße in diesem Fall bei konstantem Abrufsatz, konstantem gewogenem mittlerem Satz und konstantem relativem Korrekturbedarf an der Eigenmittel-Bemessungsgrundlage.
[323] Vgl. Hidien, J. (1997), S. 104 f. Die MwSt-Eigenmittel sind demnach bei der Deckungsquotenberechnung im Rahmen der Umsatzsteuerverteilung – im Gegensatz zu den Zöllen – auch voll dem Bund als laufende (Umsatzsteuer-)Einnahmen zuzurechnen. Vgl. Trzaskalik, C. (2003), S. 257 f.

Anspruch auf einen Teil der MWSt, sondern lediglich auf Mittel, die sich auf der Grundlage der MWSt errechnen. Die Steuerpflichtigen haben keine Zahlungsverpflichtung gegenüber der EG."[324] Die Mehrwertsteuer-Eigenmittel sind mithin Finanzbeiträge, wie auch der Europäische Rechnungshof feststellt:[325]

„Durch die praktischen Modalitäten dieser Eigenmittel wird bestätigt, daß es sich dem Wesen nach um einen nationalen Beitrag handelt. Diese Eigenmittel beruhen auf einer Steuer, die nicht zu Lasten der Steuerpflichtigen geht, sondern der Zahlungspflicht der Mitgliedstaaten entspricht. [...] Insbesondere wegen der weitgehenden Verwendung statistischer Quellen bei der Berechnung haben die MwSt.-Eigenmittel [...] einen sehr geringen Bezug zur steuerlichen Realität."

Gegen die Beitragsvermutung wendet Hidien ein, dass die Mehrwertsteuer-Eigenmittel mit der Einführung der BSP-Eigenmittel 1988 ihre Residualfunktion verloren haben.[326] Dies ist zwar zutreffend, übersieht aber, dass Beiträge außer dieser Spitzenfinanzierungsfunktion auch Subsidiaritätsfunktion (vgl. 2.1.2.2.1) ausüben können.

Weiter wendet Hidien gegen die Beitragshypothese ein, dass die EU genau wie andere quotal am Aufkommen beteiligte Ebenen von der Entwicklung der nationalen Bemessungsgrundlagen profitiere, die Mehrwertsteuer-Eigenmittel mithin zu sehr steuerorientiert seien, um von einem regulären Finanzbeitrag sprechen zu können.[327] Anders als die quotal am Umsatzsteuer-Aufkommen beteiligten unteren staatlichen Ebenen – Länder und Gemeinden – profitiert die Gemeinschaft aber nicht von Steuersatzerhöhungen. Will man hier trotzdem „von einer Art Steuerverbund zwischen den Mitgliedstaaten und der Gemeinschaft"[328] sprechen, müsste man die oben getroffene Beschreibung von Verbundsystemen (vgl. 2.1.1.2) erweitern und zwischen statischen und dynamischen Verbundsystemen unterscheiden: Von einem statischen Verbund wäre dann zu sprechen, wenn einer Ebene ein durch bestimmte Regeln errechenbarer Anteil am Aufkommen einer Steuer zusteht, von einem dynamischen Verbund hingegen erst dann, wenn dieser Anteil im Falle von Steuersatzänderungen konstant bleibt. Bei den Mehrwertsteuer-Eigenmitteln bestünde somit nur ein statischer Verbund mit den nationalen Umsatzsteuer-Aufkommen.

Doch selbst diese Einstufung ist nicht mehr haltbar, wenn die Vermutung eines Steuerverbundes stets eine spezielle Konkurrenz um das entsprechende Steueraufkom-

---

[324] Folkers, C. (1998), S. 611.
[325] Europäischer Rechnungshof (1998), S. 61.
[326] Vgl. Hidien, J. (1997), S. 105.
[327] Vgl. ebenda.
[328] Fugmann, F. (1992), S. 308.

men verlangt, so wie zwischen Bund und Ländern, wo die Erhöhung des Umsatzsteueranteils der einen Ebene (ceteris paribus) zwangsläufig mit der Senkung des Anteils der anderen Ebene verbunden ist. Schließlich steht es den Mitgliedstaaten vollkommen frei, aus welchen Mitteln sie die Eigenmittelschuld begleichen. Im Normalfall lässt sich aufgrund des Gesamtdeckungsprinzips gar nicht näher bestimmen, aus welchen Mitteln die Mehrwertsteuer-Eigenmittel aufgebracht werden; die erwähnte Praxis im deutschen Bundeshaushalt gibt darüber jedenfalls nur scheinbar Auskunft. Offen ersichtlich könnte eine innere Aufbringung über die Umsatzsteuer sein, wenn die Mitgliedstaaten auf Abrufsatzerhöhungen mit Umsatzsteuersatzerhöhungen reagieren würden, Mehrbelastungen gewissermaßen auf den Endverbraucher überwälzen. Im zeitlichen Umfeld der bisher einzigen Erhöhung des maximalen Abrufsatzes im Jahre 1986 erhöhten aber lediglich zwei von neun betroffenen Mitgliedstaaten ihren Mehrwertsteuer-Normalsatz.[329] Das heißt, sieben von neun Ländern haben die Mehrbelastung entweder über allgemeine Haushaltsmittel finanziert oder einen höheren fiktiven EU-Anteil akzeptiert, feststellbar ist die Reaktion jedenfalls nicht. Als letztes Argument für die Beitragshypothese sei die mit Verbundsteuern wohl kaum vereinbare Kappung, also die Nichtbesteuerung oberhalb eines BSP von 50 %, erwähnt.

Bei der 1988 eingeführten vierten Einnahme ist am wenigsten umstritten, dass es sich faktisch um Finanzbeiträge handelt. Sie übernimmt sowohl Spitzenfinanzierungsfunktion als auch – angesichts eines mehr als hälftigen Finanzierungsanteils – Subsidiaritätsfunktion. Ihre Ausgestaltung mit variablem Abrufsatz bei gegebenem Eigenmittelplafonds charakterisiert sie als ausgabenorientierte Einnahme, nicht als aufkommenorientierte.

Die auch in offiziellen EU-Dokumenten verwendete Bezeichnung Eigenmittel für die Mehrwertsteuer- und BSP-Einnahmen ist gemessen an den unter 2.1.2.2.2 allgemein formulierten Eigenschaften von Eigenmittelsystemen falsch. Es ist zwar auch für das bestehende Finanzierungssystem zutreffend, wenn im Padoa-Schioppa-Bericht festgestellt wird: „Der wesentliche Aspekt ‚eigener Mittel' liegt darin, daß sie dem Gemeinschaftshaushalt automatisch zufallen und nicht jedes Jahr erneut Beschlüsse

[329] Irland erhöhte den Normalsatz zum 1.3.1986 um zwei Prozentpunkte, die Niederlande zum 1.10.1986 um einen.

der nationalen Haushaltsbehörden erfordern"[330]. Trotzdem fehlt der EU mit den Mehrwertsteuer- und BSP-Eigenmitteln jene qualifizierte finanzielle Autonomie, die Folge eines Systems eigener Mittel sein müsste. Auch wenn die Kommission bekundet, dass die Eigenmittel „als eine Art Steuereinnahmen zu sehen"[331] seien: Es sind eben keine solchen. Das so genannte Eigenmittelaufkommen ist nicht unabhängig vom vorbestimmten Ausgabenvolumen. Was aufgrund ihrer Spitzenfinanzierungsfunktion bei den BSP-Eigenmitteln unmittelbar einleuchtet, gilt nach einem Urteil des EuGH auch bei den Mehrwertsteuer-Eigenmitteln: Übersteigt das Mehrwertsteuer- zusammen mit dem traditionellen Eigenmittelaufkommen den Bedarf, ist – dem Grundsatz des Haushaltsausgleichs folgend – der Abrufsatz zu reduzieren.[332]

Die Verwendung des Begriffs Eigenmittel hat angesichts der geringen finanziellen Autonomie „stark beschönigenden Charakter"[333] und ist aufgrund der hohen Ähnlichkeit mit Beiträgen „irreführend"[334]. Die tatsächliche Ausgestaltung des Finanzsystems lässt sich mit dem Terminus Eigenmittel nur dann verbinden, wenn man den Begriff anders – weiter – definiert. Zölle und Abschöpfungen lassen sich als Eigenmittel im materiellen Sinn ansehen: Sie entsprechen weitgehend den oben gestellten Anforderungen an eigene Mittel. Mehrwertsteuer- und BSP-Eigenmittel sind hingegen nur Eigenmittel in formellem Sinn: Sie erfüllen die Bedingungen von Artikel 269 Satz 2 EGV, wurden also einstimmig vom Rat beschlossen und von den Mitgliedstaaten durch Ratifikation bestätigt.[335] Griese folgert daraus die beinahe tautologische Definition, Eigenmittel sind die Einnahmen, die in den Eigenmittelbeschlüssen als solche bezeichnet werden.[336] Zur Tautologie wird damit aber auch Artikel 269 Satz 1 EGV, wonach der EU-Haushalt „vollständig aus Eigenmitteln finanziert" wird.

---

[330] Padoa-Schioppa, T. (1988), S. 103.
[331] Europäische Kommission (1995), S. 43.
[332] Vgl. Meermagen, B. (2002), S. 210 f. Das Urteil bezog sich auf das bisher einmalige Vorkommen dieser Konstellation im Jahre 1989.
[333] Heinemann, F. (2002a), S. 516.
[334] Huber, B. (2001b), S. 50.
[335] Meermagen, B. (2002), S. 219 f.
[336] Vgl. Griese, A. (1998), S. 464.

2.2 Gestaltungspostulate für das Finanzierungssystem der Europäischen Union

2.2.1 Kriterienkatalog

Unabhängig vom historisch entwickelten Finanzierungssystem der EU lassen sich allgemeine Anforderungen formulieren, welche erfüllt sein müssten, um von einem rationalen Finanzierungssystem sprechen zu können. Henke und Milbrandt haben eine solchen Katalog von Forderungen aufgestellt und diese fünf Gruppen von Kriterien zugeordnet.[337] Ein rationales Finanzierungssystem hat demnach ökonomischen, politökonomischen, juristischen, integrationspolitischen und technischen Kriterien zu genügen (Tabelle 5).

Tab. 5: Kriterienkatalog für ein rationales Finanzierungssystem der EU

Ökonomische Kriterien	Integrationspolitische Kriterien
Berücksichtigung der nationalen Leistungsfähigkeit	Stärkung der (Einnahmen-)Autonomie
Verwendbarkeit für interregionale Umverteilung	Stärkung der Solidarität
Verwendbarkeit für stabilitätspolitische Ziele	Konsensfähigkeit
Vermeidung von Wettbewerbsverzerrungen	
	Technische Kriterien
Politökonomische Kriterien	Dauerhafte Ausreichendheit
Kontrollierbarkeit durch den Steuerzahler	Erhebungs- und Entrichtungsbilligkeit
Transparenz und Einfachheit	Beachtung unterschiedlicher Steuermoral
	Schonung der nationalen Steuerflexibilität
Juristische Kriterien	Geringe Beeinflussung des innerstaatlichen
Art. 269 EGV (Eigenmittelsystem)	vertikalen Finanzausgleichs
Art. 100 EGV (Bündisches Prinzip)	Merklichkeit und Fühlbarkeit

Tab. 5: Kriterienkatalog für ein rationales Finanzierungssystem der EU
Quelle: in Anlehnung an Henke, K.-D., Milbrandt, B. (2000), S. 125.

Die Vorgehensweise soll nun allerdings nicht darin bestehen, all diese Kriterien im Einzelnen abzuarbeiten und daraus Schlussfolgerungen für die Gestaltung des Finanzierungssystems zu ziehen. Stattdessen sollen anhand von vier, weiter gefassten Gestaltungspostulaten Schlüsse auf die Gestaltung dieses Finanzierungssystems

---

[337] Vgl. Henke, K.-D., Milbrandt, B. (2000), S. 125.

gezogen werden. Bei der vergleichenden Analyse spezieller Finanzierungsinstrumente im dritten Teil dieser Arbeit werden jedoch auch einige dieser Kriterien, insbesondere aus dem Bereich der technischen Kriterien von Bedeutung sein.

Zu den Anforderungen, die das Finanzierungssystem generell erfüllen muss, gehört zum Ersten, dass es gerecht sein soll. Zum Zweiten sollte das Einnahmensystem in adäquatem Verhältnis zu den von der europäischen Ebene zu verantwortenden Aufgaben stehen. Die finanzwirtschaftliche Autonomie der EU zu stärken ist eine dritte berechtigte Forderung, insbesondere politökonomische Aspekte wie die defizitäre demokratische Legitimiertheit der EU-Institutionen mahnen jedoch zur Vorsicht. Ein viertes Gestaltungspostulat zielt auf die Verbesserung der Transparenz des Systems, wozu sowohl eine verbesserte Verständlichkeit des Finanzierungssystems selbst zählt, als auch eine verbesserte Nachvollziehbarkeit der politischen Verantwortlichkeiten in der Wahrnehmung der Bürger.

In vergleichbarer Weise hat auch der Europäische Rat Prinzipien für die Gestaltung des Eigenmittelsystems formuliert:[338]

„Das Eigenmittelsystem der Union muß gewährleisten, daß – vorbehaltlich der Notwendigkeit einer strikten Haushaltsdisziplin – angemessene Mittel für die ordnungsgemäße Gestaltung der Unionspolitiken zur Verfügung stehen. Es sollte gerecht, transparent, kosteneffizient und einfach sein. Die Verfolgung anderer Ziele, wie die Finanzautonomie, sollte diesen vier allgemein akzeptierten Zielen nicht abträglich sein. Das System muß auf Kriterien basieren, durch welche die Beitragskapazität jedes Mitgliedstaats am besten zum Ausdruck kommt."

2.2.2 Einzelne Gestaltungspostulate

2.2.2.1 „Gerechtigkeit"

2.2.2.1.1 Leistungsfähigkeitsprinzip

Kaum kontrovers wird die Forderung sein, dass das Finanzierungssystem der EU gerecht sein soll. Was jedoch gerecht ist und wie Gerechtigkeit verwirklicht werden kann, ist schwieriger zu klären. Die Beurteilung finanzwirtschaftlicher Gerechtigkeit wird üblicherweise mit Hilfe der beiden „Fundamentalprinzipien der öffentlichen Ab-

[338] Europäischer Rat (1999), Rz. 67.

gabenerhebung“[339], dem Äquivalenzprinzip und dem Leistungsfähigkeitsprinzip, vorgenommen.[340] Inwiefern sich diese, ursprünglich auf die Beziehung zwischen Individuum und Staat bezogenen Gerechtigkeitsprinzipien auch zur Einordnung der Finanzbeziehungen zwischen Staaten und internationalen Organisationen eignen, ist indes nicht unumstritten.[341]

Beim Leistungsfähigkeitsprinzip ist die Beteiligung des Einzelnen an der Finanzierung der öffentlichen Aufgaben unabhängig vom Empfang öffentlicher Leistungen allein nach der wirtschaftlichen Leistungsfähigkeit, insbesondere seiner Zahlungskraft (daher auch ability-to-pay-principle), auszurichten. Als Indikator für wirtschaftliche Leistungsfähigkeit wird im Bereich der persönlichen Besteuerung üblicherweise das Einkommen, ergänzend dazu der Konsum und das Vermögen herangezogen. Sofern eine internationale Organisation das Recht zur individuellen Besteuerung hat, kann sie diese Besteuerung nach dem Leistungsfähigkeitsprinzip ausrichten; die EU könnte zum Beispiel – die Vereinheitlichung der Bemessungsgrundlage vorausgesetzt – eine persönliche Einkommensteuer erheben, die EU-Bürger somit ihrer persönlichen Leistungsfähigkeit entsprechend belasten.

Wenn die IOen aber von den ihr angehörenden Gebietskörperschaften, also den Mitgliedstaaten, finanziert werden sollen, besteht das Problem, dass die Anwendung des Leistungsfähigkeitsprinzips „nicht wohl definiert“[342] oder „zumindest fragwürdig“[343] ist. Als geeignete Indikatoren für die wirtschaftliche Leistungsfähigkeit der Mitgliedstaaten werden dann regelmäßig makroökonomische Aggregate, insbesondere die Sozialproduktgrößen BIP und BSP angesehen.[344] Die Annahme, „daß die Indikatoren, die gemeinhin an die individuelle Leistungsfähigkeit anknüpfen, aggregiert auch eine regionale Leistungsfähigkeit abbilden“[345], ist jedoch nicht unproblematisch,

---

[339] Haller, H. (1964), S. 8.
[340] Außer Acht bleiben hierbei die spieltheoretischen Gerechtigkeitskonzepte zur Aufteilung von Gemeinkosten, wie z.B. der Shapley-Wert. Vgl. dazu z.B. Knieps, G., Sommer, H. (1988), 151 ff., Young, H.P. (1994), S. 1194 ff.
[341] Für eher positive Einschätzungen bzgl. der Übertragbarkeit dieser Prinzipien vgl. z.B. Kravis, I.B., Davenport, M.W.S. (1963), S. 313 ff., Biehl, D. (1980), S. 700, Henke, K.-D. (1981), S. 34 ff., Beek, G. van der, Jacobs, M. (1999), S. 3 ff. Für kritische bis ablehnende Einschätzungen zu dieser Frage vgl. z.B. Caesar, R. (1996b), S. 166 f., Folkers, C. (1998), S. 615 f., Wissenschaftlicher Beirat beim Bundesministerium für Wirtschaft und Technologie (1999), S. 2022 f.
[342] Wissenschaftlicher Beirat beim Bundesministerium für Wirtschaft und Technologie (1999), S. 2022.
[343] Caesar, R. (1996b), S. 167.
[344] Im Eigenmittelsystem der EU spielt das BSP in der Definition als BNE zu Marktpreisen eine bedeutende Rolle.
[345] Beek, G. van der, Jacobs, M. (1999), S. 4.

zumal die Aggregatgröße keine Rückschlüsse auf die unterschiedliche Höhe der individuellen Leistungsfähigkeiten zulässt. Andererseits können die Sozialproduktgrößen als – im Sinne von ‚ability to pay' – geeignete Indikatoren nationaler Beitragsleistungsfähigkeit angesehen werden, da das Sozialprodukt auch als maximale volkswirtschaftliche Steuer-Bemessungsgrundlage verstanden werden kann. Da zudem bei der ‚Mitgliedstaat-IO-Beziehung' wie bei der ‚Steuerzahler-Staat-Beziehung' Leistungen ohne Anspruch auf direkte Gegenleistung erbracht werden, ist eine Übertragung des Prinzips wohl zu rechtfertigen.

Die tarifliche Belastung des Sozialprodukts kann sowohl proportional als auch progressiv gestaltet werden, theoretisch sogar regressiv. Vergleichbar dem Bereich der persönlichen Besteuerung nach der Leistungsfähigkeit, wo sich alle drei Vorgehensweisen mit dem Leistungsfähigkeitsprinzip rechtfertigen, jedoch keine eindeutigen Schlüsse auf den wissenschaftlich korrekten Steuertarif ziehen lassen[346], liegt auch hier eine normative, letztlich rein politisch zu entscheidende Fragestellung vor. Für die proportionale Belastung wird vorgebracht, dass die Umverteilungsfunktion des EU-Finanzierungssystems allein über die Ausgabenseite erfüllt werden solle. Das übersieht aber, dass auch eine proportionale Belastung umverteilende Wirkung von den wirtschaftlich Starken zu den Schwachen hat. Die Anwendung eines progressiven Tarifs erforderte sinnvollerweise den Bezug auf die entsprechende Sozialproduktgröße pro Kopf. Dabei käme sowohl ein indirekt progressiver Tarif (Proportionalsatz mit Freibetrag) als auch ein direkt progressiver Tarif in Frage. Formal ließe sich der indirekt progressive Tarif mit Gleichung (10) beschreiben, der direkt progressive in linear-progressiver Form mit (11):

$$(10) \quad YB_i^t = b^t \cdot \left(\frac{Y_i^t}{E_i^t} - F^t \right) \cdot E_i^t \quad ,$$

wobei b ein proportionaler Abrufsatz ist und die Höhe dieser exogenen Größe gemäß einer (hier implizit formulierten) Funktion $b^t = b^t\left(\underset{+}{YB_{EU}^t} ;\ \underset{-}{Y_{EU}^t} ;\ \underset{-}{E_{EU}^t} ;\ \underset{+}{F^t} \right)$ festzulegen wäre.

[346] Vgl. Peffekoven, R. (1996), S. 67 f., Andel, N. (1998), S. 294 f.

$$(11) \quad YB_i^t = b_i^t \cdot Y_i^t \quad ; b_i^t = b_i^t\left(\underset{+}{YB_{EU}^t} \; ; \; \underset{+}{\frac{Y_i^t / E_i^t}{Y_{EU}^t / E_{EU}^t}} \right)$$

YB_i^t = Sozialproduktbeitrag des Landes i im Jahr t

YB_{EU}^t = Sozialproduktbeiträge aller EU-Länder (Restfinanzierungsbedarf[347])

b^t = Sozialprodukt-Abrufsatz des Jahres t (b > 0)[348]

Y_i^t = Sozialprodukt des Landes i im Jahr t

F^t = Sozialprodukt-Freibetrag pro Kopf im Jahr t[349]

E_i^t = Einwohnerzahl des Landes i im Jahr t[350]

Soll mit diesen Sozialproduktmitteln ein vorbestimmter Betrag, insbesondere die Restfinanzierung aufgebracht werden, müsste der Abrufsatz b in Abhängigkeit von dem vorbestimmten Betrag (YB_{EU}) definiert sein. Das ist problemlos beim indirekt progressiven Tarif, wie Gleichung (10a) zeigt.

$$(10a) \quad b^t = \frac{YB_{EU}^t}{\sum_i \left[\left(\frac{Y_i^t}{E_i^t} - F^t \right) \cdot E_i^t \right]}$$

Für den direkt progressiven Tarif wäre hingegen das Einfügen eines Hebesatzes α notwendig, vergleichbar dem ausgleichenden Vomhundertsatz nach § 10 Absatz 2 Finanzausgleichsgesetz. Damit nähme die Berechnung bereits ein Maß an Kompliziertheit an, das mit dem Transparenzpostulat (vgl. Kap. 2.2.2.4) kaum zu vereinbaren sein dürfte. Der Abrufsatz b^t eines Landes i könnte – in Anlehnung an einen Vorschlag von El-Agraa und Majocchi[351] – wie in Gleichung (11a) aussehen.

---

[347] Dieser ergibt sich durch die Subtraktion aller anderen Einnahmen von den geplanten Ausgaben.

[348] Die „+"- bzw. „-"-Zeichen unter den Argumenten der implizit formulierten b-Funktionen in den Gleichungen (10) und (11) stehen für eine positive bzw. negative Abhängigkeit (partielle Ableitung) des Abrufsatzes b von diesen Argumenten.

[349] Als Freibetrag böte sich ein bestimmter Prozentbetrag des EU-durchschnittlichen Sozialprodukts pro Kopf oder des entsprechenden Wertes des jeweils ärmsten Mitgliedstaates an.

[350] Zur Vereinfachung des Verfahrens könnten anstelle von E_i und Y_i/E_i auch die jeweiligen Vorjahreswerte herangezogen werden.

[351] Vgl. El-Agraa, A.M., Majocchi, A. (1983), S. 392 ff., El-Agraa, A.M. (2001), S. 359 ff. In deren Vorschlag soll jedoch nicht ein vorgegebener Betrag, sondern ein bestimmter Prozentsatz des BSP (z.B. 50 % des Anteils des EG-Budgets am EG-BIP) durch einen progressiven Sozialproduktbeitrag – „income tax" genannt – vereinnahmt werden. Der wesentliche Progressions-Parameter ist dabei das Pro-Kopf-Einkommen der einzelnen Mitgliedstaaten im Verhältnis zum Pro-Kopf-Einkommen in der EU. Für eine eingehendere Analyse progressiver Beitragssatztarife siehe 3.2.1.3.2.2.

$$(11a)\quad b_i^t = YB_{EU}^t \cdot \frac{Y_i^t}{Y_{EU}^t} \cdot \frac{Y_i^t/E_i^t}{Y_{EU}^t/E_{EU}^t} \cdot \alpha \cdot \frac{1}{Y_i^t}$$

Der ausgleichende Hebesatz α ergäbe sich gemäß Gleichung (11b):

$$(11b)\quad \alpha = \frac{YB_{EU}^t}{\sum_i \left(YB_{EU}^t \cdot \frac{Y_i^t}{Y_{EU}^t} \cdot \frac{Y_i^t/E_i^t}{Y_{EU}^t/E_{EU}^t} \right)} = \frac{1}{\sum_i \left(\frac{Y_i^t}{Y_{EU}^t} \cdot \frac{Y_i^t/E_i^t}{Y_{EU}^t/E_{EU}^t} \right)}$$

Beide Konzepte führen – merkliche Progressionseffekte vorausgesetzt – zu einer beachtlichen interregionalen Umverteilung, die einer beträchtlichen innereuropäischen Solidarität bedürfte. Da am Bestehen dieser Solidarität jedoch erhebliche Zweifel bestehen, dürften für ein progressives Beitragssystem kaum Verwirklichungschancen bestehen, obwohl es zur Finanzierung interregionaler Redistributionsmaßnahmen durchaus geeignet wäre.

Die Einführung eines mit zunehmendem Sozialprodukt degressiv anwachsenden Beitrags widerspräche zwar nicht per se dem Leistungsfähigkeitsprinzip[352], dürfte damit aber wohl kaum gerechtfertigt werden; es sind eher politökonomische Argumente, die für ein degressives Beitragssystem vorgebracht werden.[353]

Beim gegenwärtigen Stand der europäischen Integration und besonders nach der Osterweiterung dürfte ein proportionaler Tarif mit dem Gerechtigkeits- und Solidaritätsempfinden am besten vereinbar sein. Ein kaum wahrgenommener Nachteil des proportionalen Beitragssatzes liegt allerdings in der ungleichmäßigen Reaktion auf eine unterschiedliche Wachstumsdynamik in großen und kleinen Volkswirtschaften, wie das folgende Zahlenbeispiel zeigt:

Angenommen, es gebe in einer IO drei Mitgliedstaaten A, B und C, wobei A eine große, B eine mittlere und C eine kleine Volkswirtschaft darstelle, die entsprechend ihrem Sozialprodukt einen bestimmten (Rest-)Finanzierungsbeitrag aufbringen müssten. Wüchse nun das Sozialprodukt der großen Volkswirtschaft um einen bestimmten

---

[352] Vgl. Zimmermann, H., Henke, K.-D. (1994), S. 114 ff.
[353] Vgl. dazu die Diskussion des Vorschlags des Wissenschaftlichen Beirats beim Bundesministerium für Wirtschaft und Technologie unter 3.2.1.3.2.1.

Prozentbetrag (z.B. 10 %), während die beiden anderen stagnieren (Variante I in Tab. 6), läge die Wachstumsrate des Beitrags dieses Landes deutlich niedriger, als die des Landes C, wenn die kleine Volkswirtschaft um 10 % wächst und die größeren stagnieren (Variante II).

Tab. 6: Fiktive Sozialproduktbeitrags-Vergleichs-rechnung bei unterschiedlichem Wachstum

Finanzbedarf: 10 €			Variante I			Variante II		
Land	Sozial-produkt in t_0 in €	Beitrag in t_0 in €	Sozial-produkt in t_1 in €	Beitrag in t_1 in €	Veränderung gegenüber t_0	Sozial-produkt in t_1 in €	Beitrag in t_1 in €	Veränderung gegenüber t_0
A	10.000	5	*11.000*	5,24	*4,76%*	10.000	4,93	-1,48%
B	7.000	3,5	7.000	3,33	-4,76%	7.000	3,45	-1,48%
C	3.000	1,5	3.000	1,43	-4,76%	*3.300*	1,63	*8,37%*
Σ	20.000	10	21.000	10	0%	20.300	10	0%

Tab. 6: Fiktive Sozialproduktbeitrags-Vergleichsrechnung bei unterschiedlichem Wachstum

Für kleine, schnell wachsende Volkswirtschaften, wie zum Beispiel Irland, dessen nominales BIP zwischen 1995 und 2000 um 103 % wuchs – während das deutsche BIP um gerade einmal 8 % anstieg – kann dieser Effekt von Nachteil sein; aufgrund geringer Sozialprodukte bei relativ hohen nominalen Wachstumsraten könnten von diesem Effekt auch die Beitrittsstaaten negativ betroffen sein. Teilt man jedoch die bisherigen 15 Mitgliedstaaten in fünf große und zehn kleine Volkswirtschaften auf, unterscheiden sich die Wachstumsraten im gewichteten arithmetischen Mittel kaum noch.[354]

Das Heranziehen außenwirtschaftlicher Kennzahlen wie Zahlungsbilanzsituation, Export- oder Importvolumen als Indikatoren wirtschaftlicher Leistungsfähigkeit ist nicht geeignet, Finanzierungsbeiträge gerecht zu bemessen.[355] Der Konsum, insbesondere der umsatzsteuerpflichtige, ist im Bereich der individuellen Besteuerung sicherlich ein (ergänzender) Indikator persönlicher Leistungsfähigkeit; eine individuelle Konsumbesteuerung durch die EU wäre mit dem Leistungsfähigkeitsprinzip trotz regressiver Wirkungen durchaus vereinbar. Die Verwendung der makroökonomischen Größe Konsum ist hingegen als Indikator der nationalen Beitragskraft nur bedingt tauglich. Es ist nicht einzusehen, warum ein Land mit einem hohen Investitionsanteil

[354] Die fünf großen Volkswirtschaften (D, E, F, I, UK) wuchsen von 1995 bis 2000 fast genau wie die zehn kleinen um knapp 23 %. Eigene Berechnungen mit Daten aus Eurostat (2002), S. 160.
[355] Vgl. Peffekoven, R. (1981), S. 23 ff. Die Devisenbilanz spielt in diesem Zusammenhang in einer Währungsunion ohnehin keine Rolle mehr.

am Sozialprodukt weniger leistungsfähig sein sollte als ein Land mit hohem Konsumanteil. Das geltende Verfahren der Erhebung der Mehrwertsteuer-Eigenmittel, die oberhalb eines (mehrwertsteuerpflichtigen) Konsumanteils am BSP von 50 % de facto BSP-Beiträge sind, unterhalb aber geringer ausfallen, ist mit dem Leistungsfähigkeitsprinzip kaum zu vereinen.

Mit dem Leistungsfähigkeitsprinzip vereinbar und dem Gerechtigkeitspostulat dienend wäre also eine EU-Finanzierung über Steuern, die sich an der persönlichen Leistungsfähigkeit orientieren, oder über nationale Beiträge, die sich nach einem Sozialproduktindikator richten.

2.2.2.1.2 Äquivalenzprinzip oder „juste retour"

Wenn öffentliche Leistungen nach dem Äquivalenzprinzip finanziert werden sollen, ist die Finanzierungslast entweder gemäß den aus diesen öffentlichen Leistungen entstehenden Vorteilen oder Nutzen (daher auch benefit principle) zu verteilen oder entsprechend den Kosten, welche die Individuen verursachen. Im ersten Fall spricht Haller auch von marktwirtschaftlicher Äquivalenz.[356] Die Anwendung Letzterer für sämtliche Staatsleistungen, also total, wird in der Praxis kaum möglich sein. Selbst partielle marktmäßige Äquivalenz ist nur ansatzweise denkbar. Praktikabler sind Finanzierungskonzepte gemäß kostenmäßiger Äquivalenz, wobei sowohl individuelle als auch gruppenmäßige Kostenäquivalenz konstruierbar ist, sei es in totaler oder in partieller Form.

Bei der Finanzierung internationaler Organisationen ist das Äquivalenzprinzip anwendbar, wenn Indikatoren existieren, die sinnvolle Schlüsse darauf ziehen lassen, welchen Nutzen ein Mitgliedstaat aus seiner Mitgliedschaft zieht oder welche Kosten er damit verursacht. Bei der Finanzierung der WTO (vgl. 2.1.2.2.1) wird offenbar der Welthandelsanteil eines Landes als guter Indikator für den Nutzen angesehen, den dieses Land aus seiner Mitgliedschaft in der Welthandelsorganisation zieht, bei der Eisenbahnorganisation OTIF die Länge der Bahnstrecken. Das letzte Beispiel zeigt, wie schwierig und fragwürdig die Bestimmung eines solchen Nutzenindikators ist, da es letztlich nur eine Mutmaßung sein dürfte, dass die Schienenlänge in proportiona-

[356] Zur begrifflichen Untergliederung des Äquivalenzprinzips vgl. Haller, H. (1964), S. 12 f.

lem Verhältnis zum Nutzen aus dieser IO steht. Dabei handelt es sich um eine Organisation mit sehr eng umgrenztem Aufgabengebiet. Bei einer komplexen IO wie der EU mit vielfältigen Aufgaben ist ein solcher Nutzenindikator nicht mehr bestimmbar.

Eben solche äquivalenztheoretischen Überlegungen stecken aber dahinter, wenn die Gerechtigkeit des Finanzierungssystems über die Verteilung der Nettopositionen beurteilt wird. Unter dem Begriff der Nettoposition – der ebenfalls verwendete Terminus Nettosaldo ist eine Tautologie, da jeder Saldo eine Nettogröße ist – versteht man im Zusammenhang mit der EU die Differenz zwischen den Zahlungen eines Landes an die EU und den aus dem EU-Haushalt zurückfließenden Mitteln. Ist diese Differenz positiv, ist das Land ein Nettozahler, ist sie negativ, handelt es sich um einen Nettoempfänger. Um die Relationen dieser absoluten Zahlen zu verdeutlichen, werden die Nettopositionen auch im Verhältnis zum Sozialprodukt oder zur Einwohnerzahl angegeben. Hinter dem Konzept der Nettoposition steht die äquivalenztheoretische Vermutung, dass die Zahlungen aus dem EU-Haushalt an einen Mitgliedstaat den pekuniären Nutzen dieses Landes aus seiner Mitgliedschaft in der EU darstellen bzw. die Kosten, welche das Land durch seine Mitgliedschaft verursacht. Dem Äquivalenzprinzip zufolge – man spricht hier auch vom „juste retour" – müssten die Beiträge der Mitgliedstaaten den empfangenen Beträgen möglichst genau entsprechen, die Nettopositionen mithin gleich null sein oder nahe bei null liegen.

Erste Probleme wirft die Verwendung der Nettoposition bereits bei der Definition auf. Laut Kommission gibt es „30 bis 40 durchaus vertretbare Definitionen"[357] dieser Finanzierungssalden. Als Erstes ist zu klären, welche Einnahmen in die Berechnung einfließen. Strittig ist dabei die Behandlung der traditionellen Eigenmittel, also Zölle und Abschöpfungen. Angesichts der vollständigen Gesetzgebungs- und Ertragshoheit der EU bei diesen Einnahmen wäre es politisch nachvollziehbar, Zölle und Abschöpfungen nicht den einzelnen Mitgliedstaaten zuzurechnen. Wegen des Rotterdam-Antwerpen-Effekts ist die einzelstaatliche Zurechnung nach dem Ort der Vereinnahmung schon aus technischen Gründen nicht sinnvoll. Bei der Berechnung des so genannten ‚operativen' Saldos nach der Definition der EU-Kommission wurde aber zeitweise genau dies getan. Bei der anderen von der Kommission durchgeführten Saldenberechnung, die basierend auf den Eigenmittel-Beschlüssen „als einzige

[357] Europäische Kommission (1998), Anhang 3, S. 5.

bis zu einem gewissen Grade formal anerkannt"[358] ist, nämlich der Berechnung des ‚VK-Korrektur-Saldos' werden die traditionellen Eigenmittel implizit auf die Mitgliedstaaten entsprechend ihrem Anteil an den beiden anderen Eigenmitteln umgelegt.[359] Der Wissenschaftliche Beirat beim Bundeswirtschaftsministerium differenziert in seinem Gutachten zum Finanzierungssystem der EG zwischen dem Begriff der Nettoposition mit Zurechnung der traditionellen Eigenmittel entsprechend der Vereinnahmung und dem Begriff des Nettobeitrags, der ohne Zölle und Abschöpfungen berechnet wird.[360]

Der zweite strittige Punkt bei der Berechnung der Nettopositionen ist die Zurechnung der Ausgaben auf die Mitgliedstaaten. Klar ist, dass nur solche Ausgaben einzelnen Mitgliedstaaten zugerechnet werden können, die nicht in Drittstaaten fließen; die in diesem Sinne ‚zurechenbaren Ausgaben' machen rund 94 % der Gesamtausgaben aus.[361] Strittiger ist hingegen, ob die Verwaltungsausgaben, also alle Ausgaben, die nicht in Einzelplan III/B rubriziert sind, bestimmten Mitgliedstaaten zugerechnet werden sollen. Die Zurechnung dieser Ausgaben verbessert vor allem die Nettopositionen der Länder, in denen die großen EU-Institutionen beheimatet sind, also Belgien und Luxemburg.[362] So wichtig die Ansiedlung der Institutionen für die beiden Länder aber auch sein mag, mit der Zahlung von Gehältern an die EU-Bediensteten sind nicht per se Vorteile für diese Staaten verbunden, zumal ein großer Teil der Beschäftigten seinen Wohnsitz in anderen Mitgliedstaaten hat. Der aus der Verwaltungstätigkeit entspringende Nutzen (zum Beispiel durch die Generaldirektion Wettbewerb) kommt ebenfalls nicht spezifisch den Verwaltungssitzländern zugute. Die Kommission verzichtet daher auf die Zurechnung der Verwaltungsausgaben und berücksichtigt für den ‚operativen' Saldo nur die ‚zurechenbaren operationellen Ausgaben'.[363]

---

[358] Europäische Kommission (1998), Anhang 3, S. 5.

[359] Vgl. ebenda, Anhang 3, S. 5 f. Mittlerweile wird diese Art der Berücksichtigung der traditionellen Eigenmittelzahlungen auch bei der Ermittlung der ‚operativen' Salden angewandt. Die Ermittlung des ‚VK-Korrektur-Saldos' dient alleine der Berechnung des Korrekturbetrages für das Vereinigte Königreich (vgl. Kap. 1.3.2.2).

[360] Vgl. Wissenschaftlicher Beirat beim Bundesministerium für Wirtschaft und Technologie (1999), S. 2012 ff.

[361] Vgl. Europäische Kommission (1998), Anhang 3, S. 3.

[362] In diesen beiden Mitgliedstaaten fallen etwa 80 % der Verwaltungsausgaben an, drei Viertel davon in Belgien. Vgl. Begg, I. (2000), S. 55, Busch, B. (2002), S. 7.

[363] Vgl. Europäische Kommission (1998), Anhang 3, S. 3 f.

Ebenso kommt es zu unterschiedlichen Ergebnissen, je nachdem ob die Zurechnung der Ausgaben auf Soll- oder Ist-Zahlen beruht und ob die Summe der Finanzierungssalden gleich null ergeben soll oder nicht.[364]

Jede Definition der Nettoposition beruht somit auf einer Methodik, die in gewissem Maße willkürlich ist. Darüber hinaus ist das Konstrukt der Nettoposition generell zweifelhaft in seiner Aussagekraft. Es unterstellt nämlich implizit, dass die Kosten und Nutzen aus der Mitgliedschaft in der EU allein an den budgetären Zahlungsströmen zu messen sind. Eben das ist aber nicht der Fall. Erstens stiftet nicht jeder EU-Transfer den gleichen Nutzen: Zahlungen aus dem EAGFL-Garantie haben zweifellos eine weniger positive Wachstumswirkung als zum Beispiel Transfers für Infrastruktur- oder Forschungsinvestitionen. Zweitens kommen bestimmte Zahlungen, insbesondere Agrarexportsubventionen zum Teil Empfängern aus anderen Ländern zugute, als den Ländern, in denen sie zur Auszahlung kommen. Von diesem „umgekehrten Gateway-Effekt"[365] sind vor allem die Niederlande betroffen. Drittens verzerrt die Vernachlässigung der Nebenhaushalte, wie zum Beispiel der EIB, die Aussagekraft der Nettopositionen. Im Hinblick auf die vielfältigen Darlehensvergaben (vgl. Kap. 1.4) müssten „die mit der Kreditgewährung einhergehenden subventionswerten Vorteile zugerechnet werden"[366]. Viertens entstehen durch die Mitgliedschaft in der EU Vorteile, die die haushaltspolitische Dimension weit übersteigen. Hier sind die ökonomischen Vorteile infolge des steigenden Handels im Binnenmarkt[367] zu nennen, es ist aber auch an die sicherheitspolitische und kulturelle Dimension der europäischen Integration zu denken.

Zweifel an der Aussagekraft der Nettoposition werden auch mit dem (anekdotischen) Argument kundgetan, von strukturpolitischen Zahlungen an andere Länder könne auch die deutsche Volkswirtschaft profitieren, wenn wie zum Beispiel beim EU-geförderten Bau des Flughafens von Athen vor allem deutsche Baufirmen Aufträge erhal-

---

[364] Vgl. Europäische Kommission (1998), Anhang 3, S. 4 f.
[365] Ebenda, S. 25.
[366] Dickertmann, D. (1999), S. 79.
[367] Nach einer Schätzung der Kommission anlässlich des zehnjährigen Bestehens des Binnenmarktes fiel das EU-BSP im Jahr 2002 um 164,5 Mrd. Euro oder 1,8 % höher als ohne Binnenmarkt aus. Kumuliert sei bis dahin ein binnenmarktbedingtes BSP-Plus in Höhe von 877 Mrd. Euro entstanden. Vgl. Europäische Kommission (2002e), S. 6.

ten.[368] Ökonomisch indes überzeugt es nicht: Es ist Griechenland, das im Beispiel den Flughafen und den Nutzen davon quasi geschenkt bekommt, während die deutsche Baufirma lediglich an einem Tauschgeschäft beteiligt ist, also für unternehmerische Leistung marktgerecht entlohnt wird.[369]

Die Feststellung der Vor- bzw. Nachteile einer Mitgliedschaft in der EU anhand der Nettopositionen, mithin auf Basis rein formaler Inzidenz, ist also nicht möglich. Die tatsächlichen ökonomischen Wirkungen ließen sich nur mit Hilfe materieller Inzidenzanalyse ermitteln, was jedoch mit erheblichen analytischen Schwierigkeiten verbunden ist.[370] Der Rechnungshof stellt dazu fest:[371]

„Die in der Rechnungsführung erfassten Haushaltsströme ermöglichen nämlich keine Bewertung der von diesen Gemeinschaftspolitiken erzeugten Anstoßwirkung. Wegen der Verflechtung der Volkswirtschaften innerhalb des Binnenmarktes ist es immer fragwürdiger, einen strikten Bezug zwischen dem Bestimmungsort der Gemeinschaftszahlungen und den daraus den Mitgliedstaaten erwachsenden Vorteilen herstellen zu wollen."

Der Rechnungshof schätzt nach Modellrechnungen die Anstoßwirkung von EU-Ausgaben auf die Produktion je nach Mitgliedstaat auf Werte zwischen + 48 % und + 111 %.[372] Unabhängig davon, inwieweit diese auf – angreifbaren – Modellannahmen beruhenden Zahlen exakt zutreffen, bleibt festzuhalten, dass „die Auswirkungen der haushaltspolitischen Entscheidungen und nicht die reinen Finanzströme die stichhaltigsten Anhaltspunkte für etwaige Ungleichgewichte"[373] liefern.

Gretschmann hat in einer Studie den Versuch unternommen, die handelsschaffenden und handelsumlenkenden Effekte der EU-Mitgliedschaft und die daraus entstehenden Steuermehreinnahmen oder Steuermindereinnahmen zu schätzen. Über die Verknüpfung dieser fiskalischen Effekte mit vorhandenen Nettopositionskonzepten lässt sich eine ‚korrigierte' Nettoposition ermitteln. Wenngleich methodische Unzu-

[368] Vgl. Friedrich, H. (2001), S. 30. Brok weist auf (spanische) Studien hin, „wonach von 10 ECU Strukturfondsleistungen 6 ECU wieder an die Geberländer zurückfließen" sollen. Brok, E. (1994), S. 23. Einem Pressebericht zufolge wies auch der mittlerweile ehemalige spanische Wirtschaftsminister Rato darauf hin, dass „auch Deutschland erheblich von dem Geld, das aus Brüsseler Töpfen nach Spanien gelange, profitiere, weil ein Teil nach Deutschland zurückfließe. Als Beispiel nannte Rato die Hochgeschwindigkeitsstrecke zwischen Madrid und Barcelona, für die Siemens die Hälfte der Züge liefert". Kersting, S. (2003), S. 3.
[369] Vgl. Memminger, G. (1997), S. 60 f., Heinemann, F. (2001), S. 214 f., Weise, C. (1997), S. 731.
[370] Vgl. Folkers, C. (1998), S. 618.
[371] Europäischer Rechnungshof (1998), S. 64.
[372] Vgl. ebenda, S. 65.
[373] Ebenda, S. 65.

länglichkeiten die Genauigkeit der Ergebnisse in Zweifel ziehen, zeigt sich für fast alle Mitgliedstaaten eine verbesserte und positive Nettoposition.[374]

Die Ermittlung eines ‚VK-Korrektur-Saldos' zur Berechnung des Korrekturbetrages für das Vereinigte Königreich (vgl. Kap. 1.3.2.2) zeigt jedenfalls, dass innerhalb des bestehenden Finanzierungssystems auch Elemente des Äquivalenzprinzips enthalten sind. Im Übrigen schimmert das Äquivalenzprinzip auch in anderen, extrabudgetären Bereichen der EU-Finanzen durch, so bei der Finanzierung des EEF oder – früher – bei den Umlagen der EGKS.[375]

Welchem der beiden Fundamentalprinzipien im Zusammenhang mit der EU-Finanzierung der Vorrang einzuräumen ist, ist nicht unabhängig von den, der EU-Ebene zugewiesenen Aufgaben, zu entscheiden. Die Frage steht somit in engem Bezug zum zweiten Gestaltungspostulat für das Finanzierungssystem, der aufgabenadäquaten Gestaltung der Einnahmenseite.

2.2.2.2 „Aufgabenadäquanz"

Eine zweite Forderung an das Finanzierungssystem besteht darin, die Art der Einnahmentätigkeit an den spezifischen Aufgaben respektive Ausgaben der EU auszurichten, mithin eine den Aufgaben adäquate Finanzierung zu suchen.

Die der EU-Ebene übertragenen Kompetenzen lassen sich aus staatsrechtlicher Sicht differenzieren in ausschließliche Gemeinschaftszuständigkeiten, wozu zum Beispiel die Festlegung des Gemeinsamen Zolltarifs oder die Währungspolitik gehören, und konkurrierende Gemeinschaftszuständigkeiten, wie zum Beispiel bei der Agrarpolitik oder beim Umweltschutz. Bei Letzteren bleibt den Mitgliedstaaten die nationale Zuständigkeit, solange die EU-Ebene keine vereinheitlichenden Rechtsakte erlässt. Außerdem gibt es so genannte Rahmenkompetenzen (z.B. Forschung,

---

[374] Vgl. Gretschmann, K. (1998), S. 46 ff. Auffällig an den Ergebnissen ist, dass das Vereinigte Königreich in absoluten Zahlen zum größten Nettoempfänger wird und Deutschland größter Nettozahler bleibt, wenngleich der Nettobeitrag um etwa zwei Drittel sinkt. Nur Schweden und Österreich verzeichnen höhere Nettobeiträge, was mit vorübergehenden Sondereffekten erklärt werden kann. Die Summe der ‚korrigierten' Nettopositionen ist nicht mehr null, sondern um den fiskalischen Gesamteffekt der Integration größer als null.

[375] Vgl. Biehl, D., Winter, H. (1990), S. 56, Guth, E. (1997), S. 98. Bei den Finanzierungsanteilen des EEF lässt sich laut Guth eine Verteilung zu Lasten der am meisten an europäischer Entwicklungspolitik interessierten Mitgliedstaaten beobachten.

Transeuropäische Netze) und Beitragskompetenzen (z.B. Kultur, Gesundheitspolitik) sowie Felder mit parallelen Zuständigkeiten, wozu das Kartellrecht und die Regionalpolitik gehören.[376] Wesentliche Grundsätze bei der Zuordnung und Ausübung der Kompetenzen sind das Subsidiaritätsprinzip sowie das Prinzip der Einzelermächtigung in Verbindung mit der fehlenden Kompetenz-Kompetenz.[377] Die EU kann sich dadurch nicht selbst neue Zuständigkeiten geben.

Aus dieser juristischen Klassifizierung lassen sich allerdings kaum Schlüsse über die adäquate Finanzierung dieser Aufgaben ziehen. Insbesondere die Erfüllung des Gestaltungspostulats „Gerechtigkeit", mithin die Klärung der Frage, welches der beiden fundamentalen Gerechtigkeitsprinzipien Maßgabe sein soll (vgl. Kap. 2.2.2.1), bedarf einer (positiven und normativen) Analyse der EU-Aufgaben aus dem ökonomischen Blickwinkel. Hierzu bietet sich (zunächst) die Einteilung der EU-Aufgaben nach Musgrave in die Bereiche Allokation, Distribution und Stabilisierung an. Im Hinblick auf die zukünftige Finanzierung sind dabei sowohl die bereits an die EU übertragenen Aufgaben in die Betrachtung aufzunehmen, als auch solche, die mittelfristig zum Kompetenzrahmen der EU gehören könnten.

Die beiden ausgabenintensivsten Politikbereiche, in denen die EU Aufgabenzuständigkeit hat – die Agrar- und die Strukturpolitik – sind wegen ihrer Instrumente auf den ersten Blick der Abteilung Allokation zuzuordnen. Für die staatlichen Eingriffe in die Agrarmärkte werden zum einen das traditionelle Argument der Versorgungssicherheit und zum anderen das neuere, raumordnungspolitisch motivierte Argument eingebracht, die Subventionierung der Landwirtschaft internalisiere positive externe Effekte. Beide Rechtfertigungen laufen auf die Definierung eines Kollektivgutcharakters hinaus. Beim klassischen Instrumentarium der Agrarpolitik, der Markt- und Preispolitik, handelt es sich um massive Eingriffe in die Allokation der Güter- und Faktormärkte. Mit den die GAP mittlerweile dominierenden Direktzahlungen, die zudem immer produktionsunabhängiger werden, handelt die EU jedoch vor allem distributionspoli-

[376] Vgl. Streinz, R. (2003), Rn. 128 ff. Bei Rahmenkompetenzen können den Mitgliedstaaten nur Rahmenbedingungen aufgestellt werden, Beitragskompetenzen dürfen lediglich mitgliedstaatliche Politiken ergänzende Wirkung haben. Bei parallelen Zuständigkeiten können die Mitgliedstaaten parallel zur EU-Ebene Regelungen erlassen, die den Zielen der EU-Politik aber nicht zuwiderlaufen dürfen und dem Grundsatz des Vorrangs des Gemeinschaftsrechts unterliegen. Vgl. ebenda, Rn. 134 ff.
[377] Vgl. dazu Koenig, C., Haratsch, A. (1996), Rn. 42 ff.

tisch[378], womit sich bereits die Vermutung aufdrängt, die GAP diene hauptsächlich der Einkommenssicherung der europäischen Landwirte.

Auch im Bereich der Regional- und Strukturpolitik haben viele Instrumente nur vordergründig allokationspolitischen Charakter. So werden mit dem Regionalfonds (EFRE) und dem Kohäsionsfonds öffentliche Infrastrukturprojekte gefördert und mit dem Sozialfonds (ESF) und dem EAGFL-Ausrichtung zum Beispiel Maßnahmen zur beruflichen Bildung.[379] Auch in den anderen Budgetrubriken befinden sich viele Ausgaben, die allokationspolitisch begründet werden; quantitativ bedeutsam sind die Ausgaben für Forschung und Entwicklung. Allokativ wirksam, weil die marktwirtschaftliche Effizienz positiv oder negativ beeinflussend, sind auch viele der nicht mit Ausgaben verbundenen ordnungspolitischen Maßnahmen der EU, so zum Beispiel die Beihilfenkontrolle, die Liberalisierung ehemals monopolistischer Märkte oder der gesundheitliche Verbraucherschutz.

Wenn nun aber im EU-Haushalt die Allokationspolitik eine dominierende Stellung hat, läge es nahe, die Finanzierungslast der Politikmaßnahmen den daraus entstehenden Nutzen entsprechend zu verteilen, mithin das Äquivalenzprinzip anzuwenden. Dieser Schluss verliert jedoch an Überzeugungskraft, wenn man die ausgabenträchtigen Politikmaßnahmen nicht mehr als allokationspolitische, sondern als distributionspolitische Maßnahmen oder sie sogar als – politökonomisch erklärbare - Kompensationsleistungen ansieht.

Unter den fünf in Artikel 33 Absatz 1 EGV genannten Zielen der GAP sind mit der Produktivitätssteigerung, der Stabilisierung der Märkte, der Sicherstellung der Versorgung und der Belieferung der Verbraucher zu angemessenen Preisen vier allokative Ziele und mit der Gewährleistung einer angemessenen Lebenshaltung für die landwirtschaftliche Bevölkerung lediglich ein distributives Ziel. Letzteres scheint aber nicht als gleichrangiges, sondern als übergeordnetes Ziel der GAP verfolgt zu werden. Es ist geradezu offenkundig, dass die GAP vor allem eine Politik der Umverteilung von den Verbrauchern, den nicht agrarischen Wirtschaftssektoren und den

[378] Grossekettler spricht gerade einer von Direktzahlungen dominierten GAP als „sozialverträgliche (gleichwohl nicht protektionistische) Strukturanpassung" Kollektivgutcharakter zu. Grossekettler, H. (1996), S. 23. Fraglich ist indes, ob dies zum vordergründigen Zweck der GAP erklärt werden kann.
[379] Zu den Aufgaben und Instrumenten dieser Fonds im Einzelnen vgl. Tkaczyński, J.W., Rossmann, G. (2001), S. 93 ff.

Agrarproduzenten aus Nicht-EU-Ländern zum landwirtschaftlichen Sektor ist.[380] Für die Finanzierung der GAP, insbesondere des EAGFL-Garantie wäre eine stärkere Ausrichtung nach dem Äquivalenzprinzip aber dennoch möglich und sinnvoll, wenn die Ausgaben national kofinanziert werden müssten[381] oder die Beiträge nach den Ausgaben bemessen würden[382]. Je stärker solche – politisch kaum durchsetzbaren – Vorschläge umgesetzt würden, desto geringer wäre der internationale Umverteilungsgrad der GAP.

Auch für die Regional- und Strukturpolitik lässt sich feststellen, dass der Einsatz allokationspolitischer Instrumente („Maßnahmen zur Verbesserung der örtlichen Angebotsbedingungen"[383]) vor allem dem Zweck der interregionalen Umverteilung dient.[384] Die Struktur- und Kohäsionsfonds haben im Finanzierungssystem der EU gewissermaßen die Funktion eines Finanzausgleichs übernommen.[385] Insbesondere die Konzentration der Strukturfondsmittel auf die so genannten Ziel 1-Regionen, also die Regionen mit einem in Kaufkraftstandards gemessenen Pro-Kopf-BIP von weniger als 75 % des Gemeinschaftsdurchschnitts, sowie die Beschränkung des Kohäsionsfonds auf die vier (im Jahr 1991) ärmsten Volkswirtschaften[386] zeigen, dass es vorrangiges Ziel ist, „die Unterschiede im Entwicklungsstand der verschiedenen Regionen [...] zu verringern" (Artikel 158 EGV). Für dieses eine Drittel des EU-Budgets, das für die Stärkung des ‚wirtschaftlichen und sozialen Zusammenhalts', das so genannte Kohäsionsziel ausgegeben wird, kann das Äquivalenzprinzip als Grundsatz der Finanzierung nicht adäquat sein. Würde man die nutznießenden Mitgliedstaaten kostenäquivalent an der Finanzierung beteiligen, stünde dies der Absicht, den Abstand der benachteiligten Gebiete zu verringern, geradezu entgegen. Somit kommt für diesen Aufgabenbereich nur eine Finanzierung nach dem Leistungsfähigkeitsprinzip in Frage. Nicht zu übersehen ist im Bereich der Strukturpolitik allerdings die von den Mitgliedstaaten geleistete Kofinanzierung der Maßnahmen, die von 15 bis 75 % der zuschussfähigen Ausgaben reichen kann.[387] In diesem Umfang werden die

---

[380] Die Agrarpolitik ist somit keine Umverteilung im Sinne der Kohäsionspolitik.
[381] Vgl. Wissenschaftlicher Beirat beim Bundesministerium für Wirtschaft und Technologie (1999), S. 2029.
[382] Vgl. Beek, G. van der, Jacobs, M. (1999), S. 18 f.
[383] Europäische Wirtschaft (1993), S. 22.
[384] Grundsätzlich gilt, dass Regionalpolitik ebenso wie Strukturpolitik Oberbegriffe für ein Sammelsurium von verschiedenen Politikmaßnahmen aus allen drei Bereichen der Musgraveschen Trias sind.
[385] Vgl. Peffekoven, R. (1991), S. 29, Walthes, F. (1996), S. 68 ff., Milbrandt, B. (2001), S. 88.
[386] Mit der EU-Erweiterung zum 1.5.2004 fließen Kohäsionsfondsmittel auch an die zehn neuen Mitgliedstaaten.
[387] Vgl. Sachverständigenrat zur Begutachtung der gesamtwirtschaftlichen Entwicklung (1999), S. 40.

Maßnahmen folglich – wenn auch nicht über den EU-Haushalt – kostenäquivalent finanziert. Im Hinblick auf die allokationspolitische Zielsetzung der Strukturpolitik ist diese Kostenbeteiligung der Mitgliedstaaten angebracht, immerhin hilft sie, reine Mitnahmeeffekte zu reduzieren. Andererseits führt dieses Verfahren dazu, dass bei fehlender Kofinanzierungsfähigkeit die strukturpolitischen Mittel gar nicht zur Auszahlung kommen können.[388] Dem wirkt entgegen, hilft aber offensichtlich nicht völlig ab, dass die spezifischen Kofinanzierungsanteile der Mitgliedstaaten, die gewissermaßen das Gewicht des Äquivalenzprinzips ausdrücken, wiederum von Leistungsfähigkeitsaspekten beeinflusst sind.[389]

Unabhängig von der historischen Genese der Kompetenzen und Aktivitäten der EU lässt sich die normative Frage nach der Korrektheit der Zuordnung von Kompetenzen auf die europäische Ebene stellen. In der wohlfahrtsökonomischen Theorie des Fiskalföderalismus werden – aufbauend auf Musgrave[390] – die Staatsaufgaben den drei Abteilungen Allokation, Distribution und Stabilisierung zugeordnet. Oates stellte daraufhin die Frage in den Mittelpunkt, welche staatliche Ebene für die Aufgaben dieser Bereiche am jeweils besten geeignet ist.[391]

Weitgehend Einigkeit besteht darüber, dass Maßnahmen zur interpersonellen Einkommensumverteilung (Distribution) ebenso wie Maßnahmen zur Stabilisierung von Konjunktur und Wachstum, insbesondere die Bekämpfung von Arbeitslosigkeit und Inflation, der Zentralebene in einem föderativen Staat zugeordnet werden sollen.[392]

---

[388] Zu Beginn des Haushaltsjahres 2002 belief sich die aufgelaufene Summe nicht genutzter Fördergelder aus der Regional- und Strukturpolitik auf über 82 Mrd. Euro, am Ende des Haushaltsjahres 2003 auf immer noch fast 75 Mrd. Euro. Vgl. o.V. (2002b), S. 14, Oldag, A. (2002), S. 25, o.V. (2004a), S. 11.

[389] Besonders niedrig ist die Selbstbeteiligung für Ziel 1-Regionen in Mitgliedstaaten, die Mittel aus dem Kohäsionsfonds beziehen, für welche es im Übrigen selbst nur geringer Eigenbeteiligung bedarf, sowie in äußerster Randlage befindliche Regionen, wie z.B. die französischen Überseedepartements oder entlegene griechische Inseln. Auch bei der Ziel 2- und der Ziel 3-Förderung ist die nationale Kofinanzierung niedriger, wenn die Region auch Ziel 1-Gebiet ist oder in einem Kohäsionsland liegt.

[390] Vgl. Musgrave, R.A. (1959), S. 5 ff.

[391] Vgl. Oates, W.E. (1968), S. 37 ff.

[392] Vgl. Oates, W.E. (1972), S. 4 ff., Peffekoven, R. (1992), S. 537 f., Cansier, D., Bayer, S. (2003), S. 242 f. Gegen eine dezentrale Wahrnehmung der Redistributionsaufgabe sprechen dadurch entstehende Anreize zu unerwünschten Wanderungen. Gegen eine dezentrale Stabilisierungspolitik werden v.a. zwei Argumente gebraucht: Erstens verfügen die untergeordneten Ebenen nicht über das zur Stabilisierungspolitik notwendige Instrument der Steuerung der Geldmenge, welches zum Schutz vor Inflation zentral angesiedelt sein muss und zweitens sind fiskalpolitische Maßnahmen auf regionaler Ebene mit hohen Sickerverlusten (externe Effekte) verbunden. Vgl. Oates, W.E. (1972), S. 4 ff. Feld und Kirchgässner führen auf der Basis neuerer Untersuchungen auch profunde Argumente für eine (teilweise) dezentralisierte Distributions- und Stabilisierungspolitik an. Vgl. Feld, L.P., Kirchgässner, G. (1998), S. 67 ff.

Weniger eindeutig sind die Ansichten darüber, inwieweit diese Aufgaben in einem Staatenverbund wie der EU der supranationalen Ebene zuzuweisen sind. Nachdem mittlerweile zwölf EU-Mitgliedstaaten ihre Geld- und Währungspolitik vereinheitlicht und zentralisiert haben – der nationalen Stabilisierungspolitik also ohnehin schon ein wesentliches Instrument fehlt – stellt sich die Frage, ob auch die fiskalpolitischen Instrumente zumindest innerhalb der Eurozone zentralisiert werden sollen. Dazu ist festzustellen, dass die nationalen Finanzpolitiken bereits heute in ihrer Autonomie erheblich beschnitten sind: zum einen durch die – dem Schutz der gemeinsamen Währung dienenden[393] – Regelungen des Maastrichter Vertrages zur finanzpolitischen Konvergenz[394] sowie des Stabilitäts- und Wachstumspaktes[395], zum anderen durch die in manchen Bereichen mittlerweile weit gediehene – in der Regel mit Binnenmarkterfordernissen gerechtfertigte – Steuerharmonisierung.

Eine darüber hinausgehende Europäisierung der fiskalpolitischen Instrumente wird unter den Stichworten europäische Wirtschaftsregierung oder Aufwertung der Euro-Gruppe diskutiert. Allerdings geht es dabei um eine verstärkte Koordinierung der nationalen Finanz- und Wirtschaftspolitiken.[396] Seltener zur Debatte stehen Vorschläge, eine Art europäische fiscal policy über den EU-Haushalt zu betreiben, wozu im Übrigen eine erhebliche Expansion des Budgets über die derzeitige Obergrenze von 1,24 % des EU-BNE nötig wäre.[397]

Letzteres gälte auch für eine Ausweitung der EU-Aufgaben auf den Bereich der interpersonellen Umverteilung und der sozialen Sicherung. Gegen eine (Teil-)Überweisung dieser Aufgaben spräche zum einen, dass die Solidarität der europäischen Bürger mit den Bürgern anderer europäischer Nationen (noch) deutlich geringer ist

---

[393] Zu den Zusammenhängen zwischen Budgetdisziplin und Geldwertstabilität vgl. Sturm, M. (1997), S. 102 ff., Europäische Zentralbank (1999), S. 49 ff.

[394] Vgl. Art. 104 EGV sowie das Protokoll (Nr. 20) über das Verfahren bei einem übermäßigen Defizit (ABl. Nr. C 191 (1992), S. 84).

[395] Der Pakt besteht aus der Entschließung des Europäischen Rates über den Stabilitäts- und Wachstumspakt (ABl. Nr. C 236 (1997), S. 1), der Verordnung Nr. 1466/97 des Rates vom 7. Juli 1997 über den Ausbau der haushaltspolitischen Überwachung und der Überwachung und Koordinierung der Wirtschaftspolitiken (ABl. Nr. L 209 (1997), S. 1) sowie der Verordnung Nr. 1467/97 des Rates vom 7. Juli 1997 über die Beschleunigung und Klärung des Verfahrens bei einem übermäßigen Defizit (ABl. Nr. L 209 (1997), S. 6).

[396] Vgl. Korkman, S. (2001), S. 287 ff., Ongena, H., Winkler, B. (2001), S. 339 ff.

[397] Die Sachverständigengruppe um MacDougall schlug Ende der 1970er Jahre eine „Konjunkturkonvergenzfazilität" vor, die sog. Reichenbach-Gruppe plädierte Anfang der 1990er Jahre für einen Stabilisierungsmechanismus in deutlich kleinerem Umfang, der im Schnitt etwa 0,2 % des EU-BIP in Anspruch nehmen sollte. Vgl. Europäische Kommission (1977), S. 18 f., S. 66, Europäische Wirtschaft (1993), S. 77 ff. Vgl. auch Vanheukelen, M. (1996), S. 45 ff.

als mit den eigenen Landsleuten, hohe Solidarität jedoch eine Grundvoraussetzung für die soziale Akzeptanz interpersoneller Umverteilung ist. Zum anderen fehlte zu einer Zentralisierung dieser Politik die Notwendigkeit, da unterschiedliche Redistributionsniveaus zwischen verschiedenen EU-Staaten deutlich geringere Wanderungsanreize ausüben als solche zwischen lokalen oder regionalen Gebietskörperschaften. Kommt es infolge der Osterweiterung doch zu verstärktem allokativ unerwünschtem Wanderungsdruck, besteht dennoch kein Anlass, über Maßnahmen der Koordinierung und Regulierung hinaus, eine Politik des sozialen Ausgleichs über den EU-Haushalt zu betreiben.[398]

Die gegenwärtig betriebene Struktur- und Regionalpolitik dient unter der Überschrift Kohäsionspolitik der inter-regionalen Umverteilung zum Abbau wirtschaftlicher Unterschiede. Für diesen Zweck ist – wie bereits ausgeführt – eine Finanzierung gemäß dem Äquivalenzprinzip nicht adäquat, das Leistungsfähigkeitsprinzip entsprechend angezeigt. Ob dabei einer Finanzierung gemäß nationaler Leistungsfähigkeit, insbesondere über Sozialproduktbeiträge, oder gemäß persönlicher Leistungsfähigkeit, also über eine Steuer, der Vorzug zu geben ist, ist im Hinblick auf das Aufgabenziel Kohäsion nicht eindeutig zu entscheiden. Denkbar wäre auch eine Bezugnahme auf regionale Leistungsfähigkeiten, schließlich werden auch auf der Ausgabenseite – mit Ausnahme des Kohäsionsfonds – regionale Indikatoren herangezogen.

Während bei Stabilisierung und Distribution eine auf nationalstaatlicher Ebene zentralisierte, jedoch kaum eine supranationale Aufgabenwahrnehmung angezeigt ist, wird die Allokationsfunktion des Staates nach dem Oatesschen Dezentralisierungstheorem[399] vorzugsweise von untergeordneten Gebietskörperschaften wahrgenommen. Aus ökonomischer Sicht gibt es zwei wesentliche Gründe[400], warum es sinnvoll ist, das Angebot öffentlicher Güter dezentral zu bestimmen: Zum Ersten lässt sich damit eine wesentlich bessere Übereinstimmung mit den Präferenzen der Bürger erreichen und zum Zweiten eröffnet föderale Vielfältigkeit im Angebot öffentlicher Gü-

---

[398] Vorschläge, wie die nationalen Systeme der sozialen Sicherung vor allokativ unerwünschten Wanderungen geschützt werden können, haben Sinn und der Wissenschaftliche Beirat beim Bundesfinanzministerium gemacht. Vgl. Sinn, H.-W. (1995), S. 247, Wissenschaftlicher Beirat beim Bundesministerium der Finanzen (2000), S. 79 ff.

[399] Vgl. Oates, W.E. (1972), S. 35 ff.

[400] Auch aus der nicht-ökonomischen Perspektive lassen sich gute Gründe für einen föderalistischen, also dezentralen Staatsaufbau finden, wobei insbesondere die aus der politischen Philosophie stammenden Prinzipien der Subsidiarität und der Gewaltenteilung zu nennen sind.

ter dem Bürger Wahlmöglichkeiten.[401] Diese bestehen aus den Möglichkeiten zur Abwanderung (‚exit'), also Tiebouts ‚voting by feet', und zum Widerspruch (‚voice'), ohne die der Wettbewerb um das beste institutionelle Arrangement nicht möglich ist.[402]

Es gibt jedoch auch Gründe, die für eine Zuweisung von Allokationsaufgaben an höhere staatliche Ebenen sprechen. Von besonderer Bedeutung sind dabei Effizienzaspekte und das Vorliegen externer Effekte.[403] Wenn aufgrund von Unteilbarkeiten oder economies of scale eine dezentrale Aufgabenzuordnung nicht möglich oder ineffizient ist, spricht dies für die Zuordnung der Aufgabe an eine übergeordnete Ebene.[404] Für eine gemeinsame Verteidigungspolitik sprechen unter diesem Gesichtspunkt economies of scale im Beschaffungswesen, für gemeinsame Entwicklungspolitik niedrigere Verwaltungskosten.

Ist das Angebot eines öffentlichen Gutes in einer Gebietskörperschaft mit positiven oder negativen externen Effekten auf andere Gebietskörperschaften verbunden, ist das von Olson formulierte Prinzip der fiskalischen Äquivalenz[405] verletzt. Die Folge davon ist ein nicht optimales Angebot der öffentlichen Leistung. Abgesehen von der erstbesten, aber unrealistischen Lösung dieses Problems mit einer „separate governmental institution for every collective good with a unique boundary"[406] bieten sich als zweitbeste Lösungen horizontale Kooperationen, vertikale Alimentationen sowie die Zuordnung der Aufgabe an eine übergeordnete Ebene an. Somit kann auch die Zuordnung einer Allokationsaufgabe an die EU-Ebene sinnvoll sein, sofern es sich um Kollektivgüter handelt, die europaweit ihren Nutzen streuen.[407]

---

[401] Vgl. Oates, W.E. (1968), S. 48 f.
[402] Zu den Möglichkeiten und Grenzen institutionellen Wettbewerbs vgl. Hüther, M. (1999), S. 92 ff.
[403] Vgl. zum Folgenden Peffekoven, R. (1980), S. 612 ff.
[404] Allerdings ist dieses Argument nur dann relevant, „wenn öffentliches Angebot auch öffentliche Produktion voraussetzt". Ebenda, S. 613. Stehn weist darauf hin, dass sich sowohl die Effizienzgewinne durch Zentralisierung als auch die Wohlfahrtsgewinne durch Dezentralisierung realisieren lassen, wenn die Produktion und die Bereitstellung öffentlicher Leistungen getrennt werden, bezweifelt aber gleichzeitig, dass ein regional differenziertes Angebot von EU-Leistungen politisch überhaupt durchsetzbar ist. Vgl. Stehn, J. (2002), S. 305 f.
[405] Olson versteht unter fiskalischer Äquivalenz „a match between those who receive the benefits of a collective good and those who pay for it". Olson, M. (1969), S. 483.
[406] Ebenda, S. 483.
[407] Die Ableitung einer Zentralisierungsnotwendigkeit aufgrund von spillover-Effekten setzt allerdings die Existenz von Verhandlungskosten bei anderen kooperativen Lösungen voraus. Vgl. Heinemann, F. (1996), S. 121. „Die Existenz von Nutzen-Spillovers alleine ist keine hinreichende Rechtfertigung für die Zentralisierung." Ebenda, S. 126.

Zur Finanzierung europäischer Kollektivgüter ist die Mittelaufbringung über Steuern adäquater als über nationale Finanzbeiträge, die aus dem allgemeinen Haushalt aufgebracht werden: Da ein wesentlich deutlicherer Zusammenhang zwischen den Nutznießern und den Kostenträgern (im Sinne des Korrespondenzprinzips) bestünde, wären die Entscheidungsträger einem stärkeren Rechtfertigungsdruck bezüglich des Angebots unterworfen. „It would focus the mind of politicians on what is the appropriate level of public good provision, rather than on who can bring home bigger trophies to show to his voters."[408]

Es muss allerdings festgestellt werden, dass innerhalb des bisherigen Aufgabenspektrums der EU nur wenige Felder in die Kategorie europäische Kollektivgüter fallen. Der Europäische Binnenmarkt mit seinen vier Grundfreiheiten hat sicherlich den Charakter eines öffentlichen Gutes, da kein EU-Bürger von den Grundfreiheiten ausgeschlossen werden kann und keine Rivalität hinsichtlich der Inanspruchnahme besteht. Da dieses „Gut" aber mit (so gut wie) keinen Ausgaben verbunden ist, erübrigt sich die Frage nach der adäquaten Finanzierung. Die beiden ausgabenträchtigsten Politikbereiche, die Agrar- und die Strukturpolitik, haben zwar bedeutsame Allokationswirkung, können aber nicht als Politik zur Bereitstellung europäischer Kollektivgüter betrachtet werden: Die gedankliche Konstruktion eines europäischen Kollektivguts ‚Ernährungssicherheit' und vor allem die Geeignetheit der praktizierten GAP zur Bereitstellung dessen erscheint sehr zweifelhaft.[409] Die raumordnungspolitischen Argumente für agrarpolitische Interventionen – Stichwort Landschaftspflege – gründen in der Regel auf lokal oder regional begrenzten externen Effekten, eine europaweite Streuung solcher externer Nutzen ist nicht zu beobachten.[410] Ebenso gilt für die Struktur- und Regionalpolitik, dass – unabhängig von der Frage ihres grundsätzlichen Sinns – eine Zuordnung an die EU unter allokationstheoretischen Gesichtspunkten „im Widerspruch zu den Empfehlungen des Dezentralisierungstheorems"[411] steht. Allokativ zu rechtfertigen ist hingegen die EU-Kompetenz im Bereich Forschung und Technologie; sofern sich die Politik hier auf die finanzielle Förderung von Grundlagenforschung und internationalen Großforschungsprojekten beschränkt, stellt die Zentralisierung einen Beitrag zur Internalisierung externer Effekte und Realisie-

---

[408] Tabellini, G. (2003), S. 93.
[409] Vgl. Koester, U. (2001), S. 322 f.
[410] Einschränkend ist anzumerken, dass aufgrund der Allmende-Problematik eine europäische Politik auf dem Gebiet der Hochseefischerei allokativ sinnvoll sein kann, wenngleich der europäische Raum dafür bereits wieder zu klein sein kann.
[411] Caesar, R. (2002a), S. 37.

rung von economies of scale dar.[412] Auch die in Teilbereichen schon bestehenden Kompetenzen in Umweltschutzfragen sind differenziert zu betrachten. Umweltprobleme, deren Auswirkungen regional begrenzt sind (z.B. Abfallbeseitigung), bedürfen keiner Zentralisierung;[413] Umweltprobleme von globaler Bedeutung (v.a. Klimaschutz) gehörten hingegen global gelöst. Die EU ist im Sinne des Kongruenzprinzips[414] nur für solche Umweltschutzausgaben die geeignete Ebene, deren Wirkung sich auf Europa erstreckt.

Wenngleich das gegenwärtige EU-Budget nur zu einem kleinen Teil der Finanzierung europäischer Kollektivgüter dient, ist doch mittel- bis langfristig mit einer Zunahme in diesem Bereich zu rechnen. Ein Beispiel dafür wäre die Einrichtung einer europäischen Grenzpolizei, da unzureichende Grenzsicherung wegen der Freizügigkeit innerhalb Europas mit negativen spillover-Effekten verbunden ist; insbesondere in den Beitrittsstaaten kann ein suboptimaler Grenzschutz die Folge sein.[415] Gerade auf den beiden neuen Säulen der EU (GASP und ZJIP) sind weitere europäische Kollektivgüter von zunehmender Bedeutung, so zum Beispiel gemeinsame Streitkräfte oder im Bereich der internationalen Terrorismus- und Verbrechensbekämpfung.[416]

Zur Finanzierung von solchen (echten) europäischen Kollektivgütern ist eine direkte Lösung über die Erhebung einer Steuer einer indirekten, weil nicht unmittelbar mit dem Steuerbürger verknüpften Beitragslösung überlegen.[417] Die Steuerlösung lässt die Nutznießer der europäischen Kollektivgüter leichter erkennen, zu welchem Preis

---

[412] Vgl. Stehn, J. (2002), S. 313, Folkers, C. (1998), S. 566, Europäische Kommission (1977), S. 61. Die gegenteilige Ansicht hierzu vertritt Caesar, R. (2002a), S. 39; kritisch argumentiert auch Thomas, I.P. (1997), S. 204 ff.

[413] Allerdings können auch Politikmaßnahmen mit primär lokaler, regionaler oder nationaler Wirkung grenzüberschreitende externe Effekte haben, wenn sie den internationalen Standortwettbewerb beeinflussen. Insbesondere auf den Gebieten der Umwelt- und Sozialpolitik wird bisweilen befürchtet, dezentrale Kompetenzzuordnung könne zu gegenseitigen Unterbietungswettläufen („race to the bottom" oder „Dumping") um die niedrigsten Standards führen. Mit ähnlichen Argumenten wird die Diskussion um eine Steuerharmonisierung geführt.

[414] Vgl. Biehl, D. (1996), S. 36 f.

[415] Vgl. Tabellini, G. (2003), S. 86. Die Kommission hat in ihrem Vorschlag für die mittelfristige Finanzplanung bis 2013 mit Hinweis auf eine EU-Außengrenze von über 90.000 km die Einrichtung einer Europäischen Grenzagentur als Schlüsselziel formuliert. Diese solle den Weg bereiten „für den Aufbau einer Europäischen Grenzschutzeinheit mit angemessener Mittelausstattung". Europäische Kommission (2004f), S. 23.

[416] Das 1999 eingerichtete Europäische Polizeiamt Europol wird über eigene Mitgliedsbeiträge der EU-Staaten finanziert.

[417] „From an economic point of view, it would make more sense to finance the provision of true European public goods with the proceeds of a European tax levied for the purpose." Tabellini, G. (2002).

sie diese Kollektivgüter erhalten.[418] Parallel zu der Frage, ob europäische Kollektivgüter von privaten Wirtschaftssubjekten direkt über eine Steuer oder indirekt über Finanzbeiträge finanziert werden sollen, ist zu klären, ob sich diese Finanzierung nach dem Äquivalenzprinzip oder dem Leistungsfähigkeitsprinzip richten sollte. Grundsätzlich ist für Ausgaben zu allokativen Zwecken „das Äquivalenzprinzip als Finanzierungskonzept das sinnvollere, da es als ‚Simulation eines Preises für die von der EU bereitgestellten Leistungen', den Knappheitsverhältnissen und den nationalen Präferenzen besser Rechnung trägt"[419]. Aus vergleichbarem Grund ist also nicht nur die Steuerlösung der Beitragslösung überlegen, sondern auch das Äquivalenzprinzip dem Leistungsfähigkeitsprinzip. Der praktischen Anwendung des Äquivalenzprinzips dürfte jedoch bei vielen allokativen Maßnahmen die Schwierigkeit entgegenstehen, einen kosten- oder gar einen nutzenäquivalenten Indikator zu bestimmen. Für einige Bereiche wäre eine näherungsweise kostenäquivalente Steuerfinanzierung denkbar, wenn es sich um Steuerobjekte handelt, die in einem sachlichen Zusammenhang mit den allokationspolitischen Maßnahmen stehen. Ausgaben für Klimaschutz könnten beispielsweise über Kohlendioxid (CO_2)-Abgaben, der Ausbau transeuropäischer Verkehrsnetze über Mineralölsteuern finanziert werden. Bei anderen Maßnahmen wie zum Beispiel Grenzschutz, innere und äußere Sicherheit ließe sich eine Gleichverteilung von Nutzen und Kosten auf alle EU-Bürger unterstellen; im Hinblick auf das Äquivalenzprinzip wären daher (verteilungspolitisch inakzeptable) Kopfsteuern ideal. Gruppenmäßige Äquivalenz könnte in diesem Fall aber auch durch einen zur Einwohnerzahl proportionalen Finanzierungsbeitrag der Mitgliedstaaten erreicht werden, wie ihn van der Beek und Jacobs für die Verwaltungstätigkeit der EU vorschlagen.[420] Ist ein Bezug auf das Äquivalenzprinzip aber nicht möglich oder schlecht zu verwirklichen oder gar politisch unerwünscht, muss auf das Leistungsfähigkeitsprinzip zurückgegriffen werden.

Alternativ zu der wohlfahrtsökonomischen Perspektive, aus der der Großteil des gegenwärtigen Budgets offenbar Umverteilungszwecken – also gewissermaßen der Kompensation wirtschaftlicher Rückständigkeit – dient, kommen Analysen politökonomischer Provenienz zu der Einschätzung, das EU-Budget diene hauptsächlich der

---

[418] Zu einer eingehenderen Auseinandersetzung mit diesem Aspekt siehe die Ausführungen zum Postulat „Transparenz" (Kap. 2.2.2.4).

[419] Beek, G. van der, Jacobs, M. (1999), S. 18.

[420] Vgl. ebenda. Die Kosten für die Verwaltungstätigkeit der EU lassen sich – mit Abstrichen – als Kosten für die Bereitstellung öffentlicher Güter ansehen, insbesondere solcher Kollektivgüter, die mit keinen direkten Ausgaben verbunden sind wie z.B. der Wettbewerbsschutz oder der Verbraucherschutz.

Kompensation von Integrationsverlierern.[421] Die Erfüllung dieser Kompensationsfunktion kann durchaus sinnvoll sein, sofern sie es ermöglicht Integrationsfortschritte zu machen, ohne einen Mitgliedstaat schlechter zu stellen, also Pareto-Verbesserungen zu erreichen.[422] Problematisch an dieser Politik ist aber die mit ihr verbundene Ineffizienz.[423] Heinemann beschreibt dies so: „Zunächst kommt eine Kompensationsforderung auf den Tisch. Wird diese allgemein akzeptiert, dann wird nach einem allokativen Deckmantel für die Zahlungen gesucht."[424] Als historische Beispiele werden dafür die Einrichtung des Regionalfonds zur Kompensation des vom damaligen Finanzierungssystem i.w.S. benachteiligten Vereinigten Königreichs oder die des Kohäsionsfonds genannt, mit dem die Zustimmung der begünstigten Länder zum Integrationsschritt Währungsunion erkauft worden sein soll.[425]

Wenn der EU-Haushalt aber tatsächlich nur ein Kompensationsinstrument ist, wäre es gleichgültig, ob die Einnahmenaufbringung am Leistungsfähigkeitsprinzip oder am Äquivalenzprinzip orientiert ist. Die Korrektur nicht konsensfähiger Verteilungswirkungen ist dann eben über ausgabenseitige Maßnahmen vorzunehmen. Nettopositionen sind gemäß diesem „modifizierte[n] Äquivalenzprinzip"[426] auch nicht mehr auszugleichen (vgl. 2.2.2.1), sondern ihrerseits ein rationales Instrument zum Ausgleich unterschiedlicher Integrationsgewinne.

Tatsächlich ist diese Konsequenz im bestehenden Finanzierungssystem aber nur unzureichend umgesetzt. Die Einrichtung der GAP ist zwar aus historischer Perspektive eine Kompensationsleistung für das agrarisch geprägte Frankreich nach den frühen Integrationsschritten im industriellen Sektor. Offensichtlich fehlkonstruiert ist das Finanzierungssystem aber, wenn mit Dänemark der zweitwohlhabendste Mitgliedstaat – unabhängig von Integrationsgewinn und -verlust – phasenweise in einer Nettoempfängerposition ist, nur weil das Land einen hohen Agraranteil hat. Die (mit Ausnahme Zyperns) für alle Beitrittsstaaten zu erwartenden Nettoempfängerpositionen würden diese folglich als zu entschädigende Integrationsverlierer qualifizieren,

---

[421] Vgl. Folkers, C. (1995), S. 90 ff., Heinemann, F. (2002b), S. 77 f., Caesar, R. (2002a), S. 36 f.
[422] Vgl. Heinemann, F. (1999), S. 294, Folkers, C. (2002), S. 237 ff.
[423] Folkers hält die Ineffizienzen allerdings für unproblematisch: „Allokative Ineffizienzen müssen als Transaktionskosten gesehen werden, ohne die eine politische Einigung über wohlfahrtserhöhende Integrationsmaßnahmen nicht möglich ist." Ebenda, S. 257.
[424] Heinemann, F. (1999), S. 294.
[425] Vgl. Emmerling, T. (2002), S. 5 f.
[426] Folkers, C. (1995), S. 94.

was wohl kaum zutreffen dürfte. Die Genese des EU-Haushalts ist zweifellos eine Ansammlung erfüllter Kompensationsforderungen, jedoch ist das Budget als Ganzes nicht nur als Instrument zur Kompensation von Integrationsverlierern anzusehen.[427]

Das gegenwärtige EU-Budget dient zu einem großen Teil der interregionalen und intersektoralen Umverteilung. Zu einem kleineren Teil dient es der Finanzierung allokativer Maßnahmen. Wie in anderen Haushalten ist auch hier die vielfältige Vermischung von distributiven und allokativen Maßnahmen problematisch. Beide Abteilungen lassen indes weitere Ausgabenzuwächse erwarten: Da durch die Osterweiterung die wirtschaftliche Disparität innerhalb der EU zunimmt, wird auch der Umverteilungsgrad steigen. Weitere Integrationsschritte sind im Hinblick auf das Angebot europäischer Kollektivgüter zu erwarten.

Für die Finanzierung der interregionalen Umverteilung sind nationale Finanzbeiträge, die sich am Leistungsfähigkeitsprinzip orientieren, adäquat. Bei der Finanzierung der GAP wäre hingegen eine Hinwendung zum Äquivalenzprinzip über das Prinzip der Kofinanzierung angebracht, um der Dominanz der Umverteilung Einhalt zu gebieten. Allokationspolitische Maßnahmen, insbesondere die Bereitstellung europäischer Kollektivgüter sollten, wenn es möglich ist, nach dem Äquivalenzprinzip finanziert werden. Eine Steuerfinanzierung für diese Ausgaben wäre adäquat. Explizite Stabilisierungsmaßnahmen werden auf absehbare Zeit nicht über den EU-Haushalt zu finanzieren sein.

Ein aufgabenadäquates Finanzierungssystem der EU i.w.S. bedürfte auf der Ausgabenseite einer klareren Differenzierung zwischen distributiver und allokativer Mittelverwendung. Auf der Einnahmenseite wäre eine Differenzierung der Einnahmen nach ihrem Verwendungszweck zwar ein Verstoß gegen den klassischen Haushaltsgrundsatz der Non-Affektation, dem mittelfristigen Integrationsstand der EU aber angemessen.

---

[427] Im Übrigen stellen empirische Untersuchungen fest, dass die wirtschaftliche Integration für alle Mitgliedstaaten mit Gewinnen verbunden ist. Nach einer Schätzung von Badinger waren die BIP der 15 Mitgliedstaaten im Jahr 2000 zwischen 22 und 29 % größer, als sie ohne die wirtschaftliche Integration gewesen wären. Vgl. Badinger, H. (2003), S. 208.

2.2.2.3 „Autonomie“

Einer der schwerwiegendsten Vorwürfe, die dem bestehenden Finanzierungssystem der EU gemacht werden, ist die mangelnde demokratische Legitimiertheit und die eng umgrenzte finanzielle Autonomie der EU-Institutionen.[428] Das Einnahmensystem basiert im Kern auf den Eigenmittelbeschlüssen, die vom Rat der Europäischen Union gefasst werden und die vor ihrem Inkrafttreten von allen nationalen Parlamenten ratifiziert werden müssen. Das Europäische Parlament, welches bezüglich der Ausgabentätigkeit der EU differenzierte Mitentscheidungsbefugnisse besitzt (vgl. Kap. 1.2), hat im Zusammenhang mit den Einnahmen der EU keinerlei Legislativfunktion. „The European Parliament is thus the only democratically elected parliament without the right to decide on the revenue side of the budget.“[429]

Das Einstimmigkeitserfordernis sowohl im Rat als auch im Ratifizierungsprozess eröffnet jedem Mitgliedstaat – in Gestalt seiner Regierung oder seines Parlaments – das Vetorecht bei Änderungen des Eigenmittelsystems. Die Europäische Union befindet sich hinsichtlich ihrer Finanzierung also in einer starken Abhängigkeit von ihren Mitgliedstaaten. Der niedrige finanzielle Autonomiegrad der EU drückt sich vor allem in der Art ihrer Einnahmen aus. Der Haushalt wird zwar gemäß Artikel 269 EGV „vollständig aus Eigenmitteln finanziert“, tatsächlich sind die so genannten Eigenmittel jedoch größtenteils nichts anderes als Beitragsleistungen (vgl. Kap. 2.1.3). Lediglich Zölle und Abschöpfungen, deren Finanzierungsanteil aber immer geringer wird, können als echte Eigenmittel bezeichnet werden.[430] Das Beitragssystem führt aber dazu, dass die Mitgliedstaaten aus ihren Zahlungen entsprechende Rückflussansprüche ableiten. Für Kommission und Parlament wird es dadurch entsprechend schwer, sich von diesen Ansprüchen zu lösen.

Eine Stärkung der finanziellen Autonomie der EU wäre zu erreichen, wenn Eigenmittelbeschlüsse innerhalb einer EU-Finanzverfassung mit qualifizierten Mehrheiten gefasst werden könnten und wenn dadurch Beschlüsse möglich wären, die Einnahmen der EU in echte Eigenmittel umzugestalten. Solche echten Eigenmittel hätten neben

---

[428] Vgl. Europäische Kommission (1998), S. 9, Haug, J. (2001), S. 227.
[429] Schreyer, M. (2001), S. 224.
[430] Die fiskalische Zielsetzung ist bei den traditionellen Eigenmitteln jedoch nur von nachrangiger Bedeutung.

der Unabhängigkeit von nationalen Budgetentscheidungen eine (zumindest partielle) Gesetzgebungs- und Ertragshoheit der EU zur Bedingung. Zudem ist umfassende Finanzautonomie nicht mit einer exogenen Eigenmittelobergrenze vereinbar. Sollte der EU eine umfassende Finanzautonomie zugestanden werden, wäre die Übertragung der Gesetzgebungs- und Ertragshoheit über eine oder mehrere Steuern optimal. Mit geringerem, dennoch beträchtlichem Autonomiegewinn verbunden wären Ertragsbeteiligungen an bereits erhobenen nationalen Steuern. Allerdings ist beim Konnex EU-Steuer und Autonomie anzumerken, dass sowohl im Trennsystem als auch im Verbundsystem erhobene EU-Steuern sinnvollerweise weiterhin der Verwaltungshoheit der Mitgliedstaaten unterlägen, da die Einrichtung einer europäischen Steuerverwaltung nicht effizient wäre.[431] Im Hinblick auf die Durchsetzung der Steuerpflicht wäre die EU also weiterhin von den Mitgliedstaaten abhängig.[432]

Indes stellt sich die Frage, ob der EU zu ihrem gegenwärtigen Integrationsstand mit dem gegenwärtigen Institutionengefüge überhaupt eine so große Finanzautonomie zugestanden werden sollte. Nach dem alten Grundsatz „no taxation without representation"[433] bedarf eine europäische Besteuerung einer demokratisch legitimierten, die europäischen Bürger repräsentierenden Entscheidungsgewalt. Die Organe der EU haben in dieser Hinsicht Defizite, die mit politökonomischen Fehlanreizen verbunden sind:

1. Kommission

Die Kommission wird in ihrer Zusammensetzung von den Regierungen der Mitgliedstaaten bestimmt, bedarf aber nach Artikel 214 EGV der Zustimmung des Europäischen Parlaments (EP).[434] Obwohl die Kommissare auf Vorschlag ihrer Heimatlandregierungen ins Amt kommen, ist die Kommission ein supranationales Organ, welches tendenziell eine Politik der Zentralisierung befürwortet. Insbesondere die hinter der Kommission stehende Verwaltung, die schon sprichwörtliche Brüsseler Bürokratie („Eurokraten") leistet dieser Tendenz Vorschub. Bedingt durch die Restriktionen

[431] Eine eigene Steuerverwaltung kann nur bei Steuern in Frage kommen, bei denen die Anzahl der Steuersubjekte sehr gering ist, so wie bei der früher erhobenen Montanumlage (vgl. Kap. 1.1.1).

[432] Vgl. Peffekoven, R. (1981), S. 26. Allerdings dürften nachweisbare Verstöße gegen europäisches Steuerverwaltungsrecht besser geahndet werden können, als es in der angegebenen Quelle für internationale Organisationen im Allgemeinen angenommen wird.

[433] Der Grundsatz stammt aus dem amerikanischen Widerstand gegen die Steuergesetzgebung der britischen Kolonialherrschaft im Jahre 1765.

[434] Nach dem Vertrag von Nizza sind jeweils qualifizierte Mehrheiten erforderlich.

des Eigenmittelsystems konzentriert sich die Zentripetalkraft der EU-Verwaltung bisher auf ordnungspolitische Themen; eine Stärkung der finanziellen Autonomie der europäischen Ebene ließe aber auch die „Anziehungskraft des zentralen Etats“ (Popitz) vermutlich deutlich anwachsen.[435]

2. Rat

Der Rat setzt sich zusammen aus je einem Vertreter jedes Mitgliedstaates auf Ministerebene.[436] In Finanzierungsfragen tagt er in der Zusammensetzung als Rat der Wirtschafts- und Finanzminister (ECOFIN-Rat). Die vom ECOFIN-Rat gefassten Eigenmittelbeschlüsse basieren jedoch regelmäßig auf den Grundsatzentscheidungen des Europäischen Rates, also der Staats- und Regierungschefs der Mitgliedstaaten. So setzt beispielsweise der geltende Eigenmittelbeschluss vom 29. September 2000 die Schlussfolgerungen des Europäischen Rates von Berlin vom 24. und 25. März 1999 um.

Auch wenn die Staats- und Regierungschefs im Europäischen Rat Mitglieder eines Unionsorgans und die Fachminister im Rat Mitglieder eines Gemeinschaftsorgans sind, so bleiben sie doch vor allem auch Vertreter ihrer Mitgliedstaaten. Folglich ist es nicht verwunderlich, dass in diesen gouvernemental besetzten Organen[437] nationale Interessen im Vordergrund stehen. Einstimmigkeit bei Finanzierungsentscheidungen stellt sicher, dass nicht gegen die Interessen einzelner Staaten verstoßen werden kann. Einzelne Staaten bekommen so aber auch die Möglichkeit, eine Fortentwicklung des Finanzierungssystems zu blockieren. Die Erweiterung der EU um vorläufig zehn Mitgliedstaaten zu einer Union von 25 macht den Konsensfindungsprozess noch schwieriger. Die Notwendigkeit der Ratifizierung gemäß den nationalen verfassungsrechtlichen Vorschriften zeigt, dass die Finanzierung der Union keine

---

435 Da dieser zentrale Haushalt noch lange nicht gleichzeitig der größte Haushalt ist, ließe sich eine solche Entwicklung allerdings nicht mit den von Popitz genannten Gründen erklären. Vgl. Popitz, J. (1927), S. 347 ff.

436 In besonderen Fällen tagt der Rat auch in der Zusammensetzung der Staats- und Regierungschefs, so zum Beispiel bei der Benennung des Kommissionspräsidenten (Art. 214 Abs. 2 EGV). Dieser Rat ist nicht identisch mit dem wenigstens zweimal jährlich tagenden Europäischen Rat (Art. 4 EUV).

437 Das Bundesverfassungsgericht sieht in seinem Maastricht-Urteil vom 12. Oktober 1993 in der exekutiven Besetzung des Legislativorgans Rat keinen Verstoß gegen das Demokratieprinzip, da die mitgliedstaatlichen Regierungen selbst demokratischer Kontrolle unterliegen. Vgl. BVerfGE 89, 155 (186 f.). Unabhängig von dieser juristischen Beurteilung bleibt festzuhalten, dass die Bildung eines Legislativ- und Exekutivorgans durch die Entsendung von Ministern aus Regierungen, die von Parlamenten gewählt werden, die wiederum von den Bürgern gewählt werden, eine „demokratietheoretisch zweifelhafte Delegationsstufe“ darstellt. Müller, C. (2002), S. 518.

EU-Kompetenz darstellt, sondern weiterhin der nationalen Souveränität unterliegt. Es stellt sich aber „die Frage, ob dieses Verfahren auch in Zukunft noch – unter Berücksichtigung der großen Anzahl der Mitgliedstaaten – gewährleisten kann, dass die für die Finanzierung der Politikbereiche der Union erforderlichen Maßnahmen angenommen werden“[438]. Die Übertragung der Finanzierungskompetenz auf die EU müsste daher mit der Abkehr vom Einstimmigkeitsprinzip verbunden sein.[439] Mehrheitsentscheidungen – und seien sie noch so qualifiziert – haben jedoch stets zur Folge, dass einzelne Mitgliedstaaten überstimmt werden können.

„Wäre es aber andererseits vorstellbar, dass die Union einen Mitgliedstaat um einen finanziellen Beitrag zu ihrem Haushalt ersuchen kann, ohne dass die Modalitäten und die Obergrenze von der Regierung dieses Mitgliedstaates vorher gebilligt worden wären?“[440]

Diese vom Sekretariat des Europäischen Konvents aufgeworfene Frage zeigt folgendes Dilemma: Eine Stärkung der Autonomie und Handlungsfähigkeit der EU in Finanzierungsangelegenheiten erforderte die Übertragung dieser Kompetenz an die EU und die Aufgabe des Einstimmigkeitsprinzips. Unter dem Gesichtspunkt der Wahrung nationaler Interessen im Staatenverbund und der demokratischen Legitimation finanzieller Eingriffe müsste am Status quo festgehalten werden.

Eine Kompromisslösung könnte eventuell darin bestehen, Grundsatzentscheidungen über das Finanzierungssystem weiterhin nach dem bisherigen Verfahren zu fällen. Dazu zählte zum einen eine Finanzverfassung der EU, die das Verfahren festlegt und eine genauere Aussage über die Art der (möglichen) Einnahmen trifft, als es Artikel 269 EGV bisher beinhaltet und nach Artikel I-53 EU-Verfassung vorgesehen ist. Solange die EU noch nicht als Bundesstaat, sondern als Staatenverbund anzusehen ist, sollte die Eigenmittelobergrenze, die die Staatsquote der EU markiert, beibehalten werden und in ihrer Höhe nur durch einstimmigen Ratsbeschluss und mit Billigung durch die nationalen Legislativorgane verändert werden können. Damit ließe sich den Bedenken begegnen, eine erweiterte Finanzautonomie diene vor allem der Erweiterung der Kompetenzen und der Ausgaben. Darüber hinaus sollte, wenn die Einführung einer Steuer ermöglicht wird, die Auswahl des Steuerobjekts, und für Fi-

---

[438] Europäischer Konvent (2003b), S. 3.
[439] Der Vorschlag einer Europa-Parlamentariergruppe, Entscheidungen über das Eigenmittelsystem im Rat mit Dreiviertelmehrheit und mit Zustimmung des EP zu beschließen, sie dann aber wieder gemäß den nationalen verfassungsrechtlichen Vorschriften ratifizieren zu lassen, bleibt so gesehen auf halber Strecke stehen. Vgl. Brok, E. et al. (2003).
[440] Europäischer Konvent (2003b), S. 3.

nanzbeiträge die Wahl der Bemessungsgrundlage einstimmig getroffen werden, die Annahme der Mitgliedstaaten gemäß ihren verfassungsrechtlichen Vorschriften obligatorisch sein. Die verbleibenden Freiheitsgrade könnten autonom von EU-Organen ausgefüllt werden.[441] Ähnliche Verfahrensvorschläge haben der Arbeitskreis Eigenmittel des Europäischen Konvents sowie Goulard und Nava gemacht.[442]

3. Parlament

Im Gegensatz zum Rat, der die Interessenvertretung der Mitgliedstaaten darstellt, repräsentiert das Europäische Parlament (EP) die europäischen Völker. Es ist das einzige direkt gewählte, ergo von den Bürgern legitimierte Organ der EU. Die Einbindung dieses Organs in die Beschlussfassung über die Einnahmen und alle Ausgaben der EU ist daher eine angemessene und nachvollziehbare Forderung. Insbesondere die Einführung eines Steuererhebungsrechts wäre ohne die gleichzeitige Erweiterung der Befugnisse des EP nicht akzeptabel.[443] Der oben skizzierte Kompromiss zwischen der Stärkung der EU-Autonomie und der Sicherung nationaler Souveränität wäre zur Verbesserung der demokratischen Legitimiertheit um die obligatorische Zustimmung des EP zu ergänzen; ein parlamentarisches Initiativrecht in Finanzierungsfragen wäre konsequent, für Dissensfälle ein Vermittlungsverfahren vorzusehen. Der Preis für die bessere Legitimiertheit wäre aber der Anstieg der Komplexität des Verfahrens, die ja verringert werden soll.

Allerdings sind Zweifel angebracht, ob das EP als Repräsentant der europäischen Völker überhaupt geeignet ist. Das Interesse an Wahlen zum Europäischen Parlament ist sehr gering. 2004 lag die Beteiligung bei 45,5 %, in einigen Ländern sogar deutlich unter 30 %. Einer Umfrage im Auftrag der Kommission zufolge wissen gar nur 43 % der EU-Bürger, dass das EP direkt von den Bürgern gewählt wird.[444] Zwei wesentliche Gründe für das mangelnde Interesse am EP dürften zum einen das Fehlen einer Wahl- und Kontrollfunktion gegenüber einer europäischen Regierung – die

---

[441] Sollte auf ein Steuerobjekt zugegriffen werden, das auch von den Mitgliedstaaten besteuert wird (z.B. MwSt-Zuschlag), müsste auch für die Regelung der Bemessungsgrundlage im Rat das Einstimmigkeitserfordernis bestehen, solange dieses für Beschlüsse zur Harmonisierung der nationalen indirekten Steuern (Art. 93 EGV) notwendig ist.

[442] Vgl. Europäischer Konvent (2003a), Rn. 10, Goulard, S., Nava, M. (2002), S. 45.

[443] Vgl. Peffekoven, R. (1994), S. 113 f. Schmidhuber weist als Begründung für die Reserviertheit der Mitgliedstaaten gegenüber einem Mitentscheidungsrecht des EP darauf hin, „daß die Mitgliedstaaten ein zentrales Interesse daran haben, in dieser sensiblen Frage das letzte Wort zu haben". Schmidhuber, P.M. (1991), S. 337.

[444] Paradoxerweise wird das EP gleichzeitig von den EU-Bürgern als wichtigstes EU-Organ angesehen. Vgl. European Opinion Research Group (2003), S. 25, 38 f.

es nicht gibt – sein, zum anderen die fehlende Relevanz hinsichtlich der Zahlungen an die EU. Wenn aber das unvollständige Budgetrecht ein Grund für das geringe Interesse ist, müsste eine Ausweitung der Mitwirkungsrechte auf der Finanzierungsseite das Interesse verstärken.

Fraglich ist jedoch auch die Funktionsfähigkeit des politischen Wettbewerbs um die Sitze im EP. Da die Anzahl der Mitglieder des EP (MdEP), die aus einem Mitgliedstaat kommen, vertraglich festgelegt ist, bestimmen zum Beispiel die deutschen Wähler lediglich die Zusammensetzung der 99 deutschen MdEP[445], wobei sie die Auswahl aus den auch auf nationaler Ebene antretenden Parteien haben.[446] In den Wahlkämpfen vor Europawahlen werden europapolitische Themen nur punktuell diskutiert oder stehen im Hintergrund nationaler Diskussionen, werden unter Umständen sogar zu nationalen Protest- oder „Denkzettel"-Wahlen umfunktioniert wie (zuletzt) 2004. Die nationalen Gruppen von MdEP schließen sich sodann mit MdEP der gleichen politischen Familie aus anderen Mitgliedstaaten zusammen, um europäische Fraktionen zu bilden. Die Vorstellung, dass der Wähler unter diesen Umständen eine Wahlentscheidung treffen könnte, mit der er seinen Präferenzen hinsichtlich der Finanzierung Ausdruck verleihen könnte, dürfte eine Illusion sein, solange es keine europäischen Parteien gibt. Die Zweifel an der Eignung des EP zur Vermittlung demokratischer Legitimiertheit liegen jedoch noch tiefer begründet als allein im Wahlrecht und Fehlen europäischer Parteien: Das EP ist ein Parlament der europäischen Völker, nicht des europäischen Volkes, welches es (noch) nicht gibt. Die Demokratiefähigkeit eines solchen Volkes setzte unter anderem die Existenz einer europäischen Öffentlichkeit voraus, zu der zum Beispiel auch ein europäisches Funk- und Pressewesen gehören würde.[447] Für die Bürger ist die Kontrolle der EU-parlamentarischen Vorgänge wesentlich schwieriger und aufwändiger als auf nationaler Ebene; gleichzeitig ist das Interesse an der Tätigkeit des EP wegen mangelnden Betroffenheitsge-

---

[445] Die Verteilung der 732 Sitze auf die 25 Mitgliedstaaten ist nicht proportional zur Einwohnerzahl. Die Anzahl der Sitze eines Mitgliedstaates wächst stattdessen nur unterproportional zur Bevölkerung, weshalb „keine hinlängliche demokratische Wahlrechtsgleichheit gewährleistet ist". Scholz, R. (1995), S. 120.

[446] In Deutschland haben die Wähler bei der Europawahl – im Gegensatz zu einigen anderen EU-Ländern – keinerlei Möglichkeit zur Persönlichkeitswahl, da die Reihenfolge auf den vorgeschlagenen Landes- oder Bundeslisten unveränderlich ist. Eine Mehrheit der Mitgliedstaaten gestattet den Wählern immerhin, ihre Listenwahl mit Vorzugsstimmen zu versehen, einige kleine Länder wie Luxemburg und Irland gestatten sogar das Panaschieren.

[447] Vgl. Fuest, C. (1995), S. 127, Meermagen, B. (2002), S. 112 f. Meermagens Hinweis auf das Fehlen einer gemeinsamen Sprache ließe sich mit dem Hinweis auf mehrsprachige Völker wie die Schweiz oder Belgien relativieren, ist aber ohne Zweifel eine Behinderung des politischen Diskurses.

fühls geringer. Über die Zweifel an einer erfolgreichen Beseitigung des so genannten Demokratiedefizits der EU durch erweiterte Haushaltsrechte des EP hinaus lässt sich sogar befürchten, dass gerade die EU-Parlamentarier sich tendenziell als Budgetmaximierer verhalten, eben weil die politischen Sanktionsmechanismen nicht funktionieren.[448]

Die Forderung nach einer Ausweitung der fiskalischen Autonomie der Europäischen Union ist angesichts der fortgeschrittenen Integration zum Staatenverbund nachvollziehbar und angemessen. Institutionelle und demokratische Unzulänglichkeiten stellen aber das Gestaltungspostulat Autonomie zumindest in Frage: Der Ministerrat setzt sich zusammen aus 25 Vertretern nationaler Regierungen[449], die sich in der Regel auf parlamentarische Mehrheiten stützen. Der einzelne EU-Bürger kann mit seinem nationalen Wahlrecht nur einen Vertreter mitbestimmen, der Stimmenanteil seines Landes (bei qualifizierten Mehrheitsentscheidungen) wächst – nach den geltenden Abstimmungsregeln – unterproportional zum Bevölkerungsanteil. Hinzu kommt, dass die Europapolitik im nationalen Parteienwettstreit ein Politikbereich mit wohl eher geringer Wählerbeweglichkeit[450] ist, was bedeutet, dass dieses Politikfeld bei der Wahlentscheidung in der Regel von anderen Politikfeldern überdeckt wird. Fraglich ist in jedem Falle, ob der Rat dazu in der Lage ist, finanzielle Entscheidungen zu treffen, die den Präferenzen der europäischen Bürger noch halbwegs entsprechen. Insofern wäre die Einführung eines Mitbestimmungsrechts des Europäischen Parlaments bei den Einnahmen wünschenswert, da dessen Bezug zum Wahlbürger direkt ist. Jedoch ist auch die demokratische Funktionsfähigkeit des EP fragwürdig, wie in diesem Abschnitt dargelegt wurde. Der mit den institutionellen Unzulänglichkeiten verbundenen Furcht vor einem europäischen „Leviathan" ließe sich begegnen, wenn anstelle des Europäischen Parlaments die nationalen Parlamente für die demokratische Legitimierung der Einnahmenentscheidungen verantwortlich wären.[451] Indes: Dem Ziel, der EU größere finanzielle Autonomie in einem wenig komplexen System zu verschaffen, wäre damit nicht gedient.

---

[448] Vgl. Caesar, R. (2001), S. 232, Caesar, R. (2002c), S. 142, Meermagen, B. (2002), S. 113, Müller, C. (2002), S. 512 f.

[449] Nach Artikel 203 EGV dürfte auch ein Minister eines Gliedstaates (z.B. eines Bundeslandes) Ratsmitglied sein; jedoch müsste auch dieser befugt sein, „für die Regierung des Mitgliedstaats verbindlich zu handeln".

[450] Zum Konzept der Wählerbeweglichkeit vgl. Zohlnhöfer, W. (1981), S. 85 ff.

[451] Vgl. Caesar, R. (2002c), S. 142.

Da offenbar ein Trade-off besteht zwischen der supranationalen Finanzautonomie auf der einen Seite und materieller demokratischer Legitimiertheit in Verbindung mit dem Schutz vor der Ausbeutung durch einen supranationalen „Leviathan“ auf der anderen, darf das Postulat „Autonomie“ nicht absolut verfolgt werden. Stattdessen ist ein Mittelweg zu suchen, der wie in diesem Abschnitt bereits skizziert aussehen könnte: Europäische Organe (Rat und EP) beschließen autonom über Detailregelungen innerhalb einer Rahmenregelung im Sinne einer erweiterten Finanzverfassung, die weiterhin und mindestens solange die EU kein Bundesstaat ist, der Zustimmung aller Mitgliedstaaten bedarf.

2.2.2.4 „Transparenz“

Ein viertes Generalpostulat für das Gestalten eines rationalen Finanzierungssystems ist unter dem Oberbegriff Transparenz zusammenzufassen. Transparent sollte das Finanzierungssystem in zweierlei Hinsicht sein: Erstens sollte es technisch so einfach sein, dass es für den „kundigen Durchschnittsbürger“ verständlich und nachvollziehbar ist. Zweitens sollte von den Bürgern auch nachvollzogen werden können, wer die Verantwortung im Zusammenhang mit der Finanzierungstätigkeit trägt. Transparenz ist nicht nur Basis für Verständnis, sondern auch notwendige Voraussetzung für eine allgemeine Akzeptanz der europäischen Integration.

Hinsichtlich der Einfachheit und Klarheit fällt das Urteil über das gegenwärtige Finanzierungssystem negativ aus: Es handelt sich um ein „unnötig komplexes und intransparentes System“[452], das angeblich selbst Minister und Abgeordnete kaum verstehen.[453] Insbesondere die komplizierte Berechnung der Mehrwertsteuer-Eigenmittel und der Korrekturmechanismus für das Vereinigte Königreich (vgl. Kap. 1.3.2) tragen maßgeblich zur „Verschleierung des genauen Funktionierens des Systems und seiner Wirkungsweise“[454] bei. Beklagenswerte Folge davon ist, dass die Bürger der EU nicht einschätzen können, wie groß ihr Beitrag zum Gemeinschaftsbudget ist.[455] Das Europäische Parlament leitet aus der Kompliziertheit des Systems, die auch vom Europäischen Rechnungshof bemängelt wird[456], die Forderung ab,

---

[452] Gerken, L., Raddatz, G., Schick, G. (2002), S. 11.
[453] Vgl. Haug, J. (2001), S. 227.
[454] Europäische Kommission (1998), S. 10.
[455] Vgl. Haug, J. (2001), S. 227.
[456] Vgl. Europäischer Rechnungshof (1999), S. 2.

dass die Eigenmittel „für den Bürger transparenter und deutlicher erkennbar werden“[457] müssen.

Die Vorschläge, wie der mangelnden Transparenz entgegengetreten werden könnte, sehen unterschiedlich konsequent aus: Ein Teil derjenigen, die die Kompliziertheit des bestehenden Systems bemängeln, wäre mit einer „Entschlackung“ des aktuellen Eigenmittelsystems bei seiner grundsätzlichen Beibehaltung zufrieden. Die Vorschläge dieser Befürworter des Beitragssystems laufen auf die Reduktion des Eigenmittelsystems auf die traditionellen Eigenmittel und die BSP-Eigenmittel hinaus. Die komplizierten Mehrwertsteuer-Eigenmittel sollen hingegen abgeschafft werden und – sofern durchsetzbar – der Korrekturmechanismus für das Vereinigte Königreich ebenso.[458] Transparenz würde bei diesen Reformvorschlägen vor allem als System-Transparenz verwirklicht.[459] Nachrangig ist für diese „Beitragsreformer“ offenbar die Erkennbarkeit für den Bürger, also die Möglichkeit nachzuvollziehen, welchen Beitrag man selbst zum EU-Budget leistet. Die Möglichkeit des Kenntlichmachens einer persönlichen Inzidenz sehen sie auch in einem offenen Ausweis eines EU-Anteils bei nationalen Steuern, insbesondere Mehrwertsteuer oder Einkommensteuer.[460]

Den Aspekt des Kenntlichmachens individueller Belastung stellen hingegen Befürworter einer EU-Steuer in den Vordergrund. So unterstützt auch der Haug-Bericht des EU-Parlaments die „Einführung einer europäischen Steuer als direkte Einnahme, die [...] eine engere Verbindung zwischen der Union und ihren Bürgern herstellen könnte“[461]. Die damit verbundene Hoffnung lautet: „Europe would become more plausible and transparent if the citizens could see which part of their taxes is for the [...] European Union.“[462] Zum Ziel führend in diesem Sinne kann eine nach dem Trennsystem erhobene Steuer sein, deren Aufkommen allein der EU zusteht; ebenso möglich ist aber auch eine quotale Ertragsbeteiligung an einer bereits national erhobenen Steuer. Bei einer solchen Verbundsteuer müsste dem Steuerzahler allerdings

---

[457] Europäisches Parlament (2001), S. 7. Ähnlich postuliert der Arbeitskreis Eigenmittel des Europäischen Konvents: „Es sollte den Bürgern möglich sein, sich über die Kosten der Union zu informieren und zu verstehen, wie diese finanziert wird.“ Europäischer Konvent (2003a), Rn. 6.
[458] Vgl. z.B. Caesar, R. (2001), S. 231, Gerken, L., Raddatz, G., Schick, G. (2002), S. 11 f.
[459] Optionen der Reform des Beitragssystems werden in Kap. 3.2 detailliert diskutiert.
[460] Vgl. Caesar, R. (2001), S. 231.
[461] Europäisches Parlament (2001), S. 8.
[462] Haug, J. (2001), S. 227. Die gegenteilige Auffassung vertritt z.B. Wuermeling. Vgl. Wuermeling, J. (2003), S. 1.

deutlich gemacht werden, welcher Anteil an die EU fließt. Die verbreitete Unkenntnis über Aufkommensanteile bei nationalen Verbundsteuern wie der deutschen Einkommensteuer lässt indessen daran zweifeln, dass den Bürgern der jeweilige EU-Anteil bewusst wäre. Erfolgversprechender wäre hier wohl ein explizit ausgewiesener EU-Zuschlag. Die Merklichkeit eines solchen Steuerzuschlages wäre folglich Voraussetzung für eine bessere Transparenz. Ebenso müsste eine nach dem Trennsystem erhobene Steuer merklich sein, was zum Beispiel gegen als Produktionssteuern erhobene, auf Endverbraucherpreise überwälzte Abgaben spricht. Gleichwohl wäre die Ausweisung eines merklichen EU-Zuschlags respektive einer Steuer ambivalent, wenn die verbesserte Wahrnehmung in eine steigende Ablehnung der europäischen Integration mündete.[463]

Die durch eine EU-Steuer erhöhte Transparenz des Einnahmensystems ließe sich weiter verbessern, wenn die Steuereinnahmen zweckgebunden wären: „[A] European tax earmarked for concrete and specific European public goods would increase the transparency and legitimacy of EU decisions on those matters."[464] Dieser von Tabellini eingebrachte Vorschlag sieht also vor, Steuer-Einnahmen nur zur Finanzierung europäischer Kollektivgüter zu verwenden, Umverteilungsmaßnahmen hingegen von diesen Mitteln auszuschließen.[465] Der bedeutende Nachteil dieses Vorschlags liegt darin, dass das bewährte Budgetprinzip der Non-Affektation missachtet würde, wenn bestimmte Einnahmen für bestimmte Ausgaben reserviert werden. Der Nutzen des Non-Affektationsprinzips liegt in der Vermeidung einer speziellen Ausgabenpolitik nach Kassenlage genauso wie einer an speziellen Ausgabenbedarfen orientierten Steuerpolitik.

In einem ganz anderen Licht steht das Postulat der Transparenz allerdings, wenn die Vermutung von Wieland zutreffend ist, dass „die relative Intransparenz der gegenwärtigen Finanzbeziehungen innerhalb der Union eine wichtige Voraussetzung für das Funktionieren des Systems"[466] darstellt. Wenn Konsens nur durch Komplexität zu erreichen ist, bedarf das Finanzierungssystem der Intransparenz, um niemanden, also keinen Mitgliedstaat als offensichtlich Benachteiligten erscheinen zu lassen.

---

[463] Aus diesem Grund nimmt Caesar das Postulat der Merklichkeit bewusst nicht in seinen Kriterienkatalog für eine europäische Steuer auf. Vgl. Caesar, R. (1990b), S. 75 f., Henke, K.-D. (1981), S. 30 f.
[464] Tabellini, G. (2003), S. 94.
[465] Vgl. Tabellini, G. (2002), S. 1 f., Tabellini, G. (2003), S. 94.
[466] Wieland, J. (2002), S. 507.

Somit ist die Intransparenz aber bestenfalls im Sinne der Regierenden, jedoch nicht im Sinne der Regierten; die Aufnahme des Transparenzpostulats in die Anforderungen an ein rationales Finanzierungssystem der Europäischen Union wird dadurch nicht in Frage gestellt.

2.3 Zusammenfassende Beurteilung und Folgerungen für eine Reform des bestehenden Finanzierungssystems

Im Hinblick auf das Postulat der Gerechtigkeit lässt sich feststellen, dass das gegenwärtig praktizierte Finanzierungssystem (Status quo) hauptsächlich am Leistungsfähigkeitsprinzip orientiert ist, teilweise jedoch auch Elemente aufweist, die dem Gedanken des Äquivalenzprinzips folgen.

Auf die traditionellen Eigenmittel lassen sich die Konzepte der internationalen Äquivalenz und Leistungsfähigkeit jedoch nicht anwenden[467], lediglich die Zuckerabgaben können dem Äquivalenzprinzip zugerechnet werden. Aufgrund des Rotterdam-Antwerpen-Effekts lassen sich die Zölle und Abschöpfungen den Mitgliedstaaten nicht sinnvoll zuordnen. Auch auf individueller Ebene sind die Gerechtigkeitskonzepte kaum anwendbar. Aus wirtschaftswissenschaftlicher Sicht kommt man für Handels- und Agrarzölle zu dem Schluss: Eigentlich sollten diese Abgaben überhaupt nicht erhoben werden. Solange sie aber erhoben werden, sollte das Aufkommen der EU zufallen.

Zur Beurteilung der beiden beitragsartigen Eigenmittel kann nur das Leistungsfähigkeitsprinzip als Rechtfertigung in Frage kommen. Bei den Mehrwertsteuer-Eigenmitteln ist jedoch auch die korrekte Umsetzung des Leistungsfähigkeitsprinzips in Frage zu stellen. Zwar lässt sich der volkswirtschaftliche Konsum als Indikator gesamtwirtschaftlicher Leistungsfähigkeit ansehen (vgl. Kap. 2.2.2.1.1), jedoch wird dieser Gedanke pervertiert, wenn oberhalb einer bestimmten Höhe des Konsums die Bemessungsgrundlage wechselt, nämlich auf das (halbe) BNE. Sieht man Letzteres als geeigneten Indikator an, ist festzustellen, dass die Leistungsfähigkeit der Mitgliedstaaten durch die Mehrwertsteuer-Eigenmittel in unterschiedlichem, beinahe willkürlichem Maße belastet wird. Zudem werden Mitgliedstaaten mit hoher Umsatz-

[467] Vgl. Beek, G. van der, Jacobs, M. (1999), S. 11 f.

steuerhinterziehung aufgrund der retrograden Berechnung der Mehrwertsteuer-Eigenmittel (vgl. Kap. 1.3.2.1) unterproportional in Bezug auf ihren tatsächlichen Konsum belastet et vice versa. Die BNE-Eigenmittel verhalten sich dagegen per definitionem proportional zum BNE der Mitgliedstaaten, sieht man einmal von den möglichen Zahlungen zur Finanzierung des Korrekturbetrages ab. Die BNE-Eigenmittel können somit gut mit dem Leistungsfähigkeitsprinzip gerechtfertigt werden.

Ein Element des Äquivalenzprinzips im Finanzierungssystem stellt hingegen der Korrekturmechanismus für das Vereinigte Königreich dar, da mit diesem die britische Beitragslast an die relativ geringen pekuniären Nutzen des Landes angepasst werden soll. Die Korrekturlast wird wiederum von allen anderen Mitgliedstaaten – auch den Beitrittsstaaten[468] – ihrem BSP-Anteil, also ihrer Leistungsfähigkeit entsprechend getragen. Jedoch bleiben bei vier Mitgliedstaaten drei Viertel ihres Anteils am gemeinsamen BSP unberücksichtigt, was von den verbleibenden Mitgliedstaaten wiederum gemäß der Leistungsfähigkeit (BSP) getragen werden muss. Die Begründung für den Rabatt vom Rabatt folgt wiederum dem Äquivalenzgedanken: Deutschland, Österreich, Schweden und die Niederlande sind bedeutende Nettozahler.

Eine ähnliche Vermengung von Äquivalenz- und Leistungsfähigkeitsprinzip ist auf der Ausgabenseite zu beobachten, wo strukturpolitische Maßnahmen national kofinanziert werden müssen, die Kofinanzierungsanteile für wirtschaftlich besonders schwache Regionen jedoch abgesenkt werden.

Implikationen der Aufgaben der EU für die Gestaltung des Einnahmensystems sind maßgeblich davon abhängig, welchem Zweck die Ausgaben dienen. Unterteilt man in der Tradition der wohlfahrtsökonomischen Theorie des Föderalismus die Staatsaufgaben in die Bereiche Allokation, Distribution und Stabilisierung[469], ist der EU-Haushalt nur von den beiden ersten Abteilungen betroffen, da die EU abgesehen von der Geldpolitik noch keine stabilisierungspolitischen Aufgaben hat. Ob die EU mit ihren Ausgaben aber allokative oder eher distributive Ziele verfolgt, wird unterschied-

---

[468] Eine Budgetsimulation der Kommission geht für alle zehn Beitrittsstaaten in den Jahren 2005 und 2006 von einer Belastung durch den Britenrabatt in Höhe von jeweils mehr als 500 Mio. Euro aus. In den Jahren 2008 bis 2013 rechnet die Kommission mit einer Nettobelastung der neuen Mitgliedstaaten (inklusive Rumänien und Bulgarien) in Höhe von durchschnittlich 700 Mio. Euro. Vgl. Europäische Kommission (2003e), Europäische Kommission (2004c), S. 68, eigene Berechnungen.

[469] Folkers hält diese Vorgehensweise für ungeeignet, da der EU-Haushalt kein Zentralhaushalt im klassischen Sinne sei. Vgl. Folkers, C. (2002), S. 30 ff.

lich eingeschätzt: Nach Goulard und Nava zum Beispiel dienen weit weniger als die Hälfte der EU-Ausgaben redistributiven Zwecken, nach Heinemann hingegen etwa 80 %.[470] Die erste Einschätzung kommt zustande, wenn im Wesentlichen nur die Strukturpolitik als (interregionale) Umverteilung angesehen wird, die zweite, wenn auch die Gemeinsame Agrarpolitik als (intersektorale) Redistribution identifiziert wird. Obgleich sowohl die Struktur- und Regionalpolitik als auch die Agrarpolitik mit allokationspolitischem Instrumentarium ausgestattet sind, erscheint die Einschätzung beider Politiken als Umverteilungsmaßnahmen angemessen. Für die Finanzierung dieses gewaltigen Ausgabenblocks ist eine Beitragslösung gemäß dem Leistungsfähigkeitsprinzip adäquat, da das Äquivalenzprinzip nicht mit der Umverteilungsabsicht kompatibel ist und eine Steuerlösung an der gering ausgeprägten Umverteilungssolidarität scheitern dürfte. Eine interpersonelle Redistribution findet auf EU-Ebene im Übrigen nicht statt. Zur Beseitigung der allokativen Ineffizienzen, mit denen das System der Gemeinsamen Agrarpolitik verbunden ist, wären aber Elemente kostenmäßiger Äquivalenz angebracht. In dieser Hinsicht wäre die Einführung einer nationalen Kofinanzierung in der Agrarpolitik, wie sie der Wissenschaftliche Beirat beim Bundeswirtschaftsministerium vorgeschlagen hatte[471], wünschenswert. Besonders Frankreich widersetzt sich solchen Vorschlägen bisher aber konsequent.

Politökonomische Analysen kommen hinsichtlich der Beurteilung der EU-Ausgaben zu anderen Einschätzungen. So wird zum Beispiel von Folkers der EU-Haushalt allein in der Funktion als Kompensationsinstrument gesehen[472]: als Kompensation unterschiedlicher Auswirkungen der wirtschaftlichen Integration, wobei die Integration, also die Schaffung des Gemeinsamen Marktes sowohl internationale als auch intranationale Verteilungseffekte habe, die mit EU-Zahlungen ausgeglichen werden können. Wenn aber der EU-Haushalt ein reines Kompensationsinstrument wäre, wäre die Finanzierung desselben ebenfalls Bestandteil dieses Kompensationsverfahrens, das über die Determination von Nettopositionen funktionieren müsste. Schlussfolgerung dieser These wäre nicht nur die Irrelevanz der häufig beklagten Ineffizienzen

---

[470] Vgl. Goulard, S., Nava, M. (2002), S. 40, Heinemann, F. (2002b), S. 77 f. Die Reichenbach-Gruppe ordnete den überwiegenden Teil der Ausgaben – also Agrar- und Strukturpolitik – noch der Allokationsabteilung zu, sah die Agrarausgaben aber bereits zunehmend „für Zwecke der sektoralen Umverteilung" verwandt. Europäische Wirtschaft (1993), S. 22.

[471] Vgl. Wissenschaftlicher Beirat beim Bundesministerium für Wirtschaft und Technologie (1999), S. 2029. Die vorgeschlagenen nationalen Kofinanzierungssätze des Beirats von 75 bis 100 % würden die internationale Umverteilung nahezu völlig abbauen.

[472] Vgl. Folkers, C. (2002), S. 235 ff.

europäischer Ausgabenpolitik[473], sondern auch die weitgehende Irrelevanz der Finanzierungsfrage.[474] Indes sind Zweifel an dieser Sichtweise des europäischen Haushalts angebracht: Das EU-Budget ist sicherlich eine Ansammlung einzelner Kompensationsleistungen, jedoch kein perfektes Gesamtsystem in diesem Sinne. Die ökonomische Bedeutung einzelner Politikmaßnahmen bleibt daher durchaus von Relevanz.

Die Ausgabentätigkeit ist in vielen Fällen mit allokationspolitischem Instrumentarium verbunden. Nur ein kleiner Anteil der EU-Ausgaben dient jedoch rein allokativen Zielen. Die Zuweisung von Allokationsaufgaben an die europäische Ebene kann sinnvoll sein, wenn damit economies of scale realisiert oder grenzüberschreitende externe Effekte internalisiert werden können. Unter der Annahme, dass die Aufgaben in diesem Bereich mittel- bis langfristig wachsen, gewinnt die Frage nach der adäquaten Finanzierung dieser Maßnahmen an Bedeutung. Dazu lässt sich die Aussage treffen, dass eine Steuerlösung einer Beitragslösung überlegen ist und das Äquivalenzprinzip dem Leistungsfähigkeitsprinzip. Die praktische Umsetzung, insbesondere des Äquivalenzprinzips dürfte allerdings mit Schwierigkeiten verbunden sein. Das Reservieren von Steuereinnahmen für bestimmte Zwecke wäre ein Verstoß gegen das Budgetprinzip der Non-Affektation. Eine Lösung dieses Problems könnte darin bestehen, den Haushalt der EU in zwei Haushalte zu teilen: einen Haushalt für distributive Zwecke und einen für allokative Zwecke, wobei nur der zweite über originäre Steuereinnahmen zu finanzieren wäre.[475]

Die finanzwirtschaftliche Autonomie der EU ist sehr eingeschränkt, es besteht weiterhin eine große Abhängigkeit von den Mitgliedstaaten. Die Zuweisung von Steuerquellen in Verbindung mit einer Abkehr vom Einstimmigkeitsprinzip brächte einen deutlichen Zugewinn an finanzieller Eigenständigkeit. Allerdings lässt sich bezweifeln, ob beim gegenwärtigen Integrationsstand der EU eine weitgehende Finanzautonomie überhaupt angemessen ist. Institutionelle und demokratische Unzulänglichkeiten der EU-Organe lassen einen unzureichenden Schutz der Bürger vor überm-

---

[473] Vgl. Folkers, C. (2002), S. 258. Folkers hält allokative Ineffizienz nur dann für relevant, „wenn die gleiche politische Zustimmung auch mit weniger ineffizienten Maßnahmen erreichbar wäre". Ebenda.

[474] Gerade weil er den EU-Haushalt als Kompensationsinstrument betrachtet, sieht hingegen Heinemann die Frage einer EU-Steuer als erledigt an. Vgl. Heinemann, F. (1999), S. 295.

[475] Vgl. Dickertmann, D., Ronnecker, S. (2003), S. 248 ff., Henke, K.-D. (2003), S. 141.

ßiger Besteuerung nicht ausschließen, weshalb die finanzielle Autonomie der EU vorerst nur begrenzt erweitert werden sollte.

Dem Postulat der Transparenz, das auch das Kriterium der Einfachheit einschließt, genügt das gegenwärtige Eigenmittelsystem nur unzureichend. Insbesondere die Mehrwertsteuer-Eigenmittel und der mit diesen verbundene Korrekturmechanismus für das Vereinigte Königreich sind ohne profunde Sachkenntnis praktisch nicht mehr nachvollziehbar; beide Elemente wurden mit jedem Eigenmittelbeschluss[476] immer komplizierter. Der beste Weg zu einem transparenteren System wäre zweifellos die Abschaffung des Britenrabatts und der Mehrwertsteuer-Eigenmittel. Da sich das Vereinigte Königreich mit einer Streichung des Korrekturmechanismus eindeutig schlechter stellen würde, wird eine Zustimmung kaum zu erreichen sein. Sie wird wohl nur im Paket mit kompensierenden Entlastungen an anderer Stelle möglich sein. Bei den Mehrwertsteuer-Eigenmitteln besteht ebenfalls ein erhebliches Beharrungsvermögen, insbesondere bei den Mitgliedstaaten, die sich mit einer noch stärkeren Sozialproduktorientierung schlechter stellen würden. Raffiniert zu nennen aber dennoch nicht zielführend wäre in diesem Zusammenhang der Vorschlag der Reichenbach-Gruppe, die Kappungsgrenze soweit abzusenken, dass alle Mitgliedstaaten mit ihrer virtuellen Mehrwertsteuer-Bemessungsgrundlage darüber lägen, also de facto Sozialproduktbeiträge daraus würden.[477] Dies würde zwar bedeuten, „daß man die dritte Eigenmittelquelle stillschweigend fallen lässt und faktisch durch die vierte ersetzt“[478], nominell wären es aber immer noch Mehrwertsteuer-Eigenmittel, die im Übrigen immer noch erheblichen Einfluss auf das Korrekturverfahren für das Vereinigte Königreich hätten. Die Intransparenz nähme eher zu.

Das bestehende Finanzierungssystem der EU funktioniert insoweit, als es die Gemeinschaft mit ausreichenden Mitteln ausstattet. Insofern ist bei jeder Veränderung der Anspruch zu erfüllen, die EU weiterhin sicher mit ausreichenden Ressourcen zu versehen. Das System zeigt jedoch auch deutliche Schwächen, weshalb im dritten Teil dieser Arbeit Optionen für Reformen vorgestellt und darauf untersucht werden,

---

476 Mit der Vereinheitlichung der MwSt-Eigenmittel-Kappungsgrenze im Eigenmittelbeschluss 2000 wurde ausnahmsweise eine Vereinfachung vorgenommen.
477 Vgl. Europäische Wirtschaft (1993), S. 86. In Gleichung (1) in Kap. 1.3.2.1 müsste in der geschweiften Klammer der Zahlenwert 0,5 durch die neue Kappungsgrenze, z.B. 0,4 ersetzt werden.
478 Ebenda.

ob sie den in diesem Teil formulierten Ansprüchen an ein rationales Finanzierungssystem besser gerecht werden.

3. Möglichkeiten der Reform des Finanzierungssystems der Europäischen Union

3.1 Grundsätzliche Alternativen: Beiträge versus eigene Einnahmen

Die Analyse des Finanzierungssystems der EU anhand der Anforderungen an ein rationales Finanzierungssystem lässt Unzulänglichkeiten des Status quo erkennen.[479] Somit besteht Reformbedarf. Gegenstand des dritten Teils dieser Arbeit ist daher die Frage nach den Alternativen zum bestehenden System.

Unter dem Begriff Reform ist sowohl eine verbessernde Umgestaltung als auch eine planmäßige Neugestaltung zu verstehen. Der Reformbegriff reicht somit von der Veränderung im Detail bis zur Neuordnung des Ganzen. In dieser Bandbreite erstreckt sich auch das Spektrum der Reformmöglichkeiten für das Finanzierungssystem der EU: Es besteht einerseits die Option zur „Reform innerhalb des Beitragssystems" (Kap. 3.2) im Sinne einer verbessernden Umgestaltung der bestehenden Eigenmittel und Korrekturmechanismen. Als Ausdruck planmäßiger Neugestaltung wäre andererseits die „Erweiterung des Eigenmittelsystems um neue eigene Einnahmen" (Kap. 3.3) aufzufassen, die letztlich sogar zu einer gänzlichen Beseitigung des heutigen Beitragssystems führen könnte.

Vorschläge, das geltende, von Beiträgen dominierte Eigenmittelsystem umzugestalten, werden in der Regel durch folgende (evtl. vermeintliche) Unzulänglichkeiten des bestehenden Systems begründet:

- Marginalisierung der traditionellen Eigenmittel,
- unangemessene Komplexität, insbesondere durch die Mehrwertsteuer-Eigenmittel und den Korrekturmechanismus für das Vereinigte Königreich,
- ungerechte Lastenverteilung.

---

[479] Vgl dazu Kap. 2.

Vorschläge, das bestehende Einnahmensystem durch neue Einnahmen zu ergänzen oder gar zu ersetzen, haben darüber hinaus auch folgende Gründe:

- Mangelnde finanzielle Autonomie der EU,
- unzureichende Transparenz und
- mangelnde demokratische Legitimiertheit des bestehenden Systems,
- zunehmender Finanzbedarf, insbesondere durch die Osterweiterung.

Eine grundsätzlich angelegte Diskussion wird daher (im wissenschaftlichen und politischen Diskurs) zu der Frage geführt, ob der EU neue Einnahmen in Form von echten Steuereinnahmen oder Krediten zugewiesen werden sollen oder ob das Beitragssystem im Wesentlichen beibehalten werden soll. Während sich hinsichtlich einer EU-Steuer Befürwortende und Ablehnende in etwa die Waage halten, sind Fürsprecher eines umfassenden Kreditaufnahmerechts in deutlicher Minderheit.

Die Ausführungen zu den Anforderungen an ein rationales Finanzierungssystem der EU (Kap. 2) haben gezeigt, dass sich bestimmte Gestaltungspostulate besser mit Finanzbeiträgen, andere besser mit einem System eigener Einnahmen respektive Steuern erfüllen lassen.

Das Postulat der Gerechtigkeit kann sowohl durch die Anwendung des Leistungsfähigkeitsprinzips als auch durch das Äquivalenzprinzip erfüllt werden.[480] Ob dabei eine Beitrags- oder eine Steuerfinanzierung vorzuziehen ist, hängt zunächst einmal davon ab, ob das vorgegebene Fundamentalprinzip auf mitgliedstaatlicher oder individueller Ebene verwirklicht werden soll.

Eine gerechte Finanzierung auf der Basis mitgliedstaatlicher Leistungsfähigkeit lässt sich durch Beiträge besser erreichen, da sich Beiträge leichter an überzeugenden Indikatoren wirtschaftlicher Leistungsfähigkeit ausrichten lassen. Für die Finanzierung gemäß individueller Leistungsfähigkeit bieten sich direkt zu entrichtende Steuern an, deren Inzidenz sowohl dem Anspruch vertikaler als auch horizontaler Gerechtigkeit entspricht. Soll die Finanzierung sowohl der mitgliedstaatlichen als auch der individuellen Leistungsfähigkeit gerecht werden, bietet sich ein zweistufiges Ver-

---

[480] Vgl. dazu Kap. 2.2.2.1.

fahren an: Mitgliedstaatliche Beiträge, die national explizit gemäß individueller Leistungsfähigkeit aufgebracht werden. Unabhängig davon, ob die Regelung solch einer „Europasteuer"[481] einheitlich vorgenommen oder dem Subsidiaritätsprinzip entsprechend den Mitgliedstaaten überlassen würde, hätte ein solches Verfahren folgenden Nachteil: International ließe sich keine horizontale Gerechtigkeit garantieren. Wirtschaftssubjekte mit gleicher Leistungsfähigkeit in unterschiedlich leistungsfähigen Mitgliedstaaten hätten höchstens zufällig die gleiche Belastung zu tragen.

Ähnliche Folgerungen ergeben sich für die Anwendung des Äquivalenzprinzips: Gruppenmäßige, also mitgliedstaatliche Äquivalenz wird über Beiträge besser zu erzielen sein, individuelle Äquivalenz über direkt zu entrichtende Steuern. Letzteres scheitert indes – sofern überhaupt beabsichtigt – in der Regel am Fehlen geeigneter Steuerobjekte; ersatzweise ist wiederum auf Beiträge zurückzugreifen.

Politikmaßnahmen, die vor allem dem Ziel der Umverteilung dienen sollen, werden nach dem Leistungsfähigkeitsprinzip adäquat finanziert. Da im Aufgabenspektrum der EU nicht die interpersonelle Umverteilung, sondern internationale, interregionale und intersektorale Umverteilung praktiziert wird, ist das Leistungsfähigkeitsprinzip nicht in seiner individuellen Ausprägung, sondern kollektiv, das heißt in der Regel auf mitgliedstaatlicher Basis anzuwenden.

Allokationspolitisch motivierte Ausgaben sind nach Möglichkeit unter dem Aspekt der Nutzen- oder Kostenäquivalenz adäquat zu finanzieren, weil somit dem Prinzip der fiskalischen Äquivalenz Rechnung getragen werden kann. Wenn eine individuelle Zurechnung von Nutzen oder Kosten annäherungsweise möglich ist, hat eine direkte Finanzierung über eine Steuer gegenüber Finanzbeiträgen den Vorteil, dass sie für den einzelnen Steuerzahler besser erkennbar ist. Ist das Äquivalenzprinzip nicht anwendbar oder sind die damit verbundenen Wirkungen verteilungspolitisch unerwünscht, bleibt als Alternative das Leistungsfähigkeitsprinzip. Da Letzteres in den nationalen Fiskalsystemen dominiert, werden nationale öffentliche Güter überwiegend nach dem Kriterium der Leistungsfähigkeit finanziert.

---

[481] Schick, G., Märkt, J. (2002), S. 31. Schick und Märkt unterscheiden die „Europasteuer", die von den Mitgliedstaaten zur Finanzierung ihrer Beiträge erhoben wird, von der „EU-Steuer" (ebenda, S. 32), die mit Gesetzgebungs- und Ertragshoheit auf der EU-Ebene verbunden wäre.

Aus den Postulaten „Gerechtigkeit“ und „Aufgabenadäquanz“ lässt sich somit folgern: Im gegenwärtigen Haushalt der EU dominieren Ausgaben mit kollektiven Umverteilungszwecken, weshalb eine Beitragsfinanzierung nach Leistungsfähigkeitsaspekten richtig ist. Eine zunehmende Bedeutung allokativer Maßnahmen, insbesondere europäischer Kollektivgüter könnte der Einführung von direkt abzuführenden Steuern einen Sinn geben. Unterschiedliche Einnahmen für unterschiedliche Ausgaben zu reservieren, würde indes eine Abkehr vom Non-Affektationsgebot bedeuten.

Das Postulat der „Autonomie“[482] verlangt bei Entscheidungen über das Einnahmensystem eine größere Unabhängigkeit der EU-Organe von den Mitgliedstaaten. Im geltenden Eigenmittelsystem ist diese Abhängigkeit sehr groß. Eine EU-Steuer könnte nach Ansicht verschiedener Autoren die Finanzautonomie der Gemeinschaft stärken. Allerdings entscheidet weniger die Art der Einnahme über den Grad der finanziellen Autonomie als vielmehr das Verfahren der Beschlussfassung. Nur die Abkehr vom Ratifikationsprinzip und vom Einstimmigkeitsprinzip im Rat sowie die Zustimmungspflicht des Europäischen Parlaments würden die Autonomie effektiv erhöhen. Angesichts des weiterhin unvollkommenen politischen Wettbewerbs innerhalb der EU bleibt indessen die kritische Frage nach der „demokratischen Reife“ ihrer Organe. Im Übrigen ist zu berücksichtigen, dass jede Stärkung der finanziellen Autonomie der EU mit einer Schwächung der nationalen Finanzautonomie verbunden sein wird.

Die stärksten Argumente für die Einführung einer EU-Steuer lassen sich aus dem Postulat „Transparenz“[483] ableiten. Beitragssysteme sind in der Regel mit dem Nachteil verbunden, die Steuerzahler im Unklaren darüber zu lassen, welche Last sie an der Finanzierung tragen. Direkt an die EU zu entrichtende Steuern würden die Erkennbarkeit für den Bürger deutlich erhöhen. Ohne die Koinzidenz von Steuerschuldner, Steuerträger und Steuerdestinatar kann dieser Transparenzeffekt jedoch nur abgeschwächt eintreten. Ein mitgliedstaatlicher Beitrag, der über eine nationale Europasteuer aufgebracht wird, kann den Kosten der EU daher möglicherweise mehr Transparenz verschaffen als bestimmte EU-eigene Steuereinnahmen. Gerade die traditionellen Eigenmittel Zölle und Abschöpfungen dürften den Trägern ihrer Last – vor allem den Endverbrauchern – kaum als individueller Beitrag zur Finanzierung der

[482] Vgl. dazu Kap. 2.2.2.3.
[483] Vgl. dazu Kap. 2.2.2.4.

EU bewusst sein, zumal die Zölle als implizite Preisbestandteile nicht offen ausgewiesen werden.

Festzustellen bleibt, dass die Postulate „Autonomie“ und „Transparenz“ eine bessere, jedoch keine zwingende Rechtfertigung für eine europäische Steuerhoheit zulassen. Es ist sogar so, dass eine EU-Steuer nur unter bestimmten Bedingungen den Postulaten Rechnung tragen würde. Die vier aufgestellten Gestaltungspostulate für ein rationales Finanzierungssystem liefern zum gegenwärtigen Zeitpunkt keine überzeugenden Gründe vom Beitragssystem grundsätzlich abzuweichen. Mittelfristig könnte ein steigender Ausgabenanteil für europäische Kollektivgüter und eine Weiterentwicklung des europäischen politischen Systems eine Teilfinanzierung über eigene Steuern rechtfertigen. Erst der Übergang zu einem Bundesstaat – zu dem es möglicherweise gar nicht kommen wird – würde eine Vollfinanzierung über Steuern begründen.

Die Diskussion um die Frage Beiträge oder eigene Einnahmen wird im wissenschaftlichen und politischen Diskurs nicht entlang der in dieser Arbeit aufgestellten vier Gestaltungspostulate geführt. Insofern wäre es nicht verwunderlich, wenn die Hervorhebung anderer Aspekte zu anderen Schlussfolgerungen führen würde wie die an den Postulaten orientierte, die zur Beibehaltung des Beitragssystems rät und die Einführung europäischer Steuern nur unter restriktiven Bedingungen empfiehlt.

Die bis 2004 für Haushaltsfragen zuständige EU-Kommissarin Schreyer – eine konsequente Befürworterin einer Gemeinschaftssteuer – begründete ihre Forderung unter anderem mit der Hoffnung auf ein Ende der unseligen „Nettozahler-Debatte“.[484] Vielmehr werde das Augenmerk stärker vom nationalen ‚juste retour‘ auf das Verhältnis der individuellen Belastung zu den Wirkungen der Politik gerichtet.[485] Schick und Märkt erwarten nicht das Ende der Nettozahlerdiskussion, jedoch einen Wandel: weg von der Fokussierung auf mitgliedstaatliche Nettopositionen, hin zur Abwägung individueller Vor- und Nachteile.[486] Das Argument folgt somit dem Postulat der Transparenz: „Jeder Einzelne muss sich selbst der Gruppe der Nettozahler oder Nettoempfänger zuweisen können, um sich im politischen Prozess entsprechend artiku-

---

[484] Vgl. Bünder, H., Friedrich, H. (1999), S. 9, vgl. auch Goulard, S., Nava, M. (2002), S. 44.
[485] Vgl. Schreyer, M. (2001), S. 224.
[486] Vgl. Schick, G., Märkt, J. (2002), S. 29 f.

lieren zu können."[487] In der Realität dürfte dieses Ideal allerdings daran scheitern, dass sich individuelle Rückflüsse durch die „Umwege" über nationale, regionale und lokale Haushalte noch schwieriger messen lassen als nationale Rückflüsse und der größte Teil der relativ gut messbaren Rückflüsse (Agrarausgaben) den allermeisten Bürgern überhaupt nicht zufließt, sie also zu Nettozahlern macht. Die Zahlungen an den EU-Haushalt würden niedriger als tatsächlich empfunden, wenn weiterhin parallel nationale Beiträge geleistet werden. Damit wären aber nicht nur verzerrte individuelle Nettopositionen im Kalkül der Bürger; auch die Hoffnung auf eine Ende der kollektiven Nettozahler-Debatte dürfte sich als trügerisch erweisen: Die Mitgliedstaaten wären – zumal ihnen vermutlich die Verwaltungshoheit über europäische Steuern obläge – ohne weiteres in der Lage, die Steuerzahlungen ihrer Einwohner als nationalen Gesamtbetrag darzustellen, der den nationalen Rückflüssen wieder gegenübergestellt werden kann.[488] Folglich wird auch jeder Mitgliedstaat bei der Einführung solcher Steuern die Auswirkung auf seine „Nettoposition" im Auge behalten.

Gegner von EU-Steuern warnen vor der Einführung, da sie zu einer Einschränkung des Steuerwettbewerbs führe und institutionalisierten Steuerkartellen Vorschub leiste;[489] die Offensichtlichkeit der tatsächlichen Belastung könne zudem die Akzeptanz der EU in der Bevölkerung schwächen.[490] Zentralisierung ist immer gleichbedeutend mit Vereinheitlichung; unterschiedliche nationale politische Präferenzen können sich in der Steuergestaltung nicht mehr entfalten, das Subsidiaritätsprinzip wird somit verletzt. Befürworter erwarten davon jedoch sogar einen Schub für die europäische Integration: „La naissance d'un espace politique européen serait favorisée."[491] Ob eine EU-Steuer föderalistischen Entwicklungen tatsächlich förderlich oder eher hinderlich sein wird, ist demnach umstritten, jede Aussage letztlich spekulativ.

Um Befürchtungen entgegenzutreten, die Einführung einer EU-Steuer würde die steuerliche Gesamtbelastung erhöhen, wird von den Befürwortern beteuert, dass nationale Steuern im Gegenzug entsprechend gesenkt werden können.[492] Das ist auch richtig, solange die Gesamtausgaben der EU konstant bleiben. Beim Ersatz von Fi-

---

[487] Schick, G., Märkt, J. (2002), S. 30.
[488] Vgl. Caesar, R. (2001), S. 232, Mutén, L. (2001), S. 228 f.
[489] Vgl. Buchanan, J.M., Lee, D.R. (1994), S. 223, Henke, K.-D., Perschau, O.D. (1999), S. 44, Caesar, R. (2002b), S. 327.
[490] Vgl. Caesar, R. (1990b), S. 75 f.
[491] Goulard, S., Nava, M. (2002), S. 43.
[492] Vgl. Berschens, R., Rinke, A., Uhlmann, R. (2001), S. 2, Haug, J. (2001), S. 227.

nanzbeiträgen durch EU-Steuern hätten die Mitgliedstaaten Freiräume, eigene Steuern zu senken. Fraglich ist allerdings, ob diese Freiräume tatsächlich zur steuerlichen Entlastung genutzt werden und nicht zur in vielen Mitgliedstaaten dringend notwendigen Konsolidierung der Haushalte oder gar zur Erhöhung der Ausgaben.[493] Für eine kompensierende Steuerentlastung auf nationaler Ebene spricht die Existenz des internationalen Steuerwettbewerbs, der sich innerhalb der EU durch die Osterweiterung noch verschärft hat. Mitgliedstaaten, die zusätzliche Belastungen nicht kompensieren, geraten in Nachteil gegenüber kompensierenden Mitgliedstaaten. Gleichzeitig würde mit einer EU-Steuer aber auch ein Steuerkartell geschaffen, ein Bereich der Besteuerung, der dem Wettbewerb entzogen ist.[494]

In Artikel I-53 Absatz 3 des Vertrages über eine Verfassung für Europa ist über die Veränderung und Erweiterung des Eigenmittelsystems Folgendes bestimmt:

„Die Bestimmungen über das System der Eigenmittel der Union werden in einem Europäischen Gesetz des Rates festgelegt; darin können in diesem Zusammenhang neue Kategorien von Eigenmitteln eingeführt und bestehende Kategorien abgeschafft werden. Der Rat beschließt einstimmig nach Anhörung des Europäischen Parlaments. Dieses Gesetz tritt erst nach Zustimmung der Mitgliedstaaten im Einklang mit ihren jeweiligen Verfassungsbestimmungen in Kraft."[495]

Die Einführung einer EU-Steuer ist damit weder vorgesehen noch ausdrücklich ausgeschlossen. Eine Prüfung, inwieweit rechtliche Hindernisse einer EU-Steuerhoheit im Wege stünden, würde den Rahmen dieser Arbeit sprengen. Stattdessen soll in Kap. 3.3.2 davon ausgegangen werden, dass die Einführung einer EU-Steuer vom Grundsatz her möglich ist, sofern der politische Wille dazu besteht.

Bei einigen der wesentlichen Akteure ist dieser politische Wille tatsächlich vorhanden. Sowohl (mittlerweile ehemalige) Kommissionsmitglieder (Präsident Prodi und Haushaltskommissarin Schreyer) als auch Mitglieder des ECOFIN-Rates – Reynders (Belgien), Juncker (Luxemburg) und Eichel (Deutschland) – haben sich für die Einführung einer EU-Steuer ausgesprochen.[496] Andere Mitgliedstaaten (Vereinigtes Kö-

---

[493] Vgl. Huber, B. (2001a), S. 10, Caesar, R. (2001), S. 233.
[494] Vgl. Buchanan, J.M., Lee, D.R. (1994), S. 223.
[495] Gegenüber dem Entwurf des Europäischen Konvents hat die Regierungskonferenz zwei beachtliche Veränderungen an Art. I-53 Abs. 3 vorgenommen: Zum einen wurde die Erwähnung einer Eigenmittelobergrenze gestrichen, zum anderen wurde die Ratifizierungspflicht eingefügt. Vgl. Art. 53 Abs. 3 des Entwurfs eines Vertrags über eine Verfassung für Europa, CONV 850/03, im Internet veröffentlicht unter http://european-convention.eu.int/docs/Treaty/cv00850.de03.pdf [9.7.2004].
[496] Bundesfinanzminister Eichel hatte sich im Jahre 2001 für die Einführung einer EU-Steuer ausgesprochen, im Jahre 2004 – nach einem Plädoyer des österreichischen Bundeskanzlers Schüssel für eine EU-Steuer – aber wieder eine ablehnende Haltung bezogen. Vgl. o.V. (2004f), S. 3.

nigreich, Schweden, Irland und die Niederlande) sind jedoch strikt dagegen.[497] Sogar das Europäische Parlament hat sich – anders als sein Haushaltsausschuss und entgegen früherer Entschließungen – gegen die Einführung einer EU-Steuer ausgesprochen.[498] Kurz- bis mittelfristig, das betrifft insbesondere die Verhandlungen zur „Agenda 2007“ dürfte die Einführung einer EU-Steuer eher unwahrscheinlich sein, eines Verschuldungsrechtes nahezu ausgeschlossen. Mittel- bis langfristig ist jedoch die Etablierung einer EU-Steuer politisch vorstellbar. So schlägt die Kommission in ihrem Eigenmittelbericht vom Juli 2004 die Einführung steuerbasierter Eigenmittel in der übernächsten Finanzierungsperiode, also von 2014 an, vor.[499]

Schon aus diesem Grund ist es sinnvoll, die Eignung bestimmter Steuern als EU-Steuern zu prüfen. Dabei ist auch in die Betrachtung miteinzubeziehen, ob – unabhängig von der Frage „Braucht die EU eine Steuer?“ – bestimmte Steuern aus ökonomischen Gründen der EU zugewiesen werden sollten, so wie zum Beispiel die Zölle.

Im folgenden Abschnitt soll jedoch zuerst untersucht werden, welche Veränderungen im Rahmen des Beitragssystems diskutiert werden und welche unterstützt werden können.

3.2 Reform innerhalb des Beitragssystems

3.2.1 Reformoptionen für die Eigenmittel

3.2.1.1 Traditionelle Eigenmittel

Da eine nationale Ertragshoheit bei den Zöllen und den heute Agrarzölle genannten Abschöpfungen wegen des so genannten Rotterdam-Antwerpen-Effektes (vgl. Kap.

---

[497] Vgl. o.V. (2001a), S. 3.

[498] Vgl. o.V. (2001b), S. 8, Europäisches Parlament (2001), S. 5 ff., Europäisches Parlament (1990), S. 244, Europäisches Parlament (1992), S. 80. Eine umfangreiche Sammlung wörtlicher Zitate zum Thema EU-Steuer listen Emmerling und von Ackere auf. Vgl. Emmerling, T., Ackere, S. von (2002), S. 15 ff.

[499] Vgl. Europäische Kommission (2004c), S. 59. Die neuen Einnahmen sollten nach dem Vorschlag der Kommission die MwSt-Eigenmittel komplett und die BSP-Eigenmittel teilweise ersetzen. Etwa die Hälfte des Budgets sollte durch die Steuereinnahmen gedeckt werden.

1.3.1.2) zu einer mit nationalen Verbrauchsunterschieden nicht zu rechtfertigenden Streuung im Aufkommen führen würde, ist die EU-Ertragshoheit bei diesen Abgaben unumstritten. Dennoch angestellte Untersuchungen zu den Auswirkungen eines Ersatzes der traditionellen durch BSP-Eigenmittel zeigen wenig überraschende Mehrbelastungen für Belgien, die Niederlande und das Vereinigte Königreich.[500]

Problematisch an den traditionellen Eigenmitteln ist nicht die Zuordnung von Gesetzgebungs- und Ertragshoheit an die EU, sondern das Wesen der Abgaben selbst und deren fiskalische Entwicklung. Zölle und Agrarzölle sind Instrumente des Protektionismus, die den internationalen Warenaustausch behindern.[501] Im Zuge der Liberalisierung des Welthandels ist mittelfristig ein weiterer Abbau der tarifären Handelshemmnisse zu erwarten. Die Einnahmen aus den traditionellen Eigenmitteln werden somit weiter marginalisiert und entfallen langfristig möglicherweise ganz. Den relativen und absoluten Beitrag der traditionellen Eigenmittel im Zeitverlauf veranschaulichen die Abbildungen 5 in Kap. 1.3.1.1 und 7 in Kap. 1.3.1.2. Die im Jahre 2001 in Kraft getretene Erhöhung der Erhebungskostenpauschale von 10 auf 25 % hat die Einbußen im EU-Haushalt vergrößert. Eine Beseitigung der Zuckerabgaben wäre im Zusammenhang mit einer ohnehin überfälligen Reform des Zuckermarktes[502] möglich. Da die Zuckerabgaben unter den Eigenmittelplafonds fallen, ergäbe sich bei einer entsprechenden Senkung der Ausgaben – die Ausgaben übersteigen die Einnahmen im Zuckersektor – zusätzlicher Spielraum innerhalb des Plafonds.

Eine Trendumkehr bei der Entwicklung der traditionellen Eigenmittel könnte nur eine Ausweitung auf andere Abgabenobjekte erwirken. Lienemeyer verwendet dafür das Oxymoron „Moderne traditionelle Eigenmittel"[503]. Passender wäre wohl neue originäre Eigenmittel, da Abgaben gemeint sind, die in direktem Sachbezug zu Gemeinschaftspolitiken stehen, also wie Zölle und Abschöpfungen originäre Einnahmen sind. Als Beispiel werden Umweltabgaben wie die CO_2-Steuer genannt, die mit den umwelt- und energiepolitischen Kompetenzen in Verbindung stehen.[504] Sofern diese

---

[500] Vgl. Europäische Kommission (1998), S. 8.
[501] Vgl. Caesar, R. (1996b), S. 168.
[502] Vgl. Haupt, S. (2003a), S. 6, Bünder, H. (2003), S. 19, Haupt, S. (2003b), S. 6.
[503] Lienemeyer, M. (2002), S. 321.
[504] Vgl. ebenda, S. 321 ff. An anderer Stelle führt Lienemeyer auch die Erhebung einer europäischen Flugverkehrsabgabe an, die Bezug zu den gemeinschaftlichen Politiken Umwelt und Verkehr hätte. Vgl. ebenda, S. 221, Fn. 225.

Abgaben nicht als so genannte Sachbereichsabgaben[505] eingeführt werden sollen, die Mittel also ohne Zweckbindung an die entsprechenden Sachbereiche bleiben sollen, wäre eine Änderung des Eigenmittelbeschlusses notwendig, jedoch keine Vertragsänderung. Da die rechtliche Qualität der Einnahmen aus ökonomischer Sicht jedoch von nachrangiger Bedeutung ist, wird die Geeignetheit von solchen neuen originären Eigenmitteln in Kap. 3.3.2.2 untersucht, in Verbindung mit den entsprechenden Abgaben als EU-Steuern.

3.2.1.2 Mehrwertsteuer-Eigenmittel

Die 1970 getroffene Entscheidung für die Mehrwertsteuer als Bemessungsgrundlage für Eigenmittelzahlungen war Folge der seit 1967 (erste Mehrwertsteuer-Richtlinie) unternommenen Harmonisierungsschritte bei dieser Steuer.[506] Nach der Vereinheitlichung des Mehrwertsteuersystems bedurfte es noch der Vereinheitlichung der Bemessungsgrundlage, bis die Eigenmittel als Anteil an dieser Bemessungsgrundlage bestimmt werden konnten. Eine spätere Vereinheitlichung der Mehrwertsteuersätze hätte die Umstellung auf eine prozentuale Beteiligung am Aufkommen ermöglicht. Die Mehrwertsteuer war somit besser als jede andere Bemessungsgrundlage geeignet, dem Haushalt der EG mittel- bis langfristig echte eigene Mittel zu verschaffen.

Der Prozess der Mehrwertsteuer-Harmonisierung nahm indes einen anderen Verlauf als damals erwartet wurde: Die sechste Richtlinie zur Vereinheitlichung der Bemessungsgrundlage wurde erst 1977 beschlossen. Sie gibt zwar eine einheitliche Bemessungsgrundlage vor, lässt den Mitgliedstaaten aber umfangreiche Möglichkeiten, von diesem Rahmen abzuweichen. Die seit 1992 geltende Regelung zu den Steuersätzen ist auf die Festlegung von Mindestsätzen beschränkt und von zahlreichen Ausnahmen gekennzeichnet. Infolge der unvollständigen Harmonisierung der Bemessungsgrundlagen müssen die Eigenmittel auf der Basis einer fiktiven Bemessungsgrundlage bestimmt werden. Dies ist bereits ein Umstand, der mit dem Postulat der Transparenz und Einfachheit konfligiert.

---

[505] Ein Beispiel für eine Sachbereichsabgabe ist die Mitverantwortungsabgabe Milch, mit der nur Ausgaben im Milchsektor finanziert werden können. Die Mitverantwortungsabgabe wird nicht als Einnahme, sondern als Negativausgabe verbucht. Vgl. ebenda, S. 245 ff., Messal, R. (1991), S. 57 ff.
[506] Vgl. zur Entstehung und Entwicklung der Mehrwertsteuer-Eigenmittel Kap. 1.3.2.1.

Ein wesentlich bedeutenderer Kritikpunkt an den Mehrwertsteuer-Eigenmitteln knüpft an ihrer vermeintlich ungerechten Belastungswirkung an. Hinter der Regressivitätsthese steht die Vermutung, dass Länder mit einem höheren Pro-Kopf-Einkommen eine niedrigere Konsumquote und dementsprechend auch eine niedrigere (vereinheitlichte) Mehrwertsteuer-Bemessungsgrundlage haben.

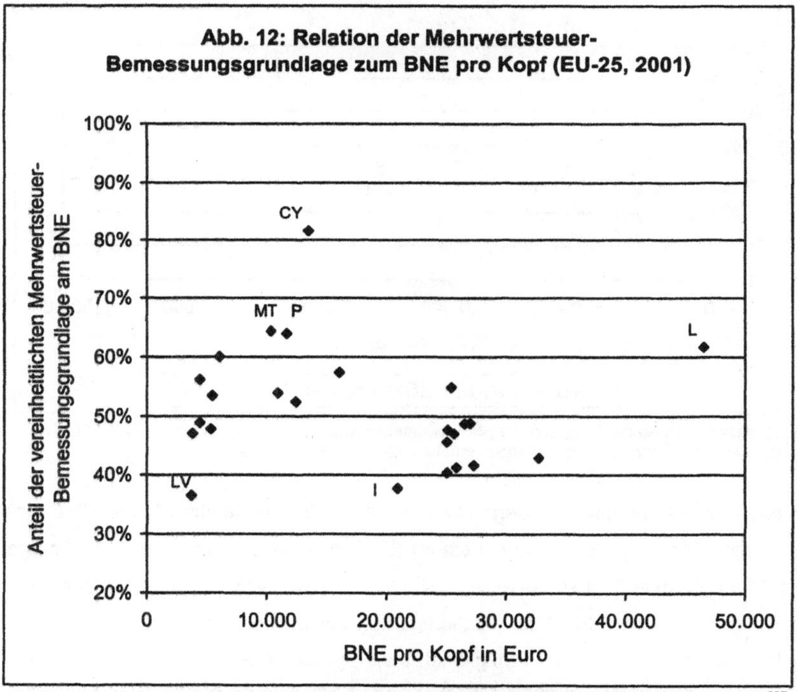

Abb. 12: Relation der Mehrwertsteuer-Bemessungsgrundlage zum BNE pro Kopf (EU-25, 2001)[507]
Quelle: Europäische Kommission, Generaldirektion Haushalt, Eurostat, eigene Berechnungen.

Tatsächlich ist dieser Zusammenhang aber nur schwach ausgeprägt und empirisch nicht eindeutig nachweisbar. Abbildung 12 veranschaulicht für das Jahr 2001 das Verhältnis zwischen dem Anteil der Mehrwertsteuer-Bemessungsgrundlage am nationalen BNE und dem nationalen BNE pro Kopf. Der optisch kaum erkennbare negative Zusammenhang drückt sich in einem nicht signifikant von null verschiedenen Korrelationskoeffizienten in Höhe von -0,15 für die EU-25 aus. Gewichtet man die Einzelwerte nach dem Einwohneranteil der Mitgliedstaaten, so dass vor allem der

[507] Eine tabellarische Darstellung der Daten ist in Anhang 1 zu finden.

Einfluss von „Zwergstaaten“ mit Ausreißerwerten wie Luxemburg und Zypern reduziert wird, ergibt sich zwar ein höherer, jedoch ebenfalls nicht signifikant von null verschiedener Koeffizient.

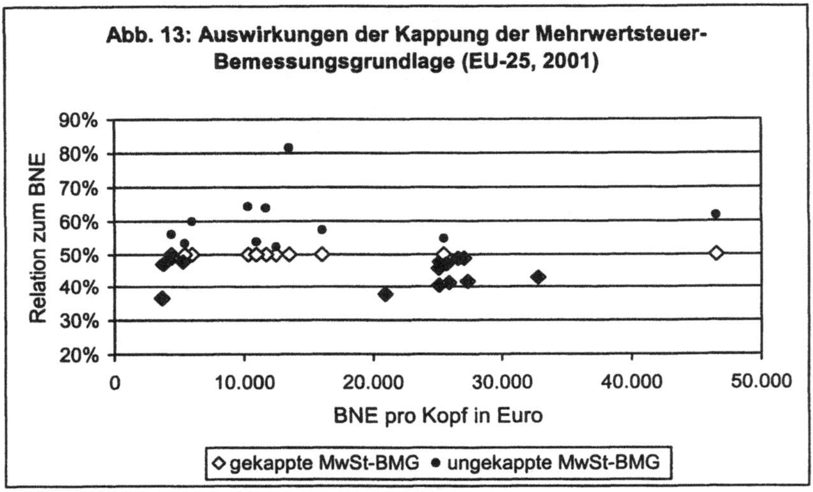

Abb. 13: Auswirkungen der Kappung der Mehrwertsteuer-Bemessungsgrundlage (EU-25, 2001)
Quelle: EU-Kommission, Generaldirektion Haushalt, eigene Berechnungen.

Um regressive Wirkungen zu begrenzen, wurde im Eigenmittelbeschluss 1988 erstmals eine Kappung der Mehrwertsteuer-Eigenmittelbemessungsgrundlage eingeführt. Diese Grenze liegt mittlerweile bei 50 % des BNE. Von den 25 Mitgliedstaaten der EU wäre im Jahre 2001 elf Mitgliedstaaten die Bemessungsgrundlage gekappt worden, von den damaligen 15 Mitgliedstaaten lagen fünf über der Kappungsgrenze, darunter die überdurchschnittlich wohlhabenden Mitgliedstaaten Luxemburg und Irland. Abbildung 13 macht deutlich, dass die Kappung viele Mitgliedstaaten aller BNE-Niveaus begünstigt. Im Jahr 2004 profitieren Haushaltsplanungen zufolge sogar 14 Mitgliedstaaten von der Kappung, wobei bis auf Lettland alle Beitrittsländer davon betroffen sind.[508]

Die geringe und nicht signifikant negative Korrelation zwischen dem Anteil des mehrwertsteuerpflichtigen Konsums und dem nationalen Wohlstand gemessen am BNE pro Kopf, der sich in der amorphen Figur der schwarzen Punkte in Abbildung 13

[508] Vgl. Europäische Kommission (2003j), S. 10.

ausdrückt, zeigt, dass weitere Einflussfaktoren von Bedeutung sind. So kann bei kleinen Mitgliedstaaten ein hoher Anteil des Konsums von Touristen am inländischen Verbrauch den Anteilswert nach oben treiben, womit die besonders hohen Werte von Portugal, Zypern und Malta (vgl. Abb. 12) zum Teil erklärt werden können. Die Ursachen für den außergewöhnlich hohen mehrwertsteuerlichen Konsum im Vergleich zum BNE in Luxemburg liegen wohl zum einen in dem umfangreichen Konsum von Ausländern im Großherzogtum (Stichwort Tanktourismus). Zum anderen ist das luxemburgische BNE deutlich kleiner als das BIP, so dass die untersuchte Relation entsprechend groß ist. Die besonders niedrige Relation der italienischen Mehrwertsteuer-Bemessungsgrundlage zum nationalen BNE lässt sich im Wesentlichen mit der weit verbreiteten Steuerhinterziehung in Italien erklären.[509]

Die Kappung der Mehrwertsteuer-Bemessungsgrundlage bei 50 % des BNE führt indessen dazu, dass etwa die Hälfte der Mitgliedstaaten einen zweiten BSP-Beitrag zahlt. Im Gegensatz zu den echten BSP-Eigenmitteln sind die zweiten jedoch wesentlich komplizierter zu ermitteln, zumal die andere Hälfte der Mitgliedstaaten tatsächlich einen bestimmten Vomhundertsatz (einheitlicher Abrufsatz) ihrer fiktiv vereinheitlichten Mehrwertsteuer-Bemessungsgrundlage abführen muss und zudem der Korrekturbetrag für das Vereinigte Königreich durch die anderen Mitgliedstaaten teilweise durch Mehrwertsteuer-Eigenmittel finanziert wird (vgl. Kap. 1.3.2).

Im Hinblick auf die vier in Kap. 2.2.2 aufgestellten Gestaltungspostulate für ein rationales Finanzierungssystem ist über die Mehrwertsteuer-Eigenmittel ein gemischtes, jedoch tendenziell negatives Urteil zu fällen: Die Ausgabentätigkeit der EU ist derzeit im Wesentlichen redistributiv motiviert. Nach dem Postulat der Aufgabenadäquanz ist daher die Mittelaufbringung über Finanzbeiträge von Mitgliedstaaten, wie es die Mehrwertsteuer-Eigenmittel de facto sind, angemessen. Von den beiden Fundamentalprinzipien, mit denen das Postulat der Gerechtigkeit erfüllt werden kann, ist in diesem Fall das Leistungsfähigkeitsprinzip adäquat. Diesem entsprechen die Mehrwertsteuer-Eigenmittel jedoch nur unzureichend: Den (gemäß EU-Richtlinie) mehrwertsteuerpflichtigen Konsum als Indikator für die Beitragsfähigkeit einer Volkswirtschaft zu wählen ist zwar nicht abwegig, mit den Sozialproduktgrößen gibt es gleichwohl bessere Indikatoren. Dass die proportionale Belastung eines solchen Konsumaggregats mit regressiven Wirkungen bezüglich der Sozialproduktgrößen verbunden

---

[509] Vgl. Ott, G. (1987), S. 86, Nam, C.W., Parsche, R., Schaden, B. (2001), S. 135.

sein kann, wäre per se noch kein Verstoß gegen das Leistungsfähigkeitsprinzip, gleichwohl stellte es einen elementaren Verstoß gegen das allgemeine Gerechtigkeitsempfinden dar. Zudem wäre eine regressive Wirkung inkompatibel mit den Umverteilungsabsichten, mithin nicht aufgabenadäquat. Da zumindest einzelne Mitgliedstaaten diesem Bild der regressiven Wirkung entsprechen – während andere es nicht tun, weshalb ein allgemeiner Zusammenhang kaum nachweisbar ist – wurden entsprechende Gegenmaßnahmen ergriffen: Senkungen des maximalen Abrufsatzes und vor allem Kappung der Bemessungsgrundlage. Die mit Letzterem verbundene Konsequenz, dass eine Hälfte der Mitgliedstaaten eine andere Beitragsbemessungsgrundlage hat als die andere Hälfte, verstößt nun aus einer anderen Perspektive gegen das Leistungsfähigkeitsprinzip: Während ein Teil der Mitgliedstaaten einen Vomhundertsatz ihres halben BNE abgeben muss, müssen die anderen denselben Vomhundertsatz von weniger als dem halben BNE entrichten.

Dem Autonomiepostulat entsprechen die Mehrwertsteuer-Eigenmittel nicht. Durch das Einstimmigkeits- und Ratifikationserfordernis behalten die Mitgliedstaaten ihre Souveränität; Gestaltungsmöglichkeiten sind entsprechend begrenzt. Hinzu kommt die spezielle „Sandwichstellung“ der Mehrwertsteuer-Einnahmen im Eigenmittelsystem zwischen den traditionellen Eigenmitteln, die sich nicht nach fiskalischen Gesichtspunkten gestalten lassen und den BSP-Eigenmitteln mit ihrer Restfinanzierungsfunktion, die wie eine kommunizierende Röhre auf jede Änderung bei den Mehrwertsteuer-Eigenmitteln reagieren. Ihre größte Schwäche zeigen die Mehrwertsteuer-Eigenmittel im Hinblick auf das Postulat der Transparenz und Einfachheit. Sehr kompliziert ist sowohl die Bestimmung ihrer Bemessungsgrundlage als auch – in Folge des Korrekturmechanismus für das Vereinigte Königreich – des Abrufsatzes. Das Zustandekommen eines bestimmten tatsächlichen Mehrwertsteuer-Eigenmittelbetrages eines Mitgliedstaates dürfte selbst von Fachleuten kaum durchschaut werden, geschweige denn von einer breiten Öffentlichkeit.

Als Reaktion auf die negative Beurteilung bieten sich zwei grundsätzliche Alternativen an:

1. Veränderung der Mehrwertsteuer-Eigenmittel und
2. Abschaffung und Ersatz durch andere Mittel.

Veränderungen der Mehrwertsteuer-Eigenmittel könnten an sämtlichen Elementen ihrer Berechnung vorgenommen werden. Die Bestimmung der Bemessungsgrundlage ließe sich vereinfachen, wenn anstelle der aufwändigen Ermittlung eines gewogenen mittleren Steuersatzes ein einheitlicher oder pauschalierter Steuersatz verwendet würde, wie zum Beispiel der Mindestsatz 15 % oder der jeweilige Normalsatz. Auf die Umrechnung von der intermediären Grundlage zur Eigenmittelbemessungsgrundlage könnte zur Vereinfachung ebenso verzichtet werden. Solche Eingriffe in die Einnahmenmethode hätten aber erneut den Ausweis einer hypothetischen Bemessungsgrundlage zur Folge, jedoch mit deutlich größeren Abweichungen von der tatsächlichen (aber unbekannten) Mehrwertsteuer-Bemessungsgrundlage als im geltenden System durch die historischen Durchschnittssätze und die Erweiterungen und Kürzungen der intermediären Grundlage entstehen. Der Verzicht auf Letzteres würde zudem gegen den Grundsatz verstoßen, bei allen Mitgliedstaaten die gleiche Bemessungsgrundlage anzuwenden; dazu sind die Differenzen zwischen intermediärer Grundlage und Eigenmittelbemessungsgrundlage in den Mitgliedstaaten zu unterschiedlich (vgl. Kap. 1.3.2.1). Dieses Problem ließe sich durch eine vollständige echte Harmonisierung der Bemessungsgrundlagen lösen, zu der allerdings wegen nationaler Interessen der politische Wille fehlt. Die Bestimmung der Mehrwertsteuer-Eigenmittelabrufsätze ist vor allem wegen des Korrekturmechanismus so komplex (vgl. Kap. 1.3.2.3). Der tatsächliche Abrufsatz könnte dem im Eigenmittelbeschluss niedergelegten maximalen Abrufsatz (seit 2004: 0,5 %) angeglichen werden, wenn der Korrekturbetrag anders finanziert oder – besser – abgeschafft würde. Letzteres dürfte jedoch am Widerstand des Vereinigten Königreichs scheitern. Schließlich ließe sich in Fortsetzung eines Trends seit 1988 eine weitere Absenkung des maximalen Abrufsatzes zum Beispiel auf 0,25 % oder der Kappungsgrenze zum Beispiel auf 40 %[510] oder 35 % vornehmen. Beides würde die Einnahmen aus dieser Eigenmittelart weiter verringern und die Rechtfertigung einer weiteren Erhebung in Frage stellen. Die Senkung der Kappungsgrenze auf 35 % oder 40 % würde die Mehrwertsteuer-Eigenmittel für alle bzw. fast alle Mitgliedstaaten zum proportionalen BNE-Beitrag degenerieren.

Vorschläge, die Mehrwertsteuer-Eigenmittel um Progressionselemente zu ergänzen, wie sie im MacDougall-Bericht (1977) und im Spinelli-Bericht (1981) gemacht wur-

---

[510] Vgl. Europäische Wirtschaft (1993), S. 86.

den[511], können als obsolet betrachtet werden. Seit der Einführung der BSP-Eigenmittel eignet sich keine Eigenmittelart besser als diese vierte für eine progressive Beitragsverteilung, sofern diese überhaupt sinnvoll und gewollt ist (vgl. Kap. 3.2.1.3.2.2). Die Mehrwertsteuer-Eigenmittel würden sich dadurch nur noch weiter von der ihnen zugrunde liegenden Steuer entfernen und noch komplexer werden.

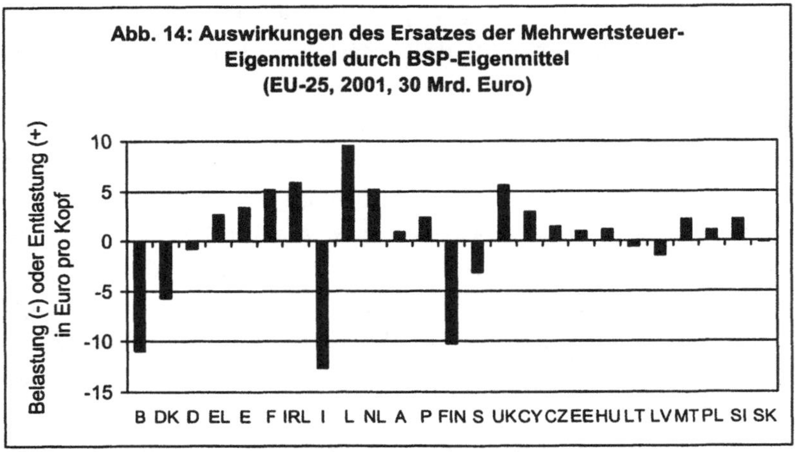

Abb. 14: Auswirkungen des Ersatzes der Mehrwertsteuer-Eigenmittel durch BNE-Eigenmittel (EU-25, 2001, 30 Mrd. Euro), ohne Korrekturmechanismus für das Vereinigte Königreich
Quelle: Europäische Kommission, Generaldirektion Haushalt, eigene Berechnungen.

Konsequent und – angesichts der Tatsache, dass sich die Rationalität der Mehrwertsteuer-Eigenmittel durch die skizzierten Reformmöglichkeiten auch nicht wesentlich verbessern lässt – sinnvoll wäre es, die Mehrwertsteuer-Eigenmittel abzuschaffen. Als fiskalischer Ersatz träten – sofern keine neuen Eigenmittel geschaffen werden – automatisch die BNE-Eigenmittel ein. Dieser Ersatz hätte – wie im Übrigen jede Veränderung des Eigenmittelsystems – unterschiedliche Belastungswirkungen auf die einzelnen Mitgliedstaaten. Mit Belastungen verbunden wäre eine solche Umstellung für Mitgliedstaaten, deren Anteil an den Mehrwertsteuer-Eigenmittel kleiner

511 Vgl. Europäische Kommission (1977), S. 73, Europäisches Parlament (1981), S. 67, 71 ff. Der Vorschlag der Spinelli-Gruppe sah vor, je ein Zehntel der MwSt-Eigenmittel durch zwei Schlüssel zu modifizieren, die sich nach dem BIP pro Kopf zu Kaufkraftstandards sowie nach der Einwohnerzahl richten. Ein um 5 % über dem Durchschnitt liegendes BIP hätte somit zu einem um 0,5 % höheren MwSt-Beitrag geführt. Die Berücksichtigung der Einwohnerzahl hätte sich an der Abweichung des Bevölkerungsanteils „von einem angenommenen Durchschnittswert von 10 % der gesamten Bevölkerung" orientiert. Ein Mitgliedstaat mit einem Einwohneranteil von 6 % hätte somit einen um 0,4 % geringeren MwSt-Beitrag zahlen müssen. Die Umverteilung von großen zu kleinen Ländern wurde damit gerechtfertigt, „daß die Mitgliedstaaten mit höherer Bevölkerungszahl leichter Belastungen hinnehmen können". Ebenda, S. 72.

ist als der Anteil am gemeinschaftlichen BNE. Nach einer Vergleichsrechnung der EU-Kommission für das Jahr 1997 hätten vor allem Italien und Belgien mit einer höheren Belastung zu rechnen, in geringerem Maße Dänemark und Finnland.[512] Abbildung 14 zeigt, wie sich im Jahre 2001 bei 25 Mitgliedstaaten der Ersatz von Mehrwertsteuer-Eigenmitteln in Höhe von 30 Milliarden Euro[513] durch BSP-Eigenmittel auf die einzelnen Staaten pro Einwohner ausgewirkt hätte.

Auch in dieser (hypothetisch) erweiterten Union zeigt sich, dass lediglich Italien, Belgien und hier auch Finnland mit einer Mehrbelastung von mehr als zehn Euro pro Einwohner zu rechnen hätten, Luxemburg mit fast zehn Euro mit der größten Entlastung. Die deutsche Beitragslast hätte sich 2001 um weniger als einen Euro pro Einwohner erhöht, da der Anteil am BNE der EU-25 minimal (0,2 %) größer als der Anteil an der gekappten Mehrwertsteuer-Bemessungsgrundlage war.

3.2.1.3 Bruttosozialprodukt-Eigenmittel

3.2.1.3.1 Wahl der Bemessungsgrundlage

In diesem Kapitel werden Vorschläge diskutiert, die zu einer Veränderung der bestehenden BSP-Eigenmittel führen und zusätzlich die Mehrwertsteuer-Eigenmittel ersetzen können, in jedem Falle aber Beiträge sind, die auf Sozialproduktindikatoren basieren. Reformvorschläge setzen sowohl bei der Wahl der Beitragsbemessungsgrundlage an als auch bei der Höhe der Belastung dieser Grundlagen, also der Wahl des Tarifs.

Zunächst einmal kann die Verwendung des Bruttosozialprodukts zu Marktpreisen in Frage gestellt werden. Vor der Einführung der vierten Eigenmittelquelle wurden auch andere Grundlagen diskutiert, so das BIP und das BSP jeweils zu Faktorkosten oder in Kaufkraftstandards (KKS). Favorisiert wurde zunächst eine so genannte Differenz-

---

[512] Vgl. Europäische Kommission (1998), S. 8.

[513] Die gesamten MwSt-Eigenmittelzahlungen der 15 Mitgliedstaaten des Jahres 2001 ohne den Korrekturbetrag für das Vereinigte Königreich beliefen sich auf 31,32 Mrd. Euro. Da der einheitliche MwSt-Abrufsatz ohne die Kenntnis der Auswirkungen einer Erweiterung um zehn Mitgliedstaaten auf den operativen Haushaltssaldo des Vereinigten Königreichs ohnehin nicht bestimmt werden kann und der Gesamtbetrag seit 2001 stark gesunken ist (2004: 14,3 Mrd. Euro), wird hier pauschal der fiskalische Ersatz von 30 Mrd. Euro unterstellt, wenngleich mittlerweile ein niedrigerer Betrag kompensiert werden müsste. Die Be- und Entlastungen fielen somit geringer aus.

grundlage (vgl. Kap. 1.3.3), die sich aus dem Unterschiedsbetrag zwischen dem BSP zu Marktpreisen und der Mehrwertsteuer-Bemessungsgrundlage ergeben hätte.[514] Abgesehen davon, dass es sich bei der Differenzgrundlage erneut um ein kaum transparentes ökonomisches Konstrukt handeln würde, was dem Postulat der Transparenz widerspräche, wäre sie auch nur unzureichend mit dem Postulat der Gerechtigkeit zu vereinbaren. Es ergäbe sich nämlich eine unterschiedliche Belastung des mehrwertsteuerpflichtigen Konsums und der anderen Bestandteile des BSP, die jedoch nicht einer bewusst getroffenen Entscheidung entspräche, sondern dem Anteil der Restfinanzierung am gesamten Finanzbedarf. Im Übrigen entzöge die – im letzten Abschnitt postulierte – Abschaffung der Mehrwertsteuer-Eigenmittel auch dem Beitrag auf die Differenzgrundlage die Berechtigung.

Die makroökonomischen Aggregatgrößen lassen sich danach unterscheiden, ob sie dem Inlands- oder dem Inländerkonzept folgen, Brutto- oder Nettogrößen darstellen, zu Marktpreisen oder zu Faktorkosten definiert sind. Welches Aggregat am besten als Grundlage geeignet ist hängt davon ab, welche Größe den besten Indikator für die Beitragskapazität eines Mitgliedstaates darstellt, gewissermaßen die umfassende potentielle Besteuerungsgrundlage. Der Unterschied zwischen dem Faktorkosten- und dem Marktpreiskonzept liegt in der Hinzurechnung des Saldos von gezahlten Gütersteuern und empfangenen Subventionen (Nettogütersteuern) beim Marktpreiskonzept. Da die – aus Staatssicht – empfangenen Steuern zu einer Stärkung der Beitragsfähigkeit beitragen und die gezahlten Subventionen tendenziell zu einer Schwächung, ist ein Aggregat zu Marktpreisen vorzuziehen.[515] Für die Verwendung des Nettokonzepts, bei dem die Abschreibungen abgezogen werden, führt Niermann[516] an, dass Abschreibungen keine wirtschaftliche Leistungsfähigkeit darstellen und die nationalen Steuereinnahmen senken.[517] Wie Abbildung 15 veranschaulicht, liegen die Anteile der volkswirtschaftlichen Abschreibungen am BSP der Mitgliedstaaten recht unterschiedlich. Ein signifikanter Zusammenhang zwischen diesem Anteil und dem Pro-Kopf-BSP (ansteigend von links nach rechts) besteht nicht. Allerdings ist der Methodik der makroökonomischen Abschreibung auch eine gewisse Willkür zu

---

[514] Vgl. Europäische Kommission (1987), S. 20 f., Messal, R. (1991), S. 96 f., Fn. 9.
[515] Vgl. Niermann, H. (2002), S. 306.
[516] Vgl. ebenda.
[517] Steuereinnahmen mindernd wirken sich allerdings nur die steuerlichen Abschreibungen aus, die mit den kalkulatorisch ermittelten volkswirtschaftlichen Abschreibungen jedoch nicht übereinstimmen.

Eigen, die zu neuen Diskussionen über die Belastungsgerechtigkeit führen könnte.[518] Die Verwendung des Nettosozialprodukts- oder des Nettoinlandsprodukts kann nicht empfohlen werden, zumal die höhere Verbreitung und Bekanntheit der Bruttogrößen auch Akzeptanz fördernd sein dürfte.

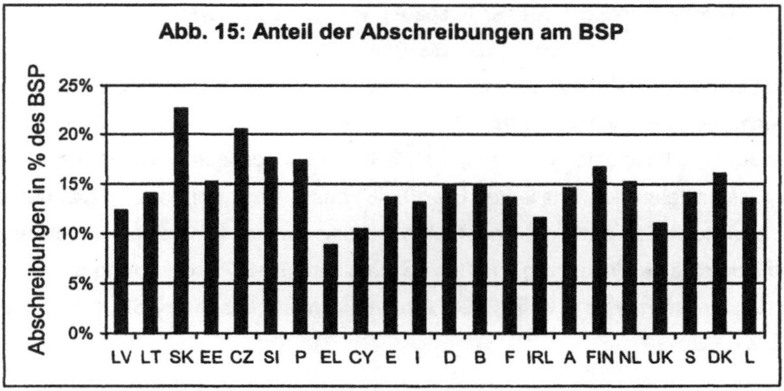

Abb. 15: Anteil der Abschreibungen am BSP, 22 EU-Mitgliedstaaten mit Durchschnittswerten der Jahre 1997 bis 2001 (CZ bis 2000)
Quelle: Eurostat, eigene Berechnungen.

Bei der Wahl zwischen Bruttoinlandsprodukt und Bruttosozialprodukt (Bruttonationaleinkommen) ist zunächst festzustellen, dass das Inlandsprodukt der bessere Indikator für die wirtschaftliche Leistungsfähigkeit eines Staates ist, da mit ihm die gesamte inländische Produktion gemessen wird. Nach Ansicht des Europäischen Rechnungshofes wurde das BSP indessen „deshalb als Indikator für die Beitragskraft gewählt, weil mit ihm der Wohlstand eines Landes und nicht, wie beim BIP, die Produktionskapazität gemessen werden soll“[519].

Um vom BIP zum BNE zu kommen, wird vom BIP der ‚Saldo der Primäreinkommen aus der übrigen Welt' abgezogen, der aus dem Saldo der Erwerbs- und Vermögenseinkommen und – seit ESVG 95 – dem Saldo aus den EU-Subventionen an einen Mitgliedstaat und den an die EU gezahlten Produktions- und Importabgaben besteht. Die von Inländern im Ausland erzielten Faktoreinkommen werden also hinzugezählt, die von Ausländern im Inland erzielten Faktoreinkommen abgezogen. Unter der An-

[518] So könnten beispielsweise stark landwirtschaftlich geprägte Mitgliedstaaten die Abschreibung von Nutztieren fordern, um somit ihre Beitragslast zu reduzieren.
[519] Europäischer Rechnungshof (1998), S. 62.

nahme konsequenter Wohnsitzlandbesteuerung ist das Sozialprodukt somit geeigneter. Der Abzug von Zöllen und Mehrwertsteuer-Eigenmitteln verhindert die Belastung von bereits an die EU geleisteten Zahlungen – quantitativ gleichwohl von marginaler Bedeutung. Die Hinzurechnung von empfangenen Subventionen wirkt sich zwar ebenfalls nur marginal (zu Lasten der Nettoempfängerländer) aus, ist aber widersinnig: Die EU fordert knapp 1 % ihrer Ausgaben wieder als Einnahmen zurück. Letzteres ändert jedoch nichts daran, dass die Verwendung des Sozialprodukts anstelle des Inlandsprodukts zu rechtfertigen, aber auch nicht zwingend ist. Eine Vergleichsrechnung, deren Ergebnisse in Abbildung 16 graphisch dargestellt sind, zeigt, dass die meisten Mitgliedstaaten um weniger als 5 % be- oder entlastet würden, wenn die vierte Eigenmittelquelle anstelle des BSP (BNE) das BIP zur Bemessungsgrundlage hätte. Lediglich Irland hätte mit einer Mehrbelastung um fast 18 % einen erheblichen Nachteil durch eine Umstellung. Der irische Anteil am EU-BIP ist aufgrund der massiven Nettokapitalimporte in den 1990er Jahren[520] – relativ gesehen – deutlich größer als der am EU-BSP.

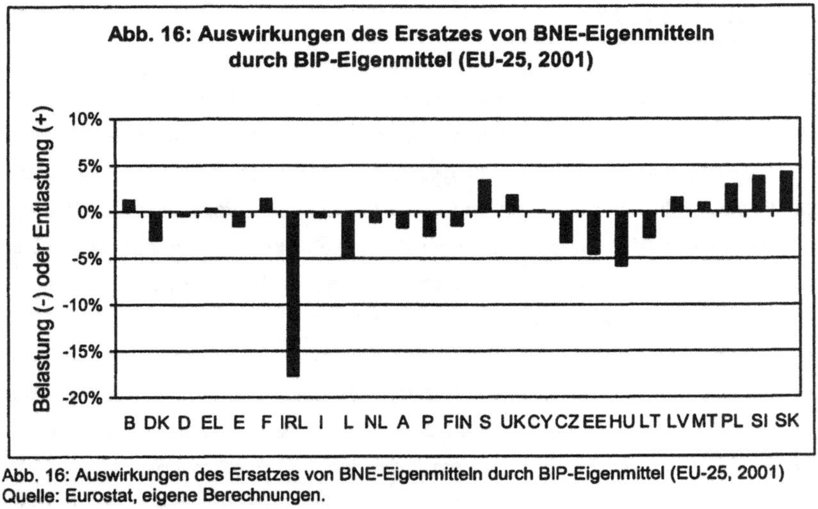

Abb. 16: Auswirkungen des Ersatzes von BNE-Eigenmitteln durch BIP-Eigenmittel (EU-25, 2001)
Quelle: Eurostat, eigene Berechnungen.

[520] Die hohen Nettokapitalimporte sind Ergebnis der attraktiven Besteuerung in der Republik Irland, insbesondere für Direktinvestitionen.

Als Alternative zum BSP zu Marktpreisen wurde auch die Verwendung von Sozialproduktkennzahlen zu Kaufkraftstandards vorgeschlagen.[521] Dahinter steht die Überlegung, dass die Verwendung amtlicher Wechselkurse zu einer verzerrten Darstellung der nationalen Leistungsfähigkeit führen kann. Wechselkurse zu KKS werden ermittelt durch den Vergleich des Preises eines einheitlichen Warenkorbes in verschiedenen Ländern. Damit wird berücksichtigt, dass die Kaufkraft unterschiedlich groß ist. Die proportionale Belastung eines nominalen Sozialproduktbetrages bewirkt somit einen disproportionalen Entzug von Kaufkraft. Dabei ist, wie Abbildung 17 zeigt, regelmäßig zu beobachten, dass die gemessen am nominalen BIP pro Kopf wohlhabenderen Mitgliedstaaten (links) ein geringeres in KKS gemessenes BIP pro Kopf haben als nominal, die weniger wohlhabenden (rechts) ein höheres.

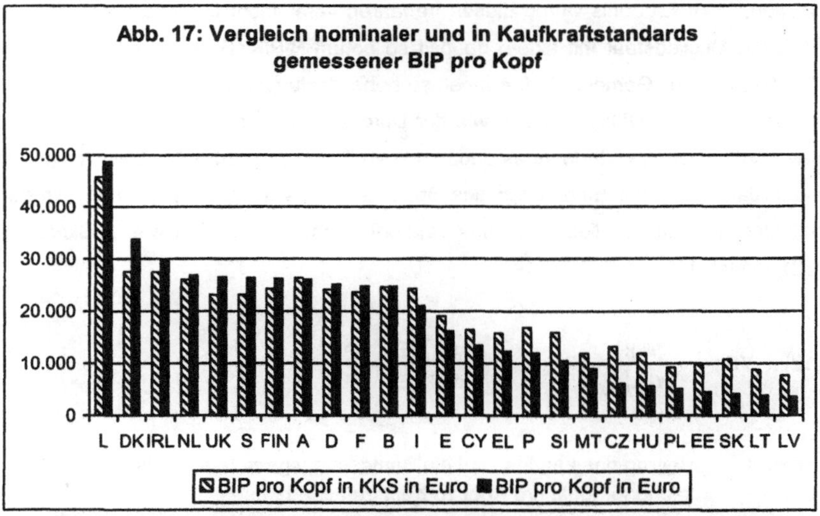

Abb. 17: Vergleich nominaler und in Kaufkraftstandards gemessener BIP pro Kopf (EU-25, 2001)
Quelle: Eurostat (2003a), eigene Berechnungen.

In Bezug auf diese in KKS gemessenen BIP stellt die proportionale Belastung des nominalen BSP oder BIP eine progressive Belastung dar.[522] Sieht man im BIP zu KKS den geeigneten Wohlstandsindikator, wird ein Mitgliedstaat „wohlstandsadäquat belastet, wenn sein Anteil an den Abführungen (ohne traditionelle Eigenmittel) sei-

[521] Vgl. z.B. Sachverständigenrat zur Begutachtung der gesamtwirtschaftlichen Entwicklung (1994), S. 207, Arbeitsgruppe der EU-Referenten der Länderfinanzressorts (1997), S. 12 f., Memminger, G. (1997), S. 61, Schäuble, W., Bocklet, R. (2001), S. 10.
[522] Vgl. Weise, C. (1997), S. 734.

nem BIP/KKS-Anteil entspricht"[523]. Zudem können Befürworter darauf hinweisen, dass bereits jetzt Kaufkraftdifferenzen bei den Ausgaben der EU berücksichtigt werden: Bei den Struktur- und Kohäsionsfonds werden die Schwellenwerte in KKS angegeben und die Gehälter von EU-Beschäftigten in den Mitgliedstaaten werden in unterschiedlicher Höhe gezahlt.[524]

Über die proportionale Belastung des BIP pro Kopf in KKS hinaus sah ein Modell der EU-Referenten der Länderfinanzminister die umgekehrt-proportionale Anwendung desselben Maßstabs auf der Rückflussseite vor; Letzteres war allerdings nur zu Verrechnungszwecken mit den Einnahmen und nicht für die tatsächliche Verausgabung vorgesehen. Die Ausgaben würden also weiterhin „sachpolitischen Erfordernissen"[525] folgen, die Differenz zu den ‚wohlstandsadäquaten' Rückflüssen aber berücksichtigt werden.[526] Im Ergebnis würde dieses Verfahren vereinfacht formuliert dazu führen, „daß ein Mitgliedstaat mit einem doppelt so hohen BIP/KKS je Einwohner wie der Durchschnitt der Gemeinschaft doppelt so hohe Zahlungen zu leisten hätte und nur halb so hohe Rückflüsse erhielte wie der Durchschnitt"[527] et vice versa. Die technische Ausgestaltung würde indes dadurch kompliziert, dass zurechenbare Ausgaben eines Jahres t-1 mit Einnahmen aus Beiträgen eines Jahres t verrechnet werden müssten. Formalisiert ließe sich das Länderfinanzminister-Modell wie in Gleichung (12) darstellen:

$$(12)\quad YBkk_i^t = \frac{Ykk_i^t}{Ykk_{EU}^t} \cdot YBkk_{EU}^t - \left(\frac{Ykk_{EU}^{t-1}/E_{EU}^{t-1}}{Ykk_i^{t-1}/E_i^{t-1}} \cdot \frac{A_{EU}^{t-1}}{E_{EU}^{t-1}} \cdot E_i^{t-1} - A_i^{t-1} \right)$$

$YBkk_i$ =	Beitrag des Landes i auf die Bemessungsgrundlage Bruttoinlandsprodukt pro Kopf zu Kaufkraftstandards
Ykk_i =	Bruttoinlandsprodukt des Landes i zu Kaufkraftstandards
$YBkk_{EU}$ =	Gesamtbedarf an Mitteln aus der am BIP zu KKS orientierten Eigenmittelquelle[528]

523 Arbeitsgruppe der EU-Referenten der Länderfinanzressorts (1997), S. 13.
524 Vgl. Arbeitsgruppe der EU-Referenten der Länderfinanzressorts (1997), S. 12.
525 Ebenda, S. 13.
526 Durch die Einbeziehung der Ausgabenseite ist der Vorschlag der EU-Referenten systematisch den in Kap. 3.2.2.2 diskutierten Korrekturmechanismen zuzuordnen.
527 Arbeitsgruppe der EU-Referenten der Länderfinanzressorts (1997), S. 14.
528 Dieser der Restfinanzierung dienende Betrag ergibt sich aus dem Gesamtfinanzbedarf für die im Haushalt veranschlagten Ausgaben, unter Berücksichtigung der Eigenmittelobergrenze, abzüglich der Einnahmen aus den traditionellen Eigenmitteln.

E_i = Einwohnerzahlzahl des Landes i

A_i = dem Land i zurechenbare Ausgaben[529]

Tab. 7: Auswirkungen des Länderfinanzminister-Modells im Jahr 2001

	(1)	(2)	(3)	(4)	(5)	(6)	(7)
B	2.284,6	1.901,9	**-382,7**	1.958,0	1.863,7	**-94,3**	**-288,4**
DK	1.486,8	1.104,7	**-382,1**	1.615,1	868,2	**-746,9**	**364,8**
D	16.578,4	14.889,8	**-1.688,6**	10.232,8	15.137,4	**4.904,6**	**-6.593,3**
EL	1.168,1	1.293,5	**125,4**	5.570,9	3.022,8	**-2.548,1**	**2.673,6**
E	5.686,9	5.762,3	**75,4**	10.900,7	9.437,8	**-1.462,9**	**1.538,3**
F	12.961,9	10.775,8	**-2.186,1**	12.187,7	11.353,1	**-834,6**	**-1.351,4**
IRL	1.051,2	792,8	**-258,4**	2.600,2	637,2	**-1.963,0**	**1.704,6**
I	10.213,6	10.532,4	**318,8**	10.770,9	10.725,8	**-45,1**	**363,9**
L	236,5	152,3	**-84,2**	105,5	42,9	**-62,6**	**-21,7**
NL	3.771,2	3.127,8	**-643,4**	2.226,7	2.721,5	**494,8**	**-1.138,1**
A	1.862,3	1.603,7	**-258,6**	1.384,5	1.381,9	**-2,6**	**-256,0**
P	1.100,3	1.305,4	**205,1**	3.245,6	2.762,0	**-483,6**	**688,6**
FIN	1.114,8	943,5	**-171,3**	1.380,0	964,9	**-415,1**	**243,8**
S	1.977,6	1.541,7	**-435,9**	1.194,5	1.704,9	**510,4**	**-946,4**
UK	4.634,5	10.401,2	**5.766,7**	7.768,2	11.598,8	**3.830,6**	**1.936,1**
EU-15	66.128,7	66.128,7	**0,0**	**73.141,3**	**73.141,3**	**0,0**	**0,0**

(1) Mehrwertsteuer- und BSP-Eigenmittelzahlungen im Jahr 2001 in Mio. Euro
(2) „wohlstandsadäquate" Beiträge im Jahr 2001 in Mio. Euro
(3) Differenz (2) – (1); (-) bedeutet Entlastung durch Umstellung
(4) zurechenbare (operative) Ausgaben im Jahr 2000 in Mio. Euro
(5) „wohlstandsadäquate" Rückflüsse im Jahr 2000 in Mio. Euro
(6) Differenz (5) – (4); (-) bedeutet Belastung durch Umstellung
(7) Differenz (3) – (6); (-) bedeutet Entlastung durch Umstellung

Tab. 7: Auswirkungen des Länderfinanzminister-Modells im Jahr 2001
Quelle: Eurostat (2003a), Europäische Kommission (2001a), Europäische Kommission (2002a), eigene Berechnungen.

Die Umverteilungswirkungen des Länderfinanzminister-Modells wären enorm. Für das Jahr 1995 hatten die EU-Referenten für Deutschland eine Entlastung um 8,8 Milliarden ECU errechnet, wovon 4,8 Milliarden ECU allein aus der Orientierung der Beitragszahlung am BIP zu KKS entstanden wären.[530] Im Jahre 2001 hätte das Mo-

[529] Die Summe aller zurechenbaren Ausgaben A_{EU} entspricht nicht den Gesamtausgaben der EU. Zwar sah das Länderfinanzminister-Modell den Verteilungsschlüssel „auf alle Rückflüsse angewandt", womit offenbar auch die Verwaltungsausgaben eingeschlossen sind; bestimmte Ausgaben lassen sich jedoch keinem Mitgliedstaat zurechnen, wie z.B. Vorbeitrittshilfen für Bulgarien und Rumänien. Arbeitsgruppe der EU-Referenten der Länderfinanzressorts (1997), S. 14. Vgl dazu auch Kap. 2.2.2.1.2.

[530] Vgl. Arbeitsgruppe der EU-Referenten der Länderfinanzressorts (1997), S. 16, 18, Gretschmann, K. (1998), S. 80.

dell – unter Zurechnung der operativen Ausgaben[531] des Jahres 2000 – die in Tabelle 7 präsentierten Auswirkungen gehabt.
Der Vorschlag ist jedoch auch aus sachlichen Gründen in Frage zu stellen. Im Gegensatz zu den anerkannten und durch das ESVG 95 vollständig harmonisierten Konzepten des BIP und des BNE zu Marktpreisen ist die Angabe dieser Kennzahlen zu Kaufkraftstandards mit dem Problem einer gewissen methodischen Willkür behaftet. Abgesehen von der Wahl des Preisindex (Laspeyres, Paasche oder Fisher) ist vor allen Dingen die Zusammenstellung des Warenkorbs problematisch. „Es ist nicht leicht, einen Warenkorb zu konstruieren, der auf Kreta, in Düsseldorf und am Polarkreis gleichermaßen sinnvoll ist.“[532] Die „eingeschränkte Verläßlichkeit ihrer Berechnung“[533] kann bei der Verwendung von Kaufkraftparitäten im internationalen Wohlstandsvergleich, zum Beispiel durch die Weltbank oder die OECD, akzeptiert werden. Im Falle der Eigenmittelzahlungen sind methodische Entscheidungen aber mit fiskalischen Wirkungen verbunden, weshalb die Wahl zweifelhafter Bemessungsgrundlagen nicht zu empfehlen ist.[534]

Doch selbst wenn es eine zweifelsfreie Definition des BIP zu KKS gäbe, wäre dieses nicht die geeignetste Bemessungsgrundlage für den am Leistungsfähigkeitsprinzip orientierten Beitrag, vorausgesetzt, das Leistungsfähigkeitsprinzip wird im Sinne von ability to pay gesehen. Eine proportionale Belastung eines perfekt gemessenen BIP zu KKS hätte in jedem Mitgliedstaat den gleichen Entzug von nationaler Kaufkraft zur Folge, was man als gerecht ansehen kann; aber eben nicht, wenn man die gleichmäßige Belastung der internationalen Beitragsfähigkeit erreichen möchte.

Gretschmann sah in der Verwendung eines kaufkraftstandardisierten BIP zudem als unberücksichtigt an, dass nach der Schaffung der Währungsunion „die Unterschiede verschwimmen und schließlich verschwinden werden“[535]. Grund dafür seien zum einen die wegfallenden Wechselkurse, zum anderen die vereinheitlichte Inflationsrate.

---

[531] Die Verwaltungsausgaben sind in dieser Berechnung nicht den Mitgliedstaaten zugerechnet.
[532] Walter, G. (1996), S. 165. Die Annahme eines bestimmten Ausgabenanteils für Heizmittel dürfte in den genannten Gegenden sicherlich unrealistisch sein.
[533] Gretschmann, K. (1998), S. 86.
[534] Zu weiteren Gründen für die eingeschränkte Aussagekraft von Kaufkraftparitäten vgl. Brümmerhoff, D. (2002), S. 242 f.
[535] Gretschmann, K. (1998), S. 30.

Wie Abbildung 18 für die zwölf Mitgliedstaaten der EWWU veranschaulicht, sind die prozentualen Differenzen zwischen den kaufkraftstandardisierten und den nominalen BIP zwar leicht zurückgegangen, ein Strukturbruch mit dem Beginn der Währungsunion (1999) ist aber nicht erkennbar. Die nationalen Währungen können aber auch beim Eintritt in die Währungsunion überbewertet oder unterbewertet in den Euro umgerechnet werden, ohne dass dies korrigiert werden könnte. Und eine einheitliche Inflationsrate gibt es in der EWWU auch nicht, lediglich eine – bereits vorher zu beobachtende – Konvergenz der Inflationsraten auf niedrigem Niveau. Im Übrigen wird auf absehbare Zeit ohnehin nur ein Teil der EU-Mitgliedstaaten den Euro einführen.

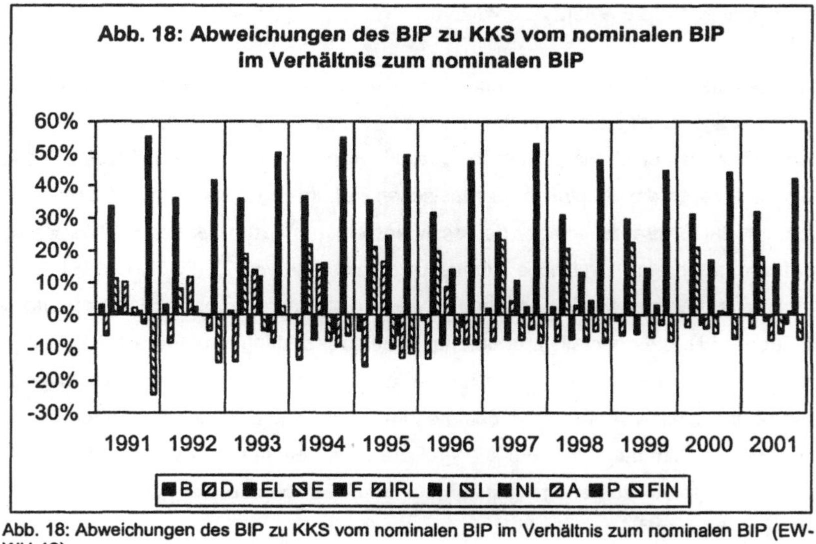

Abb. 18: Abweichungen des BIP zu KKS vom nominalen BIP im Verhältnis zum nominalen BIP (EWWU-12)
Quelle: Eurostat (2003a), eigene Berechnungen.

Schließlich weist Gretschmann darauf hin, dass neben den Kaufkraftunterschieden die unterschiedliche Bedeutung der Schattenwirtschaft zur verzerrten Aussagekraft der nominalen BIP beiträgt.[536] Abgesehen von der nicht exakt möglichen Angabe des Ausmaßes des irregulären Sektors wäre ein entsprechend modifiziertes BIP auch kein besserer Indikator: Die Schattenwirtschaft zeigt zwar auch Leistungsfähigkeit der Volkswirtschaft an, trägt aber nichts zur Beitragskapazität des Mitgliedstaates bei.

---

[536] Vgl. Gretschmann, K. (1998), S. 30 f. Den angegebenen Schätzungen zufolge bewegt sich das Verhältnis der Schattenwirtschaft zum BIP zwischen 3 % in Luxemburg und 26 % in Italien.

3.2.1.3.2 Wahl des Tarifs

3.2.1.3.2.1 Degressiver Tarif

Ebenso wie es Vorschläge gibt, proportionale Beiträge auf eine andere Bemessungsgrundlage als das BSP zu Marktpreisen zu erheben, gibt es auch Vorschläge, von der proportionalen Belastung des Leistungsfähigkeitsindikators abzuweichen. „[Z]wei diametral entgegengesetzte Reformoptionen“[537] sind dabei der Vorschlag der spanischen Regierung (1998), progressive Beiträge einzuführen, und der des Wissenschaftlichen Beirats beim Bundeswirtschaftsministerium, die Beitragsberechnung um ein degressives Element zu erweitern.

Der Wissenschaftliche Beirat sprach sich in seinem Gutachten dafür aus, „daß die Bruttobeiträge künftig zum Hauptteil nach den Anteilen der Mitgliedstaaten am Bruttosozialprodukt der Gemeinschaft festgesetzt werden, zum kleineren Teil nach den Stimmenanteilen der Staaten im Europäischen Rat. Im Ergebnis würden die Beiträge dann mit der Größe der Länder degressiv ansteigen.“[538] Konkret sah der Vorschlag gewissermaßen eine zweiteilige Bemessungsgrundlage vor: Zu 80 % das BSP, das proportional belastet werden soll, und zu 20 % die Stimmenzahl des Mitgliedstaates im Rat der EU, die ebenfalls proportional in Beitragszahlungen umgerechnet werden soll. Die degressive Wirkung im Bezug auf die Einwohnerzahl ist Folge der degressiv-proportionalen Verteilung der Stimmen im Rat. Kleine Länder haben überproportional hohen Stimmenanteil. Für die größeren Mitgliedstaaten sieht der Beirat dadurch einen „relativ zu geringen Einfluß auf die Gestaltung der Ausgabenprogramme der Gemeinschaft“[539].

---

[537] Fehr, H. (2001), S. 43.

[538] Wissenschaftlicher Beirat beim Bundesministerium für Wirtschaft und Technologie (1999), S. 2006. Neben diesem Vorschlag für die Einnahmenseite hat der Beirat auch ausführliche Vorschläge gemacht, wie auf der Ausgabenseite Mittel gespart und effizienter verwendet werden könnten. Vgl. ebenda, S. 2027 ff. Auf die hier diskutierte Reform des Beitragssystems haben diese nur insofern Einfluss, als eine von 1,27 % auf 1,03 % des BSP gesenkte Finanzierungsobergrenze auch den maximalen Bedarf an Eigenmittel reduzieren würde.

[539] Ebenda, S. 2024.

Abbildung 19 zeigt, dass die Zahl der Stimmen im Rat sehr eng ($\rho = 0{,}98$) mit der Quadratwurzel aus der Einwohnerzahl korreliert ist, die Werte also linear-proportional zueinander sind.[540]

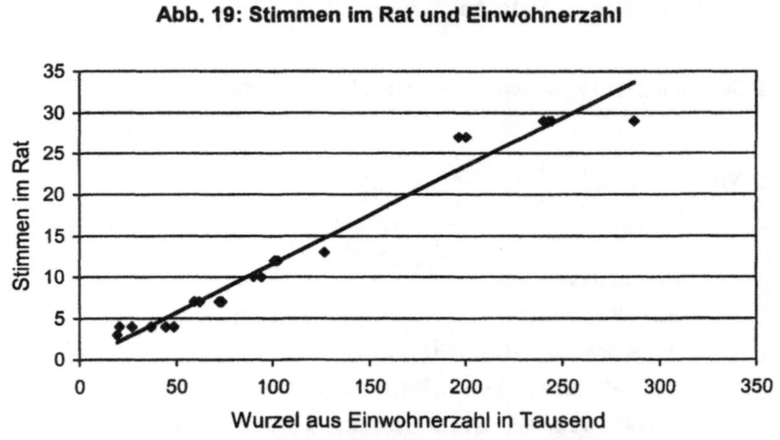

Abb. 19: Stimmen im Rat und Einwohnerzahl (EU-25), Einwohnerzahlen von 2001, Stimmenverteilung nach Vertrag von Nizza (ab 1. November 2004)
Quelle: Eurostat (2003a), eigene Berechnungen.

Tatsächlich erhielten die vier bevölkerungsreichsten Mitgliedstaaten im Jahr 2001 bei einem Bevölkerungsanteil von 69 % nur 52 % der zurechenbaren operativen Ausgaben, zahlten aber 67 % (respektive 71 %) der beitragsfinanzierten Eigenmittel unter (Nicht-)Berücksichtigung des Korrekturbetrages für das Vereinigte Königreich. Eine Regressionsanalyse für die Jahre 1992 bis 1996 zeigt, dass die Nettotransfers pro Kopf in die Mitgliedstaaten – dem Kohäsionsziel entsprechend – signifikant negativ vom BSP pro Kopf abhängen. Deutlich stärker ist jedoch die positive Abhängigkeit von der Stimmenzahl im Rat pro Kopf.[541]

Dass der Beitrag der Mitgliedstaaten im Beiratsmodell auch degressiv mit dem BSP ansteigt, lässt sich in Anlehnung an Neumann formal zeigen, wenn man den Beitragstarif mit Gleichung (13a) beschreibt:[542]

---

[540] Derselbe Zusammenhang besteht zwischen der Einwohnerzahl und der Anzahl der nationalen Abgeordneten im EP.
[541] Vgl. Rolle, C. (1999), S. 183.
[542] Vgl. Neumann, M.J.M. (1999), S. 74. Da sich alle Variablen auf das gleiche Jahr beziehen, kann auf einen Zeitindex verzichtet werden.

(13a) $YB_i = [\alpha \cdot y_i + (1-\alpha) \cdot v_i] \cdot YB_{EU}$,

wobei

$y_i = Y_i / Y_{EU}$ und $v_i = V_i / V_{EU}$ ist.

Diese Gleichung (13a) lässt sich zu Gleichung (13b) äquivalent umformen:[543]

(13b) $YB_i = \left[1-(1-\alpha)\left(1-\frac{v_i}{y_i}\right)\right] \cdot \frac{YB_{EU}}{Y_{EU}} \cdot Y_i$

YB_i	=	Beitrag des Landes i
Y_i	=	BSP des Landes i
y_i	=	Anteil des Landes i am EU-BSP Y_{EU}
V_i	=	Stimmen des Landes i im Rat (nach Vertrag von Nizza)
v_i	=	Anteil des Landes i an der Gesamtzahl der Stimmen im Rat V_{EU}
α	=	Anteil des Sozialproduktanteils an der Beitragsbemessungsgrundlage (Wissenschaftlicher Beirat: α=0,8)

Für die großen Mitgliedstaaten, deren Stimmengewicht v_i kleiner ist als deren Sozialproduktanteil y_i, wächst der Beitrag YB_i degressiv mit dem Sozialprodukt Y_i, da der Klammerausdruck kleiner als 1 ist. In Abbildung 20 ist – auf Basis von BSP-Daten des Jahres 2001 für die heutigen 25 Mitgliedstaaten – graphisch dargestellt, wie sich ein fiktiver Gesamtbeitrag von 100 Milliarden Euro auf die Mitgliedstaaten verteilt hätte: erstens bei einem proportionalen BSP-Beitrag (α = 1, graue Linie) und zweitens bei einem α = 0,8 (schwarze Linie), wie es der Wissenschaftliche Beirat vorgeschlagen hat. Die zugehörige Tabelle steht in Anhang 3.

[543] Die ausführliche Umformung ist in Anhang 2 zu finden.

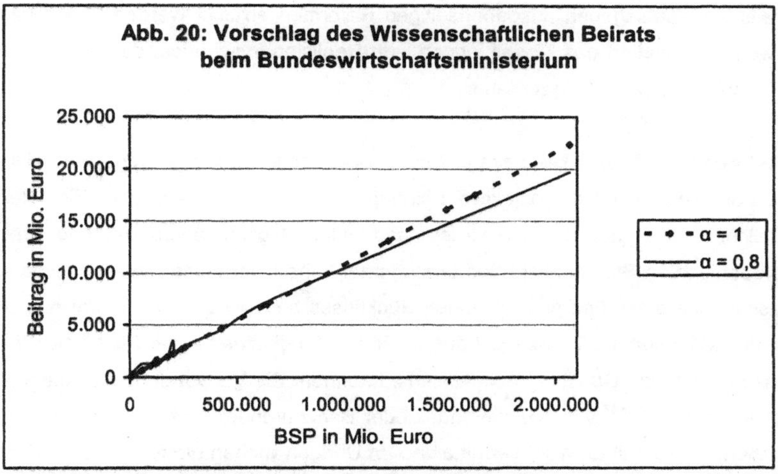

Abb. 20: Vorschlag des Wissenschaftlichen Beirats beim Bundeswirtschaftsministerium (EU-25, Stimmenverteilung nach Vertrag von Nizza, 2001, 100 Mrd. Euro)
Quelle: Eurostat, eigene Berechnungen.

Deutschland könnte nach dem Modell des Wissenschaftlichen Beirats (α = 0,8) seine Beitragszahlungen gegenüber einem proportionalen BSP-Beitragsmodell (α = 1) um 12 % reduzieren, das Vereinigte Königreich um 10 %. Der estnische Beitrag hingegen würde um 368 % höher ausfallen, der maltesische gar um 407 %. Nur fünf Mitgliedstaaten würden durch das Modell besser gestellt, zwanzig Mitgliedstaaten würden (zum Teil deutlich) schlechter gestellt werden. Allerdings ist zu berücksichtigen, dass es im proportionalen BSP-Beitragsmodell (α = 1) keinen Korrekturmechanismus für das Vereinigte Königreich gibt. Wendet man das Beiratsmodell im Vergleich mit den tatsächlichen Mehrwertsteuer- und BSP-Eigenmitteln der 15 Mitgliedstaaten des Jahres 2001 an[544], erhöhen sich die Beiträge des Vereinigten Königreichs um 142 %. Deutschland, Frankreich, Italien, Spanien und die Niederlande, die zusammen etwa zwei Drittel des gemeinschaftlichen Sozialprodukts erwirtschaften, hätten 2001 vom Beiratsmodell profitiert, die anderen Mitgliedstaaten nicht.[545] Eine mehrheitliche Zustimmungsbereitschaft zum Beiratsmodell könnte nur im Paket mit den vom Beirat

---

[544] Vgl. die Tabelle in Anhang 4.

[545] Irland würde um gut 1,1 %, Österreich um weniger als 0,3 % entlastet, bliebe also praktisch unverändert. Belgien und Dänemark würden mit 0,9 bzw. 1,3 % nur moderat mehr belastet. Im Jahr 1997, auf welches sich der Wissenschaftliche Beirat in seiner Beispielrechnung bezog, gehörte anstelle Irlands Schweden zu den Gewinnern des Modells. Vgl. Wissenschaftlicher Beirat beim Bundesministerium für Wirtschaft und Technologie (1999), S. 2026.

ebenfalls vorgeschlagenen ausgabenseitigen Reformen erreicht werden.[546] Mit der Osterweiterung verliert das Modell jedoch jede Realisierungschance, da viele kleine Nettoempfängerstaaten beigetreten sind.

Es lässt sich jedoch auch bei diesem Reformvorschlag jenseits der Frage der politischen Durchsetzbarkeit die objektive Eignung des Modells hinterfragen. Eine der wesentlichen Annahmen des Beirats ist, dass kleine Mitgliedstaaten aufgrund ihrer überproportionalen Stimmenzahl überproportional hohe Rückflüsse haben. Tatsächlich lassen sich diese überproportionalen Rückflüsse beobachten. Der Beirat nimmt daher den Stimmenanteil eines Landes im Rat als Indikator für die Fähigkeit, Beschlüsse zu eigenen Gunsten beeinflussen zu können. Die Verwendung spieltheoretischer Machtindizes[547] wie Shapley-Index oder Banzhaf-Index hält der Beirat für zu kompliziert, und damit für nicht vermittelbar. Im Übrigen wichen die für die EU-15 ermittelten Shapley- und (normalisierten) Banzhaf-Indizes nur geringfügig von den Stimmanteilen ab.[548] Letzteres gilt auch für die neue EU mit 25 Mitgliedstaaten und der neuen Stimmverteilung nach dem Vertrag von Nizza, wie in Anhang 3 anhand des Banzhaf-Index gezeigt wird.[549] Im Vertrag von Nizza wurde die Stimmenverteilung im Rat im Hinblick auf die Erweiterung neu geregelt. Zudem wurde das Verfahren der qualifizierten Mehrheit um ein Mitgliedstaatenquorum und ein Bevölkerungsquorum erweitert: Die 25 Mitgliedstaaten haben zusammen 321 Stimmen. Für eine qualifizierte Mehrheit sind 232 Stimmen (72,3 %) notwendig, aber auch die Mehrheit der Mitgliedstaaten[550]. Zudem kann auf Antrag eines Mitgliedstaates überprüft werden, ob die zustimmenden Mitgliedstaaten wenigstens 62 % der Gesamtbevölkerung repräsentieren.

[546] Vgl. Wissenschaftlicher Beirat beim Bundesministerium für Wirtschaft und Technologie (1999), S. 2027 ff., 2038. Kernpunkte auf der Ausgabenseite sind die Senkung der agrar- und strukturpolitischen Ausgaben und verstärkte Selbstbeteiligung (Kofinanzierung bzw. Renationalisierung).

[547] Machtindizes messen die Macht eines Abstimmenden, „durch Zutritt zu einer Koalition diese von einer Verlierer- in eine Gewinnerkoalition umzuwandeln" und somit das „Abstimmungsergebnis im eigenen Interesse beeinflussen zu können". Sutter, M. (2001), S. 339.

[548] Vgl. Wissenschaftlicher Beirat beim Bundesministerium für Wirtschaft und Technologie (1999), S. 2020 f.

[549] Diese Beobachtung entspricht einer weit verbreiteten, aber unbewiesenen Vermutung, der zufolge sich die Indexwerte mit zunehmender Anzahl der Abstimmenden dem Stimmenanteil der Abstimmenden annähern. Vgl. Sutter, M. (2001), S. 341.

[550] Bei Abstimmungen, die nicht auf Vorschlag der Kommission stattfinden, müssen sogar zwei Drittel der Mitgliedstaaten, also 17, zustimmen.

Das Mitgliedstaatenquorum schützt vor allem die kleineren Mitgliedstaaten, das Bevölkerungsquorum die großen. Der Banzhaf-Index wird von der Bevölkerungsregel allerdings so gut wie nicht beeinflusst.[551] Ein grundsätzliches Problem der einfachen Machtindizes ist, dass sie jede Koalition für gleich wahrscheinlich halten, die tatsächlichen Machtverhältnisse können damit nur sehr grob nachgezeichnet werden, mit den Stimmanteilen aber dementsprechend auch. So wird auch der nicht unwesentliche Einfluss des Europäischen Parlaments im Bereich der Haushaltsgesetzgebung ignoriert.[552] Mit Inkrafttreten der vom Europäischen Rat beschlossenen EU-Verfassung wird dem EP das Letztentscheidungsrecht über den gesamten EU-Haushalt eingeräumt. Im Rat wird von November 2009 an die qualifizierte Mehrheit neu definiert: Es sind dann 55 % der Mitgliedstaaten[553] notwendig, die aber 65 % der Bevölkerung repräsentieren müssen. Damit wird die Abstimmungsmacht der vier größten Mitgliedstaaten, insbesondere Deutschlands deutlich gestärkt. Ebenso gewinnen die kleinen Mitgliedstaaten gegenüber dem geltenden System an Abstimmungsmacht, während die Mitgliedstaaten mittlerer Größe gegenüber dem geltenden System verlieren.[554]

Der Vorschlag des Wissenschaftlichen Beirats müsste dieser Veränderung angepasst werden. Die Beibehaltung des Stimmengewichts würde die kleinen Mitgliedstaaten übermäßig belasten et vice versa, da jeder Mitgliedstaat dann einen Stimmenanteil von einem Fünfundzwanzigstel[555] haben wird. Die Verwendung des Bevölkerungsanteils anstelle des Stimmenanteils v_i wäre aber im Sinne des Beirats ebenso inadäquat, da die kleinen Mitgliedstaaten aufgrund der Regel der Stimmenmehrheit wesentlich mächtiger sind, als es ihrem Bevölkerungsanteil entspräche, et vice

---

[551] Vgl. Kirsch, W. (o.J.), Abstimmungsverfahren im Rat nach der geplanten EU-Erweiterung, Tabelle. Allerdings erhöht die 62 %-Regel die Anzahl möglicher Blockadekoalitionen. Vgl. Meyer, E.C. (2003), S. 186 ff. „While there is only a marginal change in countries' constructive, policy making power, the destructive power is quite sensitive to the application of the new 62 %-rule." Ebenda, S. 193.

[552] Allerdings wurden in der Literatur auch schon Erweiterungen der Machtindexmessung um interinstitutionelle Abhängigkeiten und unterschiedliche Präferenzen vorgenommen. Vgl. die Übersicht dazu bei Meyer, E.C. (2003), S. 176.

[553] Bei Abstimmungen, die nicht auf Vorschlag der Kommission stattfinden, müssen sogar 72 % der Mitgliedstaaten zustimmen. Sperrminoritäten müssen wenigstens vier Mitgliedstaaten umfassen. Zudem können gemäß einer bis 2014 vorgesehenen Klausel ablehnende Minderheiten, die drei Viertel der Schwellenwerte zur Bildung einer Sperrminorität erreichen, eine vorübergehende Ablehnung erwirken. In der Praxis wird diesen Klauseln indessen nur geringe Bedeutung beigemessen. Vgl. o.V. (2004d), S. 2.

[554] Vgl. die entsprechenden Banzhaf-Gewichte bei Kirsch, W. (o.J.), Abstimmungsverfahren nach dem Verfassungsentwurf, Verfassungsentwurf und Varianten, sowie in Anhang 5, wobei die in der vorherigen Fußnote genannten Zusatzklauseln unberücksichtigt sind.

[555] Der Stimmenanteil verkleinert sich selbstverständlich bei steigender Mitgliederzahl.

versa. Die Verwendung eines dazwischen liegenden Machtindexes wäre zum einen öffentlich schwer zu vermitteln. Zum anderen könnte auch kein bestimmter Machtindex zum „richtigen" Machtindex erklärt werden, da alle Indizes auf vereinfachenden Annahmen beruhen. Entschiede man sich für den Banzhaf-Index, hätte dies noch erheblichere Auswirkungen als der ursprüngliche Vorschlag des Wissenschaftlichen Beirats, wie in Anhang 5 tabellarisch dargestellt ist. Malta müsste im Vergleich zu einem reinen BSP-Beitrag (α = 1) um 826 % höhere Beiträge, Estland um 596 % höhere Beiträge zahlen, was gegenüber dem ursprünglichen Vorschlag des Beirats nochmals eine deutlich höhere Belastung darstellte. Sie wäre indessen Folge der gestiegenen Abstimmungsmacht der kleinen Mitgliedstaaten aufgrund der 55/65-Regel. Da auch die Abstimmungsmacht Deutschlands durch die 55/65-Regel steigt, ergibt sich im Vergleich mit dem auf die Nizza-Regeln bezogenen Beitrag bei einem α von 0,8 eine Mehrbelastung um 4 %, gegenüber dem reinen BSP-Beitrag (α = 1) aber immer noch eine Entlastung um 9 %.

Im Hinblick auf die Erfüllung der Gestaltungspostulate „Gerechtigkeit" und „Aufgabenadäquanz" ist zunächst festzustellen, dass sich der Vorschlag des Wissenschaftlichen Beirats sowohl am Leistungsfähigkeitsprinzip als auch am Äquivalenzprinzip orientiert. Dabei lässt sich das Bedeutungsverhältnis der beiden Fundamentalprinzipien zueinander mit α : (1-α) sogar exakt beschreiben, im Vorschlag des Beirats also 80 : 20. Zu 80 % ist die Beitragspflicht proportional zur Leistungsfähigkeit der Mitgliedstaaten, die am BSP gemessen wird. Zu 20 % sollen die Beiträge aber an den Nutzen orientiert sein, die die Mitgliedstaaten aus den Ausgabenprogrammen ziehen, wobei der Nutzen nicht direkt, sondern (sehr) indirekt an der Stimmenzahl im Rat gemessen wird. Das juste-retour-Prinzip wird damit gewissermaßen umgekehrt: Wer viel bekommt, soll auch viel dafür zahlen. Auch die ausgabenseitigen Vorschläge des Beirats, insbesondere die Ausweitung des Anteils der nationalen Kofinanzierung in den Bereichen Landwirtschaft und Strukturpolitik, würden die Bedeutung des Äquivalenzprinzips erhöhen.

Dem Postulat der „Aufgabenadäquanz" würde – wie in Kap. 2.2.2.2 festgestellt wurde – eine Stärkung des Äquivalenzprinzips entsprechen, wenn die Mittel der Finanzierung allokationspolitisch motivierter Maßnahmen dienen würden. Über die Methode der Kofinanzierung lässt sich bei distributionspolitisch motivierten Maßnahmen mit allokationspolitischem Instrumentarium eine teilweise kostenäquivalente Finanzierung erreichen. Mit dem Finanzierungsanteil der EU wird bei diesen Politikmaßnahmen – derzeit vor allem die strukturpolitischen Maßnahmen – somit der supranationale Redistributionsgrad ausgedrückt. Der Beirat schlug die Einführung der Kofinanzierung auch für den Agrarbereich vor, wobei die nationale Kofinanzierung 75 bis 100 % betragen sollte.[556] Der Satz von 100 % war für die direkten Einkommenshilfen vorgesehen, weil diese ausschließlich den betroffenen Mitgliedstaten zugute kämen. Die supranationale Umverteilung würde damit gänzlich entfallen. Solange jedoch die gemeinschaftliche Absicht zur Umverteilung besteht, ist es im Rahmen der Beitragsfinanzierung adäquat, diese Umverteilung gemäß einem Indikator der nationalen Leistungsfähigkeit zu finanzieren. Zu einem Anteil von 1-α wäre nach dem Vorschlag des Beirats der Beitrag aber nicht mehr an der Leistungsfähigkeit orientiert.

Maßnahmen, für die – sofern möglich – eine Orientierung am Äquivalenzprinzip sinnvoll wäre, also insbesondere die Bereitstellung europäischer Kollektivgüter, haben immer noch einen geringen Anteil am EU-Budget. Eine sinnvolle Anwendung des Äquivalenzprinzips wäre der Beiratsvorschlag auch für die Finanzierung dieser Ausgaben nicht, da die Sitzverteilung im Rat sicherlich kein geeigneter Indikator für die Nutzenstreuung allokationspolitisch motivierter Maßnahmen ist. Wenn es tatsächlich möglich wäre, den Gesamthaushalt über einen zweiteiligen Beitrag – zum Teil leistungsfähigkeits-, zum Teil äquivalenzorientiert – zu finanzieren, bedürfte es auch einer klaren, flexiblen und nachvollziehbaren Entscheidung, welcher Anteil des Budgets nach welchem Fundamentalprinzip finanziert werden sollte. Der Vorschlag des Beirats für ein Verhältnis von 80 : 20 beruht freilich nicht auf einer solchen Entscheidung, sondern hat eher Beispielcharakter. Dem Postulat der Aufgabenadäquanz genügt der Vorschlag nicht.

Dem Postulat der Autonomie dient der Vorschlag des Beirats insofern nicht, als mit dem zweiteiligen Beitragstarif keine zusätzliche Finanzautonomie für die europäischen Organe geschaffen wird. Dem Postulat „Transparenz" entspricht der Vorschlag insoweit als die vorgesehenen Regelungen verständlicher sind als die geltende Finanzierung. Für eine eventuelle Verwendung von Machtindizes gälte dies freilich nicht.

---

[556] Vgl. Wissenschaftlicher Beirat beim Bundesministerium für Wirtschaft und Technologie (1999), S. 2029 f. Als Begründung für die hohen Kofinanzierungssätze wird allerdings nicht die Reduktion der supranationalen Umverteilung, sondern der zunehmende Anreiz, die Budgetexpansion zu bremsen, genannt.

Der Argumentation des Beirats folgend steht die Teilorientierung der Beitragszahlungen an der Stimmenverteilung im Zusammenhang mit den Ausgaben der EU. Das Beitragssystem hätte somit auch den Charakter eines allgemeinen Korrekturmechanismus, dessen Berechtigung in Kap. 3.2.2.2 diskutiert wird.

3.2.1.3.2.2 Progressiver Tarif

Der Vorschlag des Wissenschaftlichen Beirats sah vor, ein am Äquivalenzprinzip orientiertes Element in den Beitragstarif einzufügen, was mit einer regressiven Wirkung verbunden gewesen wäre. Gerechtfertigt wurde der Vorschlag mit der politökonomisch motivierten Erwartung, die höhere Zahllast für kleinere Mitgliedstaaten könnte deren Bereitschaft zu immer höheren Ausgaben dämpfen.

Mit ganz anderer Rechtfertigung wird die quasi gegenteilige Forderung erhoben, einen progressiven Beitragstarif einzuführen: Diese Forderung rekurriert auf die entsprechende Interpretation des Leistungsfähigkeitsprinzips und das Kohäsionsprinzip. Sie wurde bereits von der MacDougall-Kommission erhoben und wird seitdem immer wieder in die Diskussion gebracht.[557] 1998, im Vorfeld der Verhandlungen des gegenwärtigen Finanzrahmens erhob die spanische Regierung – mit der Unterstützung Portugals und Griechenlands – die Forderung nach einer progressiven Einnahmequelle.[558]

Zur Durchführung wurden drei Varianten vorgeschlagen:[559]

- Nach Version A werden die BSP-Beiträge vollständig über einen Pro-Kopf-BSP-Index moduliert, wodurch Mitgliedstaaten mit einem Pro-Kopf-BSP von weniger als 100 % des EU-Durchschnitts in der Regel entlastet werden, Mitgliedstaaten

---

[557] Vgl. Europäische Kommission (1977), S. 73 sowie z.B. Europäisches Parlament (1981), S. 67, 71 f., El-Agraa, A.M., Majocchi, A. (1983), S. 392 ff., Padoa-Schioppa, T. (1987), S. 103, Biehl, D., Winter, H. (1990), S. 82 ff., Henke, K.-D. (1997), S. 47 f.

[558] Vgl. Rato, R. de, Matutes, A. (1998), Europäische Kommission (1998), Anhang 7. Spanien hatte eine progressivere Gestaltung des Einnahmensystems bereits 1991 gefordert. Stattdessen wurde damals die Einrichtung des Kohäsionsfonds erreicht. Vgl. Europäische Wirtschaft (1993), S. 101.

[559] Vgl. Europäische Kommission (1998), Anhang 7, S. 2 f.

mit einem überdurchschnittlichen Pro-Kopf-BSP in der Regel zusätzlich belastet werden.[560]

- Nach Version B kommt diese Progressivkomponente nur teilweise, zum Beispiel zu 50 %, zum Einsatz. Der restliche BSP-Beitrag bleibt proportional.
- Nach Version C werden die Mitgliedstaaten anhand ihres Pro-Kopf-BSP in Klassen eingeteilt und entsprechend festgelegter Modulationskoeffizienten be- und entlastet.

Die Version A ist identisch mit dem bereits oben formulierten Vorschlag von El-Agraa und Majocchi. Gleichung (14) ist daher äquivalent zu Gleichung (11).[561]

$$(14) \qquad YB_i = \underbrace{\frac{Y_i/E_i}{Y_{EU}/E_{EU}} \cdot \frac{YB_{EU}}{Y_{EU}} \cdot \frac{1}{\sum_i \left(\frac{Y_i/E_i}{Y_{EU}/E_{EU}} \cdot \frac{Y_i}{Y_{EU}} \right)}}_{b_i} \cdot Y_i$$

Nach Version B würde, wie in Gleichung (15) formuliert, ein Teil β des Gesamtbeitrags progressiv und ein Teil (1-β) proportional finanziert werden.

$$(15) \qquad YB_i = \left[\beta \cdot b_i + \frac{(1-\beta) \cdot YB_{EU}}{Y_{EU}} \right] \cdot Y_i \qquad \text{mit } 0 < \beta < 1,$$

wobei b_i dem in Gleichung (14) durch geschweifte Klammer umfassten Ausdruck entspricht.

Version C ließe sich mit Gleichung (16) abstrakt beschreiben.

$$(16) \qquad YB_i = c_i \cdot \frac{YB_{EU}}{Y_{EU}} \cdot \frac{1}{\sum_i \left(c_i \cdot \frac{Y_i}{Y_{EU}} \right)} \cdot Y_i,$$

[560] Der Vorschlag von Carderera Soler, das BSP in Kaufkraftparitäten zu verwenden, würde den Progressionseffekt dieses Modells verringern, da die kaufkraftstandardisierten BSP pro Kopf nicht so stark streuen wie die nominalen. Vgl. Carderera Soler, F. (1999), S. 125. Zur Skepsis gegenüber der Verwendung kaufkraftstandardisierter Kennzahlen vgl. Kap. 3.2.1.3.1.

[561] Vgl. Kap. 2.2.2.1.1.

wobei für den Ländergruppenfaktor c_i keine konkreten Werte vorgeschlagen wurden. Denkbar wären zum Beispiel Ländergruppenfaktoren gemäß (16a).

(16a) $c_i \in \{0{,}6; 0{,}8; 1; 1{,}2; 1{,}4\}$

YB_i = Sozialproduktbeitrag des Landes i

Y_i = BSP des Landes i

E_i = Einwohnerzahl des Landes i

b_i = progressiver Sozialproduktbeitrag-Abrufsatz des Landes i

β = Progressivitätsanteil (zum Beispiel 50 %)

c_i = Ländergruppenfaktor des Landes i

Analog zum Vorschlag des Wissenschaftlichen Beirats (Kap. 3.2.1.3.2.1) lässt sich berechnen, welche Auswirkungen die drei Varianten auf die Beitragslast der 25 Mitgliedstaaten gehabt hätten, im Vergleich zu proportionalen BSP-Beiträgen. Unter Zugrundelegung der BNE-Daten des Jahres 2001 wird ein Gesamtbetrag von 100 Milliarden Euro (knapp 1,1 % des EU-25-BNE) verteilt. Die jeweiligen Beiträge in absoluter Höhe sind in Anhang 6 zusammengestellt. Die relativen Unterschiede zur proportionalen Finanzierung veranschaulicht Abbildung 21.

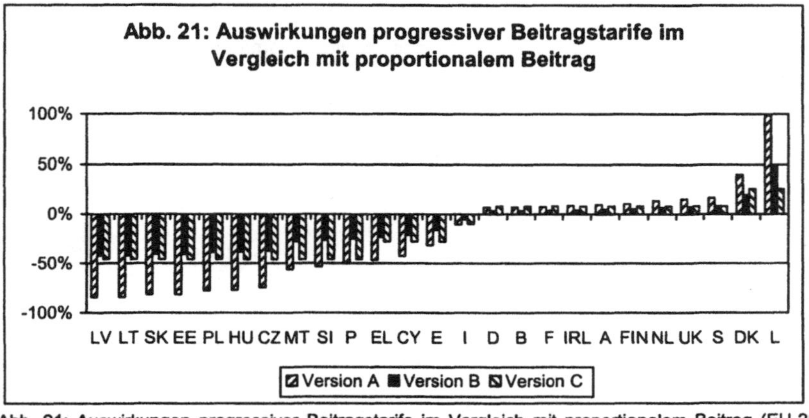

Abb. 21: Auswirkungen progressiver Beitragstarife im Vergleich mit proportionalem Beitrag (EU-25, 2001), (-) bedeutet Verringerung des Beitrags
Quelle: Eurostat, Eurostat (2003a), eigene Berechnungen.

Es zeigt sich, dass der progressive Beitragstarif nach Version A mit enormen Umverteilungswirkungen verbunden wäre. Luxemburg, dessen Pro-Kopf-BNE um 128 % über EU-Durchschnitt liegt, hätte um 99 % höhere Beiträge zu entrichten, Dänemark (61 %) um 40 % höhere Beiträge. Massiv profitieren würden davon alle Beitrittsländer; die drei baltischen Staaten und die Slowakei würden um mehr als 80 % niedrigere Beiträge entrichten. Die Anwendung des halb-progressiven Tarifs nach Version B wäre jeweils mit den halben Be- und Entlastungswirkungen verbunden. Im Vergleich zu den Versionen A und B führt der Beitragsklassentarif, wie er für Version C (vom Verf.) willkürlich festgelegt wurde (vgl. Anhang 6), für die begünstigten Mitgliedstaaten zu geringeren Entlastungen als in Version A und zu höheren Entlastungen als in Version B. Die Mitgliedstaaten, die durch Progressivität benachteiligt werden, würden in den meisten Fällen durch Version C geringer als durch Version A und höher als durch Version B mehrbelastet werden.

Aufgrund der enormen Belastungswirkung für einige Mitgliedstaaten wären diese Vorschläge – solange das Einstimmigkeitserfordernis besteht – nicht durchsetzbar. Bestenfalls eine Version B mit einem wesentlich geringeren β von zum Beispiel 0,1 könnte bei entsprechenden Kompensationen einstimmigen Beschluss finden: Die Be- und Entlastungswirkungen lägen dann für alle Mitgliedstaaten unter 10 %.

Abgesehen davon, dass die Progressionsvorschläge also kaum durchsetzbar sind, können sie anhand objektiver Kriterien auch kritisch beurteilt werden. Spanien rechtfertigte seine Vorschläge mit dem Hinweis auf das Protokoll über den wirtschaftlichen und sozialen Zusammenhalt[562], in dem die Mitgliedstaaten ihre Absicht erklären,

> „der Beitragskapazität der einzelnen Mitgliedstaaten im Rahmen des Systems der Eigenmittel stärker Rechnung zu tragen und zu prüfen, wie für die weniger wohlhabenden Mitgliedstaaten regressive Elemente im derzeitigen System der Eigenmittel korrigiert werden können".

Der Absicht, (vermeintlich) regressive Elemente abzubauen, wurde durch die Eigenmittelbeschlüsse 1994 und 2000 Genüge getan, indem der maximale Abrufsatz der Mehrwertsteuer-Eigenmittel schrittweise von 1,4 auf 0,5 % abgesenkt wurde. Interpretationsfähig ist hingegen, ob mit dem kompensierenden Ausbau der proportionalen BSP-Eigenmittel tatsächlich der Beitragskapazität der Mitgliedstaaten stärker Rechnung getragen wurde. Entscheidend hierbei ist, wie das Leistungsfähigkeits-

---

[562] ABl. Nr. C 191 (1992), S. 93.

prinzip ausgelegt wird. Befürworter des proportionalen BSP-Beitrags sehen horizontale Gerechtigkeit offenbar darin, dass Mitgliedstaaten mit gleichem BSP über die gleiche Beitragskapazität verfügen und dementsprechend den gleichen Beitrag zahlen sollen. Vertikale Gerechtigkeit wird als verwirklicht angesehen, wenn ein Mitgliedstaat A mit dem n-fachen BSP wie Mitgliedstaat B einen n-mal größeren Beitrag zahlt wie B.

Die Befürworter des progressiven Beitragstarifs nach Version A halten das Finanzierungssystem offenkundig dann für horizontal gerecht, wenn Mitgliedstaaten mit dem gleichen Pro-Kopf-BSP den gleichen Beitrag pro Einwohner zahlen. Von Version C wird dieser Anspruch nur sehr grob und pauschaliert erfüllt. Version B trennt die BSP-Beiträge in zwei Teile, die mit ihren jeweiligen Anteilen den beiden Interpretationen von horizontaler Gerechtigkeit folgen. Vertikaler Gerechtigkeit entspricht es nach den Versionen A und B, dass ein Mitgliedstaat A, wenn er ein höheres Pro-Kopf-BSP als Mitgliedstaat B hat, einen höheren Beitrag pro Einwohner zahlt, nach Version C zumindest einen gleich hohen. Dabei ist es systemimmanent nicht möglich, eine normative Entscheidung darüber zu treffen, um welchen Betrag der Beitrag des Landes A pro Einwohner denselben des Landes B übersteigen soll. Die Relation des Beitrags von A zu dem von B wird nämlich rechnerisch auch von der (zufälligen) Wohlstandssituation aller anderen Mitgliedstaaten beeinflusst.

Obwohl es sich hier um sehr unterschiedliche Interpretationen des Leistungsfähigkeitsprinzips handelt, kann keine per se als falsch bezeichnet werden. Ein erheblicher Unterschied ist es jedoch, ob als Bewertungsmaßstab für die Leistungsfähigkeit das absolute BSP oder das durchschnittliche BSP pro Einwohner oder gar eine Mischung aus beidem verwendet wird. Der Wissenschaftliche Beirat beim Bundeswirtschaftsministerium bemängelt, dass mit dem Indikator Pro-Kopf-Einkommen letztlich nicht mehr die Staaten, sondern die einzelnen Bürger selbst als Beitragszahler angesehen würden.[563] Dem ist zu entgegnen, dass mit keiner der beiden Beitragsarten explizit über die innere Aufbringung und die persönliche Inzidenz entschieden ist. Der Vergleich mit einer direkten EU-Steuer ist insofern nicht treffend. Andererseits rechtfertigen selbst die Befürworter der Progression ihre Forderung mit dem Hinweis auf

[563] Vgl. Wissenschaftlicher Beirat beim Bundesministerium für Wirtschaft und Technologie (1999), S. 2022 f.

die Existenz progressiver Steuern in allen Mitgliedstaaten. Dieser Bezug hakt indessen ebenso: „Die Theorie der optimalen Besteuerung läßt sich nicht von Individuen auf Staaten übertragen, vor allem weil sich das Problem der Aggregation personenbezogener Größen stellt.“[564]

Die Kommission nennt als erhebliche Nachteile des progressiven Beitrags, dass

1. Beitragsprogression dem Prinzip der horizontalen Gleichheit widerspreche,
2. Progression auf der Ausgabenseite reale Konvergenz wahrscheinlicher mache,
3. durch ausgabenseitige Progression die Verwendung für vorgesehene Zwecke besser gewährleistet werden könne und
4. Kompensationsforderungen der bisherigen Nettozahler zu erwarten seien.[565]

Der erste Nachteil wird damit begründet, dass durch die Berücksichtigung des relativen Wohlstands nicht mehr die tatsächliche BSP-Grundlage, sondern eine modifizierte verwendet werde. Solche Kritik baut freilich auf der hier unpassenden Interpretation der horizontalen Gerechtigkeit auf, gleiches BSP müsse gleich belastet werden. Problematisch ist gleichwohl, dass für Mitgliedstaaten nahe dem EU-durchschnittlichen Pro-Kopf-BSP sowohl über- als auch unterproportionale Beitragslasten resultieren können. Der jeweilige BSP-Abrufsatz hängt auch vom relativen Wohlstand der anderen Mitgliedstaaten ab. Nach der fiktiven Rechnung für das Jahr 2001 (vgl. Abb. 21) wäre Italien entlastet worden, obwohl sein Pro-Kopf-Einkommen über dem EU-25-Durchschnitt lag.

Die drei anderen genannten Nachteile stehen miteinander in Verbindung. Aufgrund der massiven Umverteilung, die mit dem progressiven Tarif bereits auf der Einnahmenseite entstünde, wären Forderungen der zusätzlich belasteten Nettozahler bezüglich der Ausgabenseite zu erwarten: Insbesondere ein Abbau der üppigen Strukturfondsmittel dürfte angemahnt werden. Die progressive Einnahmenpolitik träte an die Stelle der regressiven Ausgabenpolitik – die Kommission spricht von „ausgabenbasierter Progression“[566]. Letztere sei aber wesentlich besser geeignet, Solidarität zu praktizieren und reale Konvergenz zwischen den Mitgliedstaaten herzustellen. Wäh-

---

[564] Europäische Kommission (1998), Anhang 7, S. 7.
[565] Vgl. ebenda, Anhang 7, S. 11 f.
[566] Ebenda, Anhang 7, S. 11.

rend bei den Ausgabenprogrammen eine zielkonforme Verwendung der Mittel wahrscheinlich sei, könnten die durch Beitragsprogression eingesparten Mittel auch für Konsumzwecke eingesetzt werden, die nicht dem Konvergenzziel dienen. Tatsächlich bestünde ein Nachteil darin, dass die Mitgliedstaaten über die Verwendung der eingesparten Beiträge keinerlei Rechenschaft ablegen müssten. Dem Optimismus der Kommission bezüglich der Wirksamkeit der Ausgabenprogramme ist allerdings auch mit Vorsicht zu begegnen. So sind zweckgebundene Zuweisungen ungebundenen Zuweisungen nicht eindeutig überlegen.[567] Da jedoch der Übergang von einem gebundenen zu einem ungebundenen Zuweisungssystem „die EU zunehmend zur ‚Transferunion'“[568] verändern würde, könnte nach Ansicht von Huber ein progressives Beitragssystem diesen Tendenzen entgegenwirken. Nach Auffassung des Wissenschaftlichen Beirats würde hingegen gerade die Progression „einer ungehemmten Transferunion endgültig den Weg bahnen“[569].

Es bleibt jedoch festzuhalten, dass sowohl das proportionale als auch das progressive BSP-Beitragssystem mit dem Postulat der Gerechtigkeit in Einklang steht. Beide Systeme lassen sich mit dem Leistungsfähigkeitsprinzip rechtfertigen, wobei es eben darauf ankommt, wie man das Leistungsfähigkeitsprinzip interpretiert. Als dritter Weg ist insofern der Tarif nach Version B anzusehen, da dieser eine Mischung aus proportionalem und progressivem Tarif darstellt. Es läge zwar auf der Hand, den hybriden Tarif nach Version B – insbesondere bei einem β von 0,5 – als Anpassung an das Bild vom Europa der Staaten und der Bürger zu würdigen, gleichwohl gilt weiterhin: Beiträge auf das Pro-Kopf-Einkommen sind keine direkte Besteuerung der Bürger. Version B zielt tatsächlich wohl eher auf Kompromissfähigkeit, mit β als Verhandlungsparameter.

Hinsichtlich des Postulats Aufgabenadäquanz gilt zunächst – wie eben festgestellt –, dass der progressive Beitragstarif als Verwirklichung des Leistungsfähigkeitprinzips angesehen werden kann. Wie bereits festgestellt, ist ein an der nationalen Leistungsfähigkeit ausgerichteter Finanzbeitrag einem vorwiegend verteilungspolitisch moti-

---

[567] Im Gegenteil sind unter allokationspolitischen Gesichtspunkten ungebundene Zuweisungen Zweckzuweisungen sogar überlegen, sofern in der Ausgangssituation ein Allokationsoptimum vorliegt, jedoch kann aus integrationspolitischer Sicht den Zweckzuweisungen auch zugute gehalten werden, EU-Wirken für den Bürger sichtbar machen zu können. Vgl. zu den allokationstheoretischen Überlegungen Brümmerhoff, D. (2001), S. 639 ff.

[568] Huber, B. (2001b), S. 55.

[569] Wissenschaftlicher Beirat beim Bundesministerium für Wirtschaft und Technologie (1999), S. 2037.

vierten Budget adäquat. Allerdings käme es neben dem starken Umverteilungselement auf der Ausgabenseite zusätzlich zu erheblichen Umverteilungseffekten auf der Einnahmenseite. Ceteris paribus würde die Beitragsprogression mithin die Nettopositionen der Mitgliedstaaten vergrößern. Von Seiten der Nettozahler wäre daraufhin mit einem verstärkten Drängen auf die Kürzung von Ausgaben zu rechnen, insbesondere solchen Ausgaben, die stark redistributiven Charakter haben. „Eine Progressivität auf der Einkommensseite des Gemeinschaftshaushalts würde auch [...] die Notwendigkeit verringern, auf der Ausgabenseite des Haushalts Allokations- und Verteilungsmerkmale zu vermischen."[570] Obwohl eine solche Trennung unter Effizienzgesichtspunkten zu begrüßen wäre: Eine Aufteilung der Art, dass die Allokationsaufgaben über die Ausgabenseite und die Umverteilung über die Einnahmenseite abgewickelt werden, entspricht nicht dem Postulat der aufgabenadäquaten Finanzierung, da dem Prinzip der fiskalischen Äquivalenz in keiner Weise entsprochen wird.

Eine Verbesserung des Finanzierungssystems im Sinne des Postulats der Autonomie ist von keinem Eigenmittelsystem zu erwarten, das hauptsächlich aus Finanzbeiträgen besteht. Dem Postulat wäre somit auch mit den in diesem Abschnitt diskutierten Vorschlägen nicht Folge geleistet. Das Finanzierungssystem i.w.S. könnte indessen sogar so verändert werden, dass eine Reform für die Organe der EU mit einem Verlust an Finanzautonomie verbunden wäre. Dies wäre der Fall, wenn – wie oben beschrieben – progressive Beitragszahlungen distributionspolitisch motivierte Ausgaben substituieren würden. Während die EU-Organe auf der Ausgabenseite über eine ihrem supranationalen Charakter entsprechende Haushaltsautonomie verfügen, ist die Einnahmenseite sehr stark intergouvernemental dominiert. Konkret: Der Rat beschließt den (von der Kommission vorgeschlagenen) Haushaltsplan mit qualifizierter Mehrheit und leitet diesen dem EP zu. Dieses hat insbesondere im Bereich der nicht obligatorischen Ausgaben (vgl. Kap. 1.2) die Möglichkeit, Änderungen vorzunehmen. Mit Inkrafttreten der EU-Verfassung entfällt sogar die Beschränkung der umfassenderen Haushaltsbefugnisse auf nicht obligatorische Ausgaben.

Auf der Einnahmenseite gilt stattdessen, dass der Ministerrat auf der Grundlage von Entscheidungen des Europäischen Rates einstimmige Beschlüsse fassen muss. Diese Eigenmittelbeschlüsse bedürfen der Zustimmung aller Mitgliedstaaten gemäß deren Verfassungsbestimmungen. Das Europäische Parlament wird in diesem Verfah-

---

[570] Padoa-Schioppa, T. (1987), S. 103.

ren auch nach Inkrafttreten der EU-Verfassung lediglich angehört.[571] Die finanzielle Autonomie der EU-Organe ist mithin auf der Einnahmenseite wesentlich geringer als auf der Ausgabenseite, weshalb eine Substitution distributionspolitisch wirksamer Ausgaben durch progressive Beiträge in diesem Sinne ein Rückschritt wäre.

Dem Postulat der Transparenz entsprechen die in diesem Abschnitt diskutierten Vorschläge nicht. Sie verfügen über ein solches Maß an Kompliziertheit, dass sie von der interessierten Öffentlichkeit kaum nachvollzogen werden können. Zusammenfassend bleibt festzustellen, dass keines der vier Gestaltungspostulate die Einführung eines progressiven Beitragstarifs hinreichend begründen kann.

3.2.2 Korrekturmechanismen

3.2.2.1 Korrekturmechanismus für das Vereinigte Königreich

Korrekturmechanismen sind zu verstehen als Korrekturen auf der Einnahmenseite, deren Ausgestaltung sich an den Verhältnissen von Zahlungen und Rückflüssen orientiert. Ein bereits existierender Korrekturmechanismus ist der für das Vereinigte Königreich. Wie in Kap. 1.3.2.2 ausführlich dargelegt wurde, ist dieser als Reaktion auf die ungünstige Nettoposition des Vereinigten Königreichs eingerichtet worden. Zahlreiche Aspekte sprechen dafür, den Rabatt für das Vereinigte Königreich nach mehr als 20 Jahren abzuschaffen:

1. Die Gemeinsame Agrarpolitik ist zwar immer noch die ausgabenträchtigste Gemeinschaftspolitik, der relative Anteil an den Gesamtausgaben ist jedoch in den vergangenen beiden Dekaden erheblich gesunken: Während der EAGFL mit seinen beiden Abteilungen im Jahre 1985 noch gut 73 % des Gesamthaushaltsplans in Anspruch nahm, werden es der Finanziellen Vorausschau zufolge im Jahre 2006 nur noch 43 % sein. Einer der Hauptgründe für das Haushaltsungleichgewicht des Vereinigten Königreichs verliert somit immer mehr an Bedeutung.

---

[571] Nach Art. I-53 Abs. 4 EU-Verfassung werden die „Durchführungsmaßnahmen zu dem System der Eigenmittel" in einem Europäischen Gesetz des Ministerrates geregelt, das nicht der Zustimmung der Mitgliedstaaten, aber der Zustimmung des EP bedarf.

2. Neben dem Vereinigten Königreich haben auch andere Mitgliedstaaten eine negative Nettoposition. 1997 hatten vier Mitgliedstaaten eine in Relation zum BSP größere Nettozahlerposition als das Vereinigte Königreich (0,27 %): Deutschland (0,60 %), Schweden (0,58 %), Österreich (0,44 %) und die Niederlande (0,34 %) hatten nach der Definition des ‚VK-Korrektursaldos' eine schlechtere Position.[572] Folgerichtig strebten diese vier Mitgliedstaaten 1999 die Verallgemeinerung des Korrekturmechanismus (vgl. Kap. 3.2.2.2) an. Stattdessen konnten sie aber nur die Regelung nach Artikel 5 Absatz 1 des Eigenmittelbeschlusses 2000 erreichen, wonach der Finanzierungsanteil dieser vier Mitgliedstaaten am Korrekturbetrag für das Vereinigte Königreich auf ein Viertel reduziert wird (vgl. Kap. 1.3.2.3).

3. Die relative Wohlstandsposition des Vereinigten Königreichs hat sich deutlich verbessert. Das ist zum einen der absoluten Wohlstandsmehrung aufgrund eigener Leistungen zu verdanken, zum anderen aber auch der relativen Verbesserung in Folge von Süderweiterung (1986) und Osterweiterung (2004). Während das britische BIP pro Kopf im Jahre 1984 nur 94 % des Durchschnittswerts der damaligen Zehnergemeinschaft betrug, beläuft sich das britische BIP pro Kopf in der EU-25 des Jahres 2004 auf etwa 124 % des Durchschnitts.

4. Der Korrekturmechanismus widerspricht den Postulaten Gerechtigkeit und Aufgabenadäquanz. Während das Eigenmittelsystem der EU im Wesentlichen auf dem Leistungsfähigkeitsprinzip aufbaut, was beim gegenwärtigen Aufgabenportfolio der Union im Übrigen auch adäquat ist, entspricht der dem Korrekturmechanismus zugrunde liegende ‚juste retour'-Gedanke dem Äquivalenzprinzip. Nach den Beschlüssen von Fontainebleau werden jedoch nur Nettozahlerpositionen, hingegen keine Nettoempfängerpositionen korrigiert, und nach den Eigenmittelbeschlüssen wird nur das britische Ungleichgewicht korrigiert. Somit rekurriert der Korrekturmechanismus auf ein spezielles, „asymmetrisches Äquivalenzprinzip"[573].

5. Der Korrekturbetrag wird grundständig über Mehrwertsteuer-Eigenmittel, darüber hinaus durch BNE-Eigenmittel der übrigen 24 Mitgliedstaaten finanziert (vgl. 1.3.2.3). Der Anteil am Korrekturbetrag wird zunächst nach dem Anteil eines Mitgliedstaates am BNE der EU-24 bemessen, was – abgesehen von der Nichtbeteiligung des Ver-

---

[572] Vgl. Europäische Kommission (2000c), Annex 8, S. 13.
[573] Messal, R. (1991), S. 123.

einigten Königreichs – dem Leistungsfähigkeitsprinzip entspricht. Letzterem entspricht allerdings nicht, dass bei der Berechnung jeweils drei Viertel des BNE von vier Mitgliedstaaten unbeachtet bleiben. Die Ermäßigung für Deutschland, Schweden, Österreich und die Niederlande wird mit deren Nettozahlerposition gerechtfertigt und folgt somit wieder dem Gedanken des Äquivalenzprinzips. Umso mehr müssen wiederum die verbleibenden 20 Mitgliedstaaten aufbringen. Dass die Korrektur des britischen Haushaltsungleichgewichts nun auch von den wirtschaftlich schwachen Beitrittsländern mitfinanziert werden muss, hat im Vorfeld der Erweiterung zu zusätzlicher Kritik an dem Rabatt geführt.[574]

6. Der Korrekturmechanismus verstößt auch gegen die Postulate Autonomie und Transparenz. Im Langes-Bericht des EP heißt es dazu:

> „Diese ‚Erstattung' an das Vereinigte Königreich wird nach einem Berechnungssystem vorgenommen, das kompliziert ist und von den Politikern in den Haushaltsbehörden nicht nachvollzogen werden kann; es ist also nicht zu erkennen, ob es überhaupt richtig ist. Dieser ‚Fontainebleau-Beschluß' hat aber bewirkt, daß auch andere Staaten den verhängnisvollen Satz ‚I want my money back' für sich geltend machen. Damit ist dieser Beschluß kontraproduktiv zu den Forderungen, ein autonomes Einnahmesystem für die EU zu schaffen."[575]

Intransparent ist der Mechanismus sowohl bei der Ermittlung des Korrekturbetrages als auch bei dessen Finanzierung. Die Finanzautonomie der EU-Organe wird durch die Verankerung im Eigenmittelbeschluss stark untergraben, da jede Veränderung am Mechanismus der Zustimmung des Vereinigten Königreichs gemäß seiner verfassungsrechtlichen Vorschriften bedarf.[576]

Eben darin liegt aber der Grund, warum der Korrekturmechanismus praktisch nicht abgeschafft werden kann, obwohl er allen Gestaltungspostulaten für ein rationales Finanzierungssystem widerspricht. Die Abschaffung des Rabatts käme für das Vereinigte Königreich einer jährlichen Mehrbelastung in Höhe von etwa sieben Milliarden Euro gleich;[577] prinzipielle Argumente rücken darob in den Hintergrund fiskalischer

574 Vgl. Berschens, R. (2003), S. 9, Schreyer, M. (2003), S. 6, o.V. (2003c), S. 9.
575 Europäisches Parlament (1994), S. 11.
576 Lienemeyer ist der Auffassung, dass die Kommission das (Nicht-)Vorliegen der Anspruchsvoraussetzungen formell feststellen könnte, zumal die Eigenmittelbeschlüsse in ihren Erwägungsgründen stets Bezug auf die Schlussfolgerungen des Rates von Fontainebleau nähmen, wonach „jedem Mitgliedstaat, der gemessen an seinem relativen Wohlstand eine zu große Haushaltslast trägt, zu gegebener Zeit Korrekturen" zustehen. Vgl. Lienemeyer, M. (2002), S. 312 f. Einem neuen Eigenmittelbeschluss müsste die britische Regierung trotzdem erst zustimmen.
577 Vgl. Europäische Kommission (2004c), S. 20. Die Zahl entspricht einer Schätzung der Kommission für die Jahre 2008 bis 2013.

Interessen. Zudem ist die Beibehaltung des Rabatts für die Briten von hoher symbolischer Bedeutung.[578] Für kaum ein anderes Element der EU-Finanzverfassung dürfte daher das allgemeine Verdikt der „Tyrannei des Status quo"[579] besser zutreffen als für dieses.

3.2.2.2 Allgemeiner Korrekturmechanismus

3.2.2.2.1 Ausweitung des bestehenden Korrekturmechanismus

Da dem Vereinigten Königreich die Sonderbehandlung offenbar kaum zu nehmen ist, sie andererseits aber auch nicht zu rechtfertigen ist, gilt die Ausweitung von Korrekturmaßnahmen auf mehr oder alle Mitgliedstaaten als ein möglicher Ausweg, dem sich das Vereinigte Königreich nicht verschließen könne. Nahe liegend wäre zunächst die Übertragung des bestehenden Korrekturmechanismus auf andere Mitgliedstaaten. In Frage kämen dafür entweder alle Mitgliedstaaten, deren Nettozahlerposition noch schlechter als die britische ist, oder alle Mitgliedstaaten, die überhaupt eine Nettozahlerposition haben.

Während im Jahr 1997 Deutschland, Schweden, Österreich und die Niederlande eine schlechtere Nettoposition (vor der Korrektur) als das Vereinigte Königreich hatten, traf dies 2002[580] nur noch für die Niederlande zu. Die Kommission hatte in ihrem Eigenmittelbericht 1998 für das Jahr 1999 sowohl die Ausweitung auf die vier genannten Mitgliedstaaten als auch auf alle (acht) Mitgliedstaaten, die 1999 einen negativen Saldo vor der Korrektur hatten, untersucht.[581] Dabei wurde unterstellt, dass jeder ausgleichsberechtigte Staat weiterhin 66 % seiner Nettoposition erstattet bekommt[582] und ebenso wie das Vereinigte Königreich nicht an der Finanzierung seiner eigenen Erstattung beteiligt wird, bei der Finanzierung der übrigen Erstattungen jedoch voll berücksichtigt wird.

---

578 Vgl. o.V. (2003a), S. 13.
579 Blankart, C.B. (2003), S. 597.
580 Unter Anwendung des ‚operativen' Haushaltssaldos vor der Korrektur für das Vereinigte Königreich.
581 Vgl. Europäische Kommission (1998), Anhang 6, S. 3 ff.
582 Die Herausrechnung britischer (und anderer Länder) Windfall-Gewinne aus der Kappung der MwSt-Eigenmittel und der Einführung der BSP-Eigenmittel wurde demnach nicht vorgenommen. Der Brutto-Ausgleichsbetrag für das Vereinigte Königreich fiel somit um knapp 200 Mio. Euro größer aus als bei einer dem geltenden Recht entsprechenden Berechnung.

Die uneingeschränkte Erweiterung ist zunächst mit dem wenig überraschenden Ergebnis verbunden, dass sich alle Nettoempfängerstaaten gegenüber der Nettoposition vor der Korrektur verschlechtern. Ebenso verschlechtert sich das Vereinigte Königreich dadurch, dass es sich nun an der Finanzierung der Ausgleichsbeträge anderer Mitgliedstaaten beteiligen muss. Es stellen sich aber auch Staaten mit Nettozahlerposition schlechter, sofern der ihnen zukommende Ausgleich geringer ist als die zur Finanzierung des gesamten Korrekturmechanismus zu zahlenden Beträge. 1999 galt dies für Frankreich, Italien und Finnland. Ähnlich bei der eingeschränkten Ausweitung: Österreich und die Niederlande hätten durch die Ausweitung des Korrekturmechanismus ihren Saldo (vor Korrektur) nicht verbessern können, da der ihnen zukommende Ausgleich kleiner gewesen wäre als der Beitrag zum Ausgleich der Nettoposition des Vereinigten Königreichs, Deutschlands, Schwedens und des jeweiligen anderen Landes.[583]

3.2.2.2.2 Kappungsmodell

Die vier Nettozahlerländer Deutschland, Schweden, Österreich und Niederlande hatten einem Vorschlag des damaligen Bundesfinanzministers Waigel folgend nicht die Übertragung des bestehenden Korrekturmechanismus auf die vier Mitgliedstaaten gefordert. Vielmehr sollte ein so genanntes Kappungsmodell eingeführt werden.[584]

Für einen Kappungsmechanismus gilt zunächst der Grundsatz: „Oberhalb eines in einer Solidargemeinschaft notwendigen Selbstbehalts, der Elemente des relativen Wohlstands des betreffenden Mitgliedstaates berücksichtigt, sollte eine Nettobelastung teilweise ausgeglichen werden."[585] Inklusive dem Vereinigten Königreich sollten nur noch solche Mitgliedstaaten, die einen Nettobeitrag über einer politisch festgelegten ‚Zumutbarkeitsschwelle' haben, einen Ausgleich erhalten und diesen auch nur für den quasi unzumutbaren Nettobeitrag. Formal ließe sich das Kappungsmodell wie folgt darstellen:

---

583 Das Phänomen, dass eine vermeintliche Begünstigung in der Wirkung eine Benachteiligung darstellen kann, ist auch im bis 2004 geltenden bundesdeutschen Länderfinanzausgleich zu beobachten. Für das Land Niedersachsen ist die Berücksichtigung seiner Seehafenlasten bei der Ermittlung der Finanzkraft von geringerem Vorteil als die höheren Seehafenlasten anderer Länder von Nachteil sind. Vgl. Peffekoven, R. (1988), S. 401.

584 Vgl. Busch, B. (1998), S. 37 f., Gretschmann, K. (1998), S. 83 f., Stark, J. (1997), S. 33 f.

585 Stark, J. (1996), S. 163.

$$(17)\quad Kzu_i = \begin{cases} 0 & \text{wenn } (NP_i - z \cdot Y_i) \leq 0 \\ a \cdot (NP_i - z \cdot Y_i) & \text{sonst} \end{cases}$$

$$(18)\quad Kza_i = \sum_j \left(\frac{Y_i}{Y_{EU} - Y_j} \cdot Kzu_j \right) \qquad \text{mit } i \neq j$$

$$(19)\quad \sum_i Kzu_i = \sum_i Kza_i$$

Kzu_i	=	Korrekturzufluss an das Land i
Kza_i	=	Korrekturzahlung des Landes i
a	=	Ausgleichsprozentsatz[586]
z	=	Zumutbarkeitsschwelle (Prozentsatz des BSP)
NP_i	=	Nettoposition des Landes i
Y_i	=	BSP des Landes i

Die wesentlichen Gestaltungsparameter sind dabei der Ausgleichsprozentsatz a, für den der deutsche Vorschlag 66 % vorsah[587], und die Zumutbarkeitsschwelle z, für die alternativ die Werte 0,3 % und 0,4 % des BSP in die Diskussion gebracht wurden. Zu klären wäre zudem die Definition der Nettoposition. Auf der Einnahmenseite ist dabei zu klären, wie die traditionellen Eigenmittel zu berücksichtigen sind: voll wie früher beim ‚operativen' Saldo, umgelegt entsprechend den Anteilen an den anderen Eigenmittelarten wie beim ‚VK-Korrektur-Saldo' (vgl. Kap. 2.2.2.1.2) oder gar nicht, was ihrem Charakter als originäre Einnahmen der EU entspräche. Auf der Ausgabenseite ist zu klären, welche Ausgaben zurechenbar sind, insbesondere ob Verwaltungsausgaben zugerechnet werden sollen.

Anhand einer Beispielrechnung, deren Ergebnisse in Anhang 7 zu finden sind, lässt sich das Kappungsmodell wie folgt erklären: Bei einer Zumutbarkeitsschwelle von 0,3 % des BSP wären im Jahr 2002 zwei Mitgliedstaaten ausgleichsberechtigt gewe-

---

[586] „Dieser Koeffizient liegt zwangsläufig innerhalb einer Spanne zwischen ‚größer als Null' und ‚kleiner oder gleich Eins'." Europäische Kommission (1998), Anhang 6, S. 2.

[587] Um die Durchsetzungschancen eines Kappungsmodells zu erhöhen, regt Diekmann alternativ an, den Ausgleichsprozentsatz in (negativer) Abhängigkeit vom Pro-Kopf-BSP zwischen 50 % und 100 % schwanken zu lassen. Vgl. Diekmann, B. (1998), S. 96.

sen:[588] Die Nettoposition der Niederlande – gemessen am ‚operativen' Haushaltssaldo vor Korrektur – hätte um 525 Millionen Euro über der zumutbaren Nettoposition gelegen, die des Vereinigten Königreichs um 1.825 Millionen Euro. Belgien hatte am EU-14-BNE ohne die Niederlande einen Anteil von 3,04 %, am EU-14-BNE ohne das Vereinigte Königreich einen Anteil von 3,55 %. Die Niederlande hätten einen Ausgleich in Höhe des 0,66-fachen von 525 Millionen Euro, also 346 Millionen erhalten, das Vereinigte Königreich 1.204 Millionen.[589] Die belgische Korrekturzahlung hätte sich nun aus 3,04 % von 346 Millionen Euro und 3,55 % von 1.204 Millionen Euro zusammengesetzt, also etwa 53 Millionen Euro. Die Niederlande hätten sich nur an der Finanzierung des britischen Korrekturzuflusses in Höhe des niederländischen Anteils am EU-14-BNE ohne Vereinigtes Königreich (5,84 %) beteiligen müssen[590], also mit 70 Millionen Euro. Die saldierten Korrekturbeträge eines Jahres t wären schließlich mit den Eigenmittelzahlungen des Jahres t+1 oder t+2 zu verrechnen.

Das Umverteilungsvolumen dieses Mechanismus wäre mit 1.550 Millionen deutlich niedriger gewesen als der tatsächlich an das Vereinigte Königreich geflossene Korrekturbetrag von etwa fünf Milliarden Euro. Folglich hätten alle Mitgliedstaaten profitiert, mit Ausnahme des Vereinigten Königreichs.

3.2.2.2.3 Nettokorrekturmodell

Vom ehemaligen Bundesminister Seiters stammt der Vorschlag eines Nettokorrekturmodells.[591] Danach sollen alle Nettozahlerstaaten ihre Nettozahlungen komplett ersetzt bekommen. Finanziert werden solle dies durch einen zweiten Haushalt, dessen Umfang den gesamten Nettozahlungen entspricht und der von allen Mitgliedstaaten gemäß ihrem BSP-Anteil finanziert wird. Vom Kappungsmodell des Bundesfinanzministeriums unterscheidet sich das Nettokorrekturmodell zum einen durch den zweiten Haushalt anstelle der Verrechnung mit den Eigenmitteln, was aber materiell bedeutungslos ist. Zum anderen finanzieren in diesem Modell die Nettozahler ihren

[588] Deutschland hatte im Beispieljahr 2002 eine ungewöhnlich niedrige Nettozahlerposition, was v.a. mit den einmaligen Fluthilfe-Zahlungen zu erklären ist.
[589] Bei einem z von 0,4 % hätten sich die Korrekturzuflüsse auf 157 respektive 468 Mio. Euro reduziert.
[590] Im Kappungsmodell von Diekmann sind die Mitgliedstaaten oberhalb der Zumutbarkeitsschwelle nicht an den Korrekturzahlungen beteiligt. Dies kann bei einer größeren Anzahl von begünstigten Staaten den verbleibenden Zahlern eine erhebliche Mehrbelastung verschaffen und ist zudem mit Schwelleneffekten verbunden. Vgl. Diekmann, B. (1998), S. 95.
[591] Vgl. Seiters, R. (1997), S. 38 f.

eigenen Ausgleich selbst mit. Ansonsten lässt sich das Nettokorrekturmodell als Spezifikation des Kappungsmodells ansehen: In Gleichung (17) ist für den Ausgleichskoeffizient a = 100 % und für die Zumutbarkeitsschwelle z = 0 % einzusetzen. Wegen der Mitfinanzierung des eigenen Ausgleichs entfällt in Gleichung (18) der Ausdruck ($-Y_j$); außerdem kann i = j sein.

Wie beim Kappungsmodell ist auch beim Nettokorrekturmodell die Definition der Nettoposition ein bedeutsamer Parameter. Legt man den ‚operativen' Haushaltssaldo zugrunde[592], hätten im Jahr 2002 vor allem die Niederlande massiv profitiert (vgl. ebenfalls Anhang 7), da die relative Nettozahlerposition von 0,48 % auf 0,19 % des BNE zurückgegangen wäre. Die Be- und Entlastungen aller anderen Mitgliedstaaten hätten 0,1 % des nationalen BNE nicht überschritten. Das Vereinigte Königreich hätte mit einem saldierten Korrekturzufluss in Höhe von 4.543 Millionen Euro einen Verlust von über 390 Millionen Euro gegenüber dem Korrekturmechanismus nach Status quo hinnehmen müssen. Im Gegensatz zu anderen Reformvorschlägen dürfte diese Verschlechterung um weniger als ein Zwölftel allerdings akzeptabel sein. Fraglich wäre indes, weshalb weniger wohlhabende Mitgliedstaaten wie Spanien, Portugal und Griechenland[593], aber auch Nettozahlerstaaten wie Österreich und Frankreich Verschlechterungen gegenüber dem Status quo hinnehmen sollten, die vor allem zu Gunsten der Niederlande und Deutschlands gingen. Deutschland hätte für seine Nettoposition einen Ausgleich in Höhe von 4.715 Millionen Euro erhalten und sich an der Finanzierung des zweiten Haushalts mit 4.108 Millionen Euro beteiligen müssen. Die saldierte Entlastung hätte die deutsche Nettoposition um ein halbes BNE-Promille verbessert.

[592] Hierbei handelt es sich um den „operativen' Haushaltssaldo (nach VK-Korrektur) auf der Grundlage der Definition des Ausgleichs zu Gunsten des Vereinigten Königreichs" abzüglich der Korrekturzahlungen. Vgl. Europäische Kommission (2003a), S. 122, 126. Den Berechnungen von Busch für das Jahr 1996 liegt eine vom Europäischen Rechnungshof stammende Gegenüberstellung von tatsächlichen Zahlungen und tatsächlichen Rückflüssen (ohne Verwaltungsausgaben) zugrunde. Vgl. Busch, B. (1998), S. 35 ff.

[593] Negativ betroffen wären mittlerweile auch alle neuen Mitgliedstaaten, sofern sie eine Nettozahlerposition haben.

3.2.2.2.4 Schutzmechanismus

Deutlich komplizierter ist der Korrekturmechanismus, der im Padoa-Schioppa-Bericht (1987) vorgeschlagen wurde.[594] Dieser Schutzmechanismus (auch Sicherheitsmechanismus) sah vor, dass sich die Nettoposition eines Mitgliedstaates innerhalb einer gewissen Bandbreite bewegen dürfe, ohne dass es zu Korrekturmaßnahmen kommt. Liegt die Nettoposition eines Landes außerhalb des mit steigendem Pro-Kopf-BSP[595] ansteigenden, aber schmaler werdenden Bandes, ist das Land ausgleichsberechtigt respektive ausgleichspflichtig. Unterhalb eines bestimmten Pro-Kopf-Einkommens wurde von eventuellen Ausgleichspflichten allerdings abgesehen, „sofern gewisse Bedingungen der makro-ökonomischen Politik erfüllt werden"[596]. Mit der Bandbreiten-Funktion sei „ein gewisses Maß an progressiver Finanzgerechtigkeit zu gewährleisten"[597], aber auch Spielraum für sektorale Politiken gegeben.

Formal lässt sich der Schutzmechanismus wie folgt beschreiben:[598] Zunächst wird ein Koeffizient λ_i definiert, der abstrakt die „Beitragsleistungsfähigkeit" des Landes i beschreibt. λ_i ist abhängig vom Pro-Kopf-Einkommen und von einem Umverteilungsparameter β.

$$(20) \quad \lambda_i = \ln\left(Y_i/E_i\right)^{\beta}$$

Zudem wird ein Koeffizient ρ definiert, der die „durchschnittliche Beitragsleistungsfähigkeit" beschreibt. Die Summe aller nicht zurechenbaren Ausgaben B entspricht dabei der Summe aller Nettopositionen.

$$(21) \quad \rho = \frac{\sum_i \lambda_i Y_i - B}{\sum_i Y_i}$$

---

594 Vgl. Padoa-Schioppa, T. (1987), S. 104 ff., 162 ff. Vgl. auch Europäische Wirtschaft (1993), S. 102 f.

595 In Anhang 4 des Padoa-Schioppa-Berichts wird die Nettoposition auf das BIP bezogen und das Pro-Kopf-BSP in Kaufkraftstandards verwendet. Da diese Vorgehensweise nicht speziell gerechtfertigt wird, werden in diesem Abschnitt nur nominale BSP-Größen verwendet. Zur Diskussion der Aussagekraft unterschiedlicher Sozialproduktindikatoren vgl. Kap. 3.2.1.3.1.

596 Padoa-Schioppa, T. (1987), S. 105.

597 Ebenda, S. 162.

598 In Anlehnung an Padoa-Schioppa, T. (1987), S. 163 ff., wobei anzumerken ist, dass formale Fehler in dieser Quelle im Sinne dieser Quelle korrigiert wurden.

Die Funktion, die die adäquate relative Nettoposition eines Landes i beschreibt, kann mit diesen beiden Parametern wie folgt formuliert werden:

$$(22)\quad \left(\frac{NP_i}{Y_i}\right)^* = \lambda_i - \rho$$

Das Band, innerhalb dessen tatsächliche relative Nettopositionen akzeptiert sind, lässt sich durch (23) beschreiben, wobei das Band horizontal an jeder Stelle 2ε breit ist, vertikal jedoch immer schmaler wird.

$$(23)\quad \ln\left[(Y_i/E_i)-\varepsilon\right]^{\beta} - \rho \le \frac{NP_i}{Y_i} \le \ln\left[(Y_i/E_i)+\varepsilon\right]^{\beta} - \rho$$

NP_i	=	Nettoposition des Landes i
Y_i	=	BSP des Landes i
$(NP_i/Y_i)^*$	=	adäquate relative Nettoposition des Landes i
E_i	=	Einwohnerzahl des Landes i

Politisch zu bestimmen sind die Parameter β und ε. Auf eine Spezifizierung hatte die Padoa-Schioppa-Gruppe daher bewusst verzichtet, wobei für β verschiedene Beispielswerte zwischen 0,1 und 0,01 genannt wurden.

Am Beispiel des Jahres 2002 lässt sich in Abbildung 22 graphisch veranschaulichen, welchen Verlauf das Band und die in der Mitte liegende Funktion gehabt hätten und welche Mitgliedstaaten eine Nettoposition außerhalb dieses Bandes gehabt hätten. Um der Bedingung Genüge zu tun, dass die Summe der Nettopositionen der Summe der nicht zurechenbaren Ausgaben entspricht, wird ein anderes Saldenkonzept als beim ‚VK-Korrektursaldo' oder beim ‚operativen' Saldo verwendet. Für die Ermittlung der Zahlungen eines Landes an die EU wird der Anteil an den gesamten Beitragseinnahmen mit den gesamten Ausgaben multipliziert.[599] Zu den zurechenbaren

[599] Damit werden sowohl die traditionellen Eigenmittel als auch die sonstigen Einnahmen, zu denen vor allem der Saldo des Vorjahres gehört, auf die Mitgliedstaaten nach dem Anteil an den MwSt- und BSP-Eigenmitteln (ohne VK-Korrektur) aufgeteilt.

Rückflüssen zählen alle operativen Ausgaben, die innerhalb der EU getätigt werden.[600]

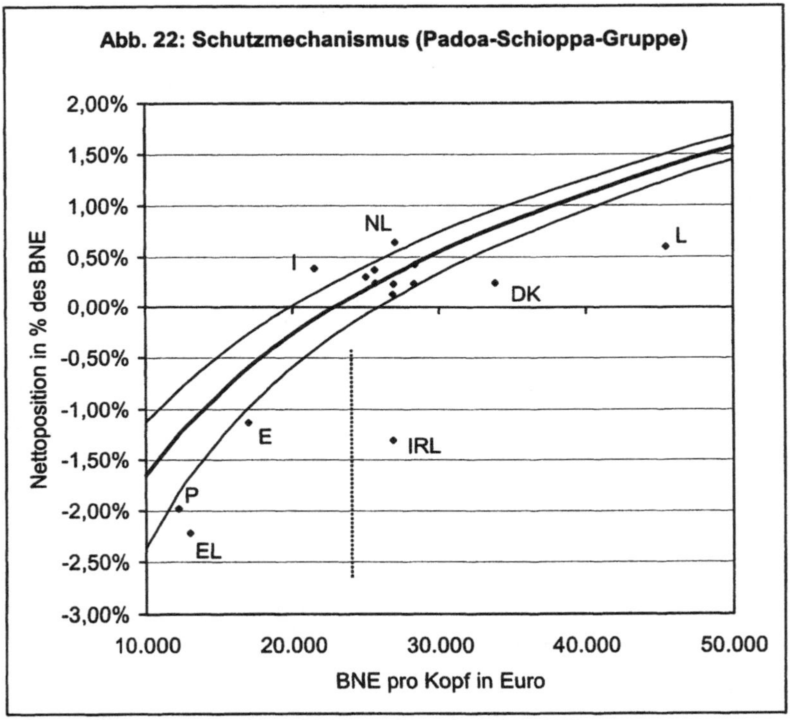

Abb. 22: Schutzmechanismus (Padoa-Schioppa-Gruppe) (EU-15, 2002), in Anlehnung an Padoa-Schioppa, T. (1987), S. 105, 165
Quelle: Eurostat, Europäische Kommission (2003f), S. 32, Europäische Kommission (2003a), S. 111, 119, 123.

Mehr oder weniger willkürlich wurde der Wert für β auf 0,02 festgelegt und der für ε auf 3.000 Euro. Unter Vorbehalt sind daher die in Abbildung 22 erkennbaren Ergebnisse zu interpretieren: Von den 15 Mitgliedstaaten lagen sieben innerhalb der Bandbreite, so dass an deren relativer Nettoposition keine Änderungen vorzunehmen wären. Zwei Mitgliedstaaten lagen oberhalb der Bandbreite, so dass ihnen ein Beitragsrabatt zugestanden hätte: die Niederlande und Italien. Sechs Mitgliedstaaten lagen unterhalb des Bandes. Wäre die Pflicht zu zusätzlichen Beiträgen an ein überdurch-

[600] Da von den Gesamtausgaben des Jahres 2002 in Höhe von 85.144,5 Mio. Euro operative Ausgaben in Höhe von 72.734,4 Mio. Euro zurechenbar waren, belief sich der Wert der nicht zurechenbaren Ausgaben B auf 12.410,1 Mio. Euro.

schnittliches Pro-Kopf-Einkommen (rechts der gepunkteten Linie) gebunden, wären jedoch nur Luxemburg, Dänemark und Irland davon betroffen gewesen. Bei Spanien, Portugal und Griechenland hätte hingegen die oben angeführte makroökonomische Konditionalität angewendet werden können.[601]

3.2.2.2.5 Zusammenfassende Beurteilung allgemeiner Korrekturmechanismen

Bei der Beurteilung der verschiedenen vorgeschlagenen Korrekturmechanismen sind sowohl technische als auch normative Aspekte zu berücksichtigen.

Aus der technischen Perspektive ist von einem Korrekturmechanismus eine klare Regelung zu erwarten, wie Korrekturzuflüsse und -zahlungen zu ermitteln sind. Sowohl das Kappungsmodell als auch das Nettokorrekturmodell entsprechen dieser Anforderung, da in beiden Modellen Ausgleichsrecht und Ausgleichspflicht klar geregelt sind. Die Vollständigkeit eines verallgemeinerten Korrekturmechanismus für das Vereinigte Königreich wird in den Berechnungen der Kommission durch die Arbeitshypothese erreicht, ausgleichsberechtigte Länder wären nur von der Finanzierung des eigenen Korrekturbetrages befreit. Der Schutzmechanismus hingegen bleibt in dieser Hinsicht sehr vage. So ist unklar, welche Länder sich an der Finanzierung von Korrekturzahlungen beteiligen müssten und an wen die zusätzlichen Beiträge der zu Unrecht begünstigten Länder fließen sollten. Alle Vorschläge lassen offen, wie mögliche Zweitrundeneffekte zu behandeln sind. In allen Modellen kann die Korrektur nämlich dazu führen, dass neue Mitgliedstaaten korrekturberechtigt sind.

Schwelleneffekte träten auf, wenn das geringfügige Überschreiten eines Schwellenwerts mit massiven Auswirkungen verbunden wäre. Um einen solchen Effekt zu vermeiden, unterstellt die Kommission bei den Berechnungen zur Ausweitung des bestehenden Korrekturmechanismus, dass ausgleichsberechtigte Länder nur von der Finanzierung des eigenen Korrekturbetrages befreit werden. Im Kappungsmodell treten ebenfalls keine Schwelleneffekte auf, sofern sich auch ausgleichsberechtigte Mitgliedstaaten an der Finanzierung der restlichen Ausgleichsbeträge beteiligen müs-

[601] Bereits eine Erhöhung von β auf 0,03 und von ε auf 4.000 Euro würde Spanien, Portugal und Griechenland sowie die Niederlande in das dann steiler und breiter verlaufende Band holen.

sen.[602] Im Nettokorrekturmodell können keine Schwelleneffekte auftreten, da alle Mitgliedstaaten in den zweiten Haushalt gemäß ihrem BSP-Anteil einzahlen, unabhängig davon, ob sie Zahlungen daraus erhalten. Beim Schutzmechanismus schließlich können Schwelleneffekte auftreten, wenn das Überschreiten der gepunkteten Linie unterhalb des Bandes in Abbildung 22 abrupt zur Pflicht zusätzlicher Beitragszahlungen führt.

Wesentlich bedeutsamer als technische Unzulänglichkeiten, die sich im Übrigen bereinigen lassen, ist für die Beurteilung allgemeiner Korrekturmechanismen der Maßstab normativer Kriterien. Dazu lassen sich wiederum die unter 2.2 formulierten Gestaltungspostulate verwenden.

Das Postulat Gerechtigkeit kann im Finanzierungssystem der EU erfüllt werden, wenn dieses nach einem der beiden fundamentalen Gerechtigkeitsprinzipien ausgerichtet ist. Welchem der beiden dabei der Vorzug zu geben ist oder ob zu bestimmten Anteilen sogar beide verfolgt werden sollten, ist eine Frage normativer Art, bei deren Beantwortung das Postulat Aufgabenadäquanz Hilfestellung leisten kann. Schlussfolgerung dazu (vgl. Kap. 2.3) war, dass dem derzeitigen EU-Budget mit seinem vorwiegend redistributiven Charakter eine Beitragsfinanzierung gemäß dem Leistungsfähigkeitsprinzip adäquat ist. Die Dominanz beitragsähnlicher Eigenmittel, die vor allem das BSP als Bemessungsgrundlage haben, ist daher angemessen. Der Korrekturmechanismus für das Vereinigte Königreich folgt jedoch dem Äquivalenzprinzip. Korrekturmechanismen zu verallgemeinern hieße daher auch, dem Äquivalenzgedanken breiteren Raum zu geben. Die Ausweitung des bestehenden Korrekturmechanismus würde indes ebenso wie das Kappungsmodell und das Nettokorrekturmodell einem Äquivalenzprinzip in asymmetrischer Form entsprechen, weil ungerechtfertigte Nettoempfängerpositionen unberücksichtigt bleiben. Beim Schutzmechanismus gibt es hingegen, wenn auch nur teilweise, eine Korrektur „zu gut“ behandelter Mitgliedstaaten.

Wenn dem Äquivalenzprinzip auch beim gegenwärtigen Aufgabenspektrum ein größeres Gewicht eingeräumt werden sollte, dann vor allem um allokative Fehlanreize

---

[602] Während dies in den Berechnungen der Kommission so unterstellt ist, sind im Kappungsmodell von Diekmann alle Mitgliedstaaten über der Schwelle von sämtlichen Ausgleichszahlungen befreit, so dass erhebliche Schwelleneffekte auftreten können. Vgl. Europäische Kommission (1998), Anhang 6, S. 7, Diekmann, B. (1998), S. 95.

zu vermeiden. Adäquates Mittel in dieser Hinsicht ist jedoch das Instrument der Kofinanzierung. Saldenorientierte Korrekturmechanismen sind hingegen ungeeignet. Sie stellen das Konzept der Nettoposition in den Mittelpunkt einer umfassenden Kosten-Nutzen-Analyse der EU-Mitgliedschaft, mit dem Ziel, die Kosten-Nutzen-Relationen nicht allzu sehr divergieren zu lassen. Dies ist aber nicht nur dem redistributiv ausgerichteten EU-Haushalt inadäquat, es ist mit dem Konzept der Nettoposition auch unzureichend verwirklicht. Ein allgemeiner Korrekturmechanismus kann somit nur im Sinne eines subsidiären Sicherheitsnetzes angebracht sein, das nur in Ausnahmefällen zum Einsatz kommt.[603]

Nach dem Postulat der Autonomie sollte die finanzielle Souveränität der Organe der EU gestärkt werden, wobei deren demokratische Unzulänglichkeiten kritisch zu berücksichtigen sind (vgl. Kap. 2.2.2.3). Im geltenden Finanzierungssystem i.w.S. ist die finanzielle Autonomie deutlich verschieden zwischen Einnahmen- und Ausgabenseite. Während die Einnahmen sehr stark intergouvernemental bestimmt sind, entspricht das Haushaltsrecht wesentlich mehr dem supranationalen Charakter der EU. Eigenmittelbeschlüsse bedürfen der Ratifizierung durch alle EU-Mitgliedstaaten, der EU-Haushalt wird hingegen vom ECOFIN-Rat – im Rahmen der einstimmig beschlossenen Finanziellen Vorausschau – mit qualifizierter Mehrheit und vom Europäischen Parlament mit Mehrheit beschlossen.[604] Korrekturmechanismen führen letztlich dazu, Ausgabenentscheidungen teilweise rückgängig zu machen. Wenn die Korrekturmaßnahmen aber über die Einnahmenseite durchgeführt werden, schränkt ein allgemeiner Korrekturmechanismus die Finanzautonomie der EU-Organe ein. Insofern wäre eine ausgabenseitige Korrektur vorzuziehen.

Mit dem Postulat der Transparenz wird vom Finanzierungssystem eine klare und verständliche Struktur erwartet. Der geltende Korrekturmechanismus ist ein erheblicher Verstoß gegen dieses Postulat. Besonderen Anteil an der Intransparenz haben die Modifikationen durch die Eigenmittelbeschlüsse 1988 und 2000, deren Zweck darin bestand, zu verhindern, dass Veränderungen am Eigenmittelsystem unerwünschte positive oder negative Wirkungen auf den britischen Korrekturbetrag haben. Eine Verallgemeinerung des Korrekturmechanismus, wie sie in Kap. 3.2.2.2.1 skizziert

[603] Vgl. Diekmann, B. (1998), S. 95.
[604] Ein weiterer wesentlicher Unterschied ist, dass Haushaltspläne nur zeitlich befristet (i.d.R. ein Jahr) gelten, Eigenmittelbeschlüsse dagegen unbefristet, bis ein neuer gefasst wird.

wurde, wäre mit einem Abbau von Intransparenz verbunden. Zum einen trüge dazu eine Berechnung von Korrekturbeträgen bei, die auf hypothetische Rechenschritte verzichtet, zum anderen vereinfachte sich das Verfahren auch dadurch, dass bei der Finanzierung von Korrekturbeträgen keine Abschläge mehr gewährt würden. Auch das Kappungsmodell und das Nettokorrekturmodell sind im Vergleich zum geltenden Korrekturmechanismus einfacher und transparenter. Der von der Padoa-Schioppa-Gruppe vorgeschlagene Schutzmechanismus lässt sich immer noch als die „bislang eleganteste Formulierung"[605] eines allgemeinen Korrekturmechanismus bezeichnen, gleichzeitig ist er aber auch der komplizierteste. Koeffizienten, die sich mit Worten schwer beschreiben lassen und durch Logarithmierung anderer Kennzahlen errechnet werden, passen nicht zu einem nachvollziehbaren Korrekturmechanismus.

Das gilt vor allem für die Wahl der Parameter. Da es weder positive noch normative Gründe für die Wahl eines bestimmten a oder z im Kappungsmodell oder eines bestimmten β oder ε im Schutzmechanismus gibt, würden diese vom gewünschten Ergebnis her festgelegt. Die Regel des Nettokorrekturmodells, alle Nettozahlungen vollständig zu kompensieren, ist aus dieser Warte am ehesten nachvollziehbar.

Unabhängig vom Vergleich mit dem bestehenden Korrekturmechanismus gilt, dass Korrekturmechanismen das Finanzierungssystem i.w.S. intransparent machen. Zudem vermischen sie mit dem Konzept der Nettoposition Ausgaben- und Einnahmenseite. In der Folge entfällt für die so genannten Nettozahler der Anreiz, das Ausgabenwachstum zu bremsen; ein allgemeiner Korrekturmechanismus kann so zur Persistenz ineffizienter Politikmaßnahmen beitragen.

3.2.2.2.6 Allgemeiner Korrekturmechanismus nach einem Vorschlag der Kommission

In ihrem Eigenmittelbericht vom Juli 2004 hat sich die Kommission zur Empfehlung eines allgemeinen Korrekturmechanismus entschlossen.[606] Ausgangspunkt ihrer Überlegungen war dabei die voraussehbare Entwicklung des bisherigen Korrekturmechanismus. Unter Zugrundelegung vor allem der im Februar 2004 vorgeschlagenen Finanziellen Vorausschau 2007 bis 2013 hat die Kommission ein Anwachsen

---

605 Europäische Wirtschaft (1993), S. 102.
606 Vgl. Europäische Kommission (2004b), S. 5.

des Korrekturbetrages um mehr als 50 % errechnet: Der Ausgleich für das Vereinigte Königreich betrüge im Durchschnitt der Jahre 2008 bis 2013 etwa 7,1 Milliarden Euro, im Gegensatz zu 4,6 Milliarden Euro im Durchschnitt der Jahre 1997 bis 2003. Dies und die immer fragwürdiger werdende Rechtfertigung des Britenrabatts begründen den Vorschlag eines allgemeinen Korrekturmechanismus von 2007 an. Der Mechanismus ist von der Konstruktion her eine Weiterentwicklung des Waigelschen Kappungsmodells.[607] Die formale Beschreibung wird in dieser Arbeit daher an die Gleichungen (17) bis (19) angepasst.[608]

Auch das Kommissionsmodell sieht Erstattungen für Mitgliedstaaten vor, deren Nettoposition oberhalb einer zumutbaren Schwelle z liegt; ebenso wird nur der diesen Betrag übersteigende Anteil zu einem Satz a ausgeglichen. Allerdings beteiligen sich wie beim Nettokorrekturmodell (vgl. Kap. 3.2.2.2.3) – und anders als beim Kappungsmodell – Empfänger an der Korrektur ihrer eigenen Nettoposition. Im Ergebnis orientieren sich Korrekturzahlungen daher nur nach dem Anteil am gemeinsamen BNE. Neu ist der Maximalbetrag K_{max}, bis zu dessen Höhe Korrekturzahlungen geleistet werden müssen. Formal lässt sich der allgemeine Korrekturmechanismus wie folgt beschreiben:

$$(17) \quad Kzu_i = \begin{cases} 0 & \text{wenn } (NP_i - z \cdot Y_i) \leq 0 \\ a \cdot (NP_i - z \cdot Y_i) & \text{sonst} \end{cases},$$

wobei der Ausgleichsprozentsatz gemäß (17a) variabel ist:

$$(17a) \quad a = \begin{cases} a_{max} & \text{wenn } \sum_i Kzu_i^{a_{max}} \leq K_{max} \\ \frac{K_{max}}{\sum_i Kzu_i^{a_{max}}} \cdot a_{max} & \text{sonst} \end{cases}$$

[607] Alternativ benennt die Kommission in ihrem Bericht auch andere Reformoptionen des Britenrabatts: Ein Absenken des Korrektursatzes von 66 % auf 33 %, ein Einfrieren des Korrekturbetrages bei 4,5 Mrd. Euro, ein langsames Auslaufen der Korrektur über sieben Jahre hinweg, ein Herausrechnen der erweiterungsbedingten Ausgaben. Alle Alternativen werden indessen verworfen, da sie grundsätzlich nichts an der ungerechtfertigten Einzelbehandlung des Vereinigten Königreichs oder der hohen Nettobelastung bestimmter anderer Mitgliedstaaten ändern würden. Auch ein dem Nettokorrekturmodell ähnelndes Pool-Modell verwirft die Kommission mit dem Hinweis auf die hohen Umverteilungsbeträge und die ursprünglichen Intentionen der Beschlüsse von Fontainebleau. Vgl. Europäische Kommission (2004c), S. 21 ff., 35 ff.

[608] Zur formalen Beschreibung des Kommissionsvorschlages vgl. ebenda, S. 34 f. Zu den Gleichungen des Waigel-Modells vgl. 3.2.2.2.2.

(18a) $Kza_i = \frac{Y_i}{Y_{EU}} \cdot \sum_i Kzu_i$

(19) $\sum_i Kzu_i = \sum_i Kza_i$

Kzu_i = Korrekturzufluss an das Land i

Kza_i = Korrekturzahlung des Landes i

K_{max} = maximales Korrekturvolumen

a = Ausgleichsprozentsatz

a_{max} = maximaler Ausgleichsprozentsatz

z = Zumutbarkeitsschwelle (Prozentsatz des BNE)

NP_i = Nettoposition des Landes i

Y_i = BNE des Landes i

Konkret sieht der Kommissionsvorschlag eine Zumutbarkeitsschwelle bei 0,35 % des BNE und einen maximalen Ausgleichssatz von 66 % vor.[609] Während die 66 % in der Tradition des derzeitigen Korrekturmechanismus stünden, ist die Wahl der Zumutbarkeitsschwelle vom Ergebnis her zu interpretieren: Würden Nettopositionen über 0,35 % des BNE zu 66 % rückerstattet, wäre dies (in der kommenden Finanzierungsperiode) mit einem Korrekturvolumen verbunden, das dem des bestehenden Korrekturmechanismus recht nahe käme. Knapp sieben Milliarden Euro betrüge die Summe der Korrekturzahlungen im Durchschnitt der Jahre 2008 bis 2013.[610] Das maximale Korrekturvolumen wäre nach Ansicht der Kommission für die Dauer einer Finanzierungsperiode (sieben Jahre) jeweils neu festzulegen; für die kommende werden 7,5 Milliarden Euro vorgeschlagen.[611]

Die Berechnung der Nettoposition würde nach diesem Vorschlag in der Tradition des Korrekturmechanismus für das Vereinigte Königreich fortgeführt. Die Nettoposition eines Mitgliedstaates wäre die Differenz zwischen dem Anteil dieses Mitgliedstaates

---

609 Vgl. Europäische Kommission (2004e), S. 10 sowie die Artikel 1 und 2 des zugehörigen Vorschlags für eine Verordnung des Rates. Als Alternative zu einer generellen Zumutbarkeitsschwelle wird auch eine variable, vom BNE zu KKS abhängige Zumutbarkeitsschwelle diskutiert, wegen noch höherer Belastungen gegenüber dem Status quo für das Vereinigte Königreich aber verworfen. Vgl. Europäische Kommission (2004c), S. 30 f.

610 Vgl. ebenda, S. 69.

611 Vgl. Europäische Kommission (2004e), S. 10 sowie Artikel 2 des zugehörigen Vorschlags für eine Verordnung des Rates.

an den gesamten Mehrwertsteuer- und BSP-Eigenmitteln und seinem Anteil an den gesamten zurechenbaren Ausgaben, multipliziert mit den gesamten zurechenbaren Ausgaben. Da zu den zurechenbaren Ausgaben in diesem Fall auch die Verwaltungsausgaben zählen, werden Belgien und Luxemburg zu Nettoempfängern.[612] Dass dies nicht ohne weiteres zu rechtfertigen ist, wurde bereits in Kap. 2.2.2.1.2 erläutert.

Vergleichsrechnungen mit einer Fortführung des Status quo zeigen, dass 23 von 25 Mitgliedstaaten von dem Kommissionsmodell profitieren würden.[613] Größter Gewinner wären die Niederlande mit einer jahresdurchschnittlichen Verbesserung ihrer Nettoposition um 0,08 % des nationalen BNE. 22 Mitgliedstaaten würden sich um Beträge zwischen 0,04 und 0,06 % des nationalen BNE verbessern. Österreich würde sich um 0,02 % verschlechtern, obwohl es die Zumutbarkeitsschwelle überschreiten würde und somit Korrekturzuflüsse erhielte.[614] Erheblich wäre die Verschlechterung des Vereinigten Königreichs um 0,26 % des BNE; es würde mit 3,2 Milliarden Euro weniger als halb so viel erhalten wie bei einer Fortführung der geltenden Regeln. Zudem müsste sich das Vereinigte Königreich erstmals an den Korrekturzahlungen für sich selbst und die anderen Korrekturempfänger mit 1,1 Milliarden Euro beteiligen.

Die Netto-Korrekturleistungen an das Vereinigte Königreich würden damit um fast 70 % gegenüber der Status quo-Regelung sinken. Da das der Kommission offenbar unzumutbar erschien, wurde das Kommissionsmodell in einem Vorschlag an den Rat um Übergangsregelungen ergänzt.[615] Aber auch dabei würde sich das Vereinigte

---

[612] Dies ist für die beiden Staaten insofern unerheblich, als sie bei einer Nichtzurechnung der Verwaltungsausgaben auch nicht korrekturberechtigt sein würden. Allerdings erhöht die Zurechnung von Verwaltungsausgaben die Summe der Korrekturzuflüsse.

[613] Vgl. Europäische Kommission (2004c), S. 74.

[614] Da Österreich nach der Status quo-Regelung nur ein Viertel seines eigentlichen Anteils an der Finanzierung des Korrekturbetrages für das Vereinigte Königreich tragen muss, sich nach dem Kommissionsmodell gemäß seinem BNE-Anteil aber mit 150 Mio. Euro (voll) an den Korrekturzahlungen an das Vereinigte Königreich, Deutschland, die Niederlande, Schweden, Zypern und sich selbst beteiligen müsste und selbst nur einen Korrekturzufluss in Höhe von 52 Mio. Euro erhalten würde, wäre das Kommissionsmodell für Österreich von geringem Nachteil. Vgl. ebenda, S. 72.

[615] Diese bestehen zum einen aus einem ‚phasing-out' von Korrekturzahlungen an das Vereinigte Königreich in Höhe von 2 Mrd. Euro im Jahre 2008, 1,5 Mrd. Euro (2009), 1 Mrd. Euro (2010) und 0,5 Mrd. Euro (2011), an denen sich das Vereinigte Königreich nicht und Deutschland, Österreich, Schweden und die Niederlande nur zu einem Viertel ihres eigentlichen Anteils beteiligen müssten. Zum anderen würde der Ausgleichsprozentsatz mit Ausnahme des Vereinigten Königreichs für 2008 auf 33 % und für 2009 und 2010 auf 50 % begrenzt (‚phasing in'). Vgl. Europäische Kommission (2004e), S. 11 f.

Königreich noch um 0,21 % des BNE gegenüber einer Fortführung des geltenden Rechts verschlechtern[616]. Die prompte Ablehnung der britischen Regierung überrascht daher nicht.[617]

Eine Beurteilung des Kommissionsmodells würde im Wesentlichen die zusammenfassende Beurteilung älterer Vorschläge allgemeiner Korrekturmechanismen wiederholen.[618] Besonders kritisch ist das Modell hinsichtlich seiner Komplexität und der normativ mangelhaften Nachvollziehbarkeit seiner Parameter (a, z und K_{max}) zu beurteilen. Dem selbst gestellten Anspruch an einen allgemeinen Korrekturmechanismus „as simple and transparent as possible“[619] wird er jedenfalls nicht gerecht.

3.2.3 Finanzausgleich

Zum Abschluss der Untersuchungen einer Reform innerhalb des Beitragssystems ist zu klären, welche Auswirkungen der Ausbau oder Umbau des sekundären Finanzausgleichs innerhalb der EU auf das Beitragssystem hätte. Eher im Hintergrund steht dabei die Frage nach der Notwendigkeit und Rechtfertigung eines solchen sekundären Finanzausgleichs.[620] Vielmehr interessiert, inwieweit mögliche Finanzausgleichmaßnahmen mit dem bestehenden Finanzierungssystem vereinbar wären.

Der aktive Finanzausgleich untergliedert sich in einen vertikalen und einen horizontalen Einnahmenausgleich, wobei Letzterer als Finanzausgleich im engsten Sinne gilt.[621] Zu unterscheiden ist beim aktiven Finanzausgleich zudem, ob primäre oder sekundäre Maßnahmen des Finanzausgleichs vorgenommen werden. Sekundäre Maßnahmen korrigieren bewusst die Ergebnisse der primären Einnahmenverteilung. Allein solche sekundären Maßnahmen vertikaler oder horizontaler Art sind in diesem Abschnitt relevant.

---

[616] Vgl. Europäische Kommission (2004e), S. 13.
[617] Vgl. Thibaut, M., Hoenig, J., Alich, H. (2004), S. 3, o.V. (2004e), S. 12.
[618] In technischer Hinsicht ist das Kommissionsmodell vollständig formuliert, mögliche Zweitrundeneffekte sollen offenbar unberücksichtigt bleiben, Schwelleneffekte können nicht auftreten.
[619] Europäische Kommission (2004c), S. 27.
[620] Umfangreiche Analysen zu dieser Frage liefern z.B. Walthes, F. (1996), Thomas, I.P. (1997) und Niermann, H. (2002).
[621] Zur Terminologie der Theorie des Finanzausgleichs vgl. Peffekoven, R. (1980), S. 608 ff.

Sekundäre aktive Finanzausgleiche lassen sich wiederum nach ihren Anknüpfungspunkten unterscheiden: Während ein direkter Finanzausgleich an öffentlichen Budgetdaten ansetzt, ist ein indirekter Finanzausgleich an der Wirtschafts- und Bevölkerungsstruktur orientiert.[622] Schließlich ist zu unterscheiden, ob die Zuweisungen in einem Finanzausgleich zweckgebunden sind oder nicht.

Im Gegensatz zu den Finanzsystemen föderativer Nationalstaaten ist der sekundäre aktive Finanzausgleich im Finanzierungssystem i.w.S. der EU noch sehr gering entwickelt. Es existiert lediglich die Form des indirekten vertikalen Finanzausgleichs mit zweckgebundenen Zuweisungen über die Struktur- und Regionalfonds. Zu deren Finanzierung wurde bereits in Kap. 2.2.2.2 festgestellt, dass angesichts der Dominanz des Umverteilungscharakters eine Beitragsfinanzierung gemäß dem Leistungsfähigkeitsprinzip in Kombination mit Eigenbeteiligungen adäquat ist.

Der sekundäre aktive Finanzausgleich ließe sich aber auch im EU-Rahmen in anderer Form verwirklichen. Vom bestehenden System könnte zunächst einmal dadurch abgewichen werden, dass die Zweckbindung der Zuweisungen aufgehoben wird.[623] So hatte zum Beispiel die CDU/CSU-Arbeitsgruppe „Europäischer Verfassungsvertrag" die Ablösung der Strukturfonds durch einen „Solidaritätsfonds" vorgeschlagen.[624] Aus dessen Mitteln sollten nur noch Mitgliedstaaten mit unterdurchschnittlicher Wirtschaftskraft Unterstützung erhalten, die Verwendung der Mittel von den Mitgliedstaaten möglichst frei entschieden werden.[625] Für die Finanzierung des EU-Haushalts – und somit auch des Solidaritätsfonds – wurde in dem Positionspapier eine Konzentration auf am wirtschaftlichen Wohlstand orientierte Beiträge gefordert; die Verpflichtung zur Kofinanzierung sollte entfallen. Beides wäre adäquat, wenngleich gegenüber der vorgeschlagenen Orientierung am kaufkraftstandardisierten BIP Bedenken bestehen. Unter Transparenz- und Effizienzgesichtspunkten kritisch

---

[622] Vgl. Grossekettler, H. (1997), S. 111 ff.

[623] Ökonomisch ließe sich dies mit dem aus der Theorie der Zuweisungen erklärten Wohlfahrtsgewinn des Empfängers begründen. Vgl. z.B. Fischer, H. (1988), S. 37 ff., Walthes, F. (1996), S. 217 ff. Gegen eine Abkehr vom System gebundener Zuweisungen bei den Strukturfonds führt Emmerling eine Reihe von Gründen auf. Vgl. Emmerling, T. (2002), S. 8 f. Einen Überblick auf die verschiedenen Standpunkte zu dieser Frage gibt Heinemann. Vgl. Heinemann, F. (1998), S. 44 ff.

[624] Vgl. Schäuble, W., Bocklet, R. (2001), S. 30 f. Der Begriff Solidaritätsfonds ist mittlerweile allerdings „vergeben". Er ist die offizielle Bezeichnung des im Jahre 2002 als Reaktion auf die Hochwasserschäden eingerichteten EU-Katastrophenfonds.

[625] Die Vorgabe für den Gebrauch der Mittel – „Verwendung für investive Projekte, die Erschließung endogenen Potentials und Qualifizierung, Verwendung in schwächeren Regionen der Empfängerstaaten" – kann nicht die Zusätzlichkeit von Mitteln für solche Ziele garantieren, da die Mitgliedstaaten eigene Mittel zu diesen Zwecken reduzieren könnten. Ebenda, S. 30.

zu betrachten ist, dass zuweisungsberechtigte Mitgliedstaaten ihre eigenen Zuweisungen mitfinanzieren würden. Nach einem Vorschlag von Heinemann sollten sämtliche Strukturfonds durch einen „Kompensationsfonds" ersetzt werden. Wie beim Solidaritätsfonds wären Zuweisungen aus diesem Fonds ebenfalls nicht zweckgebunden. Es stünde „den begünstigten Mitgliedstaaten frei, die empfangenen Mittel für bestimmte Infrastrukturprojekte in benachteiligten Regionen oder beispielsweise auch einfach zur Senkung der allgemeinen Besteuerung zu verwenden"[626]. Heinemann baut auf Folkers' These auf, das EU-Budget diene vor allem der Kompensation von Integrationsverlierern respektive der Umverteilung von Integrationsgewinnen.[627] Zuweisungen aus dem Kompensationsfonds sollten nur noch Integrationsverlierer erhalten, nur die zu belastenden Mitgliedstaaten in den Fonds einzahlen. Der Kompensationsfonds wäre somit ein Instrument des horizontalen Finanzausgleichs.[628]

Zuweisungen und Beiträge müssten der Höhe nach so bestimmt werden, dass alle Mitgliedstaaten zustimmen können. Problematisch daran ist, dass es keinen allgemein anerkannten Indikator zur Messung von Integrationsgewinnen und -verlusten gibt. Die Orientierung an Sozialproduktkennzahlen scheidet hier aus. Eine mögliche „Verhandlungsbasis" wären die speziellen Nettopositionen im Bereich der Strukturpolitik, sofern man diese schon jetzt als Ergebnis eines impliziten Kompensationsverfahrens ansieht. Würden zusätzlich die EAGFL-Garantie-Ausgaben komplett auf Direktbeihilfen umgestellt und renationalisiert, könnte das verbleibende Restbudget nach Ansicht von Heinemann gemäß dem Äquivalenzprinzip finanziert werden. Als guten Indikator für den Nutzen eines Staates aus einem auf die Bereitstellung öffentlicher Güter konzentrierten EU-Haushalt sieht er den nationalen Anteil am EU-BSP an. BSP-Beiträge wären folglich adäquat.[629] Genauso gut könnte freilich die Einwohnerzahl oder Beschäftigtenzahl als Nutzenindikator angesehen werden. Außerdem wäre auch die Finanzierung eines solchen, von Umverteilungselementen befreiten EU-Budgets durch eine EU-Steuer mit dem Postulat der Aufgabenadäquanz vereinbar.[630]

[626] Heinemann, F. (1998), S. 57.
[627] Vgl. Folkers, C. (1995), S. 90 ff. sowie Kap. 2.2.2.2.
[628] Traditionell wohlfahrtsökonomisch begründet Niermann seinen Vorschlag eines horizontalen, indirekten, sekundären und aktiven Finanzausgleichs, der darin besteht, dass auf Basis von Strukturkraftindikatoren interregionale Ausgleichszahlungen fließen. Vgl. Niermann, H. (2002), S. 220 ff.
[629] Vgl. Heinemann, F. (1998), S. 57 f.
[630] Vgl. Heinemann, F. (2003b), S. 241.

Neben diesen indirekten Formen wäre auch ein direkter Finanzausgleich theoretisch möglich, sowohl vertikal als auch horizontal. Der direkte Finanzausgleich ist durch die Bezugnahme auf Budgetdaten gekennzeichnet. Wegen der Konzentration auf den aktiven Finanzausgleich sind hier nur einnahmenseitige Daten, also zum Beispiel Finanzkraftmesszahlen relevant. Bereits im MacDougall-Bericht (1977) wurde für die Einführung eines Steuerkraftausgleichs nach bundesdeutschem Vorbild plädiert.[631] Allerdings unterscheiden sich die Steuersysteme der einzelnen EU-Mitgliedstaaten deutlich voneinander. In Deutschland gibt es dagegen ein fast vollständig harmonisiertes Steuersystem, so dass eine Normierung der Steuern, für die es ein kommunales Hebesatzrecht gibt, ausreicht, um die Finanzkraft der Länder vergleichbar zu machen.[632] Auf EU-Ebene wäre ein entsprechender Finanzkraftvergleich aber nicht möglich.[633] Lediglich die Mehrwertsteuer und – mit Einschränkungen – die speziellen Verbrauchsteuern sind so weit harmonisiert, dass ein Ausgleich normierter Steuerkraft möglich wäre. Abgesehen davon, dass bei der Mehrwertsteuer bis dato noch nicht einmal der primäre Einnahmenausgleich befriedigend geregelt werden konnte, wäre ein auf die Mehrwertsteuer beschränkter sekundärer Finanzausgleich jedoch kaum zu rechtfertigen.

Walthes greift in seinem Modell eines Finanzausgleichs zwischen den Mitgliedstaaten in Ermangelung eines geeigneten Indikators tatsächlicher Finanzkraft auf das BSP als Finanzkraftmesszahl (Indikator potentieller Finanzkraft) zurück.[634] Daran zeigt sich, dass die Kategorien direkter und indirekter Finanzausgleich von fließendem Übergang sind.

Bei einem vertikalen, direkten und sekundären Finanzausgleich mit allgemeinen Zuweisungen, also einem System, das den deutschen Bundesergänzungszuweisungen (BEZ) entspräche, träte ein anderes Problem wieder auf. Im Unterschied zum horizontalen Ausgleich stellte sich hier die Frage nach der Finanzierung der entsprechenden Zuweisungen der EU. Während BEZ aus dem allgemeinen Steueraufkommen finanziert werden, müssten entsprechende europäische Zuweisungen im bestehenden Finanzierungssystem aus den Beiträgen der Mitgliedstaaten finanziert wer-

---

[631] Vgl. Europäische Kommission (1977), S. 17, 68.
[632] Von 2005 an entfällt die genannte Normierung im deutschen Länderfinanzausgleich allerdings.
[633] Vgl. Peffekoven, R. (1991), S. 29.
[634] Vgl. Walthes, F. (1996), S. 313 ff.

den. Zuweisungsberechtigte Mitgliedstaaten müssten somit wie beim Solidaritätsfonds ihre eigenen Zuweisungen mitfinanzieren.

Zusammenfassend und ohne tief greifende Diskussion der Notwendigkeit und Rechtfertigung eines EU-Finanzausgleichs lässt sich Folgendes feststellen:

- Eine Abkehr von zweckgebundenen zu allgemeinen Zuweisungen verstößt gegen den Wunsch der Nettozahlerstaaten, Einfluss auf eine „sinnvolle“ Verwendung der Mittel zu haben.
- Direkte Finanzausgleiche scheitern am Fehlen vergleichbarer und dementsprechend ausgleichbarer Budgetgrößen. An welchen Kriterien sich indirekte Finanzausgleiche orientieren sollten (Sozialprodukt, Strukturindikatoren, Integrationsverluste), hängt davon ab, welchem normativen Ziel der Ausgleich dient.
- Ein Ausgleichssystem mit allgemeinen vertikalen Zuweisungen wird in einem Beitragssystem von den Empfängern mitfinanziert.
- Finanzausgleiche, gleich welcher Art, die auch ein beachtliches Umverteilungsvolumen erzielen, wären finanziell sehr umfangreich. Insbesondere durch die Osterweiterung hat die wirtschaftliche Disparität innerhalb der EU ein Ausmaß angenommen, bei dem ein nennenswerter Ausgleich auf massive Akzeptanzprobleme stoßen dürfte.

Ein Ausbau des Finanzausgleichs in eine der angedeuteten Richtungen dürfte daher auf absehbare Zeit nicht zu erwarten sein.

3.3 Erweiterung des Eigenmittelsystems um neue eigene Einnahmen

3.3.1 Vorläufige Einnahmen: Ein Verschuldungsrecht für die Europäische Union

In diesem Kapitel soll die Erweiterung des Eigenmittelsystems um neue Einnahmen erörtert werden. Im Gegensatz zu den bereits diskutierten Reformmöglichkeiten bei den beitragsartigen Einnahmen werden nunmehr echte eigene Einnahmen untersucht.[635] Folgt man der Klassifizierung öffentlicher Einnahmen in vorläufige und end-

[635] Zu den Unterschieden zwischen Beitrags- und Eigenmittelsystemen vgl. Kap. 2.1.2.2.

gültige Einnahmen[636], stehen Kredite als vorläufige Einnahmen, EU-eigene Steuereinnahmen sowie der Geldschöpfungsgewinn des Europäischen Zentralbanksystems als endgültige Einnahmen zur Debatte.

Die geltende Finanzverfassung der EU verbietet die Kreditfinanzierung endgültiger Ausgaben.[637] Die Aufhebung des Verschuldungsverbots wird seit langem immer wieder gefordert, ist bisher aber stets verworfen worden.[638]

Haushaltskredite[639] dienen der Finanzierung absehbarer Lücken zwischen geplanten Ausgaben und endgültigen Einnahmen.[640] Neben der fiskalischen Funktion des formalen Haushaltsausgleichs erhält der Haushaltskredit auch nicht-fiskalische Rechtfertigung. Die traditionelle Rechtfertigung der Staatsverschuldung ist objektbezogen und fußt auf allokationspolitischen Erwägungen. Investitionsausgaben dürfen demnach kreditfinanziert werden. Dabei wird unterstellt, dass spätere Erträge aus der Investition die Rückzahlung des Kredits ermöglichen oder die finanzielle Belastung durch die Investition bewusst auf einen längeren Zeitraum verteilt werden soll. Im ersten Fall rechtfertigt also die Rentabilität die Verschuldung, im zweiten Fall die intertemporale Lastverteilung. Kernelement keynesianisch geprägter Wirtschaftspolitik ist die stabilisierungspolitisch motivierte Staatsverschuldung. Sie ist entweder notwendiger Bestandteil automatisch wirkender Stabilisatoren oder aber Instrument diskretionärer Konjunkturpolitik, so genanntem deficit spending.

Bei der Beurteilung einer erweiterten Verschuldungskompetenz der EU bieten sich wiederum die vier Gestaltungspostulate für das Finanzierungssystem der EU an. Das

---

636 Vgl. Peffekoven, R. (1996), S. 41.

637 Die extrabudgetären Anleihe- und Darlehensoperationen auf EU-Ebene wurden bereits in Kap. 1.4 skizziert. Es handelt sich im Wesentlichen um die Kreditfinanzierung vorübergehender Ausgaben (Darlehen), deren Abwicklung außerhalb des EU-Haushalts gegen die anerkannten Budgetprinzipien der Einheit und Vollständigkeit verstößt.

638 Vgl. Caesar, R. (1990a), S. 252 ff.

639 Von den mittel- bis langfristigen Haushaltskrediten sind die kurzfristigen Kassenverstärkungskredite zu unterscheiden. Solche dienen der Behebung vorübergehender Liquiditätsengpässe, die durch ein zeitliches Auseinanderfallen geplanter Ausgaben und Einnahmen entstehen. Auf EU-Ebene sind auch diese Kassenverstärkungskredite verboten. Stattdessen kann die EU im Falle von Liquiditätsengpässen von den Mitgliedstaaten vorgezogene Beitragszahlungen verlangen oder Ausfuhrerstattungen verzögern. Anstelle von solchen informellen Kreditoperationen wäre allerdings ein Recht zur kurzfristigen (Überziehungs-)Kreditaufnahme am Kapitalmarkt vorzuziehen. Vgl. Gwosć, C. (2001), S. 52 ff., Caesar, R. (1990a), S. 257 f.

640 Grundsätzlich ist Staatsverschuldung auf dem Kapitalmarkt von Zentralbankverschuldung zu unterscheiden. Da Zentralbankverschuldung nach Art. 101 EGV für alle öffentlichen Gebietskörperschaften in der EU verboten ist, beziehen sich alle im Folgenden diskutierten Optionen auf Kapitalmarktverschuldung.

Postulat Gerechtigkeit kann durch die Ausrichtung des Finanzierungssystems am Leistungsfähigkeitsprinzip oder am Äquivalenzprinzip erfüllt werden. Auf den öffentlichen Kredit sind diese Prinzipien indes nicht direkt anwendbar. Eine den Kredit von Steuer-, aber auch Beitragseinnahmen wesentlich unterscheidende Eigenschaft ist die Freiwilligkeit des Mittelgebers. Sieht man also einmal von der ungewöhnlichen Form der Zwangsanleihe ab, lässt sich die Gläubigerstruktur nur eingeschränkt beeinflussen. Durch die Vorläufigkeit dieser Einnahmenart ist die Gläubigerstruktur unter Gerechtigkeitsgesichtpunkten aber auch nicht von Belang.[641] Die Zeichnung von Staatsanleihen ist aus Sicht der Mittelgeber Kapitalanlage und nicht Haushaltsfinanzierung. Hingegen ist die Finanzierung des mit der Begebung von Anleihetiteln verbundenen Schuldendienstes sehr wohl eine Frage der Gerechtigkeit. Der Schuldendienst kann sowohl aus einem beitragsfinanzierten als auch aus einem steuerfinanzierten Haushalt bedient werden, sowohl dem Leistungsfähigkeits- als auch dem Äquivalenzprinzip folgen. Die Kreditaufnahme ermöglicht also im Vergleich zur Beitrags- respektive Steuerfinanzierung ohne Kreditkompetenz zahlungstechnisch eine intertemporale Lastverschiebung. Inwiefern Staatsverschuldung auch realwirtschaftlich als Lastverschiebung in die Zukunft verstanden werden kann, ist eine in der finanzwissenschaftlichen Theorie sehr umstrittene Frage, die in diesem Rahmen nicht tiefer gehend erörtert werden kann.[642] Für die Frage nach der geeigneten Finanzierung von Zins- und Tilgungsleistungen ist diese Diskussion, die letztlich nach der volkswirtschaftlichen Berechtigung von Staatsverschuldung fragt, auch von untergeordneter Bedeutung. Aus Budgetsicht ist jede Ausgabe, die über Kredit finanziert wird, in späteren Jahren – sofern der Schuldendienst nicht vollständig durch neue Kredite finanziert wird – mit höheren Belastungen verbunden. Ob diese Schuldendienstfinanzierung sich am Leistungsfähigkeitsprinzip oder am Äquivalenzprinzip orientieren sollte und ob zu dem gewählten Prinzip besser ein Beitragssystem oder ein echtes Eigenmittelsystem passt, ist wiederum eine Entscheidung, bei der das Postulat der Aufgabenadäquanz beachtet werden sollte.

Die Aufgabenadäquanz zu beachten heißt zum einen, zu prüfen, ob das Aufgabenportfolio der EU überhaupt eine Kreditfinanzierung rechtfertigen lässt, und zum ande-

[641] Allerdings ist darauf hinzuweisen, dass nach dem – wissenschaftlich umstrittenen – Transferansatz Gerechtigkeitsprobleme darin gesehen werden, dass mit öffentlichem Kredit Zinszahlungen verbunden sind, die aufgrund der Gläubigerstruktur vor allem Vermögenden zufließen.

[642] Vgl. z.B. Gandenberger, O. (1980), S. 488 ff., Caesar, R. (1991), S. 220 f., Nowotny, E. (1999), S. 435 ff., Blankart, C.B. (2003), S. 380 ff.

ren, ob die Finanzierung des Schuldendienstes mit den kreditfinanzierten Ausgaben zu rechtfertigen ist. Akzeptiert man im Grundsatz sowohl die objektorientierte als auch die situationsorientierte Rechtfertigung von Staatsverschuldung, wäre eine EU-Verschuldungskompetenz sowohl zu allokations- als auch zu stabilisierungspolitischen Zwecken denkbar.

Die klassische allokative Rechtfertigung von öffentlichem Kredit beruht auf der Rentabilität kreditfinanzierter Investitionen. Auf der EU-Ebene sind solche Investitionen indes nicht zu beobachten. Allerdings sind viele der bereits praktizierten Anleihe-Darlehens-Operationen an rentable private Investitionen gebunden. Eine Kreditfinanzierung außergewöhnlicher Sonderlasten, die mit einem „Inter-generation-equity-Prinzip" gerechtfertigt würde, ist auf EU-Ebene zumindest der Höhe nach nur in begrenztem Maße vorstellbar. Der im Herbst 2002 nach den Hochwasserkatastrophen in Mitteleuropa eingerichtete Solidaritätsfonds zum Beispiel könnte bei Inanspruchnahme[643] mit Hinweis auf das „Inter-generation-equity-Prinzip" kreditfinanziert werden. Die Obergrenze von gerade einmal einer Milliarde Euro pro Jahr (etwa 0,01 % des EU-25-BIP) stellte eine solche Vorgehensweise freilich sehr in Frage.

Eine größere Bedeutung könnte eine Kreditfinanzierung öffentlicher Ausgaben auf Basis eines „Pay-as-you-use-Prinzips" erhalten. Dahinter steht die Idee, die Finanzierungslast langfristig nutzbarer öffentlicher Anlagen entsprechend ihrer Nutzung zu verteilen.[644] Auf der EU-Ebene kämen hierfür insbesondere die Investitionen in die Transeuropäischen Netze in Frage, wofür in der Finanziellen Vorausschau auf die Jahre 2000 bis 2006 (beitragsfinanziert) über 4,8 Milliarden Euro zur Verfügung stehen. Im Rahmen der 2003 beschlossenen Europäischen Wachstumsinitiative wurde beschlossen, diese Infrastruktur-Investitionen zu intensivieren und langfristig fortzusetzen.[645] Für die Finanzierung des Schuldendienstes nach dem Prinzip „pay as you use" wäre am besten ein am Nutzen orientiertes Äquivalenzprinzip geeignet. Spezifi-

---

643 Mitgliedstaaten, in denen sich eine technische, Umwelt- oder Naturkatastrophe „größeren Ausmaßes" ereignet hat, können aus diesem Fonds einmalige Finanzhilfen erhalten. Als Katastrophe größeren Ausmaßes gelten Katastrophen, die in einem Mitgliedstaat Schäden von über 3 Mrd. Euro oder mehr als 0,6 % des BIP verursachen. Vgl. Art. 2 der Verordnung (EG) des Rates Nr. 2012/2002 des Rates vom 11. November zur Errichtung des Solidaritätsfonds der Europäischen Union (ABl. Nr. L 311 (2002), S. 3).

644 Vgl. Peffekoven, R. (1996), S. 77.

645 Vgl. Europäische Kommission (2003b), S. 3 ff. Werden Investitionen allerdings langfristig und regelmäßig auf in etwa gleich hohem Niveau getätigt, ist eine Kreditfinanzierung einer Finanzierung aus laufenden Einnahmen nicht mehr überlegen.

sche Steuern auf Verkehrs- und Telekommunikationsdienstleistungen (vgl. Kap. 3.3.2.2.2.2.1) könnten ein Refinanzierungsmodell sein, das bei kreditfinanzierten Investitionen in solche Netze individueller Nutzenäquivalenz nahe kommt. Als Indikator nutzenäquivalenter Beiträge wäre am ehesten die mitgliedstaatliche Aufteilung der investierten Summen geeignet.[646] Innerhalb des bestehenden Eigenmittelsystems würde eine Kreditfinanzierung bestimmter Investitionen ceteris paribus die Einnahmen aus den am Leistungsfähigkeitsprinzip orientierten BSP-Eigenmitteln im Jahr der Investition reduzieren. In den Folgejahren wären die BSP-Eigenmittel entsprechend zu erhöhen. Die Zahlungsströme würden somit zwar auch über eine wesentlich längere Periode gestreckt als ohne Verschuldung, nutzenäquivalent wäre die Finanzierung des Schuldendienstes indessen nicht.

Für stabilisierungspolitisch motivierte Verschuldung gibt es im gegenwärtigen Haushaltssystem der EU keine Rechtfertigung, da die Aufgabe der Stabilisierungspolitik bisher lediglich auf dem Gebiet der Geldpolitik zentralisiert ist. Die EU verfügt weder über das Instrumentarium direkter Konjunktursteuerung noch sind im Haushalt automatisch wirkende Stabilisatoren angelegt.[647] Während die Politik der aktiven Konjunktursteuerung mittlerweile so weit diskreditiert ist, dass eine Anwendung auf EU-Ebene dauerhaft ausgeschlossen werden kann, wären auf dem Gebiet der passiven Konjunkturpolitik zumindest in der langen Frist Anwendungsfälle denkbar. Insbesondere die Zuweisung einer progressiven Steuer wäre mit einer automatischen Stabilisatorwirkung verbunden, sofern Steuerausfälle in konjunkturell schwierigen Phasen durch Kredit und nicht durch Beitragszahlungen ausgeglichen würden.

Hieran zeigt sich auch, dass eine Umwandlung des gegenwärtigen Beitragssystems in ein echtes Eigenmittelsystem ohne eine begrenzte Kreditermächtigung schwer vorstellbar ist. Sollte der EU-Haushalt irgendwann vollständig aus Steuereinnahmen finanziert werden, wird ein materieller Haushaltsausgleich kaum noch möglich sein.

Der finanzielle Autonomiegrad der EU-Ebene könnte durch echte eigene Einnahmen erhöht werden. Grundsätzlich wäre ein Verschuldungsrecht somit mit dem Postulat der Autonomie vereinbar. Der politische Vorteil echter Eigenmittel besteht darin, dass

---

646 Fragwürdig wäre bei einer solchen Finanzierungsform allerdings, warum die Mitgliedstaaten die Investitionen nicht gleich selbst finanzieren.
647 Tendenziell wirkt der EU-Haushalt wegen der Eigenmittelobergrenze von 1,24 % des EU-BNE sogar prozyklisch.

die Mitgliedstaaten keine direkte Verbindung zu den Mitteln haben. Dies kann den EU-Organen Autonomie bei der Mittelvergabe verschaffen. Solange aber der Schuldendienst über nationale BSP-Beiträge finanziert werden müsste, blieben Einnahmen aus EU-Anleihen eben nur vorläufige eigene Einnahmen. Die in Deutschland übliche Rechenmethode, dass zusätzliche EU-Ausgaben zu einem Viertel von Deutschland zu zahlen seien, könnte ohne weiteres auf kreditfinanzierte Ausgaben übertragen werden. Der politische Vorteil würde somit erst bei einer vollständigen Finanzierung aus eigenen Mitteln entstehen.[648]

Wäre EG-vertraglich die grundsätzliche Möglichkeit der Kreditfinanzierung gegeben, müsste in diesem Rahmen auch eine institutionelle Begrenzung derselben festgelegt werden. Die mögliche allokationspolitische Rechtfertigung einer EU-Verschuldung würde eine Regel in Anlehnung an die Golden Rule der alten Fassung des Artikels 115 GG nahe legen. Zudem könnte eine Übertragung der auf stabilitätspolitischen Erwägungen fußenden Regeln zur nationalen Haushaltsdisziplin nach Artikel 104 EGV und Stabilitäts- und Wachstumspakt sinnvoll sein.[649] Ob diese Kreditbegrenzungen auf EU-Ebene besser durchgesetzt werden könnten als auf nationaler Ebene, ist allerdings zweifelhaft. Im jährlichen Haushaltsverfahren und nach den dabei geltenden Regeln wäre die geplante Nettoneuverschuldung zu beschließen. Solange die BSP-Eigenmittel die Residualfunktion ausüben, würde bei gegebenem Haushaltsvolumen eine höhere Nettokreditkreditaufnahme zu geringeren BSP-Eigenmitteln führen und umgekehrt. Die Haushaltsbehörde und damit auch das EP hätte somit erstmals Einfluss auf die Zusammensetzung der Eigenmittel.[650] Entfiele die Residualfunktion der BSP-Eigenmittel, träte (ceteris paribus) die Kreditaufnahme an deren Stelle. Ob die EU-Organe davon einen Autonomiegewinn errängen, hinge vom Gestaltungsrecht bei den endgültigen Einnahmen ab. In beiden Fällen wäre der Autonomiegewinn der EU-Ebene allein durch das Verschuldungsrecht also eher gering. Angesichts der mit Staatsverschuldung verbundenen politökonomischen Pro-

---

[648] *Vgl. Colasanti, F. (1997), S. 189. Allerdings wäre auch eine Teilfinanzierung durch Beiträge mit* höherer Autonomie vereinbar, sofern diese unabhängig vom Haushalts-Gesamtvolumen sind und nicht der Restfinanzierung dienen.

[649] Da eine einfache Übertragung des Defizitkriteriums auf die EU-Ebene den gesamten Kreditspielraum in der EU vergrößern würde, müsste eine mit den Stabilitätszielen kompatible Lösung die EU-Verschuldung den Mitgliedstaaten nach einem bestimmten Modus anrechnen. Ein Sanktionsverfahren gegen die EU wegen eines übermäßigen Defizits ist allerdings nicht vorstellbar. Vgl. Mallossek, J. (1996), S. 296.

[650] Über das Haushaltsvolumen bestimmt die Haushaltsbehörde allerdings auch ohne Verschuldungsrecht die Höhe der BSP-Eigenmittel.

bleme[651] kommt das bereits in Kap. 2.2.2.3 diskutierte Problem der demokratischen Unzulänglichkeiten der EU-Institutionen als zur Vorsicht mahnendes Gegenargument jedoch besonders zum Tragen. Die schwache demokratische Kontrolle des Rates und des EP könnten einer übermäßigen Ausnutzung des Verschuldungsspielraums Vorschub leisten.[652] Die Rechtfertigung eines EU-Verschuldungsrechts mit dem Postulat der Autonomie ist daher kritisch zu sehen.

Das Transparenzpostulat beinhaltet die Forderung nach einem klaren, verständlichen und nachvollziehbaren Finanzierungssystem. Zu untersuchen ist daher, ob ein EU-Verschuldungsrecht das Finanzierungssystem eher transparenter oder eher intransparenter machen würde. Die oben empfohlene Einbeziehung der bereits praktizierten Anleihe-Darlehensoperationen in den EU-Haushalt wäre ein Beitrag zur Klarheit im Finanzwesen der EU und würde damit zu verbesserter Transparenz beitragen. Die Einführung eines allgemeinen Verschuldungsrechts innerhalb des bestehenden Eigenmittelsystems würde die Kompliziertheit des Systems hingegen zusätzlich erhöhen und damit zu zusätzlicher Intransparenz beitragen. Eine Ablösung der BSP-Eigenmittel als Restfinanzierungsquelle durch ein Verschuldungsrecht wäre problematisch, weil marginale Budgetentscheidungen (Soll eine zusätzliche Ausgabe getätigt werden oder nicht?) unter einem (dünnen) „Schleier des Nichtwissens" bezüglich der endgültigen Lastverteilung getroffen würden. Diese Art der Intransparenz würde aber ineffizienten Ausgaben Vorschub leisten.

Im gegenwärtigen Finanzierungssystem stammen die Einnahmen zu fast 90 % aus Beitragszahlungen der Mitgliedstaaten. Die Mitgliedstaaten zahlen diese aus allgemeinen Haushaltsmitteln, auch wenn zum Beispiel im deutschen Finanzbericht der Eindruck erweckt wird, die Mehrwertsteuer-Eigenmittelzahlungen würden direkt aus dem Umsatzsteuer-Aufkommen finanziert.[653] Die nationalen Haushalte weisen aber in der Regel Defizite aus. Somit liegt der Schluss nahe, dass auch die allgemeinen Haushaltsmittel, aus denen die Mitgliedstaaten die Eigenmittelzahlungen aufbringen, teilweise defizitfinanziert sind. Heinemann hält es daher für „angebracht, weniger von einem EU-Verschuldungsverbot als von der Anwendung eines dezentralen Verschuldungsmodells zu sprechen"[654]. Letzteres habe den Vorteil, stärkeren Disziplinie-

[651] Vgl. Scherf, W. (1996), S. 371 ff.
[652] Vgl. Blankart, C.B. (1995), S. 10 ff.
[653] Vgl. Bundesministerium der Finanzen (2003b), S. 87.
[654] Heinemann, F. (2001), S. 233.

rungsdruck auf die Mitgliedstaaten auszuüben, da die Mitgliedstaaten wegen der No-Bailout-Klausel (Artikel 103 EGV) zumindest im Grundsatz alleine für ihre Staatsschulden haften. Für EU-Schulden würden letztlich alle Mitgliedstaaten haften, wodurch die disziplinierende Funktion der Kapitalmärkte geschwächt würde.[655] Tatsächlich ist es so, dass europäische Anleihen, die von der EIB begeben werden, seit jeher Ratings der Bestnote Triple A erhalten, während Staatsanleihen von Mitgliedstaaten häufig schlechtere Ratings bekommen. Problematisch an dieser indirekten EU-Verschuldung ist aber, dass sie nicht offen ausgewiesen wird und somit intransparent bleibt. In welcher Höhe der EU-Haushalt bereits heute verdeckt über Schulden finanziert wird und damit eine implizite Belastung zukünftiger Steuerzahler enthält, lässt sich exakt gar nicht darstellen. „Niemand weiß, wie hoch die nationalen Defizite ohne die EU-Beitragsbelastung ausfallen würden."[656] Einen groben Anhaltspunkt könnten die Kreditfinanzierungsquoten der nationalen Haushalte geben. Allerdings basierte dies auf der Vorstellung, dass alle Ausgaben eines Haushalts zum gleichen Anteil kreditfinanziert sind. Diese Durchschnittswerte entsprechen freilich nicht dem Schuldenanteil, der in zusätzlich abzuführenden Eigenmitteln steckt. Reagiert der nationale Gesetzgeber auf höhere Eigenmittelverpflichtungen nicht mit Steuererhöhungen oder Ausgabensenkungen, wird die Steigerung vollständig kreditfinanziert. Im Bundeshaushalt lag die Kreditfinanzierungsquote in den vergangenen Jahren zwischen 10 und 15 %.

In diesem Sinne wäre ein EU-Verschuldungsrecht Transparenz steigernd, womit sich zeigt, dass sich aus dem Transparenzpostulat kein eindeutiger Schluss ziehen lässt, ob ein Verschuldungsrecht eingeführt werden sollte oder nicht. Zusammenfassend lässt sich feststellen, dass keines der vier Gestaltungspostulate eine klare Empfehlung für ein EU-Verschuldungsrecht nahe legt. Eine Abkehr vom Prinzip des materiellen Haushaltsausgleichs könnte jedoch logische Konsequenz eines radikalen Umbaus des EU-Finanzierungssystems zu einem echten Eigenmittelsystem sein. In welcher Form es zu einem solchen Umbau kommen könnte, ist Gegenstand des nächsten Abschnitts.

[655] Vgl. Heinemann, F. (2001), S. 233 f.
[656] Ebenda, S. 233, Fn. 18.

3.3.2. Endgültige Einnahmen

3.3.2.1 Anforderungen

Die Diskussion einer EU-Steuer dreht sich grundsätzlich um zwei Fragen. Erstens: Sollte die EU überhaupt ein Besteuerungsrecht bekommen? Und zweitens: Welche Steuern wären als EU-Steuern geeignet? Zur ersten Frage wurden bereits mehrfach Erwägungen dargelegt. In Kap. 3.1 wurde zusammenfassend festgestellt, dass beim gegenwärtigen Integrationsstand die Einführung einer EU-Steuer nicht zu empfehlen ist. Die normative Analyse anhand der vier Gestaltungspostulate hat aus keinem der vier Postulate eindeutig die Rechtfertigung einer EU-eigenen Steuer folgern lassen. Eine klare Ablehnung ist jedoch auch nicht möglich. Die Argumente der Befürworter einer EU-Steuer lassen sich vor allem aus den Postulaten Autonomie und Transparenz ableiten. Gegen eine Ausweitung der finanzwirtschaftlichen Autonomie der EU sprechen zurzeit aber noch institutionelle Einwände. Die Transparenz des Finanzierungssystems lässt sich auch durch andere Maßnahmen verbessern. Zum gegenwärtigen Aufgabenspektrum der EU passt ein Beitragssystem besser als ein Steuersystem. Sollte jedoch die Finanzierung europäischer Kollektivgüter durch das EU-Budget deutlich an Bedeutung gewinnen, ließe sich eine dafür erhobene Steuer mit dem Postulat der Aufgabenadäquanz rechtfertigen.

Ob der EU in naher oder mittlerer Zukunft indessen tatsächlich ein Besteuerungsrecht zugewiesen wird, ist letztlich eine politische Entscheidung, die sich nicht nur an den hier aufgestellten Gestaltungspostulaten für ein rationales Finanzierungssystem orientiert. Im Falle einer grundsätzlichen Entscheidung für ein EU-Besteuerungsrecht stünde die zweite Frage zur Beantwortung an. Hierzu bietet sich ein Vergleich möglicher Einnahmequellen anhand normativer Kriterien an.[657] Nach der bisherigen Analyse des bestehenden Finanzierungssystems und möglicher Alternativen ist es konsequent, den Kriterienkatalog zur Eignungsprüfung unterschiedlicher Steuern nach

[657] Ein solcher Vergleich verschiedener Optionen mit Hilfe eines Kriterienkataloges wurde in der Literatur bereits mehrfach vorgenommen, jedoch empfiehlt sich die Formulierung eines neuen Kriterienkataloges, der an den in dieser Arbeit formulierten Gestaltungspostulaten für ein rationales Finanzierungssystem ausgerichtet ist. Vgl. Caesar, R. (1990b), S. 82 ff., Europäische Kommission (1992), S. 45 f., Europäische Wirtschaft (1993), S. 88 ff., Walthes, F. (1996), S. 344 ff., Begg, I., Grimwade, N., Price, P. (1997), S. 16 ff., Europäische Kommission (1998), Anhang 2, Gretschmann, K. (1998), S. 91 ff., Cattoir, P. (2004), S. 7 ff.

den in dieser Arbeit formulierten Gestaltungspostulaten für ein rationales Finanzierungssystem zu ordnen und die in der Literatur genannten Anforderungen – soweit möglich – zu subsumieren. Beim Vergleich verschiedener Steuern ist neben ihrer Eignung als Gemeinschaftseinnahme auch zu prüfen, ob es unabhängig von dieser Eignung Gründe gibt, diese Einnahmen auf EU-Ebene zu zentralisieren (Zentralisierungsgründe). Schließlich sind fiskalische Kriterien zu beachten: Diese beinhalten die Anforderungen der Ausreichendheit, Stetigkeit, Dynamik und Vorhersehbarkeit der Mittel sowie die Harmonisierung der Bemessungsgrundlagen.

Unabhängige Zentralisierungsgründe sind zum einen das Problem mangelnder Zurechenbarkeit des Aufkommens und zum anderen grenzüberschreitende externe Steuereffekte.[658] Das Problem der regionalen Willkürlichkeit in der Verteilung des Aufkommens entsteht, wenn sich bei dezentraler (nationaler) Besteuerung die regionale Verteilung der Bemessungsgrundlagen regelmäßig und erheblich von der regionalen Lastverteilung unterscheidet. Eine Zentralisierung der Einnahmen ist in diesem Fall eine geeignete Maßnahme, Forderungen nach einem horizontalen internationalen Finanzausgleich abzuwehren. Prototypisches Beispiel für dieses Phänomen sind die Zölle, die bereits seit 1975 Eigenmittel der Gemeinschaft sind.

Der andere Zentralisierungsgrund liegt vor, wenn eine Steuer mit fiskalischen externen Effekten verbunden ist oder hauptsächlich dem nichtfiskalischen Ziel der Internalisierung grenzüberschreitender externer Effekte dienen soll. Ist die Bemessungsgrundlage einer Steuer international mobil, ist dezentrale Besteuerung mit Ausweichreaktionen verbunden. Dezentraler Besteuerung ist somit die Gefahr zu niedriger Besteuerung inhärent. Mit einer Zentralisierung lässt sich dieser Gefahr entgehen, gleichzeitig wird damit jedoch ein Steuerkartell gebildet. Steuerwettbewerb wird unterbunden. Es bleibt somit im Einzelfall zu überprüfen, ob die Vor- oder die Nachteile des Steuerwettbewerbs überwiegen. Im Gegensatz zum Problem der mangelnden Zurechenbarkeit des Aufkommens erfordert das Vorliegen dieses Zentralisierungsgrunds lediglich die Zentralisierung der Gesetzgebungshoheit. Die Ertragshoheit kann indessen dezentral zugeordnet sein, sofern das Aufkommen regional zurechenbar ist.

---

[658] Vgl. z.B. Europäische Kommission (1998), Anhang 2, S. 1 f.

Ob eine Steuer als EU-Steuer überhaupt geeignet ist, hängt zunächst von der Erfüllung der fiskalischen Kriterien ab. Eine EU-Steuer muss mit einem ausreichenden Aufkommen verbunden sein. Das gilt besonders dann, wenn durch eine EU-Steuer die bestehenden Eigenmittel der EU ersetzt werden sollen, aber auch dann, wenn die Haushaltsmittel der Gemeinschaft damit erheblich aufgestockt werden sollen. Das Aufkommen sollte keinen allzu starken Schwankungen unterliegen, also stetig fließen und gut vorhersehbar sein. Diese Anforderung ist umso wichtiger, je größer der Anteil der Steuerfinanzierung ist. Der wachsende Finanzbedarf des EU-Haushalts erfordert aber auch eine dynamische Aufkommensentwicklung, also ein Aufkommen, das mit der wirtschaftlichen Entwicklung wenigstens mithalten kann oder bei Bedarf gesteigert werden kann. Zudem sollte die fiskalische Zielsetzung nicht in Konflikt mit eventuellen nichtfiskalischen oder anderen fiskalischen Zielen der Besteuerung stehen.

Ein weiteres fiskalisches Kriterium ist der Stand der Harmonisierung. Eine EU-Steuer bedürfte einer einheitlichen Bemessungsgrundlage in allen Mitgliedstaaten, im Falle einer quotalen Aufkommensbeteiligung auch einheitlicher Tarife. Ansonsten bestehen für die Mitgliedstaaten Anreize, die nationalen Steuerzahler zu Ungunsten der EU zu entlasten. Zu prüfen ist daher, inwieweit die Bemessungsgrundlagen bereits harmonisiert sind oder ob eine Harmonisierung realistisch erscheint.

Da die Grundsatzentscheidung zwischen Beitrags- und Steuerfinanzierung in diesem Abschnitt als getroffen gilt, ist es sinnvoll, die Gestaltungspostulate Gerechtigkeit und Aufgabenadäquanz zu einem Postulat „aufgabenadäquate Gerechtigkeit“ zusammenzufassen. Welche Eigenschaften eine EU-Steuer unter diesem Postulat haben sollte, hängt wesentlich davon ab, nach welchem Fundamentalprinzip die EU finanziert werden sollte. Je nachdem kann es sinnvoll sein, dass eine EU-Steuer dem Leistungsfähigkeitsgedanken respektive dem Äquivalenzgedanken folgt. Eine leistungsfähigkeitsorientierte Steuer sollte eine progressive oder proportionale Belastungswirkung auf die Steuerzahler haben; regressive Belastungswirkungen stießen auf massive Ablehnung. Solange die Einnahme nicht selbst Instrument der interpersonellen Umverteilung sein soll, ist dabei einer proportionalen oder nur leicht progressiven Steuer der Vorzug zu geben. Die mitgliedstaatliche Belastungsinzidenz durch die Steuer sollte nicht zu sehr von der gewünschten allgemeinen Lastverteilung abweichen, um horizontale Korrekturbedarfe zu vermeiden. Soll mit der EU-

Steuer indes dem Äquivalenzprinzip Geltung verschafft werden, dürfte der individuellen Belastungsinzidenz keine Relevanz eingeräumt werden. Signifikant regressiv wirkende Steuern sind dabei allerdings ebenso mit Akzeptanzproblemen verbunden. Die Eignungsprüfung einer Steuer als EU-Einnahme unter dem Gerechtigkeitsaspekt sollte somit zwei Fragen beinhalten: Wäre die Steuer mit dem Äquivalenzprinzip oder dem Leistungsfähigkeitsprinzip zu rechtfertigen und welche Belastungswirkung wäre mit ihr verbunden?

Eine mögliche Rechtfertigung mit dem Äquivalenzprinzip bedürfte freilich des Bezugs zur EU-Ebene.[659] Stünde eine Steuer in sachlogischem Zusammenhang mit einer Aufgabe der EU, wäre ein solcher Bezug gegeben. Nach dem Postulat der aufgabenadäquaten Gerechtigkeit wäre der sachliche Bezug zu einer Gemeinschaftsaufgabe ein positives Kennzeichen einer EU-Steuer. Starken konjunkturellen Schwankungen sollte eine aufgabenadäquate EU-Steuer hingegen nicht unterliegen, da im EU-Haushalt nur eingeschränkte Reaktionsmöglichkeiten auf solche bestehen und die fiskalpolitische Stabilisierungsaufgabe (noch) nicht zentralisiert ist. Diese Anforderung ist jedoch bereits im fiskalischen Kriterium der Stetigkeit enthalten.

Eines der Hauptargumente für die Einführung einer EU-Steuerhoheit gründet auf der Erwartung, eine EU-Steuer würde die finanzielle Autonomie der Gemeinschaftsorgane erweitern und die Abhängigkeit vom guten Willen der Mitgliedstaaten reduzieren. Bei der Abwägung zwischen Finanzbeiträgen und eigenen Einnahmen (vgl. Kap. 2.2.2.3) wurde allerdings festgestellt, dass institutionelle und demokratische Unzulänglichkeiten der EU eine Ausweitung der EU-Finanzautonomie derzeit – aber auch nach Inkrafttreten der EU-Verfassung – in Frage stellen. Da in diesem Abschnitt jedoch die grundsätzliche Befürwortung einer EU-Steuer unterstellt wird, sind unterschiedliche Steuern unter dem Aspekt der Autonomie danach zu bewerten, in welcher Form die finanzielle Eigenständigkeit am ehesten gefördert werden könnte.

Maßgeblich für den Grad der finanziellen Autonomie ist die Gestaltung des primären vertikalen Einnahmenausgleichs. Den höchsten Autonomiegrad hätte die supranationale Ebene in einem freien Trennsystem, einen geringeren in einem gebundenen Trennsystem. Eine Harmonisierung der Bemessungsgrundlagen wäre notwendig bei

---

[659] Auch die Erhebung einer Hundesteuer lässt sich mit dem Äquivalenzprinzip rechtfertigen, ein Bezug *zur europäischen Ebene besteht dabei aber nicht.*

einem Zuschlagssystem. Bei einem Verbundsystem mit nationalen Steuern wäre sogar die Angleichung der gesamten Regelungen notwendig. Der Autonomiegrad der EU-Ebene wäre bei diesen Systemen daher entsprechend niedriger, zumal auch die untergeordneten Ebenen bei Gemeinschaftssteuern an Autonomie verlieren würden.

„So dürfte [...] die Verbundlösung die ungeeigneteste Alternative darstellen, nicht zuletzt, weil sie bereits bestehende Politikverflechtungen verschärfen oder neue schaffen würde [...]. Akzeptabel erscheint eher eine Lösung in der Form eines Zuschlagsystems, besser noch in der eines gebundenen Trennsystems."[660]

Zu prüfen ist somit, inwieweit eine ausschließliche Ertragshoheit möglich oder eine gemeinsame Ertragshoheit praktikabel wäre.

Eine Ablösung der bisherigen Finanzbeiträge verbinden Befürworter einer EU-Steuer auch mit der Hoffnung auf ein Ende der Nettozahler-Debatte.[661] Da Letztere die finanzielle Autonomie der EU politisch beschränkt, könnte ein Ende der Diskussion um den ‚juste retour' die finanzielle Eigenständigkeit verbessern. Um jedoch zu vermeiden, dass die von den nationalen Finanzbehörden erhobenen EU-Steuereinnahmen in neue ‚juste retour'-Rechnungen eingehen, wäre es vorteilhaft, wenn sich die Belastungswirkungen den Mitgliedstaaten nicht klar zurechnen ließen; „nationale Radizierbarkeit"[662] wäre somit ein negatives Charakteristikum, das allerdings den meisten Steuern zu eigen sein dürfte. Während Nicht-Radizierbarkeit Zentralisierungsgrund sein kann, sollte Radizierbarkeit somit kein entscheidender Nicht-Zentralisierungsgrund sein, um die Auswahl nicht zu sehr zu verengen.

Das zweite Hauptargument für eine EU-Steuerhoheit gründet auf der Erwartung, eine direkt von den Bürgern zu entrichtende Abgabe würde die Transparenz des EU-Finanzierungssystems verbessern. Damit eine EU-Steuer aber tatsächlich den Bürgern verständlicher machen könnte, mit welchen Belastungen die europäische Integration für sie verbunden ist, müssten bestimmte Bedingungen erfüllt sein. So sollten Steuerdestinatar, Steuerträger und Steuerzahler möglichst übereinstimmen (Koinzidenz). Nur eine sichtbare und merkliche Steuer kann das angestrebte Bewusstsein über die Finanzierung der EU bilden. Die ökonomische Steuerlehre zeigt freilich, dass die effektive Steuerinzidenz nicht staatlich dekretiert werden kann, sondern vom

[660] Caesar, R. (1990b), S. 74.
[661] Vgl. z.B. Schreyer, M. (2001), S. 224.
[662] Kops, M. (1997), S. 42.

Verhältnis der Marktkräfte abhängt.[663] In die Bewertung spezieller Steuern kann somit nur eingehen, ob eine Koinzidenz eher wahrscheinlich oder eher unwahrscheinlich ist. Die bei indirekten Steuern übliche Nicht-Identität von Steuerdestinatar und Steuerschuldner kann zum Zweck der Transparenzbildung unter Umständen äquivalent ersetzt werden durch eindeutigen Rechnungsausweis der im Preis enthaltenen EU-Steuer. Ähnliches gilt für direkte Steuern, die im Quellenabzugsverfahren erhoben werden.

Ein weiteres wesentliches Kriterium, das eine EU-Steuer nach dem Postulat der Transparenz erfüllen sollte, ist Einfachheit. Die ohnehin in der Bevölkerung vorhandene Skepsis und Ablehnung gegenüber der EU könnte durch eine sehr komplizierte EU-Steuer verstärkt werden. Zudem würde eine sehr komplizierte Steuer als Ersatz bisheriger Einnahmen einen kontraproduktiven Beitrag zur besseren Verständlichkeit des Finanzierungssystems leisten. Außerdem ist es bei einfachen Steuern weniger aufwändig, die nationalen Steuerverwaltungsbehörden zu kontrollieren. Im Allgemeinen sind komplizierte Steuern mit höheren Erhebungs- und Entrichtungskosten verbunden.

Schließlich ist dem Postulat der Transparenz auch die von Gretschmann in die Diskussion gebrachte „Akzeptanzdimension"[664] zu subsumieren. Danach sind Vorschläge spezieller Steuern auch daraufhin zu bewerten, ob die Erhebung einer Steuer und vor allem mögliche Erhöhungen in der Zukunft den Bürgerpräferenzen eher entsprechen oder eher widersprechen.[665] Sollten EU-Steuern zu den besonders unbeliebten Steuern gehören, könnte die prinzipiell wünschenswerte Transparenz des Finanzierungssystems auch zu einer schweren Belastung des Integrationsprozesses führen.

Zusammenfassend sind die Kriterien, nach denen potentielle EU-Steuern in den folgenden Abschnitten bewertet werden, in Tabelle 8 aufgelistet.

Im folgenden Kapitel 3.3.2.2 werden verschiedene spezielle Steuern mit Blick auf diese Kriterien miteinander verglichen. Dabei handelt es sich ausnahmslos um Steu-

[663] Vgl. Blankart, C.B. (2003), S. 341 ff.
[664] Gretschmann, K. (1998), S. 94.
[665] Gretschmann greift dabei auf eine empirische Untersuchung von Rolfink zurück. Darin wurden in einer repräsentativen Umfrage für die Region Aachen Steueränderungspräferenzen ermittelt. Vgl. ebenda, S. 94 f., Rolfink, A. (1999), S. 266.

ern, die in anderen Publikationen bereits als mögliche EU-Steuern genannt wurden. In Kap. 3.3.2.3 wird die Zuordnung des Geldschöpfungsgewinns des Europäischen Systems der Zentralbanken (ESZB) mit demselben Maßstab gemessen. Dieser ließe sich zwar auch als Steuer subsumieren[666], da diese Kategorisierung jedoch unüblich ist, wird der Seigniorage ein eigener Abschnitt gewidmet.

Tab. 8: Eignungskriterien zur Beurteilung potentieller EU-Steuern

- Unabhängige Zentralisierungsgründe
    - Regionale Willkürlichkeit des Aufkommens
    - Externe Effekte durch mobile Bemessungsgrundlagen
- Fiskalische Kriterien
    - Ausreichendheit
    - Stetigkeit, Vorhersehbarkeit
    - Dynamik, Steigerungsmöglichkeit
    - Harmonisierung der Bemessungsgrundlagen
- Kriterien nach dem Postulat aufgabenadäquater Gerechtigkeit
    - Vereinbarkeit mit Leistungsfähigkeits- oder Äquivalenzprinzip
    - Internationale und interpersonelle Belastungswirkungen
- Kriterien nach dem Postulat der Autonomie
    - Regelung des vertikalen Einnahmenausgleichs
    - Nationale Radizierbarkeit der Einnahmen
- Kriterien nach dem Postulat der Transparenz
    - Koinzidenz von Steuerdestinatar, -träger und -zahler
    - Merklichkeit, Sichtbarkeit
    - Einfachheit
    - Akzeptanz

Tab. 8: Eignungskriterien zur Beurteilung potentieller EU-Steuern

Welche Steuer den Kriterien am besten gerecht wird, hängt maßgeblich davon ab, wie die einzelnen Anforderungen gewichtet werden. Begg, Grimwade und Price haben in ihrer Analyse den einzelnen Kriterien Gewichtungsfaktoren zugeordnet, die mit den „Noten" multipliziert wurden, um so zu einer Gesamtpunktzahl zu gelan-

[666] Die Vereinnahmung von ESZB-Gewinnen durch den EU-Haushalt kann auch als Besteuerung der Zentralbanken angesehen werden. Vgl. Europäische Kommission (1998), Anhang 2, S. 22. Zudem wird der Begriff Seigniorage auch häufiger mit dem Terminus Inflationssteuer gleichgesetzt, wenngleich darunter nicht exakt das Gleiche zu verstehen ist. Vgl. Rösl, G. (2002b), S. 29 ff.

gen.[667] Warum aber zum Beispiel die Sichtbarkeit mit einem Gewicht von 10 % ein genau doppelt so wichtiges Kriterium wie die Höhe der Erhebungskosten (5 %) sein soll und die Bedeutung der Stabilität der Einnahmen genau dazwischen (7,5 %) liegen soll, lässt sich rational wohl kaum erklären. Um Scheingenauigkeiten zu vermeiden, wird daher in den zusammenfassenden Übersichten auf eine Gewichtung der Kriterien verzichtet. Die Erfüllung der Kriterien wird lediglich mit Plus-, Minus- und Neutralzeichen in ordinal skalierter Metrik mit kurzen Bemerkungen bewertet.

3.3.2.2 Steuerhoheit für die Europäische Union

3.3.2.2.1 Direkte Steuern

3.3.2.2.1.1 Einkommensteuer

Als EU-Steuern kommen grundsätzlich sowohl direkte Steuern als auch indirekte Steuern in Frage.[668] Von den direkten Steuern werden vorwiegend die Steuern auf die Einkommensentstehung als mögliche EU-Steuern diskutiert[669]: Neben den Unternehmenssteuern steht vor allem die individuelle Einkommensteuer im Fokus, teilweise in Form der allgemeinen Einkommensteuer, teilweise in Form spezieller Einkommensteuern, insbesondere als Kapitaleinkommensteuer.[670]

Die allgemeine Einkommensteuer ist bei nationaler Erhebung im Wesentlichen nicht von Problemen mangelhafter Zurechenbarkeit des Aufkommens betroffen. Die Durchsetzung des Wohnsitzlandprinzips ist bei den meisten Einkunftsarten, insbesondere den Arbeitseinkommen gut möglich. Problematisch sind hingegen internationale Faktoreinkommen, bei denen ein Konflikt zwischen Wohnsitzland- und Quellenlandbesteuerung besteht. Dieser Konflikt wird zwar zwischen den Mitgliedstaaten

---

[667] Vgl. Begg, I., Grimwade, N., Price, P. (1997), S. 52 ff.

[668] Die Differenzierung in direkte und indirekte Steuern wird in der Finanzwissenschaft unterschiedlich definiert. Die hier vorgenommene Zuordnung zu direkten respektive indirekten Steuern sieht direkte Steuern als Steuern auf die Einkommensentstehung an und indirekte Steuern als Steuern auf die Einkommensverwendung. Zu den unterschiedlichen Abgrenzungen vgl. Peffekoven, R. (1992), S. 517.

[669] Steuern auf Vermögensbesitz (z.B. Erbschaftsteuer, Vermögensteuer) stehen als mögliche EU-Steuern nicht zur Debatte. Zu Gründen gegen solche Optionen vgl. Europäische Wirtschaft (1993), S. 92.

[670] Vgl. z.B. Caesar, R. (1990b), S. 93 ff., Europäische Wirtschaft (1993), S. 91 f., Begg, I., Grimwade, N., Price, P. (1997), S. 24 ff., 57 ff., Gretschmann, K. (1998), S. 108 ff., Europäische Kommission (1998), Anhang 2, S. 18 ff., Cattoir, P. (2004), S. 30 ff.

der EU durch Doppelbesteuerungsabkommen (DBA) geregelt; jedoch besteht bei Kapitaleinkünften, insbesondere Zinseinkünften das Problem der mangelhaften Durchsetzung der Wohnsitzlandbesteuerung. Seit der Liberalisierung des Kapitalverkehrs (1990) hat der steuerinduzierte Kapitalverkehr massiv zugenommen. Deutliche Unterschiede in der Besteuerung von Kapitalerträgen machen Steuerhinterziehung möglich und attraktiv. Die nationale Verschiedenheit bei der Besteuerung von Kapitalerträgen ist aufgrund der internationalen Mobilität von Kapital mit fiskalischen externen Effekten verbunden: Die Nicht-Quellenbesteuerung der Zinseinkünfte von Ausländern in Luxemburg zum Beispiel ermöglicht Steuerhinterziehung und führt zu massiven Steuerausfällen in Deutschland. Zur Bekämpfung der Fehlanreize werden in der EU Kontrollmitteilungen an die Finanzbehörden der Wohnsitzländer und eine signifikante Mindestquellenbesteuerung als mögliche Instrumente diskutiert.[671] Eine Internalisierung der fiskalischen externen Effekte wäre aber auch durch eine zentralisierte Besteuerung der Kapitalerträge möglich. Eine einheitliche, anrechenbare EU-Quellensteuer auf Zinserträge könnte also mit dem Internalisierungsargument gerechtfertigt werden, eine zentralisierte Ertragshoheit wäre indessen nicht notwendig. Zwingende Zentralisierungsgründe liegen somit nicht vor.

Das Kriterium der finanziellen Ausreichendheit lässt sich mit keiner anderen Steuer besser erfüllen als mit der Einkommensteuer. Wie Abbildung 23 zeigt, ist die persönliche Einkommensteuer in allen Mitgliedstaaten in Relation zum BIP eine sehr bedeutende Steuer. Die Relation liegt zwischen 5 % in Griechenland und 26 % in Dänemark, in der EU-15 bei 10 %. Das fiskalische Potential der Einkommensteuer übersteigt somit den Eigenmittelplafonds um ein Vielfaches.

[671] Der Rat hat im Jahr 2003 eine Zinssteuerrichtlinie (Richtlinie 2003/48/EG des Rates vom 3. Juni 2003 im Bereich der Besteuerung von Zinserträgen, ABl. Nr. L 157 (2003), S. 38) beschlossen, wonach im Grundsatz alle Mitgliedstaaten an einem automatischen Austausch von Informationen über Zinszahlungen an Gebietsfremde teilnehmen. Belgien, Luxemburg und Österreich dürfen davon abweichend bis 2011 Quellensteuern erheben, die in den ersten drei Jahren wenigstens 15 %, in den folgenden drei Jahren wenigstens 20 % und dann wenigstens 35 % betragen müssen. Da das Inkrafttreten der Maßnahmen zum 1.1.2005 gleichwertige Maßnahmen der Schweiz und anderer „Steueroasen" voraussetzt (Art. 17 der Zinssteuerrichtlinie) und diese bis 30.6.2004 nicht festgestellt werden konnten, wurde das Inkrafttreten der Maßnahmen vorläufig auf den 1.7.2005 verschoben.

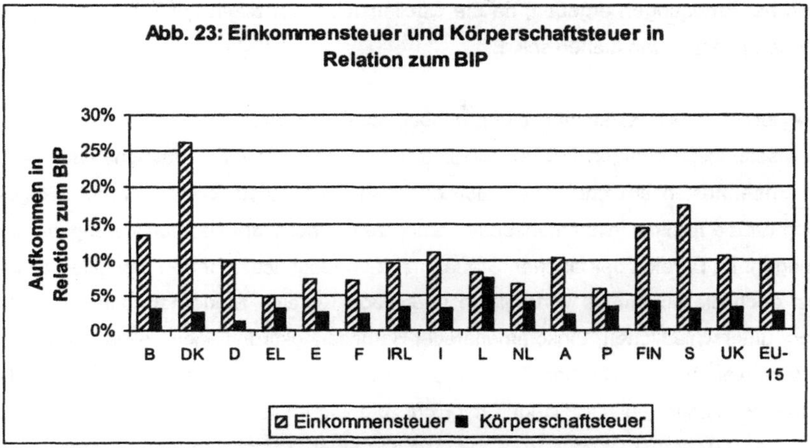

Abb. 23: Einkommensteuer und Körperschaftsteuer in Relation zum BIP (EU-15, 1995–2001)
Quelle: Eurostat (2003b), S. 181 f., eigene Darstellung.

Ein Bruchteil davon wäre freilich das fiskalische Potential von Kapitaleinkommensteuern, insbesondere im Falle einer Quellensteuer, die auf ausländische Anleger beschränkt ist. Nach Ansicht der Kommission lässt sich nicht abschätzen, ob eine solche Quellensteuer hinreichend ergiebig wäre;[672] ein erheblicher Anteil des Eigenmittelplafonds dürfte allerdings erwartet werden. Die Einkommensteuer ist eine konjunkturabhängige und damit relativ stark schwankende Steuer.[673] Die Prognose der Aufkommensentwicklung ist relativ unsicher. Diese beiden negativen Eigenschaften träten bei einer Quellensteuer auf Zinserträge noch stärker hervor, da hier die Varianz des Zinsniveaus nicht von den relativ stabilen Arbeitseinkommen geglättet wird.[674] Dafür ist die Einkommensteuer eine recht dynamische Steuer; ihre Aufkommenselastizität ist größer als eins. Zudem lässt sich das Aufkommen mit Tarifanhebungen bei Bedarf diskretionär erhöhen. Allerdings konterkarierten Erhöhungen bei der Einkommensteuer die in den beiden vergangenen Jahrzehnten praktizierte Steuersenkungspolitik in vielen Mitgliedstaaten. Die Einführung einer EU-Quellensteuer auf Zinserträge könnte Ausweichreaktionen in nicht besteuernde Drittstaaten hervorrufen, so dass das Aufkommen mittelfristig auch sinken kann. Zielkonflikte könnten

672 Vgl. Europäische Kommission (1998), Anhang 2, S. 21.

673 Auf europäischer Ebene könnten Einkommensteuereinnahmen eventuell stabiler als auf nationaler Ebene sein, wenn sich Aufkommensschwankungen in den Mitgliedstaaten zum Teil gegenseitig kompensieren. Vgl. Cattoir, P. (2004), S. 31.

674 Das Aufkommen des in Deutschland als Quellensteuer erhobenen Zinsabschlags hat sich z.B. in den Jahren 2000 und 2001 gegenüber dem jeweiligen Vorjahr um mehr als 20 % erhöht, was offenbar großteils eine Folge der Zinsentwicklung war.

sich bei Erhöhungen ergeben, da die Quellensteuer vor allem der Bekämpfung der Steuerhinterziehung dienen sollte.

Die für eine Gemeinschaftssteuer unabdingbar notwendige Vereinheitlichung der Bemessungsgrundlagen in allen Mitgliedstaaten ist bei der Einkommensteuer nicht im Entferntesten erreicht.[675] Lediglich das bisher erfolglose Ringen um eine Regelung für die Kapitaleinkommensbesteuerung zeigt überhaupt Harmonisierungsbemühungen. Im Bereich der direkten Steuern fehlt im Gegensatz zu den indirekten Steuern auch die eindeutige vertragliche Grundlage für eine Steuerharmonisierung. In den unterschiedlichen Einkommensteuer-Bemessungsgrundlagen zeigen sich die unterschiedlichen politischen Präferenzen in den Mitgliedstaaten. Eine Vereinheitlichung wird daher auch auf lange Frist nicht zu erwarten sein.

Unter dem Aspekt der aufgabenadäquaten Gerechtigkeit ist zunächst festzustellen, dass die Einkommensteuer wie keine zweite Steuer mit dem Prinzip der steuerlichen Leistungsfähigkeit zu vereinbaren ist. Die unterschiedliche Gestaltung der nationalen Bemessungsgrundlagen zeigt aber auch, dass individuelle steuerliche Leistungsfähigkeit sehr unterschiedlich definiert wird. Mit dem Äquivalenzprinzip lässt sich eine EU-Einkommensteuer hingegen weniger gut begründen, wenngleich Caesar die Sicherung der vier Grundfreiheiten im Binnenmarkt als eine Aufgabe mit Kollektivgutcharakter ansieht, zu deren Finanzierung die Einkommensteuer sachlich adäquat wäre.[676] Einzuwenden ist dagegen, dass diese Aufgabe vor allem mit ordnungs- und weniger mit prozesspolitischem Handeln verbunden ist und somit nicht sehr ausgabenintensiv ist. Am augenfälligsten wäre der Zusammenhang noch zwischen einer EU-Zinssteuer und der von der EU garantierten Freiheit des Kapitalverkehrs.

Die individuelle Steuerbelastung steigt bei der Einkommensteuer mit steigendem Einkommen. Aufgrund der progressiven Tarifgestaltung der nationalen Einkommensteuern wäre auch eine europäische Einkommensteuer(-beteiligung) mit progressiver Belastung verbunden. Da die zu versteuernden Einkommen eng mit den Sozialprodukten korreliert sind, würde auch die mitgliedstaatliche Belastung mit steigender Leistungsfähigkeit nicht nur ansteigen, sondern dies auch progressiv.

---

[675] Dabei wurde bereits 1981 im Spinelli-Bericht des Europäischen Parlaments die Harmonisierung der Einkommensteuer-Bemessungsgrundlagen gefordert, um eine spätere Verwendung der Einkommensteuer als Eigenmittel zu ermöglichen. Vgl. Europäisches Parlament (1981), S. 89.
[676] Vgl. Caesar, R. (1996b), S. 165 f.

Schwieriger verhält es sich mit dem Vorschlag einer Quellensteuer auf Kapitalerträge. Auch eine proportionale Quellensteuer auf Zinsen hätte bezüglich des Gesamteinkommens progressive Wirkung, da davon auszugehen ist, dass Zinseinkünfte mit steigendem Einkommen überproportional zunehmen. Solange aber die gezahlte EU-Quellensteuer bei der nationalen Einkommensteuer angerechnet werden kann, entsteht eine individuelle Mehrbelastung ohnehin nur für diejenigen Steuerpflichtigen, die ihre Zinseinkünfte zuvor nicht deklariert haben. Die mitgliedstaatlich aggregierte Inzidenz einer EU-Quellensteuer hinge schließlich weniger vom nationalen Wohlstand, als vielmehr von der Höhe des in diesem Land angelegten ausländischen Kapitals ab. Kleine Mitgliedstaaten mit bedeutendem Finanzdienstleistungssektor wie Luxemburg, aber auch Österreich müssten demnach relativ hohe Beträge an die EU abführen.[677]

Zur Eignung der Einkommensteuer als EU-Steuer ist unter dem Aspekt der Autonomie festzustellen, dass eine Zuordnung nach dem Trennsystem – weder dem freien noch dem gebundenen – unrealistisch ist. Für eine Zuordnung nach dem gebundenen Trennsystem ist der Finanzbedarf der EU viel zu klein; eine konkurrierende Einkommensteuer wäre schon aufgrund der administrativen Kosten[678], zudem aber auch wegen des Allmendeproblems[679] bei freien Trennsystemen abzulehnen. Ein Steuerverbund der EU mit den Mitgliedstaaten würde nicht nur die Harmonisierung der Bemessungsgrundlagen, sondern auch des Tarifs erfordern. Die Autonomie der Mitgliedstaaten wäre dann der jetzigen Autonomie der deutschen Bundesländer auf diesem Gebiet vergleichbar, also sehr gering. Zudem ist die Einkommensteuer in den föderativen Mitgliedstaaten bereits heute Gemeinschaftssteuer verschiedener Ebenen, so dass die damit verbundenen föderalen Komplikationen durch einen Steuerverbund mit der EU noch verstärkt würden. Realistisch wäre somit nur ein Zuschlagssystem. Die EU könnte autonom über die Höhe eines proportionalen Zuschlags auf die harmonisierten Einkommensteuer-Bemessungsgrundlagen in den Mitgliedstaaten entscheiden und den Mitgliedstaaten die Höhe der nationalen Belas-

---

[677] Allerdings sieht auch Art. 11 der vom Rat beschlossenen Zinssteuerrichtlinie vor, dass die Einnahmen aus den nationalen Mindestquellensteuern zu drei Vierteln an die Wohnsitzländer der Besteuerten fließen, also nicht dem Quellenland verbleiben. Der fiskalische Nachteil der betroffenen Mitgliedstaaten wäre somit ohnehin begrenzt.
[678] Vgl. Mutén, L. (2001), S. 230.
[679] Vgl. Feld, L.P., Kirchgässner, G. (2001), S. 31 f.

tung überlassen. Allerdings sind prinzipiell auch Zuschläge mit dem Problem der Überbeanspruchung einer Steuerquelle (Allmendeproblematik) verbunden.[680]

Eine Quellensteuer auf Zinserträge könnte dem EU-Haushalt zwar eventuell vollständig zufließen, durch die direkte Verbindung zu den nationalen Einkommensteuern läge freilich kein Trennsystem, sondern eher ein Verbund vor. Anhebungen des Quellensteuersatzes gingen schließlich zu Lasten nationaler Einkommensteuereinnahmen.

Einen Beitrag zur Beendigung der Nettozahlerdebatte würde eine EU-Einkommensteuer wahrscheinlich nicht leisten, da die nationale Radizierbarkeit des Aufkommens recht gut ist. Bei der Quellensteuer auf Zinserträge von EU-Ausländern könnte das Auseinanderfallen von Traglast (Wohnsitzland) und Zahllast (Quellenland) aber zumindest die Zurechnung erschweren.

Die nach dem Postulat der Transparenz wichtige Koinzidenz von Steuerdestinatar, Steuerträger und Steuerzahler ist bei der Einkommensteuer gegeben. Zwar kann die Steuerschuld wie bei der Lohnsteuer oder der Kapitalertragsteuer durch Quellenabzugsverfahren dem Steuerdestinatar entzogen sein; durch den offenen Ausweis der gezahlten Steuern zum Beispiel auf einer Lohnsteuerbescheinigung kann die Belastung aber ebenso klar verdeutlicht werden. Für eine EU-Quellensteuer auf Zinserträge würde dasselbe gelten.

Für die Merklichkeit und Sichtbarkeit als EU-Steuer wäre der getrennte Ausweis von EU-Einkommensteuer und nationaler Einkommensteuer notwendig. Bei einem EU-Zuschlag wäre dies – der deutschen Kirchensteuer ähnlich – gut möglich. Bei einer quotalen Aufkommensbeteiligung wäre der Ausweis der Quoten zwar ungewöhnlich, aber möglich.

Die Einkommensteuer entspricht nicht der Anforderung, technisch einfach zu sein. Im Gegenteil: Sie ist sogar eine der kompliziertesten Steuern. Die für eine EU-Besteuerung notwendige Harmonisierung der Bemessungsgrundlagen könnte einen Beitrag zur Vereinfachung der Einkommensteuern leisten.[681] Die Quellensteuer auf

---

[680] Vgl. Raddatz, G., Schick, G. (2003), S. 9.
[681] Der gegenteilige Effekt könnte allerdings genauso eintreten.

Zinserträge wäre hingegen technisch relativ einfach zu erheben. Problematisch für die Akzeptanz einer EU-Einkommensteuer bei den EU-Bürgern dürfte sein, dass die Einkommensteuer nur eine geringe Wertschätzung genießt und relativ starke Präferenzen für eine Senkung bestehen.[682]

Tab. 9: Einkommensteuer		
Kriterien	Bewertung	Bemerkungen
Unabhängige Zentralisierungsgründe		
Regionale Willkürlichkeit des Aufkommens	-	Im Wesentlichen klare Zuordnung von Einkommen
Externe Effekte durch mobile Bemessungsgrundlagen	o	Unschädlicher Steuerwettbewerb
Fiskalische Kriterien		
Ausreichendheit	++	Große Bemessungsgrundlage
Stetigkeit, Vorhersehbarkeit	-	Konjunkturelle Schwankungen
Dynamik, Steigerungsmöglichkeit	+	Aufkommenselastizität > 1
Harmonisierung der Bemessungsgrundlagen	--	Bisher keine Bemühungen, Kernkompetenz nationaler Steuerautonomie
Postulat „aufgabenadäquate Gerechtigkeit"		
Vereinbarkeit mit Leistungsfähigkeits- oder Äquivalenzprinzip	+	Einkommen anerkannter Indikator persönlicher Leistungsfähigkeit
Internationale und interpersonelle Belastungswirkungen	-	Progressive Belastung nicht aufgabenadäquat
Postulat „Autonomie"		
Regelung des vertikalen Einnahmenausgleichs	o	Trennsystem unrealistisch Zuschlagssystem möglich
Nationale Radizierbarkeit	--	Aufkommen leicht radizierbar
Postulat „Transparenz"		
Koinzidenz von Steuerdestinatar, Steuerträger und Steuerzahler	+	Kaum überwälzbare Steuer
Merklichkeit, Sichtbarkeit	+	Offener Ausweis möglich
Einfachheit	--	Komplizierte Steuer
Akzeptanz	--	Allgemeine Senkung präferiert

Tab. 9: Einkommensteuer

Zusammenfassend lässt sich – wie in den Tabellen 9 und 10 dargestellt ist – feststellen, dass die Einkommensteuer deutlich schlechter geeignet ist als die Quellensteuer auf Zinserträge. Die fehlende Harmonisierung der Einkommensteuer-Bemessungsgrundlage wiegt dabei besonders schwer. Die Quellensteuer auf Zinserträge wäre als partielle Finanzierungsquelle denkbar. Die allgemeine Einkommensteuer hat zwar einige prinzipiell positive Eigenschaften als EU-Steuer, „[y]et income tax will un-

682 Vgl. Rolfink, A. (1999), S. 266.

doubtedly remain the cornerstone of national tax policies. It will become the 'core' of Member States' taxing autonomy [...]"[683].

Tab. 10: Quellensteuer auf Zinserträge		
Kriterien	Bewertung	Bemerkungen
Unabhängige Zentralisierungsgründe		
Regionale Willkürlichkeit des Aufkommens	+	Konzentration auf bestimmte Mitgliedstaaten
Externe Effekte durch mobile Bemessungsgrundlagen	+	Massive Steuerhinterziehung
Fiskalische Kriterien		
Ausreichendheit	o	unklar
Stetigkeit, Vorhersehbarkeit	-	Zinsniveauabhängigkeit u.a.
Dynamik, Steigerungsmöglichkeit	-	Ausweichreaktionen, Zielkonflikt
Harmonisierung der Bemessungsgrundlagen	+	Wenig umstritten
Postulat „aufgabenadäquate Gerechtigkeit"		
Vereinbarkeit mit Leistungsfähigkeits- oder Äquivalenzprinzip	+	Beides möglich
Internationale und interpersonelle Belastungswirkungen	-	Wegen Anrechnung uneindeutig
Postulat „Autonomie"		
Regelung des vertikalen Einnahmenausgleichs	o	Unechtes Trennsystem
Nationale Radizierbarkeit	+	Nicht offensichtlich möglich
Postulat „Transparenz"		
Koinzidenz von Steuerdestinatar, Steuerträger und Steuerzahler	+	Geldinstitute als Steuerschuldner können Steuer ausweisen
Merklichkeit, Sichtbarkeit	+	Kontoauszug
Einfachheit	+	Durch Quellenabzug relativ einfach
Akzeptanz	-	Gering geschätzt

Tab. 10: Quellensteuer auf Zinserträge

Gerade weil die Einkommensteuer Herzstück der nationalen Steuerautonomie bleiben wird, könnte die Einkommensteuer indessen durchaus Bestandteil des Finanzierungssystems der EU werden: Erhöben die Mitgliedstaaten Zuschläge auf die Einkommensteuer, die vom Gesamtaufkommen den nationalen Beitragslasten nahe kommen, wäre dem Postulat der Transparenz gedient. Die Vorteile der Einkommensteuer als EU-Steuer wie die große Bemessungsgrundlage, die Dynamik, die Ausrichtung am Leistungsfähigkeitsprinzip, Koinzidenz und Sichtbarkeit könnten genutzt werden; die Nachteile wie die fehlende Harmonisierung, die nationale Radizierbarkeit oder die konjunkturellen Schwankungen hätten hingegen keine oder nur geringe Wir-

---

683 Spahn, B. (1993), S. 558.

kung. Denkbar wären sowohl Zuschläge auf die Bemessungsgrundlage als auch Zuschläge auf die Steuerschuld. Letzteres entspräche den in Artikel 106 Absatz 1 GG vorgesehenen Ergänzungsabgaben.[684] Da die derzeit einzige in Deutschland erhobene Ergänzungsabgabe, der Solidaritätszuschlag, ein jährliches Aufkommen von gut zehn Milliarden Euro erzielt, und die Beitragslasten der Bundesrepublik gut 20 Milliarden Euro betragen, müsste der Zuschlagssatz etwa dem Doppelten des Solidaritätszuschlags von 5,5 % entsprechen.[685] Nicht gegengerechnet sind dabei allerdings mögliche Entlastungen bei der nationalen Einkommensteuer, die durch die Finanzierung der Beiträge durch eine Europasteuer möglich wären.

3.3.2.2.1.2 Körperschaftsteuer

Unter den direkten Steuern wird neben der Einkommensteuer auch die Körperschaftsteuer als mögliche EU-Steuer diskutiert.[686] Die von einigen als EU-Steuer vorgeschlagene Cash-flow-Steuer als Alternative zur Körperschaftsteuer wird in dieser Arbeit allerdings keiner näheren Betrachtung unterzogen.[687] Eine Besteuerung auf Cash-flow-Basis anstelle der Bemessungsgrundlage Gewinn gilt als logische Ergänzung eines allgemeinen Konsumsteuersystems im Bereich der Unternehmensbesteuerung.[688] Da eine Umstellung der bestehenden Einkommensteuersysteme auf Konsumbesteuerung jedoch auf absehbare Zeit nicht zu erwarten ist, erscheint eine Cash-flow-Steuer, noch dazu als EU-Steuer, unrealistisch.

Ein unabhängiger Grund für die Zentralisierung einer Steuer liegt vor, wenn das Aufkommen den einzelnen Mitgliedstaaten schwer zurechenbar ist, also dann, wenn der Ort der Besteuerung nur zufällig dem Land der Steuerbelastung entspricht. Betrachtet man die Körperschaftsteuer in ihrer unterschiedlichen Ausgestaltung, so sind verschiedene Fälle denkbar, in denen es diese Übereinstimmung nicht gibt: Die Gewinnausschüttungen einer Kapitalgesellschaft mit Sitz in einem Land A werden in

[684] Vgl. Biehl, D. (1994), S. 120.
[685] Zu einem ähnlichen Ergebnis kommt offenbar auch Gerken, der den Ausweis eines EU-Anteils auf dem Einkommensteuerbescheid fordert und als Zahlenbeispiel eine Steuerlast von 5.000 Euro nennt, die sich in einen nationalen Anteil in Höhe von 4.450 Euro und einen EU-Anteil in Höhe von 550 Euro aufteilt, was 11 % entspricht. Vgl. Gerken, L. (2004), S. 1.
[686] Vgl. z.B. Caesar, R. (1990b), S. 92 f., Europäische Wirtschaft (1993), S. 92 f., Begg, I., Grimwade, N., Price, P. (1997), S. 29 ff., 61 f., Gretschmann, K. (1998), S. 100 ff., Europäische Kommission (1998), Anhang 2, S. 13 ff., Cattoir, P. (2004), S. 16 ff.
[687] Vgl. zur Cash-flow-Steuer als EU-Steuer King, M. (1987), S. 145 ff., Spahn, B. (1993), S. 570 ff.
[688] Vgl. Liesenfeld, C. (2004), S. 43 ff.

Land A versteuert, auch wenn sie an Anteilseigner in einem Land B fließen. Kapitalgesellschaften, die in mehreren Ländern einen Sitz haben, versteuern den im jeweiligen Land erzielten Gewinn; durch interne Verrechnungspraktiken besteht der Anreiz, die Gewinne in den Ländern besonders niedrig auszuweisen, die eine hohe Körperschaftsteuer haben, et vice versa. Schließlich kann es Kapitalgesellschaften auch gelingen, ihre Körperschaftsteuerbelastung teilweise auf ihre ausländische Kundschaft zu überwälzen. Letzteres wäre zwar ein Steuerexport, der Tatbestand regionaler Willkürlichkeit des Aufkommens wäre gleichwohl nicht gegeben, da die Körperschaftsteuer keine Einkommensverwendungs-, sondern eine Einkommensentstehungssteuer ist. Für den Fall der multinationalen Unternehmen (MNU) gibt es zur Klärung der nationalen Steueransprüche bilaterale (vor allem DBA) und multilaterale Vereinbarungen[689], die allerdings nur im juristischen Sinn und nur näherungsweise im ökonomischen Sinn die Zuordnung der Bemessungsgrundlagen regeln.

Ebenso ist die nationale Körperschaftsbesteuerung mit externen Effekten verbunden. Die grenzüberschreitende Mobilität der Bemessungsgrundlagen ist im Bereich der Unternehmensbesteuerung recht hoch. Senkungen der Körperschaftsteuer in einem Land können daher in beträchtlicher Weise mit negativen fiskalischen Externalitäten verbunden sein. Nach der Theorie des Steuerwettbewerbs kann eine solche ‚beggar-my-neighbour-policy' zu einem ‚race to the bottom' bei den Steuersätzen führen. Tatsächlich ist in der jüngeren Vergangenheit innerhalb der EU eine wettbewerbsinduzierte Absenkung der Körperschaftsteuersätze festzustellen. Allein zwischen 1999 und 2002 haben acht von 15 Mitgliedstaaten die Körperschaftsteuer reduziert und die tarifliche Belastung im Durchschnitt von 32,4 % auf 29,3 % gesenkt. In den Beitrittsländern lag der durchschnittliche Satz bereits unter 25 %.[690] In den Jahren 2003 und 2004 sind in einigen Mitgliedstaaten weitere Steuersenkungen vorgenommen worden.[691] Mit einer europäischen Körperschaftsteuer könnten die Externalitäten teilweise internalisiert werden. Allerdings ist zweifelhaft, ob es tatsächlich sinnvoll wäre, den Mitgliedstaaten die Möglichkeit zu nehmen, über die Körperschaftsteuer Standortanreize zu setzen. Ein Steuerkartell ginge vor allem zu Lasten der Beitrittsländer, die ihre Unternehmen gegenwärtig niedriger besteuern.

---

[689] Hier sind v.a. die 1990 in der EG beschlossenen Vereinbarungen Fusionsrichtlinie, Mutter-/Tochterrichtlinie sowie die Schiedsverfahrenkonvention zu nennen. Diese dienen v.a. der Beseitigung von Binnenmarkthemmnissen auf steuerlichem Gebiet.
[690] Vgl. Martinez-Serrano, A., Patterson, B. (2003), S. 21, 10 f.
[691] Vgl. Bundesministerium der Finanzen (2004), S. 45.

Unter den fiskalischen Gesichtspunkten ist festzustellen, dass das fiskalische Potential der Körperschaftsteuer den Eigenmittelplafonds der EU deutlich übersteigt. Wie in Abbildung 23 in Kap. 3.3.2.2.1.1 graphisch dargestellt wird, entsprach das nationale Körperschaftsteueraufkommen in den 15 Mitgliedstaaten zwischen 1995 und 2001 2,5 % des BIP, wobei dieser Anteil in den einzelnen Ländern sehr unterschiedlich ist: In Deutschland war das Körperschaftsteueraufkommen 1,2 % des BIP am geringsten, in Luxemburg mit 7,6 % am höchsten. Dem Kriterium der fiskalischen Ausreichendheit könnte eine europäische Körperschaftsteuer somit genügen.

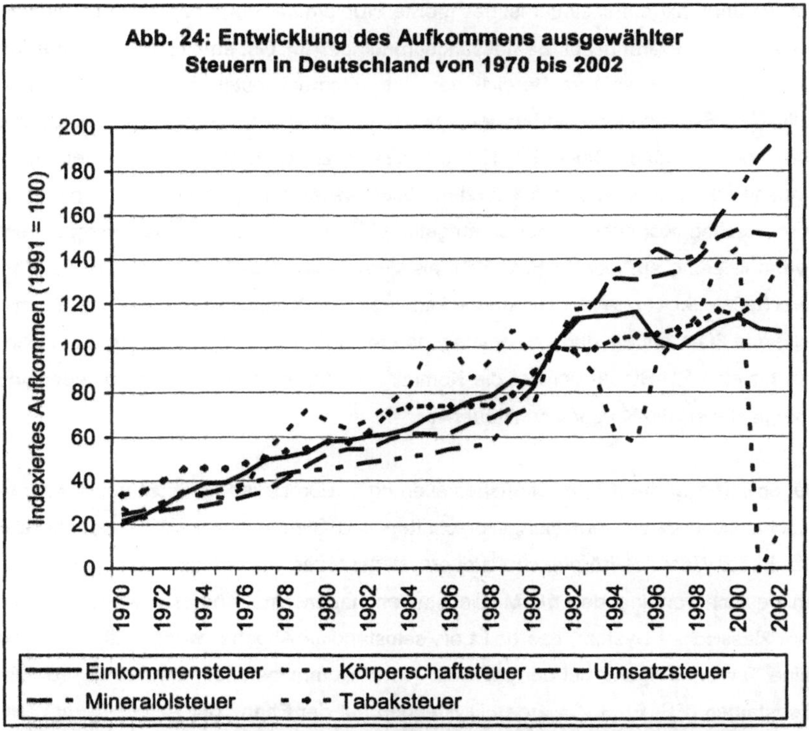

Abb. 24: Entwicklung des Aufkommens ausgewählter Steuern in Deutschland von 1970 bis 2002
Quelle: Sachverständigenrat zur Begutachtung der gesamtwirtschaftlichen Entwicklung (2003), S. 572, eigene Berechnungen.

Von Nachteil ist die Gewinnsteuern inhärente, starke Konjunkturreagibilität der Körperschaftsteuer. Zyklische Schwankungen sind bei der Körperschaftsteuer sehr ausgeprägt, wie sich an der in Abbildung 24 graphisch dargestellten Aufkommensentwicklung verschiedener Steuern in Deutschland zeigt.[692] Kurzfristige Vorhersagen über die Aufkommensentwicklung sind daher sehr unsicher.

Die Körperschaftsteuer ist eine dynamische Steuer; diskretionäre Anhebungen einer EU-Körperschaftsteuer würden indes die Steuersenkungstendenzen in den Mitgliedstaaten konterkarieren. Eine EU-Körperschaftsteuer würde zwar den Steuerwettbewerb innerhalb der EU verringern; da der internationale Steuerwettbewerb jedoch globale Dimension hat, wäre der diskretionäre Spielraum der EU begrenzt.

Ähnlich der Einkommensteuer ist das größte Problem der Körperschaftsteuer die fehlende Harmonisierung der Bemessungsgrundlage. Im Gegensatz zur individuellen Einkommensteuer sind im Bereich der Unternehmensbesteuerung aber immerhin politische Bestrebungen vorhanden, eine Harmonisierung voranzutreiben. In der 2001 veröffentlichten Studie der EU-Kommission zur Unternehmensbesteuerung im Binnenmarkt wird unter vier diskutierten Lösungsansätzen auch die Einführung einer Europäischen Körperschaftsteuer aufgeführt.[693] Wenngleich die Bemühungen um Harmonisierung auf diesem Feld nicht als Vorbote von EU-Einnahmen aus der Körperschaftsteuer verstanden werden sollen, weist die Kommission in ihrem Eigenmittelbericht 2004 auf die dadurch entstehende Möglichkeit hin. Als eine von drei Optionen für eine EU-Steuer schlägt die Kommission daher (neben Mehrwertsteuer und Energiesteuer) die Körperschaftsteuer vor.[694]

Gegenwärtig ist die Körperschaftsbesteuerung in Europa jedoch nicht nur durch unterschiedliche Gewinnermittlungsvorschriften und Steuersätze gekennzeichnet. Bereits in der Wahl des Körperschaftsteuersystems unterscheiden sich die Mitgliedstaaten deutlich voneinander. 16 Mitgliedstaaten haben eine Körperschaftsteuer nach dem klassischen System, das heißt als selbständige Abgabe, wobei lediglich Irland keine Tarifermäßigung bei der persönlichen Einkommensteuer gewährt. In drei Mitgliedstaaten (EE, EL, LV) werden Dividenden auf der Ebene der Anteilseigner überhaupt nicht besteuert (Steuerbefreiungssystem). In sechs Mitgliedstaaten ist die Kör-

[692] Der extreme Einbruch des Körperschaftsteueraufkommens im Jahre 2001 in Deutschland ist nur zu einem kleinen Teil konjunkturbedingt. Hauptsächlich ist er auf den Systemwechsel vom Anrechnungssystem zum Halbeinkünfteverfahren zurückzuführen.

[693] Außerdem werden die Besteuerung im Sitzland, die Besteuerung nach einer konsolidierten (einheitlichen) Bemessungsgrundlage und eine obligatorische einheitliche harmonisierte Bemessungsgrundlage diskutiert. Vgl. Europäische Kommission (2001b), S. 401 ff.

[694] Vgl. Europäische Kommission (2004b), S. 12, Europäische Kommission (2004c), S. 55 ff.

perschaftsteuer in die Einkommensteuer integriert (Integrationssysteme), wobei drei Länder (FIN, I, MT) ein Vollanrechnungssystem und drei Länder (E, F, UK) ein Teilanrechnungssystem praktizieren.[695] In Deutschland ist die Körperschaftsteuer seit der Abschaffung des Anrechnungsverfahrens im Jahr 2000 eine selbständige Abgabe. Durch die gleichzeitige Einführung des Halbeinkünfteverfahrens wirkt sich die Körperschaftsbesteuerung zwar weiterhin mittelbar auf die Einkommensteuer aus; eine Veränderung des Steuersatzes wirkt sich jedoch nicht auf das Einkommensteueraufkommen aus. Eine Körperschaftsteuer, deren Ertrag ganz oder teilweise der EU zustünde, würde daher auch ein einheitliches System verlangen, damit sich die europäische Körperschaftsbesteuerung nicht vollkommen unterschiedlich in den nationalen Einkommensteueraufkommen niederschlägt.

Die Besteuerung von Körperschaften im Allgemeinen findet Rechtfertigung sowohl im Leistungsfähigkeits- als auch im Äquivalenzprinzip.[696] Kaum zu rechtfertigen wäre es auf EU-Ebene allerdings, allein die Gewinne von Kapitalgesellschaften als Maßstab der steuerlichen Leistungsfähigkeit zu berücksichtigen. Eine Rechtfertigung mit dem Äquivalenzprinzip, die im nationalen Bereich auf besonderen Leistungen des Staates für Kapitalgesellschaften beruhen kann, kann auf europäischer Ebene eventuell mit den besonderen Vorteilen dieser Unternehmen aus dem Binnenmarkt gefolgert werden. Eine EU-Körperschaftsteuer könnte somit auch über den sachpolitischen Zusammenhang mit der Sicherung der vier Grundfreiheiten gerechtfertigt werden.

Die mitgliedstaatlich aggregierte Inzidenz einer EU-Körperschaftsteuer wäre vermutlich positiv mit dem nationalen Wohlstand korreliert, hinge aber auch stark von anderen institutionellen und strukturellen Faktoren ab. Müssten MNU ihre Gewinne nur noch an ihrem Hauptsitz versteuern, wäre das Aufkommen in solchen EU-Ländern besonders hoch, in denen viele Konzerne ihren Hauptsitz haben. Beschränkte sich die europäische Unternehmensbesteuerung auf Kapitalgesellschaften, wäre das Aufkommen in Mitgliedstaaten wie zum Beispiel Deutschland, wo die Unternehmensstruktur einen hohen Anteil an Personengesellschaften hat, relativ gering. Eine Beschränkung auf MNU würde gegenüber einer Besteuerung aller Unternehmen vermutlich kleinere Mitgliedstaaten höher belasten, da die Unternehmen in diesen Ländern internationaler ausgerichtet sein dürften.

---

[695] Stand 2003. Vgl. Bundesministerium der Finanzen (2004), S. 45 ff.
[696] Vgl. Andel, N. (1998), S. 341.

Noch schwieriger als die mitgliedstaatliche Inzidenz ist die individuelle Inzidenz einer europäischen Körperschaftsteuer einzuschätzen. Trotz aller Unklarheit über genaue Belastungs- und Überwälzungswirkungen lässt sich jedoch grosso modo eine progressive Belastungswirkung im Bezug auf die individuellen Gesamteinkommen vermuten.[697]

Unter dem Gesichtspunkt der Autonomie wäre eine nach dem Trennsystem erhobene Steuer ideal. Für eine alleinige Ertragshoheit der EU wäre aber das Aufkommen zu hoch. Eine Beschränkung der europäischen Körperschaftsbesteuerung auf MNU könnte allerdings eine Ertragshoheit im gebundenen Trennsystem ermöglichen, wobei unklar ist, in welcher Höhe eine solche Einnahme anfallen könnte. Ansonsten wäre eine gemeinschaftliche Ertragshoheit wahrscheinlich. Für ein Verbundsystem mit prozentualer Aufkommensbeteiligung müssten die körperschaftsteuerlichen Regelungen inklusive der Steuersätze in allen Mitgliedstaaten vereinheitlicht werden. Geringer wäre der Autonomieverlust für die Mitgliedstaaten bei einem Zuschlagssystem, das nur eine Vereinheitlichung der Bemessungsgrundlagen erfordert.[698] Die nationale Radizierbarkeit des Aufkommens wäre bei einer Besteuerung von MNU am Hauptsitz der Unternehmen gering, so dass sich die vereinnahmenden Mitgliedstaaten die Mittel zumindest nicht in voller Höhe selbst zuschreiben könnten. Die Eigenmittel aus einer allgemeinen Körperschaftsteuer auf Basis einer vereinheitlichten, aber national abgegrenzten Bemessungsgrundlage dürften hingegen Eingang in die Berechnung von Nettopositionen finden.

Damit eine EU-Steuer das Finanzierungssystem tatsächlich transparenter macht, sollten Steuerdestinatar, Steuerträger und Steuerzahler nach Möglichkeit identisch sein. Zumindest sollte dem Steuerdestinatar die Steuerzahlung kenntlich gemacht werden. Betrachtet man als Steuerdestinatar der Körperschaftsteuer die Anteilseigner[699], so ist die Identität mit dem Steuerzahler (Kapitalgesellschaft) nicht gegeben. Die auf ausgeschüttete Gewinne gezahlte Körperschaftsteuer kann den Anteilseig-

---

[697] Cattoir weist darauf hin, dass zum Beispiel im Vereinigten Königreich die meisten Aktien von Pensionsfonds gehalten werden, an denen wiederum sowohl Bezieher hoher als auch niedriger Einkommen beteiligt sind. Indessen gilt auch für Pensionsfonds, dass Bezieher hoher Einkommen tendenziell höhere Anteile an Pensionsfonds halten als Bezieher niedriger Einkommen. Vgl. Cattoir, P. (2004), S. 19.

[698] Ebenso denkbar wären nationale Zuschläge auf eine einheitliche EU-Basis-Körperschaftsteuer.

[699] Anteilseigner einer Kapitalgesellschaft kann wiederum eine Kapitalgesellschaft sein oder z.B. ein Investmentfonds. Steuerdestinatar sind dann deren Anteilseigner, sofern es sich um natürliche Personen handelt.

nern gleichwohl durch Steuerbescheinigungen kenntlich gemacht werden. Gelingt Unternehmen die Überwälzung der Körperschaftsteuer auf ihre Arbeitnehmer, Lieferanten oder Kunden, ist die Belastung durch die EU für die Steuerträger nicht erkennbar. Wird hingegen die juristische Person der Kapitalgesellschaft als Steuerdestinatar angesehen, wäre eine EU-Körperschaftsteuer kein sinnvoller Beitrag, den Bürgern das Finanzierungssystem transparenter zu machen.

In Separationssystemen ist die Körperschaftsteuer eine merkliche und sichtbare Steuer, allerdings nur für Kapitalgesellschaften und deren Anteilseigner.[700] In Integrationssystemen wird die Merklichkeit der Steuer zudem durch die Teil- oder Vollanrechnung auf die Einkommensteuer reduziert.

Tab. 11: Körperschaftsteuer		
Kriterien	Bewertung	Bemerkungen
Unabhängige Zentralisierungsgründe		
Regionale Willkürlichkeit des Aufkommens	+	Insbesondere bei multinationalen Unternehmen
Externe Effekte durch mobile Bemessungsgrundlagen	+	Steuerwettbewerb unter allokativen Aspekten von Vorteil
Fiskalische Kriterien		
Ausreichendheit	+	Beträchtliche Steuerbasis
Stetigkeit, Vorhersehbarkeit	--	Starke konjunkturelle Schwankungen
Dynamik, Steigerungsmöglichkeit	o	Internation. Steuerwettbewerb
Harmonisierung der Bemessungsgrundlagen	-	Mehrere, bislang erfolglose Versuche der Harmonisierung
Postulat „aufgabenadäquate Gerechtigkeit“		
Vereinbarkeit mit Leistungsfähigkeits- oder Äquivalenzprinzip	+	Bezug zu Binnenmarktpolitik
Internationale und interpersonelle Belastungswirkungen	o	unklar
Postulat „Autonomie“		
Regelung des vertikalen Einnahmenausgleichs	o	Trennsystem unrealistisch Zuschlagssystem möglich
Nationale Radizierbarkeit	o	systemabhängig
Postulat „Transparenz“		
Koinzidenz von Steuerdestinatar, Steuerträger und Steuerzahler	o	Offener Ausweis für Anteilseigner möglich
Merklichkeit, Sichtbarkeit	o/-	Bei Integration in Einkommensteuer eingeschränkt merklich
Einfachheit	-	Komplexe Steuer
Akzeptanz	+	Bürger fühlen sich unbetroffen

Tab. 11: Körperschaftsteuer

700 Die beschränkte Sichtbarkeit könnte nach Ansicht der Reichenbach-Gruppe den Eindruck in der Öffentlichkeit verstärken, die EU sei v.a. „eine Sache der Wirtschaft“. Europäische Wirtschaft (1993), S. 93.

Die Körperschaftsteuer ist keine einfache Steuer; die Einführung einer europäischen Körperschaftsteuer böte gleichwohl die Chance, Vereinfachungen vorzunehmen. Die Akzeptanz einer EU-Körperschaftsteuer in der Bevölkerung könnte relativ gut sein, da sie nur von einem kleinen Teil als persönliche Belastung empfunden wird.[701] Politökonomisch ist dies für die handelnden Akteure von großem Vorteil: „There is no other tax which brings in so much money while making so few voters mad."[702]

Zusammenfassend ist – wie Tabelle 11 zeigt – festzustellen, dass es für die Körperschaftsteuer unabhängige Zentralisierungsgründe gibt, diese jedoch nicht zwingend sind. Unter den Eignungskriterien finden sich wenige, die eine EU-Körperschaftsteuer empfehlen lassen. Problematisch sind vor allem die starke Konjunkturanfälligkeit des Aufkommens und die bisher fehlende Harmonisierung.

3.3.2.2.2 Indirekte Steuern

3.3.2.2.2.1 Mehrwertsteuer

Unter den indirekten Steuern, also den Steuern auf die Einkommensverwendung ist es aus zwei Gründen nahe liegend, die Mehrwertsteuer auf ihre Eignung als europäische Steuer zu prüfen: Sie ist die fiskalisch ergiebigste indirekte Steuer und steht durch die Mehrwertsteuer-Eigenmittel schon jetzt in Bezug zum Finanzierungssystem der EU.[703] Die Mehrwertsteuer zählt daher auch zu den von der Kommission in ihrem Eigenmittelbericht 2004 vorgeschlagenen drei Optionen für eine EU-Steuer.[704]

Unabhängige Zentralisierungsgründe liegen indes nur geringfügig vor. Die regionale Zurechenbarkeit des Aufkommens hängt wesentlich von der steuerlichen Behandlung des grenzüberschreitenden Handels ab. Da nach herrschender Auffassung Umsatzsteuern der Belastungskonzeption nach allgemeine Verbrauchsteuern sein sollen[705], ist der internationale Handel gemäß dem Bestimmungslandprinzip (BLP) zu

[701] Rolfink hat in seiner Untersuchung sogar eine Präferenz für eine geringe Steuererhöhung festgestellt. Vgl. Rolfink, A. (1999), S. 266.
[702] Colm, G. (1954), S. 494.
[703] Vgl. z.B. Caesar, R. (1990b), S. 87 ff., Europäische Wirtschaft (1993), S. 94., Begg, I., Grimwade, N., Price, P. (1997), S. 34 ff., 63 f., Gretschmann, K. (1998), S. 111, Europäische Kommission (1998), Anhang 2, S. 7 ff., Cattoir, P. (2004), S. 14 ff.
[704] Vgl. Europäische Kommission (2004b), S. 11, Europäische Kommission (2004c), S. 51 ff.
[705] Vgl. Pohmer, D. (1980), S. 651.

besteuern.[706] Dem entsprechen auch die internationalen Vereinbarungen. Sofern die Umsatzsteuer nicht – wie etwa in den USA – als einphasige Einzelhandelssteuer erhoben werden soll, verlangt das BLP einen Grenzausgleich. Da mit der Vollendung des Europäischen Binnenmarktes zum 1.1.1993 im innereuropäischen Handel die Grenzkontrollen entfielen, war es aber nicht mehr möglich, den Grenzausgleich in herkömmlicher Weise zu praktizieren. Binnenmarktkonform wäre die Einführung eines Ursprungslandprinzips (ULP) mit grenzüberschreitendem Vorsteuerabzug gewesen, was auch als „Gemeinsamer-Markt-Prinzip"[707] (GMP) bezeichnet wird. Da der Übergang zu einem GMP mit einer erheblichen Umverteilung der mitgliedstaatlichen Steueraufkommen verbunden wäre und keine Einigung über ein diese Umverteilungseffekte kompensierendes Clearing-Verfahren erzielt werden konnte, wurde der Übergang zunächst auf 1997 verschoben.[708]

Für die Übergangszeit trat eine bis heute geltende Regelung in Kraft, die nicht binnenmarktkonform ist: Für innergemeinschaftliche Handelstransaktionen zwischen Unternehmen gilt weiterhin das BLP. Technisch wurde dies ermöglicht durch die Verlagerung des Grenzausgleichs auf die Unternehmensebene. Für Direktimporte privater Verbraucher (und nichtumsatzsteuerpflichtiger Unternehmen) gilt hingegen das ULP. Die Besteuerungshöhe des Ursprungslandes bestimmt somit die Belastung des Verbrauchs, wodurch Länder mit niedrigen Steuersätzen einen Wettbewerbsvorteil haben.[709] Das Verfahren ist verwaltungsaufwändig und sehr betrugsanfällig. Der Beschluss einer endgültigen Lösung wäre daher sowohl im Sinne der Binnenmarkteffizienz als auch im Sinne der Sicherung der nationalen Steueraufkommen wünschenswert.

Das Problem mangelnder Zurechenbarkeit des Aufkommens ist im Falle der Mehrwertsteuer dann gegeben, wenn der besteuernde Mitgliedstaat nicht das Bestimmungsland ist. Im Bereich der Direktimporte gilt im Übergangssystem – mit Ausnah-

---

[706] Vgl. Peffekoven, R. (1983), S. 222 ff.

[707] Biehl, D. (1969), S. 16.

[708] Vgl. Sachverständigenrat zur Begutachtung der gesamtwirtschaftlichen Entwicklung (1989), S. 191 ff., Sachverständigenrat zur Begutachtung der gesamtwirtschaftlichen Entwicklung (1994), S. 199 f.

[709] Damit dies nicht zu einer massiven Verschiebung des Steueraufkommens führt, wurden Sonderregelungen für den Versandhandel und den Neukauf von Kraftfahrzeugen beschlossen: In beiden Fällen gilt weiterhin das BLP. Versandhandelsunternehmen müssen in jedem Land, das sie beliefern, einen Steueragenten bestellen; die Besteuerung der Kraftfahrzeuge wird über die Zulassungsstellen organisiert. Vgl. Sachverständigenrat zur Begutachtung der gesamtwirtschaftlichen Entwicklung (1991), S. 208.

me des Kraftfahrzeug- und Versandhandels – das ULP. Daran würde sich auch beim angestrebten endgültigen System nichts ändern. Durch die Ausnahme der beiden Sektoren, in denen steuerliche Arbitrage lukrativ wäre, beschränken sich die Direktimporte aber vor allem auf den grenznahen Bereich und den Reiseverkehr[710], so dass die Umverteilungswirkungen relativ gering sind. Sie sind zumindest so gering, dass sich daraus keine Zentralisierung der Ertragshoheit ableiten lässt.

Bei umsatzsteuerpflichtigen Unternehmen werden derzeit Lieferungen und Leistungen vollständig im Land des Verbrauchs besteuert. Beim ULP mit Vorsteuerabzug würde hingegen nur ein Teil des Steueraufkommens aus den grenzüberschreitenden Umsätzen dem Verbrauchsland zukommen. Wenngleich die Endverbraucher stets die Umsatzsteuer ihres Landes in Rechnung gestellt bekommen, verteilt das Steueraufkommen sich nicht mehr nach dem Verbrauch, sondern „entsprechend der Wertschöpfung und den nationalen Steuersätzen"[711]. Da dies der Intention der Verbrauchsbesteuerung zuwiderliefe und in der Verteilung der Wertschöpfung sowie in der Höhe der nationalen Steuersätze eine gewisse Zufälligkeit enthalten ist, könnte hier der Fall der regionalen Willkürlichkeit des Aufkommens vorliegen. Diese Verzerrung der Aufkommensverteilung wäre indes durch ein adäquates Clearing-System weitgehend zu beseitigen; eine zentrale Ertragshoheit lässt sich daher damit nicht rechtfertigen.

Etwas anders gelagert ist der Fall im Bereich der elektronisch erbrachten Dienstleistungen. Dazu gehören zum Beispiel die Leistungen von Online-Diensten und Pay-TV-Sendern, aber auch die Übermittlung von Software, Musikstücken oder Filmen in digitalisierter Form. Für die Besteuerung solcher Leistungen, die von EU-ansässigen Privatpersonen oder nichtsteuerpflichtigen juristischen Personen erworben werden, ist gemäß einer Richtlinie[712] aus dem Jahr 2002 das ULP anzuwenden. Für Anbieter

---

[710] Ein deutscher Tourist, der in Frankreich Wein kauft und mit nach Hause nimmt, tut dies nicht, um Mehrwertsteuer zu sparen, zumal die französische MwSt 3,6 Prozentpunkte höher als die deutsche ist. Dänische Konsumenten haben hingegen bei einem Normalsatz von 25 % auch einen steuerlichen Anreiz, umsatzsteuerpflichtige Produkte in Deutschland zu kaufen; wegen der damit verbundenen Transaktionskosten wird sich dies aber nur in Grenznähe lohnen.

[711] Sachverständigenrat zur Begutachtung der gesamtwirtschaftlichen Entwicklung (1994), S. 199.

[712] Richtlinie 2002/38/EG des Rates vom 7. Mai 2002 zur Änderung und vorübergehenden Änderung der Richtlinie 77/388/EWG bezüglich der mehrwertsteuerlichen Behandlung der Rundfunk- und Fernsehdienstleistungen sowie bestimmter elektronisch erbrachter Dienstleistungen (ABl. Nr. L 128 (2002), S. 41).

aus Drittstaaten wurde in dem zugehörigen Richtlinienvorschlag[713] der Kommission eine Registrierungspflicht in einem Mitgliedsland vorgeschlagen, so dass dieses Land als Ursprungsland behandelt werden könnte. Da diese Regelung vermutlich zu einer Konzentration der registrierten Nicht-EU-Anbieter in den Mitgliedstaaten mit den niedrigsten Mehrwertsteuersätzen geführt hätte, setzten die Mitgliedstaaten im Rat durch, dass die Nicht-EU-Anbieter den Kunden ihren jeweiligen nationalen Mehrwertsteuersatz in Rechnung stellen müssen.[714] Die von der Kommission vorgeschlagene Lösung hätte zu einer starken Umverteilung von Steueraufkommen zu Gunsten von niedrig besteuernden Mitgliedstaaten geführt, so dass der Fall der regionalen Willkürlichkeit des Aufkommens vorgelegen hätte. Mit der tatsächlich getroffenen Regelung, die vorläufig bis zum 30. Juni 2006 gilt, verteilt sich das Aufkommen hingegen nach dem Verbrauch. Sollte sich diese Regelung bewähren, wäre dieser Bereich demnach unproblematisch. Die Anwendung des ULP im innereuropäischen Dienstleistungshandel entspricht zwar der allgemeinen Behandlung von Dienstleistungen in der sechsten Mehrwertsteuer-Richtlinie (Artikel 9), kann aber aufgrund der unwesentlichen Transaktionskosten in diesem speziellen Sektor mit größeren fiskalischen Auswirkungen verbunden sein. Da das Volumen der Umsätze aus elektronisch erbrachten Dienstleistungen jedoch deutlich weniger zugenommen hat, als noch zu Ende der 1990er Jahre erwartet wurde, schafft auch dieser Bereich keinen unabhängigen Zentralisierungsgrund, wenngleich vereinzelt die Europäisierung einer Online-Mehrwertsteuer vorgeschlagen wird.[715]

Das Ausmaß negativer spillover-Effekte aufgrund mobiler Bemessungsgrundlagen ist bei nationaler Umsatzbesteuerung ebenfalls so gering, dass sich daraus eine Zentralisierung der Ertragshoheit nicht ableiten lässt. Wie Abbildung 25 veranschaulicht, sind die Umsatzsteuersätze in den Mitgliedstaaten der EU sehr unterschiedlich. Dies ist jedoch unproblematisch, da durch die Anwendung des BLP steuerliche Wettbewerbsverzerrungen ausgeschlossen sind.[716] Daran würde auch der Übergang zum ULP mit grenzüberschreitendem Vorsteuerabzug nichts ändern. Lediglich in den Bereichen, in denen das „reine" ULP zur Anwendung kommt, haben Anbieter in Mit-

---

[713] Vorschlag für eine Richtlinie des Rates zur Änderung der Richtlinie 77/388/EWG bezüglich der mehrwertsteuerlichen Behandlung bestimmter elektronisch erbrachter Dienstleistungen (KOM(2000) 349 endg.).

[714] Dies setzt allerdings voraus, dass der Anbieter technisch dazu in der Lage ist, das Bestimmungsland festzustellen.

[715] Vgl. Haug, J. (2001), S. 227, ablehnend Bayerisches Staatsministerium der Finanzen (2001), S. 13.

[716] Vgl. Peffekoven, R. (1998), S. 2.

gliedstaaten mit niedrigerer Besteuerung einen Wettbewerbsvorteil gegenüber Konkurrenten aus höher besteuernden Ländern. Das betrifft die Direktimporte von Konsumenten im grenznahen Bereich sowie die elektronisch erbrachten Dienstleistungen[717]. Im Verhältnis zur Gesamtsumme der zu versteuernden Umsätze (EU-weit etwa viereinhalb Billionen Euro) dürften die fiskalischen Externalitäten jedoch nur ein Bruchteil sein, so dass eine Vereinheitlichung oder gar eine zentrale Ertragshoheit damit nicht gerechtfertigt werden kann.

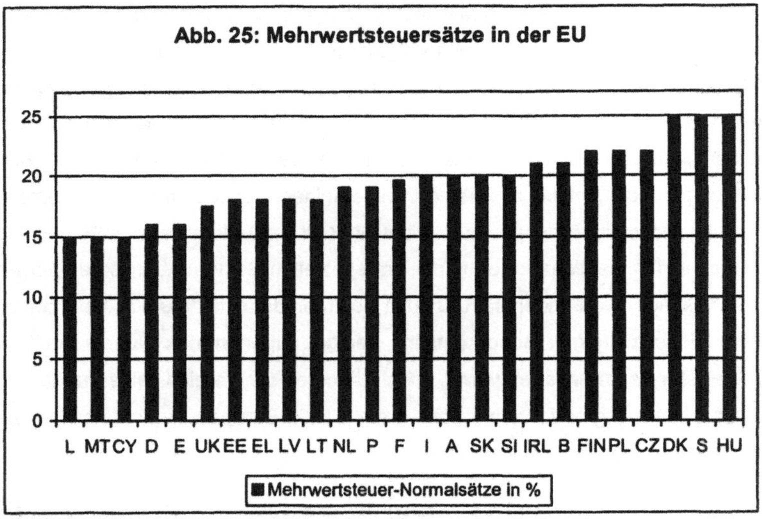

Abb. 25: Mehrwertsteuersätze in der EU (EU-25, Stand: 1.7.2003)
Quelle: Bundesministerium der Finanzen (2004), S. 56.

Das Kriterium der fiskalischen Ausreichendheit kann die Mehrwertsteuer angesichts ihrer breiten Bemessungsgrundlage von etwa viereinhalb Billionen Euro gut erfüllen. Dazu kommt, dass diese Bemessungsgrundlage relativ konjunkturstabil ist. Das Aufkommen fließt relativ stetig und lässt sich gut prognostizieren.[718] Langfristig ist davon auszugehen, dass der private und staatliche Konsum langsamer wachsen als das Sozialprodukt, so dass die Aufkommenselastizität der Mehrwertsteuer kleiner als eins ist. Eine EU-Mehrwertsteuer mit konstantem Satz könnte daher einen immer

[717] Von den elektronisch erbrachten Dienstleistungen werden nur diejenigen nach dem ULP behandelt, die von Anbietern mit Sitz in einem EU-Land an Konsumenten in einem anderen EU-Land, die nicht steuerpflichtig sind, erbracht werden. Bei steuerpflichtigen Kunden gilt ein reverse-charge-Verfahren, also die umgekehrte Steuerschuldnerschaft.
[718] Vgl. dazu Abb. 25 in Kap. 3.3.2.2.1.2.

geringeren Anteil des in absoluten Zahlen wachsenden Eigenmittelplafonds finanzieren. Aufgrund der breiten Bemessungsgrundlage sind allerdings schon kleine Steuererhöhungen mit erheblichen Steigerungen des Aufkommens verbunden.

Die Harmonisierung der Bemessungsgrundlagen ist weit fortgeschritten, jedoch noch nicht abgeschlossen. Ein erster wesentlicher Harmonisierungsschritt wurde bereits mit den ersten beiden Mehrwertsteuer-Richtlinien von 1967 vollzogen: Bis 1973 stellten alle Mitgliedstaaten ihr Umsatzsteuersystem auf ein Mehrwertsteuersystem vom Konsumtyp um. Mit der sechsten Richtlinie wurde auch die Bemessungsgrundlage vereinheitlicht, wobei übergangsweise Abweichungen auf nationaler Ebene gestattet sind, sofern sie in der Richtlinie aufgeführt sind. Für eine direkt an die EU fließende Mehrwertsteuer müssten jedoch in allen Mitgliedstaaten exakt die gleichen Umsätze mehrwertsteuerpflichtig sein. Da die Mitgliedstaaten nun schon über ein Vierteljahrhundert auf nationalen Besonderheiten in der Bemessungsgrundlage beharren und sogar neue durchsetzen konnten, ist es fraglich, ob sie mittelfristig darauf verzichten würden.

Die größten Vorbehalte gegenüber der Mehrwertsteuer als EU-Steuer hängen mit dem Postulat aufgabenadäquater Gerechtigkeit zusammen. Eine allgemeine Konsumsteuer gilt zwar im Allgemeinen als mit dem Leistungsfähigkeitsprinzip vereinbar, weist aber zumal als indirekte Steuer Defizite auf. Konsum wird als Indikator persönlicher Leistungsfähigkeit zwar anerkannt, jedoch vor allem als ergänzender Indikator zum Einkommen. Zudem ist die Mehrwertsteuer eine Steuer, bei der persönliche Verhältnisse nicht berücksichtigt werden können. Mit dem Äquivalenzprinzip lässt sich die Mehrwertsteuer noch weniger begründen. Um eine europäische Mehrwertsteuer mit dem Äquivalenzgedanken zu rechtfertigen, müsste wohl wiederum auf die speziellen Vorteile der Verbraucher aus dem Binnenmarkt Bezug genommen werden. In welchem Ausmaß der private und der öffentliche Verbrauch von den Auswirkungen des Binnenmarktes profitieren, dürfte jedoch kaum feststellbar sein.

Erhebliche Vorbehalte gegenüber der Mehrwertsteuer beruhen auf ihrer Verteilungswirkung, wobei sowohl die internationale als auch die interpersonelle Lastverteilung kritisch beurteilt wird. Wie sich Abbildung 12 und den zugehörigen Ausführungen in Kap. 3.2.1.2.1 entnehmen lässt, ist die Relation der Mehrwertsteuer-Bemessungsgrundlage zum BNE in den Mitgliedstaaten sehr unterschiedlich. Teilweise sind es weniger als 40 %, teilweise jedoch auch deutlich über 60 %. Der negative Zusammenhang dieser Relation mit dem Pro-Kopf-BNE ist allerdings nicht signifikant. Das mit einer echten EU-Mehrwertbesteuerung einhergehende Wegfallen der Kappung bei 50 % des BNE würde also nicht eindeutig zu einer international regressiv wirkenden EU-Besteuerung führen. Dennoch lässt das unterschiedliche Gewicht des steuerpflichtigen Konsums in den einzelnen Mitgliedsländern Zweifel offen, ob diese Bemessungsgrundlage tatsächlich für eine internationale Steuer geeignet ist. Hinzukommt, dass das Ausmaß der Steuerhinterziehung in den Mitgliedstaaten sehr unterschiedlich ist.

Das Europäische Parlament schlug zur Bereinigung unerwünschter internationaler Belastungsdifferenzen einen Ausgleich „nach Art des deutschen Länderfinanzausgleichs“[719] vor. Tatsächlich ist der vorgeschlagene ‚Ausgleichsmechanismus' von dem an Finanzkraftmesszahlen orientierten deutschen Länderfinanzausgleich allerdings sehr verschieden: Es sollte festgestellt werden, welche Relation die Summe aus traditionellen Eigenmitteln und Mehrwertsteuereinnahmen zum BSP hat, und bei Mitgliedstaaten, deren nationale Relation geringer als der Durchschnitt ist, Nachzahlungen gefordert werden, und Mitgliedstaaten, die am BSP gemessen überproportional gezahlt hätten, entschädigt werden.[720]

Hinsichtlich der interpersonellen Verteilungswirkung wird üblicherweise eine regressive Wirkung vermutet. Tatsächlich zeigt sich, wie Abbildung 26 für Deutschland veranschaulicht, dass die prozentuale Belastung des Einkommens mit steigendem Einkommen sinkt.

Während zum Beispiel das zweitniedrigste Einkommensdezil 9,2 % seines Einkommens zur Zahlung von Mehrwertsteuer aufwendet, wendet das zweithöchste Dezil nur 6,8 % dafür auf. Allerdings gleicht diese regressive Wirkung die progressive Verteilungswirkung der Einkommensteuer nur zu einem Drittel aus.[721] Wenn man jedoch die EU-Finanzierung isoliert betrachtet und eine Finanzierung vorwiegend aus einer EU-Mehrwertsteuer unterstellt, könnte die regressive Wirkung der Mehrwertsteuer

[719] Europäisches Parlament (1994), S. 8.
[720] Vgl. ebenda, S. 21, Europäische Kommission (1998), Anhang 2, S. 8.
[721] Ohne die Ermäßigungen für Nahrungsmittel und die Freistellung von Wohnungsmieten würde die Progressionswirkung der Einkommensteuer immerhin zu 50 % kompensiert werden. Vgl. Bundesministerium der Finanzen (2002b), S. 41.

ein erhebliches Gerechtigkeitsproblem beinhalten. Unter anderem zur Absenkung der regressiven Wirkung der Mehrwertsteuer gewähren die Mitgliedstaaten ermäßigte Sätze und Befreiungen auf bestimmte Umsätze. Eine Übertragung der ermäßigten Mehrwertsteuersätze auf eine EU-Steuer läge daher nahe und wurde im Langes-Bericht des Europäischen Parlaments auch vorgeschlagen.[722] Eine Anwendung von erhöhten Mehrwertsteuersätzen, so genannten Luxussteuersätzen, um eine Progressionswirkung zu erzielen, ist den Mitgliedstaaten nach Artikel 12 der sechsten Mehrwertsteuer-Richtlinie hingegen nicht gestattet. Eine Anwendung auf EU-Ebene wäre inkonsequent.

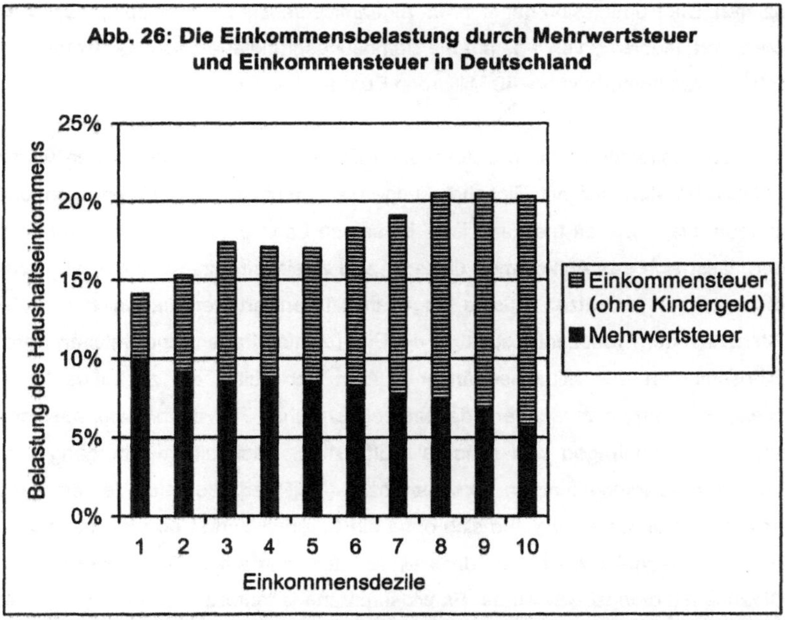

Abb. 26: Die Einkommensbelastung durch Mehrwertsteuer und Einkommensteuer in Deutschland (1998)
Quelle: Bundesministerium der Finanzen (2002b), S. 39, eigene Darstellung.

Eine EU-Mehrwertsteuer käme weder in einem gebundenen noch einem freien Trennsystem in Frage: Für eine Mehrwertsteuer, deren Aufkommen allein der EU zusteht, ist die Bemessungsgrundlage viel zu groß; allein die Anwendung der Mindestsätze würde zu Einnahmen in vielfacher Höhe des Eigenmittelplafonds führen.

[722] Vgl. Europäisches Parlament (1994), S. 20.

Eine eigene EU-Mehrwertsteuer neben den bestehenden nationalen wäre wegen des zusätzlichen Verwaltungsaufwandes kaum zu vertreten. Der höchstmögliche Grad an finanzwirtschaftlicher Autonomie lässt sich für die EU mit der Mehrwertsteuer somit nicht erreichen. Praktikabel wären hingegen das Verbund- und das Zuschlagssystem. Das Zuschlagssystem hat dabei im Hinblick auf die nationale Steuerautonomie den Vorteil, dass die Mitgliedstaaten ihre nationalen Steuersätze nicht vereinheitlichen müssen. Dementsprechend schlug das Europäische Parlament einen Zuschlag von 1,5 % auf ermäßigt besteuerte Umsätze und von 3 % auf normal besteuerte Umsätze vor.[723] Das daraus zu erwartende Aufkommen von über 120 Milliarden Euro[724] würde das EU-Budget auch in der kommenden Finanzierungsperiode fast vollständig finanzieren. Die Kommission hat in ihrem Eigenmittelbericht 2004 einen einheitlichen EU-Mehrwertsteuersatz von 1 % auf die Bemesungsgrundlage angeregt, womit sich Einnahmen von immerhin über 40 Milliarden Euro erzielen ließen.[725]

Die von den nationalen Fiski abzuführenden EU-Mehrwertsteuereinnahmen wären den Mitgliedstaaten nur mit Einschränkungen zuzurechnen. Bei Lieferungen und Leistungen, die – wie es meistens ist – im selben Land produziert und verbraucht werden, lässt sich das Aufkommen diesem Land zweifelsfrei zurechnen. Bei grenzüberschreitenden Umsätzen müsste hingegen differenziert werden, welchen Anteil der Steuerlast der Produzent respektive die Produzenten tragen, und welchen Anteil die Konsumenten. Die Mittelmeerländer würden sich selbst ein zu hohes Mehrwertsteueraufkommen zurechnen, da ein beträchtlicher Teil davon von ausländischen Touristen getragen wird („Marbella-Effekt“[726]). Nach einem Übergang zum ULP mit grenzüberschreitendem Vorsteuerabzug (GMP) ergäben sich Verzerrungen in der Aufkommensverteilung, die sich ohne ein Clearing-Verfahren nicht beseitigen lassen. Unwahrscheinlich ist aber, dass ein EU-Zuschlag auf die Mehrwertsteuer in ein Clearing mit einbezogen würde. Es widerspräche jedenfalls dem Charakter einer EU-eigenen Einnahme. Ähnlich widersinnig wäre es, im geltenden System ein Zoll-Clearing durchzuführen. Ob die nationale Radizierbarkeit der Einnahmen damit so weit eingeschränkt ist, dass eine Bestimmung nationaler Nettopositionen erschwert wird, ist jedoch fraglich.

---

[723] Vgl. Europäisches Parlament (1994), S. 20.
[724] Bei einer Bemessungsgrundlage von gegenwärtig etwa 4.500 Mrd. Euro und einem Anteil von normal besteuerten Umsätzen von etwa 80 %.
[725] Vgl. Europäische Kommission (2004c), S. 51 ff.
[726] Goulard, S., Nava, M. (2002), S. 36.

Die Koinzidenz von Steuerdestinatar und Steuerzahler ist bei der Mehrwertsteuer nicht gegeben. Da die anteilige Mehrwertsteuer jedoch offen auf Rechnungen ausgewiesen wird, wird den Konsumenten, die die Steuerlast tragen sollen, transparent, wie hoch die zu zahlende Steuer ist. Soll den Bürgern damit auch transparent gemacht werden, wie hoch die Steuerbelastung durch die EU ist, müsste der EU-Anteil an der Mehrwertsteuer separat ausgewiesen werden. Auch dazu eignet sich ein Zuschlag auf die Bemessungsgrundlage besser als ein prozentualer Verbundanteil. Eine EU-Mehrwertsteuer, zumal in der genannten Größenordnung, wäre für die Konsumenten merklich und sichtbar.

Tab. 12: Mehrwertsteuer		
Kriterien	Bewertung	Bemerkungen
Unabhängige Zentralisierungsgründe		
Regionale Willkürlichkeit des Aufkommens	o	Begrenzt auf wenige Bereiche, zum Teil anderweitig lösbar
Externe Effekte durch mobile Bemessungsgrundlagen	o	Begrenzt auf grenznahen Bereich
Fiskalische Kriterien		
Ausreichendheit	++	Breite Bemessungsgrundlage
Stetigkeit, Vorhersehbarkeit	+	Relativ stabile Einnahme
Dynamik, Steigerungsmöglichkeit	-/+	Aufkommenselastizität < 1, kleine Anhebungen haben große fiskalische Wirkung
Harmonisierung der Bemessungsgrundlagen	+	6. MwSt.-Richtlinie mit vielen Ausnahmen
Postulat „aufgabenadäquate Gerechtigkeit"		
Vereinbarkeit mit Leistungsfähigkeits- oder Äquivalenzprinzip	o	Mit beiden Prinzipien nur bedingt zu rechtfertigen
Internationale und interpersonelle Belastungswirkungen	-	Mitgliedstaatliche Belastung sehr unterschiedlich, interpersonell regressive Wirkung
Postulat „Autonomie"		
Regelung des vertikalen Einnahmenausgleichs	o	Trennsystem unrealistisch Zuschlagssystem möglich
Nationale Radizierbarkeit	o	systemabhängig
Postulat „Transparenz"		
Koinzidenz von Steuerdestinatar, Steuerträger und Steuerzahler	o	Überwälzung unklar, Endverbraucher ist nicht Zahler, aber: offener Ausweis
Merklichkeit, Sichtbarkeit	+	Spürbare Preiswirkungen
Einfachheit	-	Komplizierte Erhebung
Akzeptanz	o	Steuer mit mittlerer Akzeptanz

Tab. 12: Mehrwertsteuer

Nur eine Scheintransparenz schafft hingegen die so genannte „modulierte Mehrwertsteuer“[727], also die Kombination einer EU-Mehrwertsteuer mit einem BSP-Ausgleichsmechanismus. Die gezahlte Mehrwertsteuer ist dann nur noch eine Art Vorauszahlung auf einen nationalen BSP-Beitrag. Die tatsächliche Belastung durch die EU lässt sich daran nicht ablesen. Wenn die mitgliedstaatlichen Zahlungen aber exakt dem BSP-Anteil entsprechen sollen, stellt sich die Frage, warum nicht gleich ein BSP-orientiertes Beitragssystem eingeführt wird.[728] „Es ist überhaupt nicht einzusehen, warum man erneut ein mehrwertsteuerbasiertes System einführen sollte, obwohl man die Verteilung der Belastungen weiter am BSP orientieren möchte.“[729] Die Mehrwertsteuer ist – gerade im grenzüberschreitenden Handel – eine technisch relativ komplizierte Steuer; ein EU-Zuschlag könnte die Steuer noch komplizierter machen. Bezüglich der Akzeptanz der Steuer im Allgemeinen nimmt die Mehrwertsteuer eine Mittelstellung ein.[730] Ablehnende Reaktionen gegenüber einem EU-Zuschlag dürften vor allem dann zu erwarten sein, wenn die nationalen Mehrwertsteuern nicht gleichzeitig gesenkt oder sogar erhöht werden.

Der zusammenfassende Überblick in Tabelle 12 zeigt, dass für die Mehrwertsteuer als EU-Steuer ihre breite Bemessungsgrundlage und die weit vorangeschrittene Harmonisierung der Bemessungsgrundlage sprechen. Eine endgültige Harmonisierung könnte jedoch an unterschiedlichen politischen Präferenzen in den Mitgliedstaaten scheitern. Problematisch sind die Verteilungswirkungen einer EU-Mehrwertsteuer, insbesondere im interpersonellen Bereich. Viele Kriterien müssen differenziert beurteilt werden, so dass die Bewertung nicht eindeutig getroffen werden kann. Jedoch ist die Wahrscheinlichkeit einer EU-Mehrwertsteuer allein dadurch schon recht hoch, dass die Mehrwertsteuer bereits im geltenden Eigenmittelsystem eine maßgebliche Rolle spielt und gewissermaßen eine bereits „europäisierte“ Steuer ist.

---

[727] Europäische Kommission (1998), Anhang 2, S. 7.
[728] Vgl. Colasanti, F. (1997), S. 190.
[729] Fehr, H. (2001), S. 46.
[730] Vgl. Rolfink, A. (1999), S. 266.

3.3.2.2.2.2 Spezielle Verbrauchsteuern

3.3.2.2.2.2.1 Steuern auf demeritorische Güter und Kommunikationssteuern

Der Einfallsreichtum der Gesetzgeber hinsichtlich zu besteuernder Handlungen und Güter ist seit jeher unbegrenzt. Aus ökonomischer Perspektive sind solche speziellen Steuern vor allem wegen ihrer wettbewerbsverzerrenden und wohlfahrtsmindernden Wirkungen problematisch. Da spezielle Verbrauchsteuern auch ein Hindernis im Binnenmarkt darstellen können, wurden diese auf EG-Ebene im Zuge der Binnenmarktvollendung (1.1.1993) teilweise harmonisiert. Die Vielfalt der Verbrauchsteuern wurde dabei auf die drei großen Warenkategorien Tabak, Alkohol (Bier, Wein, Branntwein) und Mineralöl beschränkt. Weitere nicht harmonisierte Steuern auf andere Güter dürfen die Mitgliedstaaten nur noch erheben oder einführen, „sofern die betreffenden Abgaben nicht den Charakter von Umsatzsteuern haben und kein Handelshemmnis darstellen“[731]. In diesem Abschnitt werden die Steuern auf Alkohol und Tabak auf ihre Eignung als EU-Steuern getestet. Die Mineralölsteuer soll hingegen zusammen mit anderen Umwelt- und Energiesteuern im nächsten Abschnitt daraufhin untersucht werden.

Neben den Steuern auf Alkohol und Tabak[732] werden in diesem Abschnitt auch neuartige Kommunikationssteuern[733] als EU-Steuern diskutiert. Bei Letzteren handelt es sich um Abgaben aus dem Verkehrs- und Telekommunikationsbereich, also zwei Bereichen, die von der Binnenmarktliberalisierung stark beeinflusst sind. Als mögliche Steuerobjekte werden Telefonanschlüsse (eventuell auch Internetanschlüsse), Kraftfahrzeuge und Flughafennutzungen genannt.[734]

Unabhängige Zentralisierungsgründe liegen bei Alkohol- und Tabakbesteuerung praktisch nicht, bei den Kommunikationssteuern teilweise vor. Wie bei der allgemeinen Verbrauchsbesteuerung hängt die regionale Zurechenbarkeit des Aufkommens

---

[731] Europäische Kommission (2000d), S. 18.
[732] Vgl. z.B. Caesar, R. (1990b), S. 89 ff., Europäische Wirtschaft (1993), S. 94 f., Spahn, B. (1993), S. 556 f., Begg, I, Grimwade, N., Price, P. (1997), S. 44 ff., 67 ff., Gretschmann, K. (1998), S. 106 f., Europäische Kommission (1998), Anhang 2, S. 10 ff., Cattoir, P. (2004), S. 23 ff.
[733] Vgl. Begg, I, Grimwade, N., Price, P. (1997), S. 48 ff., 72 f., Gretschmann, K. (1998), S. 119 f., Europäische Kommission (1998), Anhang 2, S. 16 ff., Cattoir, P. (2004), S. 27 ff.
[734] Vgl. Begg, I, Grimwade, N., Price, P. (1997), S. 48 f., Gretschmann, K. (1998), S. 119.

auch bei den speziellen Verbrauchsteuern von der Behandlung des grenzüberschreitenden Handels ab. Bei den zur Binnenmarktvollendung harmonisierten speziellen Verbrauchsteuern wurde – obwohl es im Binnenmarkt ein Hindernis darstellt – das Bestimmungslandprinzip beibehalten. An die Stelle eines Grenzausgleichs traten Steuerverbundlager in den Mitgliedstaaten. Innergemeinschaftliche Lieferungen französischer Zigaretten oder dänischen Biers nach Deutschland zum Beispiel, sind bis zu diesem Lager verbrauchsteuerfrei und werden beim Verlassen mit den entsprechenden deutschen Steuern belastet. Das Aufkommen fließt somit dem Verbrauchsland zu. Lediglich bei Direktimporten von Konsumenten für den Eigenbedarf – das sind zum Beispiel maximal 800 Zigaretten[735] – gilt das Ursprungslandprinzip; das Verbrauchsland ist dann nicht am Aufkommen beteiligt.

Auch bei den von Begg, Grimwade und Price vorgeschlagenen Kommunikationssteuern ist ein Problem regionaler Willkürlichkeit im Anfallen des Aufkommens im Wesentlichen nicht gegeben. Sowohl Telefonanschlusssteuern als auch Kraftfahrzeugsteuern knüpfen an Steuerobjekten an, die an eine bestimmte Adresse gebunden sind, die in der Regel dem Sitzland des Nutzers entspricht. Bei der ebenfalls angeregten Flughafenausreisesteuer könnte ein dem Rotterdam-Antwerpen-Effekt vergleichbarer Gateway-Effekt zu Gunsten von Mitgliedstaaten mit bedeutenden Luftverkehrsdrehkreuzen nur eintreten, wenn auch Flugumsteiger die Airportsteuer zahlen müssten. Das Aufkommen kleiner Mitgliedstaaten mit bedeutendem Tourismus wie Zypern und Malta würde hingegen zum Großteil von Ausländern getragen werden, da diese Länder von wesentlich mehr Ausländern als Inländern verlassen werden.

Das Auftreten externer Effekte ist sowohl bei den Steuern auf demeritorische Güter als auch den Kommunikationssteuern, vor allem im Verkehrsbereich in zweierlei Weise zu beachten: Zum einen fiskalische Externalitäten aufgrund mobiler Bemessungsgrundlagen, zum anderen externe Effekte durch den Konsum der besteuerten Objekte.

Bei der Besteuerung von Alkohol und Tabak beschränken sich die grenzüberschreitenden fiskalischen Effekte auf den Bereich der Konsumenten-Direktimporte, da das

[735] Für Direktimporte aus den mittel- und osteuropäischen Beitrittsländern gilt in Deutschland vom 1.5.2004 an übergangsweise eine Beschränkung auf 200 Zigaretten.

BLP im gewerblichen Bereich Steuerwettbewerb unterbindet. Die massiven Differenzen in der Steueranspannung in der EU machen Direktimporte jedoch durchaus attraktiv, vor allem im grenznahen Bereich.[736] Mitgliedstaaten mit hohen Verbrauchsteuersätzen können dadurch unter erheblichen Steuersenkungsdruck geraten. So hat zum Beispiel Dänemark im Jahr 2003 beschlossen, die Steuern auf Alkohol zu halbieren sowie die Tabaksteuer deutlich zu reduzieren, nachdem die dänischen Verbraucher im Jahr 2002 für mehr als 800 Millionen Euro Spirituosen, Tabakwaren und Nahrungsmittel in Deutschland gekauft hatten.[737] Der deutsche Fiskus verliert wiederum Tabaksteueraufkommen an Luxemburg, aber vor allem an die beiden östlichen Nachbarstaaten Polen und Tschechien, wo Zigaretten nur etwa die Hälfte kosten. Bei den von dort eingeführten Tabakwaren handelt es sich es sich allerdings hauptsächlich um Schmuggelware.[738]

Die mit den Direktimporten verbundenen unerwünschten Steuerverteilungswirkungen ließen sich jedoch auch ohne eine Zentralisierung der Steuereinnahmen beheben, wenn die Verbrauchsteuersätze innerhalb der EU weitgehend angeglichen würden. Für eine Zentralisierung der Steuern könnten indes dem Prinzip der fiskalischen Äquivalenz folgend auch externe Effekte im Konsum sprechen, die bei den betroffenen demeritorischen Gütern zweifellos auftreten, insbesondere im gesundheitlichen Bereich. Eine Europäisierung setzte allerdings grenzüberschreitende oder gar europaweite Externalitäten voraus, die angesichts weiterhin national strukturierter Gesundheitssysteme nicht vermutet werden können.

Bei den Kommunikationssteuern treten fiskalische Externalitäten ebenfalls nur in geringem Maße auf. Am ehesten im Bereich der Kraftfahrzeugbesteuerung im Transportsektor könnte der Anlass zu einer beggar-my-neighbour-policy bestehen, sofern sich damit Standortentscheidungen beeinflussen lassen. Von Relevanz sind die verkehrsbezogenen Steuern hingegen hinsichtlich der mit ihnen verbundenen externen Effekte im Konsum. Die erhebliche Zunahme des Luft- und Straßenverkehrs ist mit

[736] Der kurzzeitig florierende Zigarettenkauf in Spanien und Portugal per Internetbestellung wurde durch eine Änderung des Tabaksteuergesetzes zum 1.1.2004 unterbunden. Nach § 20 Abs. 1 des Tabaksteuergesetzes sind nur noch „Tabakwaren, die Privatpersonen in einem anderen Mitgliedstaat [...] für ihren Eigenbedarf erwerben und selbst in das Steuergebiet verbringen", steuerfrei.

[737] Die daraufhin im Nachbarland Schweden erhobenen Forderungen nach Steuersenkungen überraschen angesichts dessen nicht. Auch in Finnland wurden 2004 im Vorfeld des EU-Beitritts Estlands die Alkoholsteuern massiv gesenkt. Vgl. o.V. (2003b), S. 15.

[738] Vgl. Peitsmeier, H. (2004), S. 42.

negativen Externalitäten im Gesundheitsbereich verbunden, die regional eher begrenzt sind, aber auch mit negativen Umwelteffekten, die zum Teil zu europaweiten, im Falle des Klimaproblems sogar zu globalen Schäden führen.

Unter fiskalischen Gesichtspunkten ist zunächst die Ausreichendheit des Aufkommens zu prüfen. Bei den Steuern auf demeritorische Güter kann dabei das Aufkommen der nationalen Steuern als Anhaltspunkt herangezogen werden, bei den Kommunikationssteuern sind zumindest Schätzungen möglich.

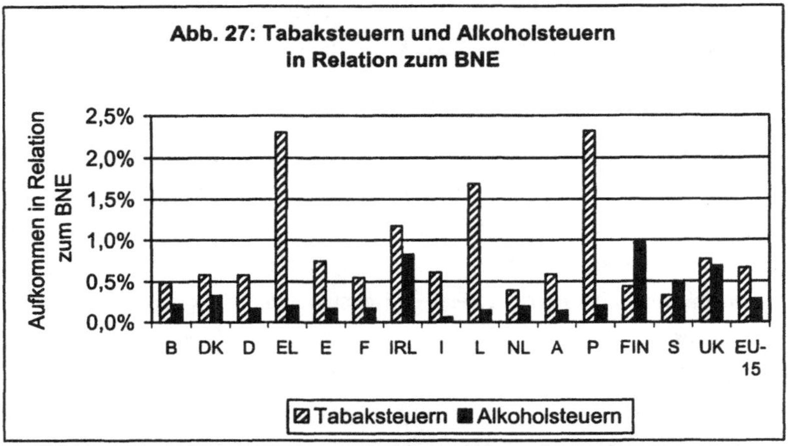

Abb. 27: Tabaksteuern und Alkoholsteuern in Relation zum BNE (EU-15, 2001)
Quelle: Europäische Kommission (2003c), S. 41 ff., Eurostat, eigene Berechnungen.

Wie Abbildung 27 veranschaulicht, haben Alkohol- und Tabakbesteuerung in den Mitgliedstaaten eine sehr unterschiedliche fiskalische Bedeutung, die von den stark variierenden Steuersätzen und den unterschiedlichen Verbrauchsgewohnheiten sowie Sonderfaktoren beeinflusst wird. Das relativ hohe Tabaksteueraufkommen Luxemburgs zum Beispiel – das Pro-Kopf-Aufkommen übersteigt den EU-Durchschnitt sogar um das Fünffache – ist weder auf hohe Tabaksteuersätze noch auf besonders hohen Tabakkonsum in Luxemburg zurückzuführen, sondern Folge erheblicher Direktimporte von Ausländern. Das Aufkommen aller 15 EU-Staaten des Jahres 2001 aus diesen beiden Steuerarten belief sich auf etwa ein Prozent des EU-BNE, so dass der Haushalt der EU nur bei einer vollständigen Ertragshoheit über diese Steuern nahezu vollständig finanziert werden könnte; eine Ertragsbeteiligung würde nur eine Teilfinanzierung des Haushalts ermöglichen.

Bei einer durchschnittlichen Steuer pro Telefonanschluss in Höhe von 40 Euro pro Jahr rechneten Begg, Grimwade und Price für das Jahr 2000 mit einem Aufkommen von etwa 10 Milliarden Euro und nochmal demselben Betrag bei einer Flughafenausreisesteuer in Höhe von 15 Euro.[739] Da die fehlende Lücke im EU-Haushalt selbst mit einer vollständig der EU zufließenden Kraftfahrzeugsteuer – in Deutschland entsprechen die Einnahmen aus dieser Steuer etwa 0,4 % des BNE[740] – nicht vollständig zu schließen wäre, könnten auch die Kommunikationssteuern den EU-Haushalt nur teilweise finanzieren.

Für die hier diskutierten Steuerarten spricht der relativ stetige Aufkommenszufluss, wodurch die Einnahmen auch gut vorhersehbar sind.[741] Spezielle Verbrauchsgewohnheiten verändern sich in der Regel nur langsam. Relativ zum Sozialprodukt handelt es sich bei den demeritorischen Gütern aber um schrumpfende Segmente, während in den Bereichen Telekommunikation und Flugverkehr immer noch Wachstumspotential gesehen wird, so dass die darauf bezogenen Steuern dynamischer sind. Als fiskalischer Vorteil der Alkohol- und Tabaksteuern galt bisher die relativ hohe Steuersatzelastizität. In jüngerer Zeit zeigen Steuererhöhungen jedoch auch deutlich „negative" Wirkungen auf die Bemessungsgrundlagen. Bei diesen Steuern gibt es nämlich einen Zielkonflikt zwischen der fiskalischen und der nichtfiskalischen Zielsetzung. Während das nichtfiskalische Ziel von Steuern auf demeritorische Güter vor allem darin besteht, den Konsum dieser Produkte zu reduzieren, ist eine solche Wirkung aus fiskalischer Sicht unwillkommen.

Die für eine EU-Steuer notwendige Harmonisierung der Bemessungsgrundlagen ist bei Alkohol- und Tabakbesteuerung bereits erreicht, so dass eine EU-Steuer darauf

739 Vgl. Begg, I., Grimwade, N., Price, P. (1997), S. 50.

740 Von den 15 alten Mitgliedstaaten der EU erheben mit Ausnahme Frankreichs alle eine jährliche Kraftfahrzeugsteuer, jedoch in sehr unterschiedlicher Höhe. Die durchschnittliche Belastung je Fahrzeug lag 1999 zwischen 30 Euro in Italien und 463 Euro in Dänemark. Zehn von 15 Mitgliedstaaten erheben zusätzlich eine einmalige Zulassungssteuer, die 1999 zwischen durchschnittlich 267 Euro in Italien und 15.659 Euro in Dänemark lag. Vgl. Europäische Kommission (2002b), S. 6 f., Martinez-Serrano, A., Patterson, B. (2003), S. 94 f.

741 „In case of economic recession it is unlikely that people would sell their cars or cancel telephone lines. [...] On the other hand, the air travel tax may be more sensitive to short-run economic shocks, as both companies and citizens tend to cut back on travel expenses in case of economic hardship." Cattoir, P. (2004), S. 29.

Bezug nehmen könnte. Lediglich die Steueranspannung variiert massiv, da lediglich Mindestsätze vereinbart sind. Die national erhobenen Kraftfahrzeugsteuern[742] sind dagegen bisher nicht harmonisiert, unterschiedlichste Bemessungsgrundlagen werden angewandt.[743] Eine Einigung auf eine einheitliche Bemessungsgrundlage dürfte politisch schwer zu erreichen sein. Bei Steuern auf Telefonanschlüsse und Flugreisen dürfte eine einheitliche Bemessungsgrundlage – den grundsätzlichen Willen zu solchen Steuern vorausgesetzt – hingegen leichter zu bestimmen sein.

Dem Postulat aufgabenadäquater Gerechtigkeit entsprächen EU-Steuern auf demeritorische Güter nur unzureichend. Weder Alkohol- noch Tabaksteuern können heutzutage noch mit dem Leistungsfähigkeitsprinzip gerechtfertigt werden, da der Genuss von Alkohol und Tabak kein Indikator spezieller Leistungsfähigkeit (mehr) ist. Eine äquivalenztheoretische Rechtfertigung dieser Steuern könnte darin bestehen, dass die Konsumenten einen Beitrag zur Internalisierung der volkswirtschaftlichen und volksgesundheitlichen Schäden durch den Konsum leisten. Eine europäische Besteuerung lässt sich damit allerdings nicht rechtfertigen, da – wie bereits erwähnt – grenzüberschreitende Effekte vernachlässigbar sind. Da die EU auf dem Gebiet der Gesundheitspolitik lediglich eine Beitragskompetenz hat, mitgliedstaatliche Politik also lediglich ergänzt, ist zunächst einmal auch kein direkter sachlicher Bezug zu einer Gemeinschaftspolitik gegeben. Da die EU jedoch gerade bei der Bekämpfung von Alkoholismus und Tabakkonsum Kompetenzen relativ weitgehend in Anspruch nimmt, wie zum Beispiel mit den Vorschriften zur Etikettierung von Tabakwaren, wäre eine zumindest partielle Zuordnung dieser wichtigen Instrumente nachvollziehbar, aber nicht zwingend.

Ähnlich dem Konsum von Genussmitteln ist auch der Besitz eines Telefonanschlusses heutzutage kein Ausdruck besonderer Leistungsfähigkeit mehr; gleichwohl ließe sich eine Telefonanschlusssteuer nach Leistungsfähigkeitsgesichtspunkten differenzieren, wenn sie direkt beim Verbraucher erhoben würde.[744] Flugreisen hingegen

---

[742] Kraftfahrzeugsteuern werden wegen ihrer Erhebung direkt beim Kraftfahrzeughalter und der möglichen Berücksichtigung persönlicher Umstände häufig als direkte Steuern klassifiziert. Nach der unter 3.3.2.2.1.1 getroffenen Definition, wonach direkte Steuern an der Einkommensentstehung und indirekte Steuern an der Einkommensverwendung ansetzen, sind Kraftfahrzeugsteuern jedoch indirekte Steuern.

[743] Vgl. Martinez-Serrano, A., Patterson, B. (2003), S. 94 f.

[744] Eine Differenzierung wäre aber auch bei einer indirekten Steuer, also bei einer Steuerpflicht der Telefongesellschaften möglich, indem sich Verbraucher mit amtlichen Dokumenten von der Steuer befreien lassen.

gelten, zumindest der Anzahl nach, immer noch als Indikator persönlicher Leistungsfähigkeit, wenngleich der Boom des Low-Cost-Flugverkehrs Zweifel daran immer stärker werden lässt. Kraftfahrzeuge lassen sich am ehesten an ihrem Verkaufspreis bemessen als Indikator unterschiedlicher Leistungsfähigkeit ansehen. Der Preis geht aber nur bei den Zulassungssteuern einiger Länder in die Bemessungsgrundlage ein.[745] Die bei den jährlichen Kraftfahrzeugsteuern zugrunde gelegten Größen wie Hubraum, Motorstärke, Gewicht, Verbrauch oder CO_2-Ausstoß sind dagegen nur sehr grobe Indikatoren. Gleichwohl lässt sich die Kraftfahrzeugsteuer als bei den Verbrauchern direkt erhobene Steuer nach individuellen Leistungsfähigkeitsgesichtspunkten differenzieren. Begg, Grimwade und Price rechtfertigen die Kommunikationssteuern allerdings eher mit dem Äquivalenzprinzip, wenn sie diese Abgaben mit der Schaffung des Binnenmarktes und der damit verbundenen Liberalisierung der Telekommunikations- und Verkehrsmärkte in Verbindung bringen.[746] Eine Telefonsteuer könnte somit als (grob) nutzenäquivalente Abgabe im Bezug auf die Vorteile der Verbraucher durch die Deregulierung des Telekommunikationssektors verstanden werden. Ähnlich verhielte es sich mit einer Flugausreisesteuer, wobei die Internalisierung grenzüberschreitender Umwelteffekte hier eine zusätzliche Rechtfertigung darstellte. Letzteres gilt in geringerem Maße auch für Kraftfahrzeuge. Hauptsächlich ist die Kraftfahrzeugsteuer jedoch als (wiederum grob) nutzenäquivalente Abgabe für die Benutzung öffentlicher Straßen zu rechtfertigen. Da der Straßenbau jedoch überwiegend national finanziert wird und das finanzielle Engagement der EU für den Ausbau der transeuropäischen Verkehrsnetze dagegen vergleichsweise bescheiden ist, lässt sich eine EU-Kraftfahrzeugsteuer mit dem Äquivalenzprinzip nur unzureichend rechtfertigen. Im Übrigen wäre unter Äquivalenzgesichtspunkten eine streckenabhängige Straßennutzungsgebühr (Maut) sinnvoller.

Besonders problematisch an EU-Steuern auf Alkohol und Tabak wären deren interpersonelle Belastungswirkungen. Diese Steuern haben regressive Wirkungen. Zudem belasten sie nur bestimmte Bevölkerungsgruppen (Tabakraucher und Alkoholtrinker), was bei einer überwiegenden Finanzierung aus diesen Steuern auch mit dem Prinzip der fiskalischen Äquivalenz nicht zu vereinbaren wäre. Die regressive Wirkung im Bezug auf das persönliche Einkommen, lässt – abgesehen von nationalen Besonderheiten – vermuten, dass diese Steuern auch international regressive

---

[745] Vgl. Martinez-Serrano, A., Patterson, B. (2003), S. 94 f.
[746] Vgl. Begg, I., Grimwade, N., Price, P. (1997), S. 48.

Belastungswirkungen im Bezug auf das Sozialprodukt hätten. Bei einer pauschalen Telefonanschlusssteuer (inklusive Mobilfunkanschlüssen und Internetzugängen) wären interpersonell ebenfalls regressive Wirkungen zu erwarten. Im internationalen Vergleich zeigt sich jedoch, dass die Verbreitung von Telefonanschlüssen und Internetzugängen in den bisherigen Kohäsionsländern niedriger als in den wohlhabenden Mitgliedstaaten ist und in den osteuropäischen Beitrittsstaaten nochmals deutlich darunter liegt.[747] International hätte die Telefonsteuer somit progressive Wirkung. Die Belastungswirkungen einer EU-Kraftfahrzeugsteuer hingen wesentlich von deren Ausgestaltung ab; interpersonell wären jedoch auch hier leicht regressive Wirkungen zu erwarten. Die internationalen Belastungswirkungen wären heterogen, jedoch tendenziell progressiv: Zwar lag der Pkw-Bestand (2000) in den drei Mitgliedstaaten mit dem niedrigsten BNE Portugal, Griechenland und Spanien deutlich unter dem EU-15-Schnitt, dasselbe galt jedoch auch für das wohlhabende Dänemark, und das unterdurchschnittlich wohlhabende Italien hatte den zweithöchsten Pkw-Bestand bezogen auf die Einwohnerzahl.[748] Auch pauschale Flughafenausreisesteuern dürften oberhalb von einem bestimmten Einkommensniveau interpersonell regressive Wirkungen haben, die internationalen Belastungswirkungen nach Einschätzung von Gretschmann eher heterogen sein[749].

Für die Regelung des vertikalen Finanzausgleichs gilt es für alle in diesem Abschnitt diskutierten Steuern festzustellen, dass aufgrund des jeweils relativ geringen Maximalaufkommens sowohl eine Zuordnung nach dem gebundenen Trennsystem[750] als auch nach einem Verbundsystem mit quotaler EU-Beteiligung in Frage käme, allerdings nur bei einer vollständigen Harmonisierung der Besteuerungsregeln. In der Besteuerung demeritorischer Güter kommen aber sehr unterschiedliche Präferenzen der Mitgliedsländer zum Ausdruck. Während die nordeuropäischen Länder traditionell hoch besteuern, sind die Verbrauchsteuern in den Mittelmeerländern eher niedrig. Den Mitgliedstaaten diese Freiheit zu nehmen wäre somit auch ein Verstoß gegen das Subsidiaritätsprinzip. Die bereits verwirklichte Harmonisierung der Bemes-

---

[747] Vgl. Europäische Kommission (2004a), S. 56 f.
[748] Vgl. Eurostat (2003a), S. 236. Überwälzungen von Kraftfahrzeugsteuern im Güterverkehr auf die Konsumenten würden allerdings regressive Wirkungen verursachen.
[749] Vgl. Gretschmann, K. (1998), S. 118.
[750] Eine Erhebung im freien Trennsystem, also in einem Nebeneinander von nationaler und EU-Steuer, kommt wiederum wegen der administrativen Kosten nicht in Frage. Zudem könnte die EU-Ebene damit nationale steuerpolitische Entscheidungen, wie z.B. die Nichtbesteuerung von Wein in Deutschland, konterkarieren.

sungsgrundlagen würde indes bereits ausreichen, um der EU ein Zuschlagsrecht auf die nationalen Steuern zu ermöglichen. Telefonanschluss- und Flughafenausreisesteuer wären wegen des geringen Maximalaufkommens im Trennsystem der EU zuzuweisen. Eine EU-Kraftfahrzeugsteuer schließlich ist mittelfristig weder im Trennsystem, noch im Zuschlagssystem, geschweige denn im Verbundsystem vorstellbar. Eine EU-Kraftfahrzeugsteuer im gebundenen Trennsystem ist unwahrscheinlich, weil die Mitgliedstaaten vermutlich nicht vollständig auf diese Abgabe verzichten wollen, im freien Trennsystem käme es zu einem ineffizienten und undurchsichtigen Nebeneinander von Kraftfahrzeugsteuern mit unterschiedlichen Bemessungsgrundlagen. Ein Zuschlagssystem setzte zunächst einmal die Harmonisierung der bisher sehr unterschiedlichen Bemessungsgrundlagen voraus und ein Verbundsystem gar die völlige Vereinheitlichung der Kraftfahrzeugbesteuerung.

Von Vorteil wäre es, wenn die national vereinnahmten Summen nicht eindeutig den Mitgliedstaaten zugerechnet werden könnten. Bei den Verbrauchsteuern auf Tabak und Alkohol ließe sich das Aufkommen zum größten Teil den vereinnahmenden Mitgliedstaaten zurechnen, da die in den Ländern gekauften Produkte dort in der Regel auch konsumiert werden.[751] Da bei einer Zuschlagslösung weiterhin Steuersatzunterschiede möglich wären, würden sich Mitgliedstaaten, die wie etwa Luxemburg stark von Konsumenten-Direktimporten profitieren, ein – im Vergleich zu ihrem tatsächlichen Inländerkonsum – zu hohes Aufkommen zurechnen. Im gebundenen Trennsystem wäre ein Übergang zur administrativ einfacheren Ursprungslandbesteuerung möglich, wodurch aber das Anfallen von Steueraufkommen und der Konsum deutlich auseinander fallen würden. Bei den Telefonanschlusssteuern wäre nationale Radizierbarkeit gegeben, sofern die Telefongesellschaften die Steuer an den Fiskus des Landes entrichten müssen, in dem der Anschluss ist. Die Kraftfahrzeugsteuer ist ebenfalls gut zurechenbar, wohingegen Flughafenausreisesteuern in mindestens der Hälfte aller Fälle von Flugreisenden zu tragen wären, die nicht in dem vereinnahmenden Land leben.[752]

---

[751] Vorausgesetzt ist dabei, dass die Verbrauchsteuern weitgehend auf die Konsumenten überwälzt werden können.

[752] Sowohl bei der Flughafenausreisesteuer als auch bei der Telefonanschlusssteuer wäre es angesichts eines überschaubaren Kreises von Steuerpflichtigen (Fluggesellschaften oder Flughäfen und Telefongesellschaften) nicht auszuschließen, dass auch die Verwaltungshoheit von der EU-Ebene übernommen würde, wie bei der früher erhobenen Montanumlage (vgl. Kap. 1.1.1).

Tab. 13: Steuern auf demeritorische Güter (Alkohol- und Tabaksteuer)		
Kriterien	Bewertung	Bemerkungen
Unabhängige Zentralisierungsgründe		
Regionale Willkürlichkeit des Aufkommens	o	BLP im grenzüberschreitenden Handel
Externe Effekte durch mobile Bemessungsgrundlagen	o	ULP bei Direktimporten (Harmonisierung ausreichend)
Fiskalische Kriterien		
Ausreichendheit	-	Relativ geringes Aufkommen
Stetigkeit, Vorhersehbarkeit	+	Stabile Einnahmequellen
Dynamik, Steigerungsmöglichkeit	-/+	Geringe Preis-, aber auch Aufkommenselastizität
Harmonisierung der Bemessungsgrundlagen	+	Tabak- und Alkoholsteuern bereits harmonisiert
Postulat „aufgabenadäquate Gerechtigkeit"		
Vereinbarkeit mit Leistungsfähigkeits- oder Äquivalenzprinzip	-/o	Wenig überzeugend
Internationale und interpersonelle Belastungswirkungen	--	Regressive Wirkungen
Postulat „Autonomie"		
Regelung des vertikalen Einnahmenausgleichs	o	Trenn-/Verbundsystem unrealistisch, Zuschlag möglich
Nationale Radizierbarkeit	-	Aufkommen entspricht weitgehend dem Konsum
Postulat „Transparenz"		
Koinzidenz von Steuerdestinatar, Steuerträger und Steuerzahler	-	Offener Ausweis unüblich
Merklichkeit, Sichtbarkeit	-	Geringe, versteckte Beträge
Einfachheit	o	Zum Teil komplizierte Bemessungsgrundlagen
Akzeptanz	+	Tabaksteuer gut akzeptiert

Tab. 13: Steuern auf demeritorische Güter (Alkohol- und Tabaksteuer)

Die wegen des Transparenzpostulats erwünschte Koinzidenz von Steuerdestinatar, Steuerträger und Steuerzahler ist bei den Genussmittelsteuern nur unzureichend gegeben. Steuerdestinatar dieser Abgaben sind die Konsumenten, Steuerzahler sind jedoch die Produzenten. Welche Marktseite die Steuerbelastung trägt, ist von Preiselastizitäten abhängig.[753] Im Gegensatz zur Mehrwertsteuer ist aber bei den Alkohol- und Tabaksteuern auch ein offener Ausweis der im Preis enthaltenen Steuer unüblich, so dass der Verbraucher gar nicht weiß, welcher Anteil des Verkaufspreises dem jeweiligen Fiskus zusteht. Bei den Kommunikationssteuern wäre Letzteres eher gewährleistet, da bei der Telefonanschluss- und der Flughafenausreisesteuer ein offener Ausweis auf der Telefonrechnung bzw. auf dem Flugticket ohne weiteres

[753] Die Einführung einer (EU-)Weinsteuer in Deutschland etwa in Höhe der deutschen Sektsteuer könnte von den Produzenten sicherlich nicht vollständig auf die Konsumenten überwälzt werden.

möglich und auch zu erwarten wäre. Bei Kraftfahrzeugsteuern liegt sogar der Idealfall der Koinzidenz von Steuerdestinatar und Steuerzahler und wahrscheinlich auch des Steuerträgers[754] vor. Die Merklichkeit und Sichtbarkeit wäre somit bei den Kommunikationssteuern deutlich besser als bei den Genussmittelsteuern, wenngleich die hohe Besteuerung von Tabakprodukten durchaus fühlbare Wirkungen hat.

Tab. 14: Kommunikationssteuern (Telefonanschluss-, Kraftfahrzeug- und Flughafenausreisesteuer)		
Kriterien	Bewertung	Bemerkungen
Unabhängige Zentralisierungsgründe		
Regionale Willkürlichkeit des Aufkommens	o	Telefone und Kraftfahrzeuge national zuzuordnen
Externe Effekte durch mobile Bemessungsgrundlagen	o	Zum Teil grenzüberschreitende Umwelteffekte
Fiskalische Kriterien		
Ausreichendheit	-	Relativ geringes Aufkommen
Stetigkeit, Vorhersehbarkeit	+	Stabile Einnahmequellen
Dynamik, Steigerungsmöglichkeit	+	Wachsende Sektoren
Harmonisierung der Bemessungsgrundlagen	-	Kraftfahrzeugsteuern noch sehr unterschiedlich
Postulat „aufgabenadäquate Gerechtigkeit"		
Vereinbarkeit mit Leistungsfähigkeits- oder Äquivalenzprinzip	o	Wenig überzeugend
Internationale und interpersonelle Belastungswirkungen	-	Interpersonell regressive Wirkungen
Postulat „Autonomie"		
Regelung des vertikalen Einnahmenausgleichs	+/o	Trennsystem möglich, außer bei Kraftfahrzeugsteuer
Nationale Radizierbarkeit	-/+	Ausnahme Flughafensteuer
Postulat „Transparenz"		
Koinzidenz von Steuerdestinatar, Steuerträger und Steuerzahler	+	Offener Ausweis bei Kommunikationssteuern möglich
Merklichkeit, Sichtbarkeit	+	Größere, erkennbare Beträge
Einfachheit	+/o	Einfache Steuern, Ausnahme Kraftfahrzeugsteuer
Akzeptanz	o/-	Ablehnung neuer Steuern

Tab. 14: Kommunikationssteuern (Telefonanschluss-, Kraftfahrzeug- und Flughafenausreisesteuer)

Technisch sind spezielle Verbrauchsteuern einfache Abgaben, da sie an physisch gut messbaren Tatbeständen ansetzen. Pauschalabgaben wie die Telefon- und die Flughafensteuer sind dabei allerdings wesentlich einfacher als Steuern, die komplizierte Besteuerungseinheiten haben, wie zum Beispiel die in Grad Plato gemessene

[754] Während im privaten Bereich nur eine Rücküberwälzung auf die Produzenten möglich ist, können Kraftfahrzeugsteuern im Unternehmensbereich möglicherweise auch auf die Konsumenten überwälzt werden.

Stammwürze (Qualitätsstaffel) in Kombination mit einer Mengenstaffel bei der deutschen Biersteuer, oder die Mengensteuer- mit Wertsteuerelementen vermischen, wie die Tabaksteuer.

Bezüglich der Akzeptanz in der Bevölkerung und der Präferenz möglicher Steuererhöhungen trifft die Tabaksteuer auf eine außerordentlich positive Einstellung.[755] Bei den anderen Steuern dürfte die Akzeptanz deutlich geringer sein. Besonders die Einführung neuer Abgaben wie zum Beispiel die Telefonsteuer dürfte auf Widerstand stoßen.

Wie die zusammenfassenden Darstellungen in den Tabellen 13 und 14 zeigen, haben die Kommunikationssteuern im direkten Vergleich mit den Genussmittelsteuern Vorteile. Gegen die Steuern auf Alkohol und Tabak sprechen vor allem Gerechtigkeitsaspekte. Gegen die Kommunikationssteueridee sprechen die fehlende Harmonisierung der Kraftfahrzeugsteuer-Bemessungsgrundlagen und generelle Zweifel daran, ob eine Telefonanschlusssteuer oder eine Flughafenausreisesteuer Bestandteil eines rationalen Steuersystems sein sollte.

3.3.2.2.2.2.2 Umweltsteuern

Im Vergleich zu den bereits diskutierten speziellen Verbrauchsteuern werden solche, die in Zusammenhang mit den Zielen des Umweltschutzes stehen, wesentlich häufiger als mögliche EU-Steuern vorgeschlagen. Einer der Hauptgründe dafür dürfte sein, dass Umweltsteuern einerseits als Bestandteil eines rationalen Steuersystems gelten, andererseits in den nationalen Steuersystemen aber immer noch eine nur untergeordnete Rolle spielen. Als mögliche EU-Steuern werden dabei zum einen die Mineralölsteuer diskutiert[756], zum anderen die als CO_2-Steuer bezeichnete Abgabe auf die Emission des Treibhausgases Kohlendioxid[757]. Alternativ zu Einnahmen aus einer CO_2-Steuer sind auch Einnahmen aus dem Verkauf oder der Versteigerung von Emissionslizenzen denkbar. Bei der Mineralölsteuer kann neben einer Beteiligung an

[755] Vgl. Rolfink, A. (1999), S. 266. Die durchschnittliche Benotung (Skala von 1 bis 5) der Tabaksteuer lag mit 1,9 deutlich besser als die der Kraftfahrzeugsteuer mit 3,0.

[756] Vgl. z.B. Caesar, R. (1990b), S. 89 ff., Spahn, B. (1993), S. 556 f., Europäische Kommission (1998), Anhang 2, S. 10 ff.

[757] Vgl. z.B. Europäische Wirtschaft (1993), S. 96 ff., Spahn, B. (1993), S. 568 ff., Begg, I., Grimwade, N., Price, P. (1997), S. 40 ff., 65 ff., Gretschmann, K. (1998), S. 114 ff., Europäische Kommission (1998), Anhang 2, S. 4 ff. sowie unter dem Oberbegriff Energiebesteuerung Cattoir, P. (2004), S. 20 ff.

der existierenden Mineralölbesteuerung auch eine Erweiterung der Besteuerung auf gewerblich genutzte Flugkraftstoffe erwogen werden.[758] Die Kommission benennt die Besteuerung von Kraftstoffen, eventuell auch Flugkraftstoffen in ihrem Eigenmittelbericht 2004 als eine mögliche Eigenmittelquelle der Zukunft.[759]

Unabhängige Zentralisierungsgründe liegen bei den Umweltsteuern vor, jedoch in unterschiedlicher Eindeutigkeit. Inwieweit bei nationaler Erhebung solcher Steuern ein Problem regionaler Willkürlichkeit des Aufkommens besteht, hängt von der Ausgestaltung der Steuererhebung ab. Bei der Mineralölsteuer gilt wie bei der Alkohol- und Tabakbesteuerung innerhalb der EU das Bestimmungslandprinzip und nur bei Direktimporten von Privaten das Ursprungslandprinzip. Das Aufkommen fließt somit im Wesentlichen den Mitgliedstaaten zu, in denen die Kraftstoffe verbraucht werden.[760] Die Anwendung des BLP bei einer Kerosinbesteuerung (mit dem Startflughafen als Ort der Lieferung) wäre mit einem Gateway-Effekt zu Gunsten von Mitgliedstaaten mit vielen Starts verbunden. Sieht man die Kerosinsteuer als Verbrauchsteuer an, die auf Fluggast und Flugfracht überwälzt werden soll, würden wie bei der bereits diskutierten Flughafenausreisesteuer Mitgliedstaaten, die wie Malta und Zypern, aber auch Portugal und Griechenland vor allem von Ausländern verlassen werden, Nettosteuerexporte erzielen.

Eine Besteuerung von CO_2-Emissionen ist technisch auf zweierlei Weise möglich: Durch eine Besteuerung der Förderung und des Imports kohlenstoffhaltiger Primärenergieträger oder der Verbrennung zur Energieerzeugung.[761] Eine Besteuerung des

[758] Nach Art. 8 Abs. 1 Buchst. b der Mineralölsteuer-Strukturrichtlinie (ABl. Nr. L 316 (1992), S. 12) ist gewerblich genutztes Kerosin steuerfrei. Diese obligatorische Ausnahme folgt der entsprechenden Regelung im internationalen Luftverkehrsabkommen von Chicago (1944) und zahlreichen bilateralen Luftverkehrsabkommen. Eine Mineralölbesteuerung von Kerosin setzte daher die Änderung dieser Abkommen voraus. Vgl. Europäische Kommission (2000b), S. 2 ff., Bundesministerium der Finanzen (2003a), S. 73 f. Den Vorschlag einer europäischen Kerosinsteuer machen z.B. Goulard und Nava, aber auch der österreichische Bundeskanzler Schüssel. Für eine Besteuerung der durch Luftverkehr verursachten CO_2- und Stickoxidemissionen plädiert Cattoir. Vgl. Goulard, S., Nava, M. (2002), S. 47, Hoenig, J. (2004), S. 1, Cattoir, P. (2004), S. 34 ff.

[759] Vgl. Europäische Kommission (2004b), S. 10 f., Europäische Kommission (2004c), S. 47 ff.

[760] Der Pro-Kopf-Verkauf an Mineralölerzeugnissen in Luxemburg ist bei in etwa gleicher Motorisierung viermal höher als in Deutschland, was bedeutet, dass ein Großteil des dort aufgrund niedriger Besteuerung verkauften Benzins außerhalb des Landes verbraucht wird. Luxemburg erzielt somit mit niedrigen Steuersätzen ein hohes Mineralölsteueraufkommen, was aber mit negativen fiskalischen Effekten auf seine höher besteuernden Nachbarländer verbunden ist. Vgl. Adolf, J. (2003), S. 466.

[761] Eine Bemessung der Steuer anhand tatsächlicher Emissionen ist weder praktikabel noch notwendig: „Da gegenwärtig keine ökonomisch oder ökologisch geeigneten Filter-, Rückhalte- oder Zwischenlagerungstechniken verfügbar sind, besteht ein proportionales, d.h. verfahrensunabhängiges Verhältnis der anthropogenen Emissionen zur Menge der eingesetzten Brennstoffe." Ewers, H.-J. (1999), S. 165.

Energieverbrauchs differenziert hingegen nicht zwischen den unterschiedlichen CO_2-Emissionen verschiedener Brennstoffe. Eine Besteuerung der Förderung von Brennstoffen oder des Imports in die EU, was aufgrund der geringeren Zahl potentieller Steuersubjekte administrative Vorteile hätte, wäre indes mit einer dem Rotterdam-Antwerpen-Effekt bei den Zöllen vergleichbaren Wirkung verbunden. Ein gegenüber den national tatsächlich verursachten Emissionen überproportionales CO_2-Steueraufkommen würden Mitgliedstaaten erzielen, die Nettoexporteure von Primärenergieträgern sind; es ließe sich von einem Aberdeen-Groningen-Effekt sprechen.[762]

Mehr noch als mangelnde Zurechenbarkeit des Aufkommens sprechen grenzüberschreitende externe Effekte für eine zumindest teilweise Zentralisierung von Umweltsteuern. Wenn Umweltsteuern ein Instrument zur Internalisierung grenzüberschreitender Umwelteffekte sein sollen, ist nach dem Prinzip der fiskalischen Äquivalenz eine Zuordnung auf die supranationale Ebene sinnvoll.[763] Eine supranationale Ertragshoheit an entsprechenden Abgaben lässt sich daraus allerdings nicht ableiten, ebenso wenig wie fiskalische externe Effekte aufgrund mobiler Bemessungsgrundlagen dies notwendig machten. Große Unterschiede in der Belastung durch Umweltsteuern beeinflussen jedoch die Standortentscheidungen der Unternehmen, insbesondere in der Industrie. Niedrige Umweltsteuern in einem Mitgliedsland können sich daher negativ auf die Steuereinnahmen anderer Mitgliedsländer auswirken, weshalb zumindest eine gewisse Harmonisierung notwendig ist.

Wenn diese Steuern aber auch der Finanzierung des EU-Haushaltes dienen sollen, müssen sie weiteren Kriterien genügen. Zu den fiskalischen Kriterien zählt die Forderung nach einem ausreichend hohen Aufkommen. Das Aufkommen aus der Mineralölsteuer übertrifft in allen (alten) Mitgliedstaaten die Eigenmittelobergrenze, wie Abbildung 28 veranschaulicht. Eine gemeinsame Besteuerung von Benzin und Diesel zum Mindestsatz (für Benzin) von 330 Euro je 1.000 Liter wäre 2002 mit einem EU-

---

[762] Vgl. Europäische Wirtschaft (1993), S. 97. Die niederländische Provinz Groningen ist die größte Erdgaslagerstätte in der EU und Aberdeen ist ‚Europe's Oil Capital'. Ebenso überproportioniert wären die CO_2-Steuereinnahmen von Mitgliedstaaten, an deren Seehäfen viele Brennstoffe in die EU eingeführt werden.

[763] Angesichts der Anreize zum Trittbrettfahrerverhalten und der globalen Klimawirkungen lässt sich sogar bezweifeln, ob die EU-Ebene für solche Instrumente geeignet ist oder ob nicht eher eine Zuordnung auf die globale Ebene sachgerecht wäre.

25-Aufkommen in Höhe von 110 Milliarden Euro verbunden gewesen.[764] Deutlich geringer wäre das mögliche Aufkommen aus einer gemeinsamen Kerosinsteuer: In einer Studie im Auftrag der Kommission wurde das Aufkommen (EU-15, 2005) bei einem Steuersatz von 245 Euro je 1.000 Liter auf maximal elf Milliarden Euro geschätzt[765], bei einem Steuersatz von 330 Euro (EU-25, 2010) auf 17 Milliarden Euro.[766] Mit einer CO_2-Steuer wiederum ließe sich der Eigenmittelbedarf weitgehend abdecken. Nach einer statischen Modellrechnung der Kommission Anfang der 1990er-Jahre wurde ein mögliches Aufkommen aus einer Kohlenstoffabgabe bei einem Steuersatz von 10 US-Dollar je Barrel Rohöläquivalent auf gut 1,1 % des EU-BIP geschätzt.[767] Bei Emissionen von etwa vier Milliarden Tonnen CO_2 in den heutigen Mitgliedstaaten würde bei statischer Rechnung ein Steuersatz von mehr als 25 Euro pro Tonne CO_2[768] benötigt, um ein Aufkommen in dieser Größenordnung zu erzielen.

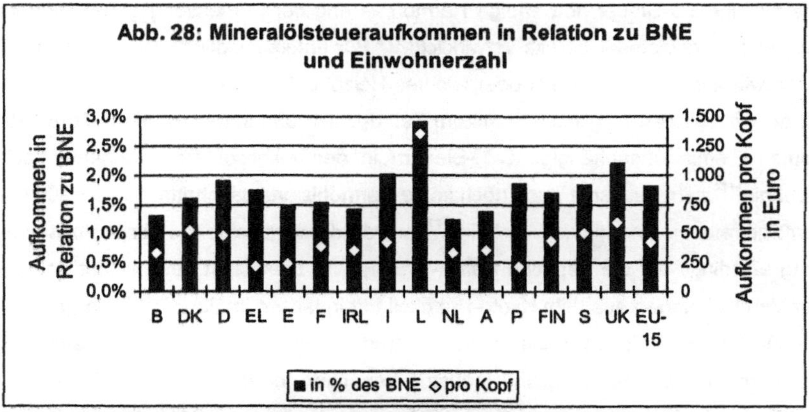

Abb. 28: Mineralölsteueraufkommen in Relation zu BNE und Einwohnerzahl (EU-15, 2001)
Quelle: Europäische Kommission (2003c), S. 43 ff., Eurostat, eigene Berechnungen.

[764] *Vgl. Europäische Kommission (2004c), S. 48.*
[765] Dabei wurde eine Besteuerung von allen Flügen, von allen Fluggesellschaften, innerhalb der Mitgliedstaaten, zwischen den Mitgliedstaaten sowie von Mitgliedstaaten in Drittstaaten unterstellt, was einer Änderung des Luftfahrtabkommens von Chicago bedürfte. Bei engeren Bemessungsgrundlagen, wie z.B. bei einer Beschränkung auf EU-Fluggesellschaften, was im Übrigen mit erheblichen Wettbewerbsverzerrungen verbunden wäre, war das geschätzte Aufkommen noch deutlich geringer. Vgl. Europäische Kommission (2000b), S. 7 ff.
[766] Vgl. Europäische Kommission (2004c), S. 50.
[767] Vgl. Europäische Wirtschaft (1993), S. 97 f.
[768] Auf den Liter Benzin, Diesel, Heizöl oder Kerosin umgerechnet entspräche dies etwa 6 Cent.

Von Vorteil ist, dass das Aufkommen aus Umweltsteuern relativ geringen Schwankungen unterliegt und somit stetig zufließt.[769] Zukünftiges Aufkommen lässt sich daher mit geringen Fehlermargen prognostizieren. Problematisch ist die Trade-off-Beziehung zwischen fiskalischer und nichtfiskalischer Zielsetzung, das heißt zwischen Finanzierungs- und Lenkungsfunktion.[770] Allokationspolitisch erfolgreiche Umweltsteuern vermindern ihre eigene Bemessungsgrundlage, eine dynamische Aufkommensentwicklung lassen sie daher auf Dauer nicht erwarten. Besonders virulent wäre dieser Lenkungssteuern immanente Zielkonflikt, wenn Umweltsteuern ein Hauptelement der EU-Finanzierung wären und nicht nur eine Nebenquelle, wie für die nationalen Haushalte. Unzutreffend ist indessen die Kritik, die Einnahmen aus Umweltsteuern würden im Idealfall auf null sinken.[771] Vielmehr garantieren Umweltsteuern, die auf dem Standard-Preis-Ansatz[772] aufbauen, nach Erreichen des Standards dauerhafte, aber eben nicht steigerungsfähige Einnahmen.

Die für eine EU-Steuer notwendige Harmonisierung der Bemessungsgrundlagen ist bei der Mineralölsteuer bereits verwirklicht.[773] Für unterschiedliche Mineralölerzeugnisse wie zum Beispiel Diesel oder leichtes Heizöl gelten unterschiedliche Mindestsätze, die von den Mitgliedstaaten zum Teil deutlich übertroffen werden. Da es allgemeine emissionsabhängige CO_2-Steuern in den Mitgliedstaaten ohnehin noch nicht gibt[774], gibt es bisher auch noch keine Harmonisierungsschritte. Mit der 2004 in Kraft getretenen Energiesteuerrichtlinie[775] wurde die verpflichtende Mindestbesteuerung allerdings auf die Bereiche Kohle, Erdgas und Elektrizität ausgeweitet. Infolge der Verpflichtungen aus dem Kyoto-Protokoll tritt indessen im Jahr 2005 ein gemeinschaftliches Emissionshandelssystem in Kraft. Treibhausgas-Emittenten aus den Sektoren Energieerzeugung und Industrie benötigen fortan handelbare Emissionszertifikate, die ihnen den Ausstoß von CO_2 erlauben. Da die Zertifikate nach Artikel

---

[769] Vgl. dazu auch Abb. 25 in Kap. 3.3.2.2.1.2.
[770] Vgl. Huber, B. (2001b), S. 56.
[771] Vgl. Mutén, L. (2001), S. 230.
[772] Vgl. Fritsch, M., Wein, T., Ewers, H.-J. (2001), S. 131 ff.
[773] Zahlreiche Ausnahme- und Befreiungsmöglichkeiten, die von den Mitgliedstaaten noch in Anspruch genommen werden, sind nach Art. 18 der Energiesteuerrichtlinie (ABl. Nr. L 283 (2003), S. 51) nur noch zeitlich befristet gestattet.
[774] In Dänemark und Schweden werden zwar unterschiedlich hohe ‚CO_2-Abgaben' auf verschiedene Brennstoffe erhoben, die Besteuerung von Strom bemisst sich jedoch nach der gelieferten Menge und nicht nach den dafür emittierten CO_2-Mengen.
[775] Richtlinie 2003/96/EG des Rates vom 27. Oktober 2003 zur Restrukturierung der gemeinschaftlichen Rahmenvorschriften zur Besteuerung von Energieerzeugnissen und elektrischem Strom, ABl. Nr. L 283 (2003), S. 51. Diese Richtlinie markiert den Abschluss eines mehr als zehnjährigen Verhandlungsprozesses, an dessen Beginn ein Richtlinienvorschlag der Kommission (1991) stand, eine europaweit einheitliche Kombination aus einer CO_2-Steuer und einer Energiesteuer einzuführen.

10 der Emissionshandelsrichtlinie[776] zu wenigstens 90 % kostenlos zuzuteilen sind, wird in den so genannten Nationalen Allokationsplänen nach dem Grandfathering-Ansatz verfahren, so dass die Ausgabe der Zertifikate nicht mit Einnahmen für die nationalen Fiski verbunden ist.

Unter den beiden fundamentalen Gerechtigkeitsprinzipien ist tendenziell eher das Äquivalenzprinzip zu einer Rechtfertigung der Umweltsteuern geeignet. Als Indikator spezieller Leistungsfähigkeit mag der Verbrauch von Energieerzeugnissen zu früheren Zeiten einmal geeignet gewesen sein; mittlerweile dürfte jedoch selbst der individualisierte Flugbenzinverbrauch nicht mehr als Maßstab persönlicher Leistungsfähigkeit geeignet sein. Auch als Indikator nationaler Leistungsfähigkeit sind die in Betracht zu ziehenden Steuerobjekte nur bedingt geeignet. So kann ein relativ niedriger CO_2-Ausstoß Zeichen geringer wirtschaftlicher Leistungsfähigkeit sein, kann aber auch Begleiterscheinung eines hohen Atomstromanteils sein. Dagegen sind Umweltsteuern grundsätzlich dazu geeignet, eine kostenäquivalente Belastung für die Inanspruchnahme und den Verbrauch freier Umweltmedien herzustellen. Nach dem Ideal einer Pigou-Steuer entspricht eine solche Steuer der Höhe nach den externen Grenzkosten der Produktion oder des Konsums.[777] Eine Zuordnung dieser auf grenzüberschreitenden externen Effekten begründeten Umweltsteuern an die EU-Ebene wäre auch insofern aufgabenadäquat, als sich die Mitgliedstaaten innerhalb des Kyoto-Protokolls eine gemeinsame Reduktionsverpflichtung zum Klimaschutz auferlegt haben. Die mitgliedstaatlichen Beiträge zum gemeinsamen Treibhausgasminderungsziel von 8 % in den Jahren 2008 bis 2012 gegenüber dem Referenzjahr 1990 wurden dabei zwischen den Mitgliedstaaten jedoch in sehr unterschiedlicher Höhe vereinbart.[778] Ob die unterschiedlichen Ziele mit einem einheitlichen Instrument überhaupt erreicht werden könnten, ist daher fraglich.

---

[776] Richtlinie 2003/87/EG des Europäischen Parlaments und des Rates vom 13. Oktober 2003 über ein System für den Handel mit Treibhausgasemissionszertifikaten in der Gemeinschaft und zur Änderung der Richtlinie 96/61/EG des Rates, ABl. Nr. L 275 (2003), S. 32.

[777] Vgl. Fritsch, M., Wein, T., Ewers, H.-J. (2001), S. 127 f.

[778] Entscheidung des Rates vom 25. April 2002 über die Genehmigung des Protokolls von Kyoto zum Rahmenübereinkommen der Vereinten Nationen über Klimaänderungen im Namen der Europäischen Gemeinschaft sowie die gemeinsame Erfüllung der daraus erwachsenden Verpflichtungen (2002/358/EG), ABl. Nr. L 130 (2002), S. 1. Während z.B. einige Mitgliedstaaten (L, D, DK) zu mehr als 20 % Emissionsreduktion verpflichtet sind, dürfen andere (P, EL) ihre Emission sogar noch um mehr als 20 % erhöhen. Vgl. ebenda, Anhang 2.

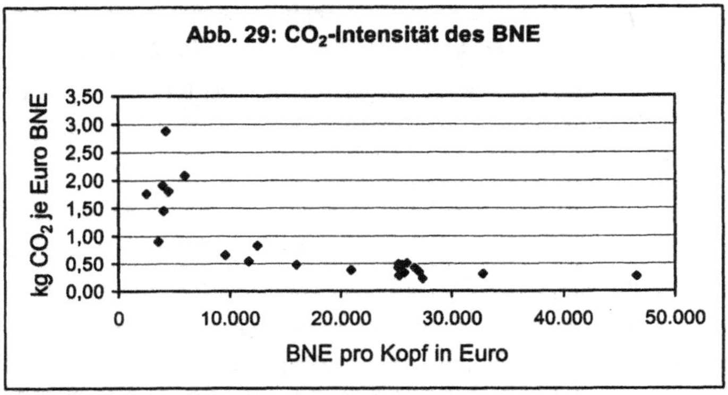

Abb. 29: CO_2-Intensität des BNE (EU-23, 2001, LT 1998, HU 1999, MT 2000, ohne SI und CY)
Quelle: Europäische Umweltagentur (o.J.), United Nations (2001), S. 56, Eurostat, eigene Berechnungen.[779]

Mit regressiven Verteilungswirkungen ist bei Umweltsteuern sowohl interpersonell als auch international zu rechnen. Zum einen lässt sich ein negativer Zusammenhang zwischen den CO_2-Emissionen eines Staates und seinem Wohlstand erkennen. Stellt man die je Einheit BNE emittierte Menge CO_2 dem Pro-Kopf-BNE gegenüber, zeigt sich eine signifikant negative Korrelation (ρ=-0,77), die in Abbildung 29 auch graphisch veranschaulicht ist. Insbesondere die osteuropäischen Beitrittsländer haben eine deutlich höhere CO_2-Intensität, so dass eine CO_2-Steuer die wirtschaftlich schwächsten Mitgliedstaaten überproportional belasten würde.

Dasselbe gilt für die von der Kommission vorgeschlagene Kraftstoffbesteuerung. Ein partieller Ersatz von BNE-orientierten Eigenmitteln durch eine solche Steuer wäre für alle neuen Mitgliedstaaten und für die vier alten Kohäsionsländer mit teilweise erheblichen Mehrbelastungen verbunden. Von den verbleibenden elf alten Mitgliedstaaten könnten dagegen acht mit Entlastungen rechnen, Belgien und Italien veränderten sich kaum und lediglich Luxemburg hätte eine massive Verschlechterung zu erwarten, wie Abbildung 30 verdeutlicht.

Zum anderen sind individuell regressive Belastungswirkungen zu erwarten, da der Einkommensanteil, der für Energieerzeugnisse ausgegeben wird, mit steigendem Einkommen üblicherweise sinkt. Entsprechend sinkt dadurch mit steigendem Einkommen auch der Anteil des Einkommens, der für Steuern auf Energieerzeugnisse

[779] Vgl. auch Anhang 8.

aufgewendet wird. So hat eine Untersuchung im Auftrag des Bundesministeriums der Finanzen für Deutschland gezeigt, dass die durchschnittliche Belastung des Haushaltsnettoeinkommens (HNE) durch die Kraftfahrzeug- und die bedeutendere Mineralölsteuer im zweithöchsten Einkommensdezil 2,8 % beträgt. Im zweitniedrigsten Einkommensdezil werden dagegen 3,6 % des HNE beansprucht.[780]

Abb. 30: Mehr- und Minderbelastungen durch Kraftstoffbesteuerung gegenüber BNE-Beiträgen

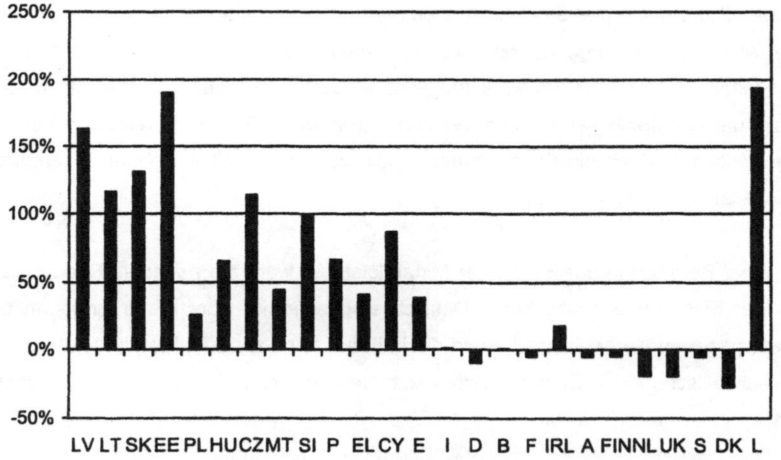

Abb. 30: Mehr- und Minderbelastungen durch Kraftstoffbesteuerung gegenüber BNE-Beiträgen (EU-25, 2002), Darstellung nach abnehmendem Pro-Kopf-BNE von links nach rechts, (-) bedeutet Minderbelastung
Quelle: Europäische Kommission (2004c), S. 48, eigene Darstellung.

Für die vertikale Einnahmenaufteilung kommt bei der allgemeinen Mineralölsteuer eine Zuordnung an die EU nach dem Trennsystem wegen des hohen Aufkommens nicht in Frage. Bei einer speziellen Steuer auf Flugbenzin wäre sie hingegen zu empfehlen. Am Aufkommen aus der Mineralölsteuer könnte der EU-Haushalt beteiligt werden, wobei wegen der unterschiedlichen nationalen Steuersätze eine Zuschlagslösung vorzuziehen wäre. Für eine CO_2-Steuer bestünde aufgrund fehlender nationaler Pendants eine reelle Möglichkeit, der EU in einem Trennsystem zugewiesen zu

[780] Vgl. Bundesministerium der Finanzen (2002b), S. 39. Das höchste Dezil ist nur mit 2,1 % des HNE belastet, das niedrigste – wegen der geringen Motorisierung – mit 3,3 %. In die Berechnungen wurden kraftfahrzeugbezogene Steuern, die von Unternehmen auf Konsumenten überwälzt werden, mit einbezogen.

werden. Gleichwohl ist zu beachten, dass eine CO_2-Steuer eine Bemessungsgrundlage hätte, die zu einem großen Teil bereits durch nationale Steuern wie zum Beispiel die Mineralölsteuer belastet wird. Das Trennsystem wäre daher ein konkurrierendes. Das Aufkommen aus einer CO_2-Steuer dürfte – aus umweltpolitischen Gründen – jedoch so hoch sein, dass eine alleinige Ertragshoheit der EU nicht ratsam wäre. Eine CO_2-Steuer wäre als ergänzendes Finanzierungsinstrument der EU möglicherweise geeignet, als Hauptfinanzierungsinstrument ist sie wegen der in diesem Abschnitt diskutierten Charakteristika nicht geeignet. Eine Ertragsbeteiligung der Mitgliedstaaten würde aber die Frage nach einem geeigneten Verteilungsschlüssel aufwerfen. Das Prinzip des örtlichen Aufkommens könnte je nach Ausgestaltung mit einem Aberdeen-Groningen-Effekt verbunden sein und eine Verteilung nach den tatsächlichen CO_2-Emissionen wäre möglicherweise mit disincentive-Effekten verbunden. Zum Ausgleich der regressiven Wirkungen wäre für die Verwendung solcher Mittel eventuell doch die Durchführung eines wirtschaftskraftbezogenen Finanzausgleichs zu erwägen.

Bei einer Beteiligung der EU an der Mineralölsteuer wäre die nationale Radizierbarkeit der Einnahmen relativ hoch. Deutlich eingeschränkt wäre diese hingegen bei einer speziellen Kerosinsteuer. Auch die in ihrem Land vereinnahmten Mittel aus einer europäischen CO_2-Steuer könnten sich die Mitgliedstaaten nicht korrekt zurechnen.

Ob die Einführung einer EU-Steuer Transparenz steigernde Wirkung hat, hängt auch davon ab, inwieweit sich die Bürger Steuerzahlungen mehr oder weniger korrekt zurechnen können. Im Falle der hier diskutierten Umweltsteuern könnten zwar durchaus merkliche Belastungswirkungen auftreten, die Sichtbarkeit der Steuern ist gleichwohl beschränkt. Steuerdestinatar wären die Verbraucher von Energieerzeugnissen. Bei der Mineralölsteuer zahlen indes zunächst einmal die Hersteller oder Importeure von Mineralölprodukten die Steuer. Inwieweit die Steuerlast auf den Endverbraucher überwälzt werden kann, hängt von den Marktverhältnissen ab. Falls die Überwälzung gelingt, steckt die Steuerlast in den Preisen und ist somit zunächst einmal unkenntlich. Zwar könnte auf den Tankquittungen obligatorisch ausgewiesen werden, welcher Anteil des Preises an welchen Fiskus fließt; da eine Mineralölsteuerbelastung aber auch in fast allen anderen erworbenen Gütern und Dienstleistungen steckt, würde dadurch nur ein Teil der tatsächlichen Belastung transparent gemacht werden.[781] Praktisch ausgeschlossen wäre es, die Belastung durch eine Kerosinsteuer individuell kenntlich zu machen. Und auch für die CO_2-Steuer gilt: Beim direkten und individualisierten Energieverbrauch wäre über obligatorische Rechnungsausweise ein Kenntlichmachen der CO_2-Steuerbelastung möglich, ein Ausweis der impliziten Steuerbelastung aller anderen Lieferungen und Leistungen hingegen nicht.

Tab. 15: Umweltsteuern		
Kriterien	Bewertung	Bemerkungen
Unabhängige Zentralisierungsgründe		
Regionale Willkürlichkeit des Aufkommens	+	Bei Mineralölsteuer nur gering
Externe Effekte durch mobile Bemessungsgrundlagen	++	V.a. grenzüberschreitende Umwelteffekte
Fiskalische Kriterien		
Ausreichendheit	+	Breite Bemessungsgrundlagen außer bei Kerosinsteuer
Stetigkeit, Vorhersehbarkeit	+	Geringe Schwankungen
Dynamik, Steigerungsmöglichkeit	-	Konflikt mit Lenkungszielen
Harmonisierung der Bemessungsgrundlagen	+	Bei Mineralölsteuer verwirklicht, sonst bisher kein Bedarf
Postulat „aufgabenadäquate Gerechtigkeit“		
Vereinbarkeit mit Leistungsfähigkeits- oder Äquivalenzprinzip	+	Umweltsteuern können Umweltkosten äquivalent belasten
Internationale und interpersonelle Belastungswirkungen	-	Regressive Wirkungen
Postulat „Autonomie“		
Regelung des vertikalen Einnahmenausgleichs	o	Trennsystem nur bei Kerosin, zu hohes Aufkommen sonst
Nationale Radizierbarkeit	+	beschränkt
Postulat „Transparenz“		
Koinzidenz von Steuerdestinatar, Steuerträger und Steuerzahler	-	Belastung der Endverbraucher nur teilweise transparent
Merklichkeit, Sichtbarkeit	+/-	Schwer individualisierbar
Einfachheit	+/-	Komplexe Bemessungsgrundlage bei CO_2-Steuer
Akzeptanz	o	Widerstände von Interessengruppen

Tab. 15: Umweltsteuern

Mineralölsteuern sind als spezifische Steuern prinzipiell relativ einfache Steuern, wenngleich im Detail durchaus komplizierte Erhebungsregeln notwendig sein kön-

[781] Die Kennzeichnung der Steuerlast auf den Tankquittungen ist heute bereits üblich, wenngleich sie freiwillig und aus dem Eigeninteresse der Tankstellenbetreiber heraus stattfindet. Die Steuerbelastung der privaten Haushalte durch Kraftfahrzeug- und Mineralölsteuer ist unter Berücksichtigung des indirekten Kraftstoffverbrauchs um mehr als 50 % höher als durch den direkten Kraftstoffverbrauch alleine. Vgl. Bundesministerium der Finanzen (2002b), S. 39.

nen.[782] Erheblich komplexer wäre indes eine umfassende und emissionsäquivalente CO_2-Besteuerung. Je komplexer jedoch eine Steuer ist, desto aufwändiger gestaltet sich für die Kommission die Kontrolle der nationalen Finanzbehörden. „Der Beginn der europäischen Besteuerung mit einer solchermaßen komplizierten Steuer erscheint nicht gerade glücklich."[783]

Ein Vorteil von Umweltsteuern wäre bei der Auswahl einer europäischen Steuer die relativ gute Akzeptanz davon in der Öffentlichkeit.[784] Allerdings steht zu vermuten, dass die tatsächlichen Implikationen einer CO_2-Besteuerung, wie zum Beispiel höhere Benzinpreise und steigende Heizkosten, auch auf deutliche Widerstände treffen werden.

Zusammenfassend lässt sich – wie auch Tabelle 15 zeigt – feststellen, dass es nicht nur Gründe gibt, Umweltsteuern zu zentralisieren, sondern dass die hier diskutierten Umweltsteuern auch einige positive Eigenschaften als EU-Steuern haben. Negativ zu Buche schlagen indes der immanente Konflikt zwischen Finanzierungs- und Lenkungsfunktion, die regressiven Verteilungswirkungen und der geringe Beitrag zur Transparenzbildung.

3.3.2.3 Seigniorage

Mit dem Beschluss über die Errichtung einer Europäischen Währungsunion (EWU) fand auch die Idee der Zuweisung des Geldschöpfungsgewinns (Seigniorage) des gemeinsamen Zentralbanksystems Eingang in die Diskussion um neue endgültige Einnahmen für die EU.[785] Seigniorage entsteht (vereinfacht formuliert) dadurch, dass Zentralbanken zinslose Banknoten im Tausch gegen verzinsliche Wertpapiere emittieren.[786] Mit der EWU verloren die am Eurosystem beteiligten Zentralbanken das Monopol, Banknoten in nationaler Währung auszugeben. Das ausschließliche Recht,

---

[782] So wäre bei einer Kerosinsteuer, die auch auf Flüge in Drittstaaten erhoben würde, auch eine Besteuerung mitgebrachten, nicht besteuerten Kraftstoffs zu erwägen, um fiskalisch wie ökologisch negative Steuervermeidungshandlungen zu unterbinden.
[783] Mallossek, J. (1996), S. 295.
[784] Vgl. Rolfink, A. (1999), S. 266.
[785] Vgl. z.B. Europäische Wirtschaft (1993), S. 95 f., Spahn, B. (1993), S. 575 ff., Begg, I., Grimwade, N., Price, P. (1997), S. 46 ff., 70 ff., Gretschmann, K. (1998), S. 103 ff., Europäische Kommission (1998), Anhang 2, S. 22 ff., Lienemeyer, M. (2002), S. 323, Cattoir, P. (2004), S. 25 ff.
[786] Detaillierte Abhandlungen des Seigniorage-Begriffs liefern z.B. Lange, C. (1995), S. 23 ff. und Rösl, G. (2002b), S. 29 ff.

die Ausgabe von Banknoten zu genehmigen, liegt nunmehr bei der EZB. Geldschöpfungsgewinne entstehen somit in gemeinsamer Verantwortung, gewissermaßen im Kollektivmonopol.[787] Konkurrenz zwischen den nationalen Zentralbanken kann nur bezüglich des Anteils an der gemeinsamen Seigniorage bestehen. Die Aufteilung der Seigniorage ist jedoch auch umstritten. Da sich die Geldschöpfungsgewinne den Mitgliedstaaten nicht eindeutig zurechnen lassen, gilt eine Zentralisierung der Einnahmen als mögliche Lösung des Verteilungsproblems. Stattdessen werden die Geldschöpfungsgewinne („monetäre Einkünfte") der nationalen Zentralbanken[788] sowie die Gewinne der EZB[789] nach einem Schlüssel aufgeteilt, der sich nach den nationalen Anteilen am Kapital der EZB richtet.

Der Kapitalanteilsschlüssel setzt sich je zur Hälfte aus den nationalen Bevölkerungsanteilen und den BIP-Anteilen zusammen, wobei in fünfjährigem Abstand Anpassungen vorzunehmen sind. Für die Deutsche Bundesbank errechnete sich daraus 1999 ein Kapitalanteil in Höhe von 24,5 %; der Anteil am eingezahlten Kapital[790] betrug damit 31,0 %. Mit dem EWU-Beitritt Griechenlands (2001) sank der Anteil am eingezahlten Kapital auf 30,2 %.[791] Von den EZB-Gewinnen und den monetären Einkünften im Eurosystem stünden der Bundesbank somit gut 30 % zu. An der gemeinsamen Geldbasis hatte die Deutsche Bundesbank zu Beginn der EWU indes einen wesentlich höheren Anteil: Im Februar 1999 hielt die Bundesbank 36,8 % der EWU-Geldbasis.[792] Die Hauptgründe des überproportionalen deutschen Anteils waren der hohe Auslandsumlauf der D-Mark und die vergleichsweise geringe Verbreitung elektronischer Zahlungssysteme in Deutschland. Aus der Differenz wurde von verschie-

---

[787] Läufer bezeichnet die neue Situation indessen als homogenes Oligopol, womit ein Wettbewerb zwischen den Zentralbanken unterstellt wird. Vgl. Läufer, N.K.A. (2002a), S. 504.

[788] Nach Art. 32 der Satzung des ESZB entsprechen die monetären Einkünfte der nationalen Zentralbanken „ihren jährlichen Einkünften aus Vermögenswerten, die sie als Gegenposten zum Bargeldumlauf und zu ihren Verbindlichkeiten aus Einlagen der Kreditinstitute hält". Zinsen, die die Zentralbanken auf Einlagen der Geschäftsbanken (Mindestreserven) zu zahlen haben, sind davon abzuziehen. Protokoll (Nr. 18) über die Satzung des Europäischen Systems der Zentralbanken und der Europäischen Zentralbank (ABl. Nr. C 191 (1992), S. 68).

[789] Bis zu 20 % des Nettogewinns der EZB dürfen nach Art. 33 der Satzung des ESZB vom Rat der EZB dem allgemeinen Reservefonds zugeführt werden, aus dem mögliche Verluste gedeckt werden können.

[790] Mitgliedstaaten, die zwar dem ESZB, aber nicht der EWU angehören, haben ihre Kapitalanteile nur zu 7 % eingezahlt und partizipieren auch nicht an den Ausschüttungen des Seigniorage-Poolings.

[791] Zum 1.1.2004 gab es die erste Revision der EZB-Kapitalanteile. Der Anteil der Deutschen Bundesbank am gezeichneten Kapital sank dabei von 24,5 auf 23,4 %. Mit den EU-Beitritten zum 1.5.2004 wurde das Grundkapital der EZB von 5 Mrd. Euro auf etwa 5,565 Mrd. Euro aufgestockt. Der relative Bundesbankanteil sank damit auf 21,1 %. Der Anteil am eingezahlten Kapital beträgt knapp 30 %. Vgl. Europäische Zentralbank (2000), S. 158, Europäische Zentralbank (2002), S. 210, Europäische Zentralbank (2004), eigene Berechnungen.

[792] Vgl. Deutsche Bundesbank (2001), S. 14*, eigene Berechnungen.

denen Autoren geschlossen, dass Deutschland durch das so genannte Seigniorage-Pooling erhebliche Verluste erleide. Sinn und Feist ermittelten zum Beispiel einen diskontierten Gesamtverlust für Deutschland von knapp 30 Milliarden Euro.[793]

Offenbar als Reaktion auf die erwarteten unerwünschten Verteilungsergebnisse hat der EZB-Rat im Dezember 2001 beschlossen, die umfassende Definition der an den Seigniorage-Pool abzuführenden monetären Einkünfte erst von 2008 an anzuwenden. Bis 2001 wurde die wesentliche Quelle der monetären Einkünfte, nämlich der Banknotenumlauf, in die Bemessungsgrundlage nicht mit einbezogen, so dass mit dem Seigniorage-Pooling auch nur geringe Umverteilungswirkungen verbunden waren.[794] Seit 2002 wird der Banknotenumlauf in die Bemessungsgrundlage aufgenommen, jedoch werden die Ausschüttungen aus dem Pool um zeitlich degressive Ausgleichsbeiträge korrigiert, die sich nach dem durchschnittlichen nationalen Banknotenumlauf in den ersten zweieinhalb Jahren der EWU richten.[795] Inwieweit das von 2008 an geltende Seigniorage-Pooling einzelne Mitgliedstaaten benachteiligt, ist umstritten. Läufer weist darauf hin, dass das Seigniorage-Pooling geradezu eine Versicherung gegen Änderungen der nationalen Anteile an der Geldbasis sei.[796] Wenn nämlich der Geldbasis-Anteil unter den Kapitalanteil rutscht, wie es für Deutschland seit Ende 2001 der Fall ist, ist dies nicht mit geringeren Zuweisungen aus dem Seigniorage-Pool verbunden. Problematisch (für Deutschland) sei indessen nicht das Pooling an sich, sondern systematische Verzerrungen innerhalb desselben.[797]

Es ist im Rahmen der Themenstellung dieser Arbeit weder möglich noch nötig, zu klären, inwieweit Mitgliedstaaten durch das Seigniorage-Pooling tatsächlich benachteiligt werden. Offenkundig scheint indessen zu sein, dass weder das beschlossene Pooling-Verfahren, noch Vorschläge zu Änderungen daran, noch dessen Beseitigung eine vollständig korrekte Zurechnung der Geldschöpfungsgewinne auf die einzelnen Mitgliedstaaten ermöglichen. Eine korrekte Zurechnung der Seigniorage müsste sich nämlich danach richten, wo die Last der Seigniorage getragen wird. Somit liegt eine gewisse Willkürlichkeit des Aufkommens vor, so dass ein unabhängiger Zentralisie-

---

[793] Vgl. Sinn, H.-W., Feist, H. (2000), S. 18 ff.
[794] Vgl. Rösl, G. (2002b), S. 205 ff.
[795] Vgl. Rösl, G. (2002a), S. 352 f., Bundesministerium der Finanzen (2003c), S. 76.
[796] Vgl. Läufer, N.K.A. (2002a), S. 516 f.
[797] Vgl. ebenda, S. 511 ff. Der Nachteil Deutschlands bestehe demnach darin, „dass deutsche Netto-Zahlungen in den Pool systematisch zu hoch ausfallen, und dass Netto-Zahlungen des Pools an Deutschland systematisch zu niedrig ausfallen". Läufer, N.K.A (2002b), S. 702.

rungsgrund für die Seigniorage vorläge. Die von den Pooling-Kritikern bemängelten Umverteilungswirkungen wären damit freilich nicht beseitigt.

Da der Euro bei jeder Zentralbank im Eurosystem zu den gleichen Konditionen erhältlich ist, gibt es keinen Anreiz, Zentralbankgeld bei einer bestimmten Zentralbank zu erwerben. Das heißt aber auch, dass die hohe Bargeldnachfrage nach D-Mark aus Drittstaaten durch eine Bargeldnachfrage nach Euro abgelöst wird, die von allen EWU-Zentralbanken befriedigt werden kann. Die Homogenität der Währung hat somit externe Effekte. Sie verändert die Anteile an der gemeinsamen Geldbasis. Da die Aufteilung der Seigniorage aufgrund des Poolings aber allmählich von der Verteilung der Geldbasis unabhängig wird, haben diese externen Effekte keine Auswirkungen auf die nationalen Seigniorage-Einnahmen, denn diese sind ja durch den Kapitalanteil bestimmt. Die externen Effekte der Homogenität der Währung sind damit zwar nicht internalisiert, hinsichtlich der Seigniorage-Einnahmen aber unwirksam. Als Begründung für die Zentralisierung der Seigniorage reichten die externen Effekte jedoch selbst dann nicht aus[798], wenn es kein Pooling gäbe, da die Mitgliedstaaten mit ehemals überproportionalem Banknotenumlauf davon nicht profitieren würden.

Die Beteiligung des EU-Haushalts an den Seigniorage-Einnahmen ließe sich durch eine Besteuerung der EZB oder der nationalen Zentralbanken erreichen.[799] Der Steuersatz könnte 100 % betragen, aber auch einen niedrigeren Wert haben. Doch selbst bei einer vollständigen Abschöpfung der Seigniorage könnte nur ein kleinerer Teil des EU-Haushaltes finanziert werden. Bereits im Reichenbach-Bericht (1993) wurde für das Ende der 1990er Jahre ein Rückgang auf etwa 0,4 % des BIP erwartet.[800] In ihrem Eigenmittelbericht von 1998 hielt die Kommission noch bis zu 0,2 % des BSP für realistisch.[801] Die monetären Einkünfte der Deutschen Bundesbank beliefen sich im Jahre 2001 inklusive des Anteils am EZB-Gewinn auf etwa 0,3 % des deutschen BNE. In den Jahren 2002 und 2003 lag diese Seignioragequote bei etwa

---

[798] Externe Effekte begründen bei keiner Steuer die Zentralisierung der Einnahmen, sondern lediglich die Vereinheitlichung der Regeln. Die Regeln der Emission von Zentralbankgeld sind aber bereits vereinheitlicht.

[799] Vgl. Europäische Kommission (1998), Anhang 2, S. 22.

[800] Ähnliche Werte errechnete Spahn im Durchschnitt. Vgl. Europäische Wirtschaft (1993), S. 96, Spahn, B. (1993), S. 576.

[801] Vgl. Europäische Kommission (1998), Anhang 2, S. 23 f. Vgl. auch Goulard, S., Nava, M. (2002), S. 46 f., die die Größenordnung mit 0,2 bis 0,3 % beschreiben.

0,2 %[802], was die angegebene Größenordnung in etwa bestätigt. Seigniorage-Einnahmen unterliegen zyklischen Schwankungen, die sich nur bedingt vorhersehen lassen; die Seigniorage wäre keine stetig fließende Einnahme. Die Seigniorage ist auch keine dynamische Bemessungsgrundlage; langfristige Trends wie sinkende Inflationsraten und abnehmende Bargeldhaltung wirken sich sogar negativ auf die Geldschöpfungsgewinne aus. Die Einnahmen aus einer Seigniorage-Steuer könnten nur gesteigert werden, solange der Steuersatz noch nicht 100 % beträgt.

Von Vorteil wäre indessen die bereits vollständig harmonisierte, in allen Mitgliedstaaten identische Bemessungsgrundlage. Das größte Hindernis einer Zentralisierung der Seigniorage ist derzeit aber die Inkongruenz von EU und EWU. Nur zwölf von 25 EU-Mitgliedstaaten gehören der EWU an. Während Dänemark, Schweden und das Vereinigte Königreich derzeit noch aus eigenen Stücken der Währungsunion fernbleiben, müssen die zehn neuen Mitgliedstaaten erst noch die Konvergenzkriterien nach dem Maastrichter Vertrag erfüllen. Selbst wenn alle 25 Mitgliedstaaten bis zum Ende dieses Jahrzehnts EWU-Mitglieder sein sollten, werden bis dahin weitere Beitritte zur EU vollzogen oder beschlossen sein, so dass es weiterhin Staaten im Vor-Euro-Stadium geben wird. Setzt man für die Zentralisierung der Seigniorage-Einnahmen die Kongruenz von EU und EWU voraus[803], dürfte diese Einnahmequelle somit auch mittelfristig nicht zur Verfügung stehen.

Einige Autoren sehen indessen Möglichkeiten, die Seigniorage auch bei nicht vollständiger Währungsunion zu zentralisieren. Dazu wird entweder die von der nationalen Zentralbank abgeführte Seigniorage als Vorauszahlung auf die nationalen Finanzbeiträge angerechnet oder es werden auch die Nicht-EWU-Zentralbanken seignioragesteuerpflichtig:

- Nach einem Vorschlag von Niermann würden die Seigniorage-Einnahmen den Mitgliedstaaten nicht nach den EZB-Kapitalanteilen angerechnet werden, sondern nach ihrem Verhältnis zum BNE der EWU-Staaten.[804] Bei einem BNE-Eigenmittelabrufsatz von 0,7 % und einer Euroland-Seignioragequote von 0,3 %

---

[802] Vgl. Bundesministerium der Finanzen (2002a), S. 76 ff., Bundesministerium der Finanzen (2003c), S. 76 f., Deutsche Bundesbank (2004b), eigene Berechnungen.
[803] Vgl. z.B. Dickertmann, D. (1999), S. 81.
[804] Vgl. Niermann, H. (2002), S. 194 f., 214 ff., wobei Niermann selbst die andere Lösung für besser, bei manchen Mitgliedstaaten jedoch für schwer durchsetzbar hält.

zum Beispiel sänken die BNE-Eigenmittel der EWU-Mitgliedstaaten auf 0,4 % des BNE.[805]

- Mallossek schlägt vor, „den auf das jeweilige Land entfallenden europäischen Zentralbankgewinn rechnerisch als schon gezahlten BSP-Anteil zu verrechnen"[806]. Eine Zuweisung aus dem Seigniorage-Pool in Höhe eines bestimmten Betrages würde die BNE-Eigenmittelzahlungen des Landes demnach in dieser Höhe reduzieren.
- Nach einem Vorschlag von Goulard und Nava müsste ein Mitgliedstaat, der der EWU noch nicht angehört, einen bestimmten Prozentsatz seines BNE an die EU zahlen, der sich aus einer linearen Kombination der Seignioragequoten des Eurosystems und des Landes ergibt, und in Gleichung (24) definiert ist[807]:

$$(24) \quad p_l = \alpha \cdot \frac{\pi_{EWU}}{Y_{EWU}} + (1-\alpha) \cdot \frac{\pi_l}{Y_l} \qquad \text{mit } 0 \leq \alpha \leq 1$$

p_l	=	vom Land l als Seignioragesteuer abzuführender Prozentsatz des BNE
l	=	EU-Mitgliedstaat, der nicht EWU-Mitglied ist
π	=	Seigniorage-Einnahmen
Y	=	Bruttonationaleinkommen
α	=	Seigniorage-Koeffizient

Der politisch festzulegende Koeffizient α berücksichtigt offenbar die Erwartung, dass die Seignioragequote in den Nicht-EWU-Staaten höher ist als in der EWU, was unter anderem an der besseren Geldwertstabilität und der höheren Nutzung bargeldloser Zahlungsmethoden in der EWU liegen kann.

Seigniorage-Einnahmen lassen sich weder mit dem Leistungsfähigkeitsprinzip noch mit dem Äquivalenzprinzip rechtfertigen. Sie sind ein Nebenprodukt des staatlichen Banknotenmonopols, das in inflationären Volkswirtschaften gleichwohl eine bedeut-

[805] Dieses Vorgehen ist bei Niermann Bestandteil eines progressiven Beitragssystems, kann aber technisch ohne weiteres auf das bestehende Beitragssystem übertragen werden. Hier wurde angenommen, dass die Seigniorage zunächst von den BNE-Eigenmitteln abgezogen wird, und nur wenn diese kleiner als die Seigniorage sind, von den MwSt.-Eigenmitteln. Die umgekehrte oder eine kombinierte Vorgehensweise wäre indes genauso möglich.

[806] Mallossek, J. (1996), S. 298.

[807] Vgl. Goulard, S., Nava, M. (2002), S. 50, wobei der rechte Ausdruck der Gleichung dort fälschlich als Zahlung („Paiement") definiert wird. Um den absoluten Betrag in Euro zu erhalten, hätte die rechte Seite der Gleichung noch mit Y_l multipliziert werden müssen.

same Rolle bei der Haushaltsfinanzierung spielen kann.[808] Als EU-Einnahme lässt sich die Seigniorage jedoch durch ihren sachpolitischen Bezug rechtfertigen. Da die Geld- und Währungspolitik mittlerweile eine europäisierte Aufgabe ist, ist eine Zuordnung der daraus entstehenden Einnahmen adäquat.

Die Feststellung, dass es nur noch einen europäischen Geldschöpfungsgewinn und keine nationalen Geldschöpfungsgewinne mehr gibt, kann aber nicht darüber hinweg täuschen, dass die einzelnen Volkswirtschaften in unterschiedlichem Maße dazu beitragen. Wie Abbildung 31 zeigt, haben bzw. hätten die Mitgliedstaaten der EU in unter- und überproportionaler Weise zu ihrem relativen Wohlstand Geldschöpfungsvermögen eingebracht.

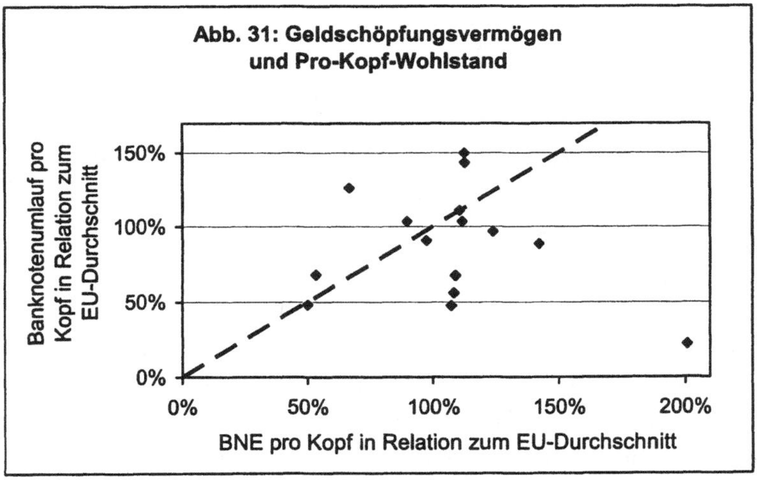

Abb. 31: Geldschöpfungsvermögen und Pro-Kopf-Wohlstand (EU-15, Banknotenumlauf zum 31.12. 1998, BNE pro Kopf 1999)
Quelle: Rösl, G. (2002b), S. 272, Eurostat, eigene Berechnungen.

Ein signifikanter Zusammenhang zwischen Banknotenumlauf und Wohlstand ist dabei nicht festzustellen. Zu groß dürfte der Einfluss nationaler Besonderheiten sein. Dennoch kann sich eine Steuer auf Geldschöpfungsgewinne international regressiv auswirken, „[w]enn ärmere Länder über weniger fortgeschrittene Techniken für ge-

[808] Zwischen 1989 und 1991 entsprachen die Seigniorage-Einnahmen Griechenlands noch mehr als 2 % des nationalen BIP, die Seigniorage-Einnahmen Portugals sogar mehr als 3 %. Vgl. Europäische Wirtschaft (1993), S. 95.

schäftliche Transaktionen verfügen“[809]. Nach dem Vorschlag von Goulard und Nava könnte dieser Effekt für arme Mitgliedstaaten, die noch vor dem Eintritt in die EWU stehen, mit einem α nahe eins abgeschwächt werden. Diffus wäre die Belastungsinzidenz bei einer Anwendung des Vorschlags von Niermann, wonach den EWU-Staaten die Euroland-Seignioragequote von den Eigenmittelabrufsätzen abgezogen werden sollen. Mitgliedstaaten mit hohem Wohlstand würden dadurch eine höhere Beitragsentlastung pro Kopf erhalten als Mitgliedstaaten mit niedrigerem Wohlstand.[810] Eine solche Entlastung wäre aber nur dann gerechtfertigt, wenn die Punkte in Abbildung 31 nahe an der gestrichelten Linie lägen. Zudem würden die Mitgliedstaaten, die der EWU noch nicht angehören („Pre-Ins“), anders behandelt als die Euro-Länder, was gegen das Gebot der Gleichmäßigkeit spräche. Solange die Pre-Ins höhere Seignioragequoten als Euroland haben, profitierten sie freilich davon, da ihre Seigniorage-Einnahmen höher wären als der Abzug von den BNE-Eigenmitteln im Falle einer EWU-Mitgliedschaft. Für den Vorschlag von Mallossek gilt, dass die unbefriedigenden Verteilungsergebnisse des Seigniorage-Poolings unnötigerweise in das Eigenmittelsystem verschoben würden.

Die interpersonelle Belastungsinzidenz der Seigniorage, die ja letztlich nichts anderes als eine „Steuer auf Bargeldbestände“[811] ist, dürfte regressiv sein, da die Bargeldhaltung mit steigendem Einkommen nur unterproportional wächst.

Im Hinblick auf die Regelung des vertikalen Finanzausgleichs ist zunächst einmal festzustellen, dass es eine Seigniorage-Steuer derzeit gar nicht gibt. Vielmehr gelten in den EWU-Mitgliedstaaten recht unterschiedliche Regeln hinsichtlich der Gewinnausschüttung.[812] In einigen Mitgliedstaaten sind die Zentralbankgewinne körperschaftsteuerpflichtig. Dies betrifft vor allem die Zentralbanken, die nicht zu 100 % in Staatsbesitz sind. Zu kleinen Teilen schütten diese auch an ihre privaten Anteilseigner aus, in den meisten Ländern fließen die Zentralbankgewinne jedoch in den all-

---

809 Europäische Kommission (1998), Anhang 2, S. 23.

810 Bei einer Euroland-Seignioragequote von 0,3 % wären die luxemburgischen BNE-Eigenmittelzahlungen im Jahre 2001 um etwa 140 Euro pro Kopf gesunken, die portugiesischen Beiträge hingegen nur um etwa 35 Euro.

811 Europäische Kommission (1998), Anhang 2, S. 23.

812 Vgl. dazu Rösl, G. (2002b), S. 275 ff.

gemeinen Staatshaushalt.[813] Nicht unterschieden wird dabei zwischen den Zentralbankgewinnen, die Eurosystem-bedingt sind, und den Gewinnen, die unabhängig vom Eurosystem entstanden sind. Eine EU-Seigniorage-Steuer dürfte nur auf die Eurosystem-bedingten Gewinne zugreifen. Bei einer Besteuerung von 100 % läge ein Trennsystem vor, bei einem Steuersatz darunter griffen Mitgliedstaaten und EU gewissermaßen gemeinsam auf eine Bemessungsgrundlage zu. Da die Gestaltungsmöglichkeiten auf nationalstaatlicher Ebene ohnehin begrenzt sind, wäre eine Zuordnung der Seigniorage an die EU nur ein mäßiger Autonomieverlust für die Mitgliedstaaten; eine Änderung des EG-Vertrages wäre gleichwohl dennoch dafür notwendig.[814]

Ein Vorteil einer Gemeinschaftseinnahme Seigniorage läge in der eingeschränkten Radizierbarkeit der Einnahmen. Die Seigniorageanteile der EWU-Mitgliedstaaten stellen bereits heute in verzerrter Weise die geographische Herkunft des gemeinsamen Geldschöpfungsgewinns dar. Selbst die Verteilung der monetären Einkünfte zeigt nicht, wo und von wem die „Bargeldsteuer" getragen wird; sie zeigt nur an, wo und in welcher Höhe sich der Geschäftsbankensektor mit Zentralbankgeld versorgt hat. Ebenso verzerrt wäre das Bild daher, wenn sich die Mitgliedstaaten die Steuerzahlungen ihrer Zentralbanken als Beitragsleistung der nationalen Volkswirtschaft zurechnen würden. Da diese objektive Verzerrung vermeintlich benachteiligte Mitgliedstaaten vermutlich nicht davon abhalten könnte, die Belastung ihrer Zentralbank in die Bestimmung ihrer Nettopositionen einzubeziehen, wäre es unter Umständen sinnvoll, den Gewinnanteil der EZB zu Lasten der nationalen Zentralbanken zu erhöhen.

Bezweifelt werden muss hingegen, dass mit einer Seigniorage-Steuer die Transparenz des Finanzierungssystems der EU verbessert werden kann. Zensiten einer Seigniorage-Steuer wären die EZB und die nationalen Zentralbanken. Die Last der Seigniorage wird jedoch von den privaten Wirtschaftssubjekten getragen, die Zentralbankgeld halten. Für die Nichtbanken (private Haushalte und Unternehmen) ist die Seigniorage eine unsichtbare und unmerkliche Abgabe. Die geringe Wahrneh-

---

[813] In Deutschland werden Beträge, die 3,5 Mrd. Euro übersteigen, für Sondertilgungen im Erblastentilgungsfonds verwendet, in Frankreich und Österreich sind zweckgebundene Zuweisungen an spezielle Fonds vorgesehen, in Belgien werden sogar die Mitarbeiter der Zentralbank am Gewinn beteiligt. Vgl. Rösl, G. (2002b), S. 278.

[814] Vgl. Lienemeyer, M. (2002), S. 323.

mung der Seigniorage dürfte zu einer wesentlich höheren Akzeptanz in der Öffentlichkeit führen als bei den anderen, „echten" Steuern; im Übrigen dürfte die Verbindung zwischen EU und EWU hinreichend ersichtlich sein.[815] Durch die geringe Anzahl der Steuersubjekte (weniger als 30) wäre die EU-Seigniorage-Steuer eine technisch einfache Einnahmequelle, die sogar ohne Zutun der nationalen Finanzbehörden verwaltet werden könnte; zudem wäre bei einer Besteuerung von Zentralbanken das Problem der Steuerhinterziehung inexistent.

Tab. 16: Seigniorage		
Kriterien	Bewertung	Bemerkungen
Unabhängige Zentralisierungsgründe		
Regionale Willkürlichkeit des Aufkommens	+	Seigniorage-Pooling ordnet Gewinne nicht korrekt zu
Externe Effekte durch mobile Bemessungsgrundlagen	o	Vorliegend, jedoch kein Zentralisierungsgrund
Fiskalische Kriterien		
Ausreichendheit	-	Kaum mehr als 0,3 % des BNE
Stetigkeit, Vorhersehbarkeit	-	Erhebliche Schwankungen
Dynamik, Steigerungsmöglichkeit	-	Diskretionäre Steigerungen kaum möglich, negativer Trend
Harmonisierung der Bemessungsgrundlagen	+	Wegen Seigniorage-Pooling in EWU bereits vereinheitlicht
Postulat „aufgabenadäquate Gerechtigkeit"		
Vereinbarkeit mit Leistungsfähigkeits- oder Äquivalenzprinzip	+	Sachpolitischer Bezug durch gemeinsame Geldpolitik
Internationale und interpersonelle Belastungswirkungen	-	Regressive Wirkungen möglich
Postulat „Autonomie"		
Regelung des vertikalen Einnahmenausgleichs	+	Trennsystem oder Quasi-Verbund mit Mitgliedstaaten
Nationale Radizierbarkeit	+	Nicht eindeutig zuzuordnen
Postulat „Transparenz"		
Koinzidenz von Steuerdestinatar, Steuerträger und Steuerzahler	-	Zentralbanken tragen nicht die Last der Seigniorage
Merklichkeit, Sichtbarkeit	-	Implizite Steuer
Einfachheit	+	Wenige Steuerpflichtige
Akzeptanz	+	Höher als bei „echten" Steuern

Tab. 16: Seigniorage

Wie die zusammenfassende Tabelle 16 zeigt, ist die Seigniorage unter fiskalischen Gesichtspunkten weniger gut als EU-Einnahme geeignet. Ihre Entstehung auf Basis der gemeinsamen Geldpolitik macht sie jedoch zu originären Eigenmitteln, vergleichbar mit Zöllen und Abschöpfungen. Solange indes nicht alle Mitgliedstaaten der Wäh-

[815] Solange EU und EWU inkongruent sind, könnte eine unterschiedliche Behandlung von Ins und Pre-Ins auch Akzeptanz mindernd sein, wenn eine der beiden Gruppen benachteiligt erscheint.

rungsunion angehören, ist eine gleichmäßige Behandlung aller Mitgliedstaaten kaum möglich. Eine Zentralisierung der Seigniorage-Einnahmen wird daher in mittlerer Frist nicht zu erwarten sein, langfristig jedoch sicherlich kommen.

3.3.2.4 Zusammenfassung: Endgültige Einnahmen

In diesem Kapitel wurden zahlreiche neue Einnahmemöglichkeiten für die EU erörtert, die den Charakter endgültiger, eigener Einnahmen hätten: direkte Steuern, indirekte Steuern und die Seigniorage. Zur Bewertung der einzelnen potentiellen Einnahmen wurde ein allgemeiner Kriterienkatalog bestimmt. Die qualitativen Bewertungen der einzelnen Einnahmen wurden jeweils am Ende stark vereinfacht durch symbolische Darstellung zusammengefasst. Zum Vergleich der Einnahmen miteinander werden die Bewertungen aller Einnahmen in Tabelle 17 aufgeführt. Ein eindeutiges Urteil lässt sich daraus nicht ableiten. Dazu müsste eine politische Entscheidung darüber vorliegen, welche Kriterien wichtiger und welche weniger wichtig sind. Auch die fünfstufige Ordinalskala (--,-,o,+,++) lässt keine hinreichenden Differenzierungen zu.

Durch die einfache Addition und Subtraktion der Positiv- und Negativbewertungen[816] lässt sich dennoch Folgendes feststellen: Es gibt Steuern, die sich nicht als EU-Steuern eignen. Dazu zählen die Steuern auf demeritorische Güter, derzeit aber auch die persönliche Einkommensteuer. Es gibt Einnahmen, die sich mit Einschränkungen für den EU-Haushalt empfehlen, wozu die Körperschaftsteuer, die Kommunikationssteuern und die Seigniorage zählen. Und schließlich gibt es Steuern, die zwar einige Kriterien nicht erfüllen, insgesamt aber als EU-Steuern geeignet wären: Umweltsteuern wie die CO_2-Steuer und die Kerosinsteuer, eine Steuer auf Zinserträge sowie ein Zuschlag zur Mehrwertsteuer.

[816] Bei Mehrfachwertungen bei einem Kriterium wie z.B. +/0 gehen jeweils beide Bewertungen in Gesamtbewertung ein, was dazu führt, dass +/0 wie + und -/0 wie - und +/- wie 0 in die Gesamtbewertung eingehen.

Tab. 17: Eignung verschiedener Steuern als EU-Steuer: Zusammenfassender Überblick

	Einkommensteuer	Zinssteuer	Körperschaftsteuer	Mehrwertsteuer	Steuern auf demerit. Güter	Kommunikationssteuern	Umweltsteuern	Seigniorage
Unabhängige Zentralisierungsgründe								
Regionale Willkürlichkeit des Aufkommens	-	+	+	o	o	o	+	+
Externe Effekte durch mobile Bemessungsgrundlagen	o	+	+	o	o	o	++	o
Fiskalische Kriterien								
Ausreichendheit	++	o	+	++	-	-	+	-
Stetigkeit, Vorhersehbarkeit	-	-	--	+	+	+	+	-
Dynamik, Steigerungsmöglichkeit	+	-	o	-/+	-/+	+	-	-
Harmonisierung der Bemessungsgrundlagen	--	+	-	+	+	o/-	+	+
Postulat „aufgabenadäquate Gerechtigkeit"								
Vereinbarkeit mit Leistungsfähigkeits- oder Äquivalenzprinzip	+	+	+	o	-/o	o/-	+	+
Internationale und interpersonelle Belastungswirkungen	-	-	o	-	--	-	-	-
Postulat „Autonomie"								
Regelung des vertikalen Einnahmenausgleichs	o	o	o	o	o	+/o	o	+
Nationale Radizierbarkeit	--	+	o	o	-	-/+	+	+
Postulat „Transparenz"								
Koinzidenz von Steuerdestinatar, Steuerträger und Steuerzahler	+	+	o	o	-	+	-	-
Merklichkeit, Sichtbarkeit	+	+	o/-	+	-	+	+/-	-
Einfachheit	--	+	-	-	o	+/o	+/-	+
Akzeptanz	--	-	+	o	+	o/-	o	+

Tab. 17: Eignung verschiedener Steuern als EU-Steuer: Zusammenfassender Überblick

4. Zusammenfassung und Empfehlungen

Die Entwicklung des Finanzierungssystems der EU ist ein Spiegelbild ihrer historischen Entwicklung. Während die Montanunion wegen ihres eng umgrenzten Aufgabengebiets zum Großteil durch eine eigene Steuer (Montanumlage) finanziert wurde, alimentierten die Mitgliedstaaten die breiter angelegte EWG (und EAG) über Beiträge. Nach der Vergemeinschaftung von Agrarpolitik und Zollpolitik in den 1960er Jahren wurden Agrarabschöpfungen und Handelszölle in den 1970er Jahren zu Eigenmitteln der EG. Harmonisierungsschritte bei der nationalen Umsatzbesteuerung ermöglichten es, von 1980 an Mehrwertsteuer-Eigenmittel zu vereinnahmen. Erweiterungsschritte unter anderem um das Vereinigte Königreich und südeuropäische Staaten waren mit wachsenden Aufgaben und daraus resultierenden Ausgaben verbunden und erhöhten die wirtschaftliche Disparität in der Gemeinschaft. Wegen der als ungerecht empfundenen Verteilung der Finanzierungslasten vereinbarten die Mitgliedstaaten in den 1980er Jahren erhebliche Veränderungen des Eigenmittelsystems. Dem Vereinigten Königreich wurde ein einnahmenseitiger Korrekturmechanismus zugesprochen, die Bemessungsgrundlage der Mehrwertsteuer-Eigenmittel wurde erstmals gekappt und BSP-Eigenmittel wurden eingeführt. Letztere gewannen in den 1990er Jahren erheblich an Bedeutung und sind seit 1998 die wichtigste Einnahme der EU. Durch die zweite Norderweiterung, jedoch vor allem durch die Osterweiterung hat die EU mittlerweile eine Größe erreicht, die das Entstehen einer Politischen Union auf absehbare Zeit in weite Ferne zu rücken scheint.

Die EU ist weder Bundesstaat noch Staatenbund. Das Bundesverfassungsgericht hat in seinem Maastricht-Urteil (1993) für den auf die EU zutreffenden Zwischenstatus den Begriff des Staatenverbundes eingeführt. An dieser Klassifikation haben sicherlich auch die Vertragsrevisionen von Amsterdam und Nizza nichts geändert, und auch der 2004 beschlossene Vertrag über eine Verfassung für Europa wird nach seinem Inkrafttreten nichts anderes als ein völkerrechtlicher Vertrag mit teils bundesstaatlichen und zum Teil staatenbündischen Elementen darstellen. Gleichwohl sind bei den vergangenen drei Regierungskonferenzen nicht nur Vor- und Nachbereitungsschritte der EU-Erweiterung unternommen worden; auch die Integration wurde vorangebracht. Beispielhaft sei das im Amsterdamer Vertrag niedergelegte Konzept der verstärkten Zusammenarbeit genannt, mit dem es möglich wird, dass Gruppen von Mitgliedstaaten als Avantgarde Integrationsvertiefungen vereinbaren, denen die anderen Mitgliedstaaten später folgen können. Die Europäische Union ist also kein statischer Staatenverbund, sondern ein dynamischer Staatenverbund. Unklar bleibt indessen weiterhin, wo diese Dynamik hinführen wird; die Frage nach der Finalität Europas bleibt auch nach dem Europäischen Konvent unbeantwortet.

Unbeantwortet ist bisher auch die Frage, wie ein solcher dynamischer Staatenverbund sinnvollerweise finanziert werden sollte. Entsprechende Konzepte dazu sind in der Finanzwissenschaft nur in Ansätzen entwickelt worden. Stattdessen wird die Diskussion häufig nach den traditionellen Denkschemata geführt. Intergouvernementalisten, also Anhänger starker Nationalstaaten in einem vereinten Europa, plädieren für die Beibehaltung des beitragsfinanzierten Gemeinschaftshaushalts, was der typischen Finanzierung eines Staatenbunds entspricht. Föderalisten dagegen möchten der EU echte eigene Mittel zukommen lassen und plädieren – mit Argumenten der ökonomischen Theorie des Föderalismus – für ein Besteuerungsrecht der EU. Inwiefern das geltende Finanzierungssystem tatsächlich der Veränderung bedarf und wie solche Veränderungen aussehen sollten, wurde in dieser Arbeit indessen weniger anhand von politischen Wunschvorstellungen als vielmehr anhand abstrakter Anforderungen an ein vernünftiges Finanzierungssystem untersucht.

Zu diesem Zweck wurden in dieser Arbeit vier Gestaltungspostulate für ein rationales Finanzierungssystem formuliert: Das Postulat Gerechtigkeit lässt sich sowohl über das Leistungsfähigkeitsprinzip als auch über das Äquivalenzprinzip erfüllen. Welchem Fundamentalprinzip dabei welches Gewicht einzuräumen ist und ob Eigenmittel Beitragszahlungen vorzuziehen sind, kann jedoch nicht ohne Beachtung des Aufgabenspektrums der EU geklärt werden. Das Postulat Aufgabenadäquanz fordert mithin die Berücksichtigung dieser Aufgaben. Der mittlerweile weit über einen Staatenbund hinausgehende völkerrechtliche Status der EU rechtfertigt es, den Organen der EU auch in finanziellen Fragen (begrenzt) Autonomie zu gewähren, was dem gleichnamigen dritten Postulat entspricht. Das Postulat Transparenz beinhaltet schließlich die Forderung nach einem Finanzierungssystem, das für die politisch Verantwortlichen klar und für die interessierte Öffentlichkeit zumindest in groben Zügen verständlich und nachvollziehbar ist, so dass den Bürgern die individuelle Belastung durch Europa in etwa deutlich wird.

Das geltende Finanzierungssystem ist durch die Dominanz sozialproduktorientierter Finanzbeiträge sehr am Leistungsfähigkeitsprinzip ausgerichtet, was angesichts eines hauptsächlich umverteilenden Budgets auch adäquat ist. Mit dem Korrekturmechanismus für das Vereinigte Königreich beinhaltet das Finanzierungssystem der EU aber auch Elemente des Äquivalenzprinzips, was im konkreten Falle inadäquat ist. Die EU verfügt insbesondere auf der Einnahmenseite über eine geringe finanzielle Autonomie, zumal die so genannten Eigenmittel de facto im Wesentlichen mitgliedstaatliche Finanzbeiträge sind. Zudem sind Änderungen am Finanzierungssystem nur mit Zustimmung aller Mitgliedstaaten gemäß den jeweiligen nationalen verfassungsrechtlichen Vorschriften möglich. Der aufgrund des Integrationsstands sicherlich angemessenen Forderung nach größerer Finanzautonomie stehen indessen institutionelle und demokratische Unzulänglichkeiten der EU-Organe entgegen. Hinsichtlich der Transparenz gilt es festzustellen, dass weder das System vollständig durchschaut werden kann noch für den Bürger die Belastung erkennbar ist. Das Finanzierungssystem der EU ist unnötig komplex und bürgerfern.

Eindeutig zur Verbesserung des Finanzierungssystems im Sinne der vier Gestaltungspostulate trüge es bei, wenn die Mehrwertsteuer-Eigenmittel und der Korrekturmechanismus für das Vereinigte Königreich ersatzlos gestrichen würden. Weniger eindeutig zu beantworten ist hingegen die Frage, ob zu einer sinnvollen Reform des Finanzierungssystems auch die Einführung neuer, echter Eigenmittel gehören müsste. Neue, echte Eigenmittel, insbesondere in Form von EU-Steuern könnten dem Äquivalenzprinzip mehr Geltung verschaffen, was bei einer Ausweitung allokativer Aufgaben, womit vor allem europäische Kollektivgüter gemeint sind, adäquat wäre. Zudem könnten Steuern in direktem sachlogischem Zusammenhang mit EU-Politiken stehen. EU-Steuern könnten einen Beitrag zu mehr Transparenz und größerer finanzieller Autonomie leisten. Letztere beinhaltete jedoch angesichts der weiterhin mangelnden demokratischen Kontrolle der EU-Institutionen die Gefahr der Überbeanspruchung fiskalischer Ressourcen. Da sich die Transparenz auch anders verbessern ließe und auch die Bereitstellung europäischer Kollektivgüter auf absehbare Zeit von den distributiv orientierten Politiken im Agrar- und Regionalbereich überdeckt sein wird, spricht einiges dafür, das Beitragssystem vorerst beizubehalten. Mittel- bis langfristig ist jedoch sowohl ein EU-Verschuldungsrecht als auch ein EU-Besteuerungsrecht in begrenztem Umfang vorstellbar.

Für Reformen innerhalb des Beitragssystems stehen Änderungen sowohl bei den Eigenmittelarten als auch beim Korrekturmechanismus zur Diskussion. Während bei den traditionellen Eigenmitteln aus agrar- und handelspolitischen Gründen ohnehin eine weitere Marginalisierung zu erwarten ist, kommen bei Mehrwertsteuer- und BSP-Eigenmitteln methodische Veränderungen in Frage. Bei den Mehrwertsteuer-Eigenmitteln könnten Änderungen der Berechnungsmethode – sei es an der Bemessungsgrundlage, sei es an der Abrufhöhe – keine Verbesserung im Sinne der Gestaltungspostulate bewirken. Lediglich eine Loslösung von der Berechnung des Korrekturmechanismus wäre Komplexität reduzierend und damit Transparenz steigernd. Am besten wäre es jedoch, die Mehrwertsteuer-Eigenmittel nicht mehr zu erheben. Bei den BSP-Eigenmitteln, die mittlerweile das Bruttonationaleinkommen zu Marktpreisen als Grundlage haben, können weder Vorschläge mit anderen Bemessungsgrundlagen noch Modelle mit nicht proportionaler Belastung als Alternativen überzeugen.

Für die Zukunft des Korrekturmechanismus für das Vereinigte Königreich gilt es festzustellen: Am besten wäre die ersatzlose Abschaffung desselben. Verallgemeinerungen des Korrekturverfahrens auf prinzipiell alle Mitgliedstaaten – wie jüngst auch von der Kommission vorgeschlagen – können dagegen höchstens zweitbeste Lösungen sein. Eine nicht nur im Ausnahmefall (als Sicherheitsnetz) angewandte Beitragskorrektur ist mit dem Finanzierungssystem der EU i.w.S. konzeptionell nicht kompatibel. Die Einführung eines sekundären Finanzausgleichs auf EU-Ebene wäre bei einem beitragsfinanzierten Haushalt nicht unproblematisch, ist in nennenswertem Umfang auf absehbare Zeit aber auch sehr unwahrscheinlich.

Für eine Erweiterung des Finanzierungssystems um neue eigene Einnahmen kommen ein Verschuldungsrecht, Besteuerungsrecht und eine Zueignung des Gewinns des Europäischen Zentralbanksystems in Frage. Gegen ein allgemeines Recht zur Emission von Anleihen spricht, dass derzeit weder allokationspolitisch noch stabilisierungspolitisch eine hinreichende Rechtfertigung für EU-Verschuldung besteht. Zudem drohten mit einem Verschuldungsrecht Umgehungen der Eigenmitteloborgrenze und des Stabilitäts- und Wachstumspakts.

Wenn die EU ein Besteuerungsrecht bekommen sollte, müsste eine Entscheidung darüber getroffen werden, welche Steuer respektive Steuern dem Gemeinschaftshaushalt zustehen sollten. Zum Zweck eines objektiven Vergleichs verschiedener Steuern wurde in dieser Arbeit ein Kriterienkatalog erstellt und angewendet, der auf den Gestaltungspostulaten für ein rationales Finanzierungssystem aufbaut. Zudem wurden wesentliche fiskalische Kriterien in die Beurteilung einbezogen und das mögliche Vorliegen (von der grundsätzlichen Entscheidung für eine EU-Steuer) unabhängiger Gründe für die Zentralisierung bestimmter Steuern auf EU-Ebene geprüft. Auch mit diesem Kriterienkatalog bestätigt die Analyse verschiedener Steuern Cattoirs Urteil, „that there is no such thing as a perfect tax for the EU"[817]. Gleichwohl gibt es weniger gut und besser geeignete EU-Steuern. Zu den Steuern, bei denen die positiven Eigenschaften die negativen deutlich übertreffen, zählen die Umweltsteuern, die Quellensteuer auf Zinserträge und die Mehrwertsteuer. Die ESZB-Seigniorage sollte nach der geographischen Vollendung der Währungsunion zu den originären Eigenmittelarten gehören.

Unabhängig davon, ob das Beitragssystem auf Dauer beibehalten werden soll oder durch eigene (Steuer-)Einnahmen ergänzt werden soll, ist für die nationale Aufbringung der Beitragszahlungen eine explizite nationale Europabesteuerung zu empfehlen. Eine solche „Europasteuer"[818], von Heinemann auch als „deklaratorische EU-Steuer"[819] bezeichnet, könnte den Steuerzahlern in ähnlicher Weise wie eine EU-eigene Steuer verdeutlichen, in welcher Höhe sie durch den EU-Haushalt belastet werden. Dem Postulat der Transparenz wäre damit auch Genüge getan. Die Finanzierung des EU-Haushalts durch mitgliedstaatliche BSP-Beiträge entspräche den Postulaten Gerechtigkeit und Aufgabenadäquanz, da die Ausgaben der EU auf absehbare Zeit vorwiegend umverteilenden Charakter haben werden. Sollte die Finanzierung europäischer Kollektivgüter an Bedeutung gewinnen, könnte eine EU-eigene Steuer – eventuell in einem separaten Budget – aufgabenadäquat hinzutreten. Unerfüllt bliebe indessen das Postulat der Autonomie. Gleichwohl gibt es gute Gründe, die individuelle Belastung der Steuerzahler den Präferenzen der Mitgliedstaaten und nicht dem Rat der EU und dem Europäischen Parlament zu überlassen.

Denkbar wäre allerdings eine einheitliche Regelung in Form einer Richtlinie, die den Mitgliedstaaten vorschreibt, eine solche Europasteuer zu erheben, jedoch Wahlmög-

[817] Cattoir, P. (2004), S. 40.
[818] Schick, G., Märkt, J. (2002), S. 31.
[819] Heinemann, F. (2003a), S. 86.

lichkeiten lässt. So könnte den Mitgliedstaaten die Auswahl zwischen einem Zuschlag zur Einkommen- und Körperschaftsteuer, einem Zuschlag zur Mehrwertsteuer und einer Kombination aus beidem gegeben werden. Beim Zuschlag zur Einkommen- und Körperschaftsteuer könnte zudem ein Wahlrecht zwischen einem Zuschlag zur Bemessungsgrundlage und einem Zuschlag zur Steuerschuld gegeben werden. Die Kosten der EU könnten den Bürgern somit näher gebracht werden, nationale Präferenzen gleichwohl berücksichtigt werden. Da eine solche Europasteuer nicht exakt das Aufkommen erzielen kann, das zur Erfüllung der nationalen Beitragspflicht notwendig wäre, müsste eine Toleranzschwelle festgelegt werden, bei deren Überschreiten eine Anpassung der Steuersätze obligatorisch ist. Ein Abweichen des Europasteueraufkommens von der Beitragspflicht von weniger als 10 % könnte zum Beispiel toleriert werden. Bedenklich an einem solchen Modell wäre indessen die Vermengung von nationaler und europäischer Steuerhoheit, die auch mit unklaren politischen Verantwortlichkeiten verbunden wäre.

Zusammenfassend bleibt festzustellen:

- Die Mehrwertsteuer-Eigenmittel sollten entfallen.
- Der Korrekturmechanismus für das Vereinigte Königreich sollte abgeschafft werden, wobei eine ersatzlose Abschaffung besser als ein allgemeiner Korrekturmechanismus wäre.
- Die BSP-Eigenmittel sollten mit ihrer derzeitigen Bemessungsgrundlage erhalten und proportional zu ihr bleiben.
- Ein allgemeines Verschuldungsrecht sollte der EU weiterhin versagt bleiben.
- Eine Finanzierung des EU-Haushalts über eigene Steuern ist derzeit nicht zu empfehlen. Mittel- bis langfristig ist eine EU-Steuerhoheit jedoch denkbar. Voraussetzung dafür wäre ein signifikanter Bedeutungszuwachs allokationspolitisch motivierter Ausgaben im EU-Budget und ein funktionsfähiger politischer Wettbewerb auf europäischer Ebene.
- Als mögliche EU-Steuern in Frage kämen dann die Mehrwertsteuer, Umwelt- und Energiesteuern sowie eine Quellensteuer auf Zinserträge.
- Sowohl bei einem Fortführen des Beitragssystems als auch bei einem zukünftig denkbaren Mischsystem von BSP-Beiträgen und EU-eigener Besteuerung sollte den Steuerzahlern die individuelle Belastung durch die nationalen Beiträge kenntlich gemacht werden.

- Die Eigenmittelobergrenze sollte nicht erhöht werden und für einen längeren Zeitraum nicht voll ausgeschöpft werden.

Anhang

Anhang 1:

Tatsächliche und vereinheitlichte Mehrwertsteuer-Bemessungsgrundlagen und Relation zum nationalen BNE im Jahre 2001 in den 25 Mitgliedstaaten

	(1) Intermed. Grundlage in Mio. €	(2) MwSt-BMG in Mio. €	(3) Differenz (2)-(1)	(4) BNE in Mio. €	(5) BMG/BNE	(6) BNE pro Kopf in €
B	105.632	104.188	-1.443	258.007	40%	25.139
DK	75.405	75.161	-245	175.385	43%	32.787
D	940.611	942.993	2.382	2.065.640	46%	25.111
EL	68.923	68.951	28	131.571	52%	12.454
E	367.964	368.821	858	642.802	57%	16.021
F	717.511	709.319	-8.192	1.487.136	48%	25.190
IRL	53.727	53.489	-238	97.480	55%	25.477
I	482.846	456.666	-26.180	1.211.406	38%	20.943
L	12.624	12.673	49	20.539	62%	46.542
NL	206.285	207.396	1.110	425.246	49%	26.599
A	100.513	98.205	-2.307	208.712	47%	25.699
P	76.263	76.662	399	119.847	64%	11.678
FIN	55.770	55.358	-412	134.224	41%	25.906
S	100.888	101.066	178	242.812	42%	27.335
UK	793.413	790.517	-2.896	1.619.355	49%	27.037
CY	8.253	8.343	90	10.230	82%	13.477
CZ	35.443	36.831	1.388	61.397	60%	5.964
EE	3.424	3.337	-87	5.942	56%	4.347
HU	29.590	29.357	-233	54.913	53%	5.384
LT	6.131	6.142	11	13.058	47%	3.738
LV	3.151	3.156	5	8.643	37%	3.653
MT	2.651	2.603	-48	4.044	64%	10.331
PL	99.073	97.026	-2.047	202.905	48%	5.251
SI	12.013	11.735	-278	21.763	54%	10.935
SK	11.294	11.410	116	23.323	49%	4.336
EU-25	4.369.398	4.331.407	-37.991	9.246.384	47%	20.415

Tab. 18: Tatsächliche und vereinheitlichte Mehrwertsteuer-Bemessungsgrundlagen und Relation zum nationalen BNE im Jahre 2001 in den 25 Mitgliedstaaten
Quelle: Europäische Kommission, Generaldirektion Haushalt[820], Eurostat, eigene Berechnungen.

[820] *Auf Anfrage (2004) übermittelte Daten.*

Anhang 2:

Ergänzung zu Kap. 3.2.1.3.2.1: Umformung von Gleichung (13a) in (13b)

(13a) $YB_i = [\alpha \cdot y_i + (1-\alpha) \cdot v_i] \cdot YB_{EU}$

$$= \left[\alpha + (1-\alpha) \cdot \frac{v_i}{y_i}\right] \cdot y_i \cdot YB_{EU}$$

$$= \left[1 - 1 + \alpha + (1-\alpha) \cdot \frac{v_i}{y_i}\right] \cdot \frac{Y_i}{Y_{EU}} \cdot YB_{EU}$$

$$= \left[1 - (1-\alpha) + (1-\alpha) \cdot \frac{v_i}{y_i}\right] \cdot \frac{Y_i \cdot YB_{EU}}{Y_{EU}}$$

(13b) $YB_i = \left[1 - (1-\alpha)\left(1 - \frac{v_i}{y_i}\right)\right] \cdot \frac{YB_{EU}}{Y_{EU}} \cdot Y_i$

Anhang 3:

Vorschlag des Wissenschaftlichen Beirats beim Bundeswirtschaftsministerium bei verschiedenen Werten für Alpha:[821]

	V_i	v_i	Banz-haff-Index	Y_i in Mio. € (2001)	y_i	YB_i in Mio. € (α=1)	YB_i in Mio. € (α=0,9)	YB_i in Mio. € (α=0,8)	YB_i in Mio. € (α=0,7)
B	12	0,037	0,039	258.007	0,028	2.790	2.885	2.980	3.075
DK	7	0,022	0,023	175.385	0,019	1.897	1.925	1.954	1.982
D	29	0,090	0,086	2.065.640	0,223	22.340	21.009	19.679	18.348
EL	12	0,037	0,039	131.571	0,014	1.423	1.654	1.886	2.118
E	27	0,084	0,081	642.802	0,070	6.952	7.098	7.244	7.390
F	29	0,090	0,086	1.487.136	0,161	16.083	15.379	14.674	13.969
IRL	7	0,022	0,023	97.480	0,011	1.054	1.167	1.280	1.392
I	29	0,090	0,086	1.211.406	0,131	13.101	12.695	12.288	11.881
L	4	0,012	0,013	20.539	0,002	222	325	427	529
NL	13	0,040	0,042	425.246	0,046	4.599	4.544	4.489	4.434
A	10	0,031	0,033	208.712	0,023	2.257	2.343	2.429	2.515
P	12	0,037	0,039	119.847	0,013	1.296	1.540	1.785	2.029
FIN	7	0,022	0,023	134.224	0,015	1.452	1.525	1.597	1.670
S	10	0,031	0,033	242.812	0,026	2.626	2.675	2.724	2.773
UK	29	0,090	0,086	1.619.355	0,175	17.513	16.665	15.818	14.970
CY	4	0,012	0,013	10.230	0,001	111	224	338	451
CZ	12	0,037	0,039	61.397	0,007	664	971	1.279	1.586
EE	4	0,012	0,013	5.942	0,001	64	182	301	419
HU	12	0,037	0,039	54.913	0,006	594	908	1.223	1.537
LT	7	0,022	0,023	13.058	0,001	141	345	549	753
LV	4	0,012	0,013	8.643	0,001	93	209	324	439
MT	3	0,009	0,010	4.044	0,000	44	133	222	311
PL	27	0,084	0,081	202.905	0,022	2.194	2.816	3.438	4.059
SI	4	0,012	0,013	21.763	0,002	235	336	438	539
SK	7	0,022	0,023	23.323	0,003	252	445	638	831
EU-25	321	1,000	1,000	9.246.380	1,000	100.000	100.000	100.000	100.000

V_i = Stimmen des Landes i im Rat (nach Vertrag von Nizza)

v_i = Stimmenanteil des Landes i im Rat (nach Vertrag von Nizza)

Y_i = BSP des Landes i

y_i = BSP-Anteil des Landes i

YB_i = BSP-Beitrag des Landes i

α= Anteil des Sozialproduktanteils an der Beitragsbemessungsgrundlage

Tab. 19: Vorschlag des Wissenschaftlichen Beirats beim Bundeswirtschaftsministerium bei verschiedenen Werten für Alpha
Quelle: Eurostat, Kirsch, W. (o.J.), Abstimmungsverfahren im Rat nach Nizza (bei 25 Mitgliedern), Tabelle, eigene Berechnungen.

[821] Vgl. dazu Kap. 3.2.1.3.2.1.

Anhang 4:

Vorschlag des Wissenschaftlichen Beirats beim Bundeswirtschaftsministerium bei verschiedenen Werten für Alpha:[822]

	V_i	v_i	Y_i in Mio. € (2001)	y_i	MwSt- und BSP-Eigen-mittel[823] in Mio. € (2001)	YB_i in Mio. € (α=0,9)	YB_i in Mio. € (α=0,8)	YB_i in Mio. € (α=0,7)
B	5	0,057	258.007	0,029	2.285	2.117	2.304	2.491
DK	3	0,034	175.385	0,020	1.487	1.409	1.506	1.602
D	10	0,115	2.065.640	0,234	16.579	14.667	13.882	13.097
EL	5	0,057	131.571	0,015	1.168	1.266	1.547	1.829
E	8	0,092	642.802	0,073	5.687	4.936	5.063	5.190
F	10	0,115	1.487.136	0,168	12.962	10.772	10.420	10.067
IRL	3	0,034	97.480	0,011	1.051	884	1.039	1.195
I	10	0,115	1.211.406	0,137	10.214	8.916	8.770	8.624
L	2	0,023	20.539	0,002	237	290	427	564
NL	5	0,057	425.246	0,048	3.771	3.243	3.305	3.367
A	4	0,046	208.712	0,024	1.862	1.709	1.857	2.005
P	5	0,057	119.847	0,014	1.100	1.187	1.477	1.768
FIN	3	0,034	134.224	0,015	1.115	1.132	1.259	1.387
S	4	0,046	242.812	0,027	1.978	1.939	2.061	2.184
UK	10	0,115	1.619.355	0,183	4.634	11.662	11.211	10.760
EU-15	87	1,000	8.840.163	1,000	66.129	66.129	66.129	66.129

V_i = Stimmen des Landes i im Rat (nach Vertrag von Amsterdam)

v_i = Stimmenanteil des Landes i im Rat (nach Vertrag von Amsterdam)

Y_i = BSP des Landes i

y_i = BSP-Anteil des Landes i

YB_i = BSP-Beitrag des Landes i

α= Anteil des Sozialproduktanteils an der Beitragsbemessungsgrundlage

Tab. 20: Vorschlag des Wissenschaftlichen Beirats beim Bundeswirtschaftsministerium bei verschiedenen Werten für Alpha
Quelle: Eurostat, Europäische Kommission (2002a), eigene Berechnungen.

---

[822] Vgl. dazu Kap. 3.2.1.3.2.1.

[823] Inklusive Korrekturmechanismus für das Vereinigte Königreich.

Anhang 5:

Anpassung des Vorschlags des Wissenschaftlichen Beirats beim Bundeswirtschaftsministerium an die Abstimmungsregeln nach EU-Verfassung:[824]

	(1) y_i (2001)	(2) Banzhaf-Index (55/65-Regel)	(3) YB_i in Mio. € (α=1, Nizza)	(4) YB_i in Mio. € (α=0,8, Nizza)	(5) YB_i in Mio. € (α=0,8, Banzhaf-Index nach 55/65-Regel)	(6) (5):(3)	(7) (5):(4)
B	0,028	0,0304	2.790	2.980	2.840	102%	95%
DK	0,019	0,0246	1.897	1.954	2.009	106%	103%
D	0,223	0,1248	22.340	19.679	20.368	91%	104%
EL	0,014	0,0308	1.423	1.886	1.754	123%	93%
E	0,070	0,0630	6.952	7.244	6.822	98%	94%
F	0,161	0,0904	16.083	14.674	14.675	91%	100%
IRL	0,011	0,0225	1.054	1.280	1.293	123%	101%
I	0,131	0,0883	13.101	12.288	12.247	93%	100%
L	0,002	0,0185	222	427	548	247%	128%
NL	0,046	0,0370	4.599	4.489	4.419	96%	98%
A	0,023	0,0279	2.257	2.429	2.364	105%	97%
P	0,013	0,0305	1.296	1.785	1.647	127%	92%
FIN	0,015	0,0243	1.452	1.597	1.647	113%	103%
S	0,026	0,0288	2.626	2.724	2.677	102%	98%
UK	0,175	0,0901	17.513	15.818	15.813	90%	100%
CY	0,001	0,0190	111	338	469	423%	139%
CZ	0,007	0,0303	664	1.279	1.137	171%	89%
EE	0,001	0,0198	64	301	447	696%	149%
HU	0,006	0,0302	594	1.223	1.079	182%	88%
LT	0,001	0,0225	141	549	563	399%	103%
LV	0,001	0,0210	93	324	495	529%	153%
MT	0,000	0,0185	44	222	405	926%	183%
PL	0,022	0,0619	2.194	3.438	2.994	136%	87%
SI	0,002	0,0205	235	438	598	254%	137%
SK	0,003	0,0245	252	638	692	274%	108%
EU-25	1,000	1,0000	100.000	100.000	100.000	100%	100%

y_i = BSP-Anteil des Landes i

YB_i = BSP-Beitrag des Landes i

α= Anteil des Sozialproduktanteils an der Beitragsbemessungsgrundlage

Tab. 21: Anpassung des Vorschlags des Wissenschaftlichen Beirats beim Bundeswirtschaftsministerium an die Abstimmungsregeln nach EU-Verfassung
Quelle: Eurostat, Kirsch, W. (o.J.), Abstimmungsverfahren nach dem Verfassungsentwurf, Verfassungsentwurf und Varianten, eigene Berechnungen.

[824] Vgl. dazu Kap. 3.2.1.3.2.1.

Anhang 6:

Progressive Beitragstarife im Vergleich[825]

	Y_i in Mio. € (2001)	Y_i/E_i in €	proportionale YB_i in Mio. €	YB_i (Mio. €) Version A	YB_i (Mio. €) Version B ($\beta = 0{,}5$)	YB_i (Mio. €) Version C
B	258.007	25.139	2.790	2.994	2.892	3.028
DK	175.385	32.787	1.897	2.654	2.276	2.401
D	2.065.640	25.111	22.340	23.944	23.142	24.242
EL	131.571	12.454	1.423	756	1.090	1.029
E	642.802	16.021	6.952	4.754	5.853	5.029
F	1.487.136	25.190	16.083	17.292	16.688	17.453
IRL	97.480	25.477	1.054	1.146	1.100	1.144
I	1.211.406	20.943	13.101	11.711	12.406	11.848
L	20.539	46.542	222	441	332	281
NL	425.246	26.599	4.599	5.221	4.910	4.991
A	208.712	25.699	2.257	2.476	2.367	2.449
P	119.847	11.678	1.296	646	971	938
FIN	134.224	25.906	1.452	1.605	1.528	788
S	242.812	27.335	2.626	3.064	2.845	2.850
UK	1.619.355	27.037	17.513	20.210	18.862	19.005
CY	10.230	13.477	111	64	87	80
CZ	61.397	5.964	664	169	417	480
EE	5.942	4.347	64	12	38	35
HU	54.913	5.384	594	136	365	322
LT	13.058	3.738	141	23	82	77
LV	8.643	3.653	93	15	54	51
MT	4.044	10.331	44	19	32	24
PL	202.905	5.251	2.194	492	1.343	1.191
SI	21.763	10.935	235	110	173	128
SK	23.323	4.336	252	47	149	137
EU-25	9.246.380	20.415	100.000	100.000	100.000	100.000

Y_i = BSP des Landes i

E_i = Einwohnerzahl des Landes i

YB_i = Sozialproduktbeitrag des Landes i

Ländergruppenfaktoren in Version C:

$$c_i = \begin{cases} 0{,}6 \text{ wenn } Y_i/Y_{EU} \leq 0{,}6 \\ 0{,}8 \text{ wenn } 0{,}6 < Y_i/Y_{EU} \leq 0{,}8 \\ 1{,}0 \text{ wenn } 0{,}8 < Y_i/Y_{EU} < 1{,}2 \\ 1{,}2 \text{ wenn } 1{,}2 \leq Y_i/Y_{EU} < 1{,}4 \\ 1{,}4 \text{ wenn } Y_i/Y_{EU} \leq 1{,}4 \end{cases}$$

Tab. 22: Progressive Beitragstarife im Vergleich
Quelle: Eurostat, Eurostat (2003a), eigene Berechnungen.

[825] Vgl. Kap. 3.2.1.3.2.2.

Anhang 7:

Auswirkungen allgemeiner Korrekturmechanismen[826]

	(1) Y_i in Mio. € (2002)	(2) y_i (2002)	(3) NP_i nach Korrektur in Mio. € (2002)[827]	(4) Korrektur-zahlungen in Mio. € (2002)	(5) NP_i vor Korrektur in Mio. € (2002)[828]	(6) (5):(1)
B	264.499	2,89%	256,4	-280,0	-23,6	-0,01%
DK	181.703	1,99%	165,0	-196,2	-31,2	-0,02%
D	2.108.830	23,07%	5.067,8	-353	4.714,8	0,22%
EL	141.571	1,55%	-3.387,9	-145,5	-3.533,4	-2,50%
E	686.018	7,50%	-8.870,8	-705,8	-9.576,6	-1,40%
F	1.527.794	16,71%	2.184,2	-1.505,9	678,3	0,04%
IRL	104.691	1,15%	-1.576,7	-114,6	-1.691,3	-1,62%
I	1.246.250	13,63%	2.884,5	-1.301,9	1.582,6	0,13%
L	20.237	0,22%	48,9	-21,3	27,6	0,14%
NL	435.501	4,76%	2.187,7	-86,3	2.101,4	0,48%
A	216.343	2,37%	226,3	-34,5	191,8	0,09%
P	126.076	1,38%	-2.692,3	-130,8	-2.823,1	-2,24%
FIN	139.374	1,52%	5,7	-137,8	-132,1	-0,09%
S	253.162	2,77%	746,6	-68,1	678,5	0,27%
UK	1.690.581	18,49%	2.902,8	4.933,5	7.836,3	0,46%
EU-15	9.142.630	100,00%	148,2	-148,2[829]	0,0	0,00%

[826] Vgl. dazu Kap. 3.2.2.2.2 und 3.2.2.2.3.

[827] ‚Operativer' Haushaltssaldo (nach VK-Korrektur) auf der Grundlage der Definition des Ausgleichs zu Gunsten des VK. Vgl. Europäische Kommission (2003a), S. 126.

[828] (-) bedeutet Nettoempfängerposition.

[829] „Wegen der Wechselkursdifferenzen addieren sich die Summen nicht zu Null." Europäische Kommission (2003a), S. 122.

Anhang 7 (Forts.):

Kappungsmodell (3.2.2.2.2):

	(7) z·Y_i (z = 0,3)	(8) (7)-(5) NP_i-z·Y_i[830]	(9) (8)·a Kzu_i (a = 66%)	(10) y_i ohne NL	(11) y_i ohne UK	(12) Kza_i
B	793,5	0,0	0,0	3,04%	3,55%	53,3
DK	545,1	0,0	0,0	2,09%	2,44%	36,6
D	6.326,5	0,0	0,0	24,22%	28,30%	424,6
EL	424,7	0,0	0,0	1,63%	1,90%	28,5
E	2.058,1	0,0	0,0	7,88%	9,21%	138,1
F	4.583,4	0,0	0,0	17,55%	20,50%	307,6
IRL	314,1	0,0	0,0	1,20%	1,40%	21,1
I	3.738,8	0,0	0,0	14,31%	16,72%	251,0
L	60,7	0,0	0,0	0,23%	0,27%	4,1
NL	1.306,5	524,6	346,3		5,84%	70,4
A	649,0	0,0	0,0	2,48%	2,90%	43,6
P	378,2	0,0	0,0	1,45%	1,69%	25,4
FIN	418,1	0,0	0,0	1,60%	1,87%	28,1
S	759,5	0,0	0,0	2,91%	3,40%	51,0
UK	5.071,7	1.824,6	1.204,2	19,42%		67,2
EU-15	793,5	2.349,2	1.550,5	100,00%	100,00%	1.550,5

830 Werte kleiner null werden durch null ersetzt.

Anhang 7 (Forts.):

Nettokorrekturmodell (3.2.2.2.3):

	(13) Kzu_i[831]	(14) Kza_i ($y_i \cdot Kzu_{EU}$)	(15) (13)-(14) Korrek- turwirkung	(16) NP_i nach Netto- korrektur	(17) (3)-(16) Verände- rung zu Status quo	(18) (17):(1) relative Ent- lastung / Belastung[832]
B	0,0	515,3	-515,3	491,7	-235,3	-0,09%
DK	0,0	354,0	-354,0	322,8	-157,8	-0,09%
D	4.714,8	4.108,3	606,5	4.108,3	959,5	0,05%
EL	0,0	275,8	-275,8	-3.257,6	-130,3	-0,09%
E	0,0	1.336,5	-1.336,5	-8.240,1	-630,7	-0,09%
F	678,3	2.976,4	-2.298,1	2.976,4	-792,2	-0,05%
IRL	0,0	204,0	-204,0	-1.487,3	-89,4	-0,09%
I	1.582,6	2.427,9	-845,3	2.427,9	456,6	0,04%
L	27,6	39,4	-11,8	39,4	9,5	0,05%
NL	2.101,4	848,4	1.253,0	848,4	1.339,3	0,31%
A	191,8	421,5	-229,7	421,5	-195,2	-0,09%
P	0,0	245,6	-245,6	-2.577,5	-114,8	-0,09%
FIN	0,0	271,5	-271,5	139,4	-133,7	-0,10%
S	678,5	493,2	185,3	493,2	253,4	0,10%
UK	7.836,3	3.293,5	4.542,8	3.293,5	-390,7	-0,02%
EU-15	17.811,3	17.811,3	0,0	0,0	0,0	0,00%

Y_i = BSP des Landes i

y_i = BSP-Anteil des Landes i

NP_i = Nettoposition des Landes i

z = Zumutbarkeitsschwelle

a = Ausgleichsprozentsatz

Kzu_i = Korrekturzufluss an das Land i

Kza_i = Korrekturzahlung des Landes i

Tab. 23: Auswirkungen allgemeiner Korrekturmechanismen
Quelle: Eurostat, Europäische Kommission (2003a), S. 122, 126, eigene Berechnungen.

831 Entspricht Spalte (5), wenn größer null.
832 (-) bedeutet Verschlechterung gegenüber Status quo.

Anhang 8:

CO_2-Emissionen in den Mitgliedstaaten der EU

	Jahr	CO_2-Emissionen in Tausend t	CO_2-Intensität des BNE in kg/€	CO_2-Emissionen in t je Einwohner
B	2001	126.803	0,49	12,36
DK	2001	54.355	0,31	10,16
D	2001	870.762	0,42	10,59
EL	2001	108.875	0,83	10,31
E	2001	307.248	0,48	7,66
F	2001	411.353	0,28	6,97
IRL	2001	46.460	0,48	12,14
I	2001	460.760	0,38	7,97
L	2001	5.482	0,27	12,43
NL	2001	179.855	0,42	11,25
A	2001	69.120	0,33	8,51
P	2001	64.892	0,54	6,32
FIN	2001	67.692	0,50	13,07
S	2001	55.269	0,23	6,22
UK	2001	560.849	0,35	9,36
CZ	2001	127.996	2,08	12,43
EE	2001	17.083	2,88	12,50
HU	1999	60.117	1,45	5,97
LT	1998	16.694	1,76	4,51
LV	2001	7.797	0,90	3,30
MT	2000	2.444	0,66	6,28
PL	2001	317.844	1,80	8,22
SK	2001	41.628	1,91	7,74

Tab. 24: CO_2-Emissionen in den Mitgliedstaaten der EU (ohne SI und CY)
Quelle: Europäische Umweltagentur (o.J.), United Nations (2001), S. 56, Eurostat, eigene Berechnungen.

Literaturverzeichnis

Adolf, J. (2003), Mineralölsteuer – Stütze unseres Steuersystems oder Auslaufmodell?, in: Wirtschaftsdienst, 83. Jg., Nr. 7, S. 460 – 468

Andel, N. (1983), Finanzwirtschaftliche Aspekte regionaler wirtschaftlicher Zusammenschlüsse: Europäische Gemeinschaften, in: Neumark, F. (Hg.), Handbuch der Finanzwissenschaft, 3. Auflage, Band IV, Tübingen, S. 311 – 364

Andel, N. (1998), Finanzwissenschaft, 4. Auflage, Tübingen

Arbeitsgruppe der EU-Referenten der Länderfinanzressorts (1997), Finanzbeziehungen der Bundesrepublik Deutschland zur Europäischen Union – Analyse und Lösungsvorschlag –, Bericht der Arbeitsgruppe der EU-Referenten der Länderfinanzressorts an die Finanzministerkonferenz, o.O.

Badinger, H. (2003), Wachstumseffekte, der Europäischen Integration, Schriftenreihe des Forschungsinstituts für Europafragen der Wirtschaftsuniversität Wien, Band 21, Wien

Bayerisches Staatsministerium der Finanzen (2001), Einführung einer „EU-Steuer"?, Argumente zur Finanzpolitik, http://www.stmf.bayern.de/finanzpolitik/europa/eu_steuer/info_eu_steuer.pdf [5.7.2004]

Beek, G. van der, Jacobs, M. (1999), Äquivalenz- und Leistungsfähigkeitsprinzip als Leitbilder für eine Reform der Finanzierung der Europäischen Union, Europäisches Zentrum für Staatswissenschaften und Staatspraxis, Diskussionspapiere zu Staat und Wirtschaft 07/1999, Berlin

Begg, I. (2000), Reshaping the EU budget: Yet another missed opportunity?, in: European Urban and Regional Studies, Vol. 7, Nr. 1, S. 51 – 62

Begg, I., Grimwade, N. (1998), Paying for Europe, Contemporary European Studies, No. 2, Sheffield

Begg, I., Grimwade, N., Price, P. (1997), Die Eigenmittel der Europäischen Union: Analyse und Entwicklungsmöglichkeiten, Arbeitsdokument, hrsg. vom Europäischen Parlament, Generaldirektion Wissenschaft, Luxemburg

Berschens, R. (2003), Rabattschlacht, in:Handelsblatt, Nr. 193 vom 8.10.2003, S. 9

Berschens, R., Rinke, A., Uhlmann, R. (2001), Pläne für EU-Steuer werden konkreter, in: Handelsblatt, Nr. 114 vom 18.6.2001, S. 2

Beutler, B. et al. (2001), Die Europäische Union. Rechtsordnung und Politik, 5. Auflage, Baden-Baden

Biehl, D. (1969), Ausfuhrland-Prinzip, Einfuhrland-Prinzip und Gemeinsamer-Markt-Prinzip, Ein Beitrag zur Theorie der Steuerharmonisierung, Schriftenreihe Annales Universitatis Saraviensis, Rechts- und Wirtschaftswissenschaftliche Abteilung, Heft 30, Köln et al. (zugl. Diss. Univ. Saarbrücken)

Biehl, D. (1980), Finanzausgleich. IV: Internationaler Finanzausgleich, in: Albers, W. et al. (Hg.), Handwörterbuch der Wirtschaftswissenschaft, Band 2, Stuttgart et al., S. 689 – 713

Biehl, D. (1994), Zur ökonomischen Theorie des Föderalismus: Grundelemente und ihre Anwendung auf die EU-Finanzunion, in: Schneider, H., Wessels, W. (Hg.), Föderale Union – Europas Zukunft?, Analysen, Kontroversen, Perspektiven, München, S. 99 – 122

Biehl, D. (1996), Braucht die Europäische Union eine eigene Steuerhoheit? Ein Plädoyer für eine Reform der Finanzverfassung der Gemeinschaft, in: Gick, W. (Hg.), Die zukünftige Ausgestaltung der Regionalpolitik in der EU, Berichte und Studien der Hanns-Seidel-Stiftung e.V., Reihe Wirtschaftspolitik, Band 71, München, S. 29 – 54

Biehl, D., Winter, H. (1990), Die EG-Finanzierung aus föderalistischer Perspektive, in: Biehl, D., Winter, H., Europa finanzieren – ein föderalistisches Modell. Strategien und Optionen für die Zukunft Europas, Grundlagen 4, Gütersloh, S. 21 – 131

Blankart, C.B. (1995), Should the European Union Be Allowed to Raise Debt? – A Practical Application of Theoretical Reasoning –, Discussion Paper, Humboldt-Universität Berlin, Wirtschaftswissenschaftliche Fakultät, Nr. 62, Berlin

Blankart, C.B. (2003), Öffentliche Finanzen in der Demokratie. Eine Einführung in die Finanzwissenschaft, 5. Auflage, München

Blümich, H. (1999), Der Haushalt der Europäischen Union – eine Bestandsaufnahme, in: Institut „Finanzen und Steuern" (Hg.), IFSt-Schrift Nr. 372, Bonn

Brok, E. (1994), Der Zahlmeister ist tot – es lebe der Nutznießer!, in: Konrad-Adenauer-Stiftung (Hg.), Europäische Integration als deutsches Interesse, Aktuelle Fragen der Politik, Nr. 10, Sankt Augustin, S. 15 – 29

Brok, E. et al. (2003), Amendment form, Suggestion for amendment of Article 38, http://european-convention.eu.int/Docs/Treaty/pdf/38/art38Brok.pdf [8.7.2004]

Brümmerhoff, D. (2001), Finanzwissenschaft, 8. Auflage, München, Wien

Brümmerhoff, D. (2002), Volkswirtschaftliche Gesamtrechnungen, 7. Auflage, München, Wien

Buchanan, J.M., Lee, D.R. (1994), On a Fiscal Constitution for the European Union, in: Journal des Economistes et des Etudes Humaines, Vol. 5, Nr. 2/3, S. 219 – 232

Bünder, H. (1998), Die mühsame Suche nach dem richtigen Reformmodell. Varianten für die künftige EU-Finanzierung, in: Frankfurter Allgemeine Zeitung, Nr. 193 vom 21.8.1998, S. 12

Bünder, H. (2003), Die Zuckerindustrie kämpft für die Planwirtschaft, in: Frankfurter Allgemeine Zeitung, Nr. 53 vom 4.3.2003, S. 19

Bünder, H., Friedrich, H. (1999), „Die Staaten müssen höhere Finanzmittel bereitstellen". Haushaltskommissarin Schreyer fordert EU-Steuer, in: Frankfurter Allgemeine Zeitung, Nr. 281 vom 2. Dezember 1999, S. 9

Bulmer, S. (2001), History and Institutions of the European Union, in: Artis, M., Nixson, F. (Eds.), The Economics of the European Union. Policy and Analysis, 3. Auflage, Oxford, S. 3 – 30

Bundesministerium der Finanzen (2001a), Das System der Öffentlichen Haushalte, Reihe Fachblick, Haushalt, Berlin

Bundesministerium der Finanzen (2001b), Der Eigenmittelbeschluss vom 29. September 2000 in der Entwicklung des Finanzierungssystems der Europäischen Union, in: Monatsbericht, Nr. 9, S. 39 – 45

Bundesministerium der Finanzen (2002a), Finanzplan des Bundes 2002 bis 2006, Berlin

Bundesministerium der Finanzen (2002b), Verteilungswirkungen des deutschen Steuersystems (Gutachten des RWI Essen „Empirische Analyse der effektiven Inzidenz des deutschen Steuersystems im Zeitablauf"), in: Monatsbericht, Nr. 10, S. 37 – 43

Bundesministerium der Finanzen (2003a), Die Förderung des Umweltschutzes im deutschen Abgabenrecht – einschließlich der ökologischen Steuer- und Finanzreform –, in: Monatsbericht, Nr. 3, S. 67 – 78

Bundesministerium der Finanzen (2003b), Finanzbericht 2004, Stand und voraussichtliche Entwicklung der Finanzwirtschaft im gesamtwirtschaftlichen Zusammenhang, Berlin

Bundesministerium der Finanzen (2003c), Finanzplan des Bundes 2003 bis 2007, Berlin

Bundesministerium der Finanzen (2004), Die wichtigsten Steuern im internationalen Vergleich, in: Monatsbericht, Nr. 1, S. 45 – 58

Busch, B. (1998), Zur künftigen Finanzierung der Europäischen Union, Beiträge zur Wirtschafts- und Sozialpolitik, Band 242, Köln

Busch, B. (2002), Von Zahlern und Empfängern: Die Berechnung von Nettopositionen im EU-Haushalt, in: iw-trends, Vierteljahreszeitschrift zur empirischen Wirtschaftsforschung, 23. Jg., Nr. 3, S. 5 – 9

Caesar, R. (1990a), Der Verschuldung als Finanzierungsinstrument der Europäischen Gemeinschaften, in: Biehl, D., Pfennig, G. (Hg.), Zur Reform der EG-Finanzverfassung. Beiträge zur wissenschaftlichen und politischen Debatte, Analysen zur Europapolitik des Instituts für Europäische Politik, Band 4, S. 221 – 273

Caesar, R. (1990b), Neue Steuern für die Europäische Gemeinschaft? – Kriterien und Vorschläge –, in: Biehl, D., Pfennig, G. (Hg.), Zur Reform der EG-Finanzverfassung. Beiträge zur wissenschaftlichen und politischen Debatte, Analysen zur Europapolitik des Instituts für Europäische Politik, Band 4, S. 57 – 105

Caesar, R. (1991), Theoretische Grundfragen der Staatsverschuldung, in: WiSt – Wirtschaftswissenschaftliches Studium, 20. Jg., Nr. 5, S. 218 – 224

Caesar, R. (1996a), Finanzordnung der EU, in: Ohr, R. (Hg.), Europäische Integration, Stuttgart, S. 235 – 264

Caesar, R. (1996b), Zur Reform des Einnahmensystems der Europäischen Union, in: Zohlnhöfer, W. (Hg.), Europa auf dem Wege zur Politischen Union? Probleme und Perspetiven der europäischen Integration vor „Maastricht II", Schriften des Vereins für Socialpolitik, N.F., Band 247, Berlin, S. 145 – 173

Caesar, R. (2001), An EU Tax? – Not a Good Idea, in: Intereconomics, Vol. 36, No. 5, S. 231 – 233

Caesar, R. (2002a), Eine neue Aufgabenverteilung zwischen EU und Mitgliedstaaten?, in: Theurl, E., Thöni, E. (Hg.), Zukunftsperspektiven der Finanzierung öffentlicher Aufgaben, Wien, Köln, Weimar, S. 29 – 54

Caesar, R. (2002b), Eine neue Finanzverfassung für die EU?, in: Wirtschaftsdienst, 82. Jg., Nr. 6, S. 322 – 329

Caesar, R. (2002c), Haushalts- und Steuerpolitik in der EU, in: Jahrbücher für Nationalökonomie und Statistik, Band 222, Heft 1, S. 132 – 150

Cansier, D., Bayer, S. (2003), Einführung in die Finanzwissenschaft. Grundfunktionen des Fiskus, München, Wien

Carderera Soler, F. (1999), Finanzrahmen und Erweiterung der Europäischen Union. Betrachtungen aus spanischer Sicht, in: Wittschorek, P. (Hg.), Agenda 2000. Herausforderungen an die Europäische Union und an Deutschland, Schriften des Zentrum für Europäische Integrationsforschung, Band 8, Baden-Baden, S. 119 – 127

Cattoir, P. (2004), Tax-based EU own resources: An assessment, Taxation papers, Working paper, Nr. 1, European Commission, Directorate General Taxation & Customs Union, Luxemburg, http://www.europa.eu.int/comm/taxation_customs/taxation/tax_assessment.pdf [29.7.2004]

Chirac, J. et al. (2003), Gemeinsames Schreiben Deutschlands, Frankreichs, Großbritanniens, der Niederlande, Österreichs und Schwedens an den EU-Kommissionspräsidenten Romano Prodi, Berlin et al., http://www.bundesregierung.de/artikel-,413.577056/Gemeinsames-Schreiben-Deutschl.htm [8.7.2004]

Colasanti, F. (1997), Neue Einnahmequellen für die EU?, in: Caesar, R. (Hg.), Zur Reform der Finanzverfassung und Strukturpolitik der EU, Schriftenreihe des Arbeitskreises Europäische Integration e.V., Band 42, Baden-Baden, S. 181 – 191

Colm, G. (1954), The corporation and the corporate income tax in the American economy, in: American Economic Review, Vol. 44, S. 486 – 503

Colman, D. (2001), The Common Agricultural Policy, in: Artis, M., Nixson, F. (Hg.), The Economics of the European Union. Policy and Analysis, 3. Auflage, Oxford, S. 97 – 124

Deutsche Bundesbank (2001), Monatsbericht, 53. Jg., Nr. 1

Deutsche Bundesbank (2004a), Die Europäische Wirtschafts- und Währungsunion, Frankfurt am Main

Deutsche Bundesbank (2004b), Jahresabschluss 2003, Pressenotiz vom 24. März 2004, Frankfurt am Main

Dickertmann, D. (1999), EU: Die Nettozahler- und Nettoempfänger-Positionen auf dem Prüfstand, in: Wirtschaftsdienst, 79. Jg., Nr. 2, S. 77 – 83

Dickertmann, D., Ronnecker, S. (2003), Ansatzpunkte für eine Neuordnung der EU-Finanzen, in: Kirchhoff, U., Trilling, G. (Hg.), Öffentliche Wirtschaft, Sozialwirtschaft und Daseinsvorsorge im Wandel. Zum Spannungsfeld von europäischer Wettbewerbsordnung und Allgemeininteresse, Festschrift für Helmut Cox, Regensburg, S. 225 – 270

Diekmann, B. (1998), Neuordnung der EU-Finanzen: Die Nettozahlerposition als Hebel?, in: Wirtschaftsdienst, 78. Jg., Nr. 2, S. 89 – 96

Ehlermann, C.D. (1982), The Financing of the Community: The Distinction between Financial Contributions and Own Resources, in: Common Market Law Review, Vol. 19, Nr. 4, S. 571 – 589

El-Agraa, A.M. (2001), The European Union. Economics and Policies, 6. Auflage, Harlow et al.

El-Agraa, A.M., Majocchi, A. (1983), Devising a Proper Fiscal Stance for the European Community, in: Rivista di diritta finanziario e scienza delle finanze, Vol. 42, Nr. 3, S. 377 – 400

Emmerling, T. (2002), Von der Strukturpolitik zum europäischen Finanzausgleich?, CAP Working Paper, München, http://www.cap.uni-muenchen.de/download/2002/ 2002_emmerling.pdf [8.7.2004]

Emmerling, T., Ackere, S. von (2002), Kompetenzordnung und Finanzverfassung in Europa. Überlegungen zur Konventsdiskussion, CAP Working Paper, http://www. cap.uni-muenchen.de/download/2002/2002_eu_finanzverfassung.pdf [8.7.2004]

Europäische Kommission (1977), Bericht der Sachverständigengruppe zur Untersuchung der Rolle der öffentlichen Finanzen bei der Europäischen Integration [MacDougall-Bericht], Band 1, Reihe Wirtschaft und Finanzen Nr. A 13, Brüssel

Europäische Kommission (1987), Die einheitliche Akte muß ein Erfolg werden: Eine neue Perspektive für Europa. Mitteilung der Kommission (Dok. KOM (87) 100) an den Rat, in: Bulletin der Europäischen Gemeinschaften, Beilage 1/87, Luxemburg, S. 5 – 28

Europäische Kommission (1992), Das System der Eigenmittel. Bericht der Kommission gemäß Artikel 10 des Beschlusses über die Eigenmittel, KOM (92) 81 endg., Brüssel

Europäische Kommission (1995), Die Finanzverfassung der Europäischen Union, Luxemburg

Europäische Kommission (1997), Agenda 2000. Eine stärkere und erweiterte Union, Bulletin der Europäischen Union, Beilage 5/97, Luxemburg

Europäische Kommission (1998), Die Finanzierung der Europäischen Union. Bericht der Kommission über das Funktionieren des Eigenmittelsystems, Brüssel, http://www.europa.eu.int/comm/budget/agenda2000/ reports_de.htm [8.7.2004]

Europäische Kommission (1999), Die Zollpolitik der Europäischen Union, Luxemburg

Europäische Kommission (2000a), Arbeitsunterlage der Kommission: Berechnung, Finanzierung, Zahlung und Einstellung der Korrektur der Haushaltsungleichgewichte in den Haushaltsplan gemäß Artikel 4 und 5 des Beschlusses des Rates über das System der Eigenmittel der Gemeinschaften,10646/00 ADD 2, Brüssel, http://europa .eu.int/comm/budget/pdf/financing/decisionrp_09_2000/calculation/de.pdf [8.7.2004]

Europäische Kommission (2000b), Besteuerung von Flugkraftstoff, Mitteilung der Kommission an den Rat, das Europäische Parlament, den Wirtschafts- und Sozialausschuss und den Ausschuss der Regionen, KOM (2000) 110 endg., http://euro pa.eu.int/comm/taxation_customs/publications/official_doc/com/taxation/com2000_11 0/com2000_110de.pdf [8.7.2004]

Europäische Kommission (2000c), Haushaltsvademekum, http://europa.eu.int/co mm/budget/pdf/infos/vademecum2000/de.pdf [8.7.2004]

Europäische Kommission (2000d), Steuerpolitik in der Europäischen Union, Luxemburg

Europäische Kommission (2001a), Aufteilung der operativen EU-Ausgaben 2000 nach Mitgliedstaaten, http://www.europa.eu.int/comm/budget/pdf/agenda2000/alloca tedreport2000_de.pdf [8.7.2004]

Europäische Kommission (2001b), Unternehmensbesteuerung im Binnenmarkt, Arbeitsdokument der Dienststellen der Kommission, KOM (2001) 582 endg., http://europa.eu.int/comm/taxation_customs/publications/official_doc/IP/ip1468/comp any_tax_study_de.pdf [8.7.2004]

Europäische Kommission (2002a), Aufteilung der operativen EU-Ausgaben 2001 nach Mitgliedstaaten, http://www.europa.eu.int/comm/budget/pdf/agenda2000/report 2001_de.pdf [8.7.2004]

Europäische Kommission (2002b), Besteuerung von Personenkraftwagen in der Europäischen Union – Handlungsmöglichkeiten auf nationaler und gemeinschaftlicher Ebene, Mitteilung der Kommission an den Rat und das Europäische Parlament, KOM (2002) 431 endg., http://europa.eu.int/eur-lex/de/com/cnc/2002/com2002_0431 de01.pdf [8.7.2004]

Europäische Kommission (2002c), Die Finanzverfassung der Europäischen Union, Luxemburg

Europäische Kommission (2002d), Gesamthaushaltsplan der Europäischen Union für das Haushaltsjahr 2002, Übersicht in Zahlen, Brüssel, Luxemburg, http://www.europa.eu.int/comm/budget/pdf/budget/syntchif2002/de.pdf [8.7.2004]

Europäische Kommission (2002e), The Internal Market – Ten Years without Frontiers, http://europa.eu.int/comm/internal_market/10years/docs/workingdoc/workingdoc_en.pdf [8.7.2004]

Europäische Kommission (2003a), Aufteilung der operativen EU-Ausgaben 2002 nach Mitgliedstaaten, http://europa.eu.int/comm/budget/pdf/agenda2000/allocrep_de 2002.pdf [8.7.2004]

Europäische Kommission (2003b), Eine Europäische Wachstumsinitiative: Investitionen in Netze und Wissen für Wachstum und Beschäftigung, Mitteilung der Kommission, Abschlussbericht an den Europäischen Rat, KOM (2003) 690 endg., Brüssel, http://europa.eu.int/comm/commissioners/prodi/pdf/growth_initiative_de.pdf [28.6.2004]

Europäische Kommission (2003c),
Excise duty tables, DG Taxation and Customs Union, http://europa.eu.int/comm/taxation_customs/publications/info_doc/taxation/c4_excise_tables.pdf [8.7.2004]

Europäische Kommission (2003d), Gesamthaushaltsplan der Europäischen Union für das Haushaltsjahr 2003, Übersicht in Zahlen, Brüssel, Luxemburg, http://www.europa.eu.int/comm/budget/pdf/budget/syntchif2003/de.pdf [8.7.2004]

Europäische Kommission (2003e), Net budgetary positions after enlargement of the N-10, DG Budget Simulation, http://www.europa.eu.int/comm/budget/pdf/financialfrwk/copenhagen_package/table_2_en.pdf [1.7.2003]

Europäische Kommission (2003f), Statistischer Anhang der Europäischen Wirtschaft, http://www.europa.eu.int/comm/economy_finance/publications/european_economy/2003/statannex0203_de.pdf [8.7.2004]

Europäische Kommission (2003g), Technische Anpassung der Finanziellen Vorausschau an die Entwicklung des Bruttonationaleinkommens und der Preise für das Haushaltsjahr 2005, Mitteilung der Kommission an das Europäische Parlament und den Rat, KOM (2003) 785 endg., Brüssel, http://europa.eu.int/comm/budget/pdf/financialfrwk/perspfin/tech_adjust_fp2005_DE.pdf [8.7.2004]

Europäische Kommission (2003h), Überführung des EEF in den EU-Haushalt: Kommission setzt auf effizientere und flexiblere EU-Entwicklungshilfe im Interesse der Armen, IP/03/1355, Pressemitteilung vom 8. Oktober 2003, Brüssel

Europäische Kommission (2003i), Updated check-list of administrative conditions in the area of the European Communities' own resources, Brüssel, http://www.europa.eu.int/comm/budget/pdf/financing/checklistnewms/checklist_112003.pdf [12.7.2004]

Europäische Kommission (2003j), Vorentwurf des Gesamthaushaltsplans der Europäischen Gemeinschaften für das Haushaltsjahr 2004, Band 1, http://europa.eu.int/eur-lex/budget/data/AP2004_v1/DE/vol1de.pdf [8.7.2004]

Europäische Kommission (2004a), Eine neue Partnerschaft für die Kohäsion. Konvergenz Wettbewerbsfähigkeit Kooperation, Dritter Bericht über den wirtschaftlichen und sozialen Zusammenhalt, Brüssel

Europäische Kommission (2004b), Financing the European Union. Commission report on the operation of the own resources system, Vol. I, COM (2004) 505 final, Brüssel, http://www.europa.eu.int/comm/budget/pdf/financing/com_2004_OwnRes/Fin_own_res_Com_505_vol_%20I_EN.pdf [29.7.2004]

Europäische Kommission (2004c), Financing the European Union. Commission report on the operation of the own resources system, Vol. II, Technical Annex, COM (2004) 505 final, Brüssel, http://www.europa.eu.int/comm/budget/pdf/financing/com_2004_OwnRes/Fin_own_res_Com_505_techAnnex_Vol_II_EN.pdf [29.7.2004]

Europäische Kommission (2004d), Gesamthaushaltsplan der Europäischen Union für das Haushaltsjahr 2004, Übersicht in Zahlen, Brüssel, Luxemburg, http://www.europa.eu.int/comm/budget/pdf/budget/syntchif2004/de.pdf [8.7.2004]

Europäische Kommission (2004e), Proposal for a Council decision on the system of the European Communities' own resources. Proposal for a Council regulation on the implementing measures for the correction of budgetary imbalances in accordance with Articles 4 and 5 of the Council decision of (...) on the system of the European Communities' own resources, COM (2004) 501 final, Brüssel, http://www.europa.eu.int/comm/budget/pdf/financing/com_2004_OwnRes/Proposal_own_res_com_501_EN.pdf [29.7.2004]

Europäische Kommission (2004f), Unsere gemeinsame Zukunft aufbauen. Politische Herausforderungen und Haushaltsmittel der erweiterten Union - 2007-2013, Mitteilung der Kommission an den Rat und das Europäische Parlament, KOM (2004) 101 endg., Brüssel, http://www.europa.eu.int/comm/budget/pdf/financialfrwk/enlarg/COM_2004_101_de.pdf [8.7.2004]

Europäische Umweltagentur (o.J.), Trends in emissions of greenhouse gases (EEA sector classification and IPCC sector classification), http://dataservice.eea.eu.int/dataservice/metadetails.asp?id=619 [2.7.2004]

Europäische Wirtschaft (1993), Stabiles Geld – Solide Finanzen. Die öffentlichen Finanzen der Gemeinschaft im Hinblick auf die WWU, Bericht einer unabhängigen Gruppe von Wirtschaftswissenschaftlern [Reichenbach-Gruppe], Nr. 53, Brüssel, Luxemburg

Europäische Zentralbank (1999), Die Umsetzung des Stabilitäts- und Wachstumspakts, in: Monatsbericht, Mai 1999, S. 49 – 68

Europäische Zentralbank (2000), Jahresbericht 1999, Frankfurt am Main

Europäische Zentralbank (2002), Jahresbericht 2001, Frankfurt am Main

Europäische Zentralbank (2004), Schlüssel für die Zeichnung des Kapitals der EZB, Pressemitteilung vom 26. April 2004, Frankfurt am Main

Europäischer Konvent (2003a), Abschlussbericht des Arbeitskreises „Eigenmittel", Bericht des Vorsitzenden des Arbeitskreises „Eigenmittel" für die Mitglieder des Konvents, CONV 730/03, http://register.consilium.eu.int/pdf/de/03/cv00/cv00730de03.pdf [8.7.2004]

Europäischer Konvent (2003b), Arbeitskreis „Eigenmittel", Übermittlungsvermerk des Sekretariats für den Konvent, CONV 654/03, http://register.consilium.eu.int/pdf/de/03/cv00/cv00654de03.pdf [8.7.2004]

Europäischer Rat (1999), Schlussfolgerungen des Rates. Europäischer Rat Berlin, 24. u. 25. März, http://www.europa.eu.int/council/off/conclu/mar99_de.htm [8.7.2004]

Europäischer Rechnungshof (1998), Sonderbericht Nr. 6/98 über die Bilanz des Systems der MwSt.- und BSP-Eigenmittel zusammen mit den Antworten der Kommission, ABl. Nr. C 241 (1998), S. 58

Europäischer Rechnungshof (1999), Stellungnahme Nr. 8/99 zu einem Vorschlag für einen Beschluß des Rates über das System der Eigenmittel der Europäischen Union, ABl. Nr. C 310 (1999), S. 1

Europäisches Parlament (1981), Bericht im Namen des Haushaltsauschusses über die Eigenmittel der Gemeinschaft [Spinelli-Bericht], Sitzungsdokument 1–772/80

Europäisches Parlament (1990), Entschließung zur künftigen Finanzierung der Europäischen Gemeinschaft [Colom i Naval-Bericht], A3-317/90, ABl. Nr. C 324 (1990), S. 243

Europäisches Parlament (1992), Von der Einheitlichen Akte zu der Zeit nach Maastricht [von der Vring-Bericht], Entschließung A3-0209/92, ABl. Nr. C 176 (1992), S. 74

Europäisches Parlament (1994), Bericht über ein neues Eigenmittelsystem für die Europäische Union [Langes-Bericht], Sizungsdokument A3-0228/94, o.O.

Europäisches Parlament (2001), Bericht über die Situation bei den Eigenmitteln der Europäischen Union 2001 (2001/2019(INI)) [Haug-Bericht], Sitzungsdokument A5-0238/2001 endg., o.O.

European Opinion Research Group (2003), Deutschland in Europa 2002. An der Schwelle zur Erweiterung. Die Europäische Union vor einer großen Aufgabe, Eurobarometer 58 – Länderbericht Deutschland, http://www.eu-kommission.de/pdf/dokumente/EB58.1_Länderbericht_Deutschland.pdf [23.4.2003]

Eurostat (2002), Eurostat Jahrbuch 2002. Der statistische Wegweiser durch Europa. Daten aus den Jahren 1990-2000, Luxemburg

Eurostat (2003a), Eurostat Jahrbuch 2003. Der statistische Wegweiser durch Europa. Daten aus den Jahren 1991-2001, Luxemburg

Eurostat (2003b), Structures of the taxation systems in the European Union. Data 1995-2001, Luxemburg

Ewers, H.-J. (1999), Wie lassen sich Klimaschutzziele erreichen?, in: Henke, K.-D. (Hg.), Öffentliche Finanzen zwischen Wachstum und Verteilung, Fachkonferenz anläßlich des 65. Geburtstages von Horst Zimmermann, Europäische Schriften zu Staat und Wirtschaft, Band 3, Baden-Baden

Fehr, H. (2001), Der Haushalt der Europäischen Union – Aktuelle Entwicklungstendenzen und Reformoptionen, in: Zeitschrift für Wirtschaftspolitik, 50. Jg., Nr. 1, S. 36 – 48

Feld, L.P., Kirchgässner, G. (1998), Fiskalischer Föderalismus, in: WiSt – Wirtschaftswissenschaftliches Studium, 27. Jg., Nr. 2, S. 65 – 70

Feld, L.P., Kirchgässner, G. (2001), Vor- und Nachteile des internationalen Steuerwettbewerbs, in: Müller, W., Fromm, O., Hansjürgens, B. (Hg.), Regeln für den europäischen Systemwettbewerb. Steuern und soziale Sicherungssysteme, Marburg, S. 21 – 51

Fischer, H. (1988), Finanzzuweisungen. Theoretische Grundlegung und praktische Ausgestaltung im bundesstaatlichen Finanzausgleich Australiens und der Bundesrepublik Deutschland, Volkswirtschaftliche Schriften, Heft 379, Berlin

Fischer, K.H. (2001), Der Vertrag von Nizza. Text und Kommentar einschließlich der konsolidierten Fassung des EUV und EGV sowie des Textes der EU-Charta der Grundrechte, Baden-Baden

Folkers, C. (1995), Welches Finanzausgleichssystem braucht Europa?, in: Karl, H., Henrichsmeyer, W. (Hg.), Regionalentwicklung im Prozess der Europäischen Integration, Bonner Schriften zur Integration Europas, Band 4, Bonn, S. 87 – 108

Folkers, C. (1998), Finanz- und Haushaltspolitik, in: Klemmer, P. (Hg.), Handbuch Europäische Wirtschaftspolitik, München, S. 559 – 663

Folkers, C. (2002), Politische Ökonomie und Reform des Haushalts- und Finanzsystems, in: Hegmann, H., Neumärker, B. (Hg.), Die Europäische Union aus politökonomischer Perspektive, Marburg, S. 229 – 263

Franzmeyer, F. (2001), Europäische Regionalpolitik: Zwischen Solidarität und Effizienz, in: Ohr, R., Theurl, T. (Hg.), Kompendium Europäische Wirtschaftspolitik, München, S. 271 – 307

Friedrich, H. (2001), EU setzt in der Strukturpolitik auf die Wirtschaft, in: Frankfurter Allgemeine Zeitung, Nr. 211 vom 11.9.2001, S. 30

Fritsch, M., Wein, T., Ewers, H.-J. (2001), Marktversagen und Wirtschaftspolitik. Mikroökonomische Grundlagen staatlichen Handelns, 4. Auflage, München

Fuest, C. (1995), Eine Fiskalverfassung für die Europäische Union, Untersuchungen zur Wirtschaftspolitik, Band 100, Köln

Fugmann, F. (1992), Die rechtliche Struktur der Finanzverfassung der Europäischen Gemeinschaften – zugleich eine kritische Studie der Möglichkeiten der Reform der EG-Finanzverfassung, Sindelfingen (zugl. Diss. Univ. Saarbrücken)

Gandenberger, O. (1980), Öffentliche Verschuldung II: Theoretische Grundlagen, in: Albers, W. et al. (Hg.), Handwörterbuch der Wirtschaftswissenschaft, Band 5, Stuttgart et al., S. 480 – 504

Genser, B. (1997), Auf der Suche nach einer föderativen Finanzverfassung für Europa, in: Vosgerau, H.-J. (Hg.), Zentrum und Peripherie – Zur Entwicklung der Arbeitsteilung in Europa, Schriftenreihe des Vereins für Socialpolitik, Band 250, Berlin, S. 101 – 127

Gerken, L. (2004), Die Wahrheit in brutto und netto, Gastkommentar in der Financial Times Deutschland am 10. Februar 2004, http://www.stiftung-marktwirtschaft.de/user/11094/press/ftd_04-02-10.pdf [30.6.2004]

Gerken, L., Raddatz, G., Schick, G. (2002), Deutschland im Reformstau. 3 Maßnahmenkataloge der Stiftung Marktwirtschaft. Maßnahmenkatalog II: Föderale Ordnung, Argumente zu Marktwirtschaft und Politik, Nr. 70, Berlin, http://www.frankfurter-institut.de/user/11094/publ/argument70.pdf [8.7.2004]

Goulard, S., Nava, M. (2002), Un financement plus démocratique du budget européenne: un défi pour la Convention européenne, in: Revue Francaise de Finances Publiques, Band 80, S. 31 – 52

Gretschmann, K. (1998), Eigenmittelreform und Nettopositionen des EU-Haushalts, Arbeitsdokument, hrsg. vom Europäischen Parlament, Generaldirektion Wissenschaft, Abteilung für Haushaltsfragen, Grundfreiheiten und innere Angelegenheiten, Geschäftsordnung, Petitionen und vergleichendes Recht, Luxemburg

Griese, A. (1998), Die Finanzierung der Europäischen Union. Bestandsaufnahme und Ausblick, in: Europarecht, 33. Jg., Heft 4, S. 462 – 477

Grossekettler, H. (1996), Koordinationsprobleme in der Europäischen Finanzpolitik: Das Pro und Kontra eines Europäischen Finanzausgleichs, in: Karl, H. (Hg.), Die Koordination der Finanz-, Währungs- und Strukturpolitik in der EU, Bonner Schriften zur Integration Europas, Band 7, Bonn, S. 15 – 31

Grossekettler, H. (1997), Finanzausgleich über den EU-Haushalt: Rechtfertigung und Größenordnungen, in: Caesar, R. (Hg.), Zur Reform der Finanzverfassung und Strukturpolitik der EU, Schriftenreihe des Arbeitskreises Europäische Integration e.V., Band 42, Baden-Baden, S. 111 – 140

Guth, E. (1997), Die derzeitige Finanzverfassung der EU: Entwicklungen und Erfahrungen, in: Caesar, R. (Hg.), Zur Reform der Finanzverfassung und Strukturpolitik der EU, Schriftenreihe des Arbeitskreises Europäische Integration e.V., Band 42, Baden-Baden, S. 91 – 110

Gwosć, C. (2001), Ein Verschuldungsrecht für die Europäische Union? Möglichkeiten und Beschränkungen einer Finanzierung der EU durch öffentliche Kreditaufnahme unter den gegenwärtigen institutionellen Voraussetzungen, Europäische Hochschulschriften, Reihe 5, Volks- und Betriebswirtschaft, Band 2717, Frankfurt am Main et al.

Haller, H. (1964), Die Steuern. Grundlinien eines rationalen Systems öffentlicher Abgaben, Tübingen

Harbrecht, W. (1984), Die Europäische Gemeinschaft, 2. Auflage, Stuttgart

Haug, J. (2001), More Fairness, Democracy and Transparency!, in: Intereconomics, Vol. 36, No. 5, S. 226 – 228

Haupt, S. (2003a), Europas Planwirtschaft bei Zucker ist nicht mehr zu halten, in: Handelsblatt, Nr. 11 vom 16.1.2003, S. 6

Haupt, S. (2003b), EU will der Zuckerindustrie mehr Markt verordnen, in: Handelsblatt, Nr. 183 vom 23.9.2003, S. 6

Heinemann, F. (1996), Die ökonomische Föderalismustheorie und ihre Botschaft für die Kompetenzaufteilung im Mehrebenensystem der Europäischen Union, in: König, T., Rieger, E., Schmitt, H. (Hg.), Das europäische Mehrebenensystem, Frankfurt am Main, New York, S. 117 – 132

Heinemann, F. (1998), EU-Finanzreform 1999. Eine Synopse der politischen und wissenschaftlichen Diskussion und eine neue Reformkonzeption, Gütersloh

Heinemann, F. (1999), Der Kompensationsfonds: Eine neue Finanzverfassung für die EU der 21+, in: Wirtschaftsdienst, 79. Jg., Nr. 5, S. 293 – 299

Heinemann, F. (2001), Europäische Finanzverfassung: Zwischen Umverteilung und Effizienz, in: Ohr, R., Theurl, T. (Hg.), Kompendium Europäische Wirtschaftspolitik, München, S. 205 – 239

Heinemann, F. (2002a), Die Haushaltspolitik der Europäischen Union, in: Weidenfeld, W. (Hg.), Europa-Handbuch, 2. Auflage, Gütersloh, S. 515 – 522

Heinemann, F. (2002b), The EU Budget Must Get Rid of the Distribution Burden, in: Intereconomics, Vol. 37, Nr. 2, S. 68 – 83

Heinemann, F. (2003a), Braucht Brüssel eine eigene Steuer?, in: Orientierungen zur Wirtschafts- und Gesellschaftspolitik, Nr. 96, S. 83 – 86

Heinemann, F. (2003b), Perspektiven einer zukünftigen EU-Finanzverfassung, in: Integration, 26. Jg., Nr. 3, S. 228 – 243

Henke, K.-D. (1981), Die Finanzierung der Europäischen Gemeinschaften – Zur integrationsfördernden Fortentwicklung des europäischen Einnahmenssystems, in: Pohmer, D. (Hg.), Probleme des Finanzausgleichs III: Finanzausgleich im Rahmen der Europäischen Gemeinschaften, Schriften des Vereins für Socialpolitik, N.F., Band 96/III, Berlin, S. 11 – 83

Henke, K.-D. (1988), Sozialproduktsteuer, in: WiSt – Wirtschaftswissenschaftliches Studium, 17. Jg., Nr. 3, S. 140 – 142

Henke, K.-D. (1997), Die Finanzierung der EU, in: Wirtschaftsdienst, 77. Jg., Nr. 1, S. 45 – 49

Henke, K.-D. (2003), Braucht Europa einen „subsidiarity watchdog“?, in: Adam, K.G., Franz, W. (Hg.), Instrumente der Finanzpolitik. Grundlagen, Staatsaufgaben, Reformvorschläge, Frankfurt am Main, S. 133 – 145

Henke, K.-D., Milbrandt, B. (2000), Die künftige finanzielle Lastverteilung in der EU, in: Caesar, R., Scharrer, H.-E. (Hg.), Die Zukunft Europas im Lichte der Agenda 2000, Baden-Baden, S. 119 – 135

Henke, K.-D., Perschau, O.D. (1999), Der deutsche Föderalstaat im zusammenwachsenden Europa: Aspekte einer europäischen Sozial- und Finanzverfassung, Diskussionspapier der Wirtschaftswissenschaftlichen Dokumentation der Technischen Universität Berlin 1999/03, Berlin

Hidien, J. (1997), Der Rechtscharakter der Mehrwertsteuer-Einnahmen der EU, in: Europarecht, 32. Jg., Heft 2, S. 95 – 106

Hillenbrand, O. (2002), Europäische Investitionsbank, in: Weidenfeld, W., Wessels, W. (Hg.), Europa von A bis Z. Taschenbuch der europäischen Integration, 8. Auflage, Bonn, S. 140 – 141

Hoenig, J. (2004), Eigene Steuer der EU soll nationale Haushalte entlasten, in: Handelsblatt, Nr. 12 vom 19.1.2004, S. 1

Huber, B. (2001a), Eine neue EU-Steuer – nein danke!, in: Handelsblatt, Nr. 130 vom 10.7.2001, S. 10

Huber, B. (2001b), Zur Finanzierung der Europäischen Union, in: Zeitschrift für Wirtschaftspolitik, 50. Jg., Nr. 1, S. 49 – 58

Hüther, M. (1999), Institutioneller Wettbewerb und Verteilungspolitik, in: Jahrbuch für Wirtschaftswissenschaften, Band 50, Heft 2, S. 91 – 108

Jaser, D. (1997), Die Abschaffung der Steuergrenzen in der EU am Beispiel der Umsatzbesteuerung – ein kurzer Abriß, http://www.jaser.de/AdSGidEU.html [8.7.2004]

Karl, H. (1995), Koordination europäischer Strukturpolitik durch Dezentralisierung?, in: Karl, H., Henrichsmeyer, W. (Hg.), Regionalentwicklung im Prozess der Europäischen Integration, Bonner Schriften zur Integration Europas, Band 4, Bonn, S. 109 – 129

Kersting, S. (2003), Attacke auf Spaniens Stolz. Regierung in Madrid verteidigt ihre Wirtschaftspolitik gegen Kritik aus Berlin, in: Handelsblatt, Nr. 177 vom 15.9.2003, S. 3

King, M. (1987), Die Körperschaftsteuer auf Basis des Cash-flow, in: Padoa-Schioppa, T. (1988), Effizienz, Stabilität und Verteilungsgerechtigkeit. Eine Entwicklungsstrategie für das Wirtschaftssystem der Europäischen Gemeinschaft, Wiesbaden, Anhang B, S. 143 – 150

Kirsch, W. (o.J.), Eine mathematische Analyse der Machtstrukturen im Rat der Europäischen Gemeinschaft, Arbeitsgruppe Mathematische Physik, Ruhr-Universität Bochum, http://www.ruhr-uni-bochum.de/mathphys/mathpol.htm [22.6.2004]

Klein, A. (1997), Die derzeitige Finanzverfassung der EU: Entwicklung und Erfahrungen, in: Caesar, R. (Hg.), Zur Reform der Finanzverfassung und Strukturpolitik der EU, Schriftenreihe des Arbeitskreises Europäische Integration e.V., Band 42, Baden-Baden, S. 77 – 90

Knieps, G., Sommer, H. (1988), Kostenaufteilung bei Mehrzweckprojekten, in: Schweizerische Zeitschrift für Volkswirtschaft und Statistik, 124. Jg, Nr. 2, S. 151 – 174

Koenig, C., Haratsch, A. (1996), Einführung in das Europarecht, Tübingen

Koester, U. (1996), Gemeinsame Agrarmarktordnungen der EU, in: Ohr, R. (Hg.), Europäische Integration, Stuttgart, Berlin, Köln, S. 141 – 172

Koester, U. (2001), Europäische Agrarpolitik: Ein Spannungsfeld divergierender Interessen, in: Ohr, R., Theurl, T. (Hg.), Kompendium Europäische Wirtschaftspolitik, München, S. 309 – 362

Kolms, H. (1976), Finanzwissenschaft, Band IV, 2. Auflage, Berlin, New York

Kops, M. (1997), Grundstrukturen einer Europäischen Finanzverfassung, in: Caesar, R. (Hg.), Zur Reform der Finanzverfassung und Strukturpolitik der EU, Schriftenreihe des Arbeitskreises Europäische Integration e.V., Band 42, Baden-Baden, S. 23 – 53

Korkman, S. (2001), Fiscal Policy Coordination in EMU: Should it Go Beyond the SGP?, in: Brunila, A., Buti, M., Franco, D. (Hg.), The Stability and Growth Pact. The Architecture of Fiscal Policy in EMU, Houndmills et al., S. 287 – 310

Koschorreck, W. (1991), Beitragssystem, in: Wolfrum, R. (Hg.), Handbuch Vereinte Nationen, 2. Auflage, München, S. 45 – 53

Kravis, I.B., Davenport, M.W.S. (1963), The Political Arithmetic of Internaional Burden-Sharing, in: The Journal of Political Economy, Vol. 71, Nr. 4, S. 309 – 330

Laffan, B. (1997), The Finances of the European Union, The European Union Series, Houndmills et al.

Lange, C. (1995), Seigniorage. Eine theoretische und empirische Analyse des staatlichen Geldschöpfungsgewinns, Veröffentlichungen des Instituts für Empirische Wirtschaftsforschung, Band 32, Berlin (zugl. Diss. Univ. Hannover 1994)

Läufer, N.K.A. (2002a), Seignorage-Pool der EWU, Pool-Verzerrung und Seignorage-Veränderungen durch den Euro, in: Kredit und Kapital, 35. Jg., Nr. 4, S. 503 – 532

Läufer, N.K.A. (2002b), Seignorage-Pool: Wird Deutschland noch mehr verlieren?, in: Die Bank, Nr. 10, S. 700 – 703

Lexikon der deutschen und internationalen Besteuerung (1994), Wacker, W.H. (Hg.), 3. Auflage, München

Lienemeyer, M. (2002), Die Finanzverfassung der Europäischen Union. Ein Rechtsvergleich mit bundesstaatlichen Finanzverfassungen, Schriftenreihe Europäisches Recht, Politik und Wirtschaft, Band 284, Baden-Baden (zugl. Diss. Univ. Frankfurt 2002)

Liesenfeld, C. (2004), Konsumorientierte Einkommensteuer und internationale Steuerordnung, Europäische Hochschulschriften, Reihe 5, Volks- und Betriebswirtschaft, Band 3056, Frankfurt am Main et al. (zugl. Diss. Univ. Mainz 2003)

Lindenthal, D. (2000), Die Finanzierung der EU: Ein Beitrag zur europäischen Integration, Stuttgart

Mallossek, J. (1996), Entwicklung einer Finanzkonzeption der Europäischen Union im Hinblick auf eine Aufnahme von mittel- und osteuropäischen Staaten, in: Zeitschrift für Wirtschaftspolitik, 45. Jg. Nr. 3, S. 274 – 302

Martinez-Serrano, A., Patterson, B. (2003), Besteuerung in Europa: Jüngste Entwicklungen, Arbeitsdokument, hrsg. vom Europäischen Parlament, Generaldirektion Wissenschaft, Luxemburg

Meermagen, B. (2002), Beitrags- und Eigenmittelsystem. Die Finanzierung inter- und supranationaler Organisationen, insbesondere der Europäischen Gemeinschaften, Münchener Universitätsschriften, Reihe der Juristischen Fakultät, Band 169, München (zugl. Diss. Univ. München 2001)

Memminger, G. (1997), Plädoyer für eine gerechtere finanzielle Lastenverteilung in der Europäischen Union, in: Konrad-Adenauer-Stiftung (Hg.), Das Finanzsystem der EU: Neue Ansätze und Perspektiven, Interne Studien, Nr. 142, Sankt Augustin, S. 55 – 62

Messal, R. (1989), EG-Finanzierung und Lastenverteilung – Die Reform des EG-Finanzierungssystems 1988 –, Schriftenreihe des Bundesministeriums der Finanzen, Heft 42, Bonn

Messal, R. (1991), Das Eigenmittelsystem der Europäischen Gemeinschaft, Schriftenreihe Europäisches Recht, Politik und Wirtschaft, Band 141, Baden-Baden

Messal, R., Klein, A. (1993), Finanzlasten und Eigenmittelstruktur der Europäischen Gemeinschaft, in: Wirtschaftsdienst, 73. Jg., Nr. 7, S. 375 – 383

Meyer, E.C. (2003), Decision Power in the European Council – The Impact of EU Enlargement, in: Dieckheuer, G., Fiedor, B. (Hg.) Eastward Enlargement of the European Union. Economic Aspects, Internationale Marktwirtschaft, Band 4, Frankfurt am Main et al., S. 173 – 195

Milbrandt, B. (2001), Die Finanzierung der Europäischen Union. Perspektiven für eine Osterweiterung, Europäische Schriften zu Staat und Wirtschaft, Band 4, Baden-Baden (zugl. Diss. Univ. Berlin 2000)

Müller, C. (2002), Legitimation supranationaler Wirtschaftspolitik: Das Beispiel der Europäischen Union, in: Schüller, A., Thieme, H.J. (Hg.), Ordnungsprobleme der Weltwirtschaft, Schriften zu Ordnungsfragen der Wirtschaft, Band 71, Stuttgart, S. 495 – 523

Musgrave, R.A. (1959), The theory of public finance. A study in Public Economy, New York, Toronto, London

Musgrave, R.A., Musgrave, P.B. (1973), Public finance in theory and practice, New York et al.

Mutén, L. (2001), The Case for an EU Tax Is Not Convincing, in: Intereconomics, Vol. 36, No. 5, S. 228 – 230

Nam, C.W., Parsche, R., Schaden, B. (2001), Measurement of Value Added Tax Evasion in Selected EU Countries on the Basis of National Accounts Data, in: ifo Studien, 47. Jg., Nr. 2, S. 127 – 144

Neumann, M.J.M. (1999), Reform der Finanzierung der Europäischen Gemeinschaft, in: Wirtschaftsdienst, 79. Jg., Nr. 2, S. 71 – 75

Neumark, F. (1952), Theorie und Praxis der Budgetgestaltung, in: Gerloff, W., Neumark, F. (Hg.): Handbuch der Finanzwissenschaft, 2. Auflage, Band I, Tübingen, S. 554 – 605

Niermann, H. (2002), Welchen Finanzausgleich braucht Europa? Einkonkreter Vorschlag zur Neugestaltung der europäischen Finanzbeziehungen mit Simulationsmodell, CeGE-Schriften, Band 5, Frankfurt am Main et al. (zugl. Diss. Univ. Göttingen 2002)

Nittka, U. (1979), Das Finanzierungssystem der Europäischen Gemeinschaften, Beiträge zur Struktur- und Konjunkturforschung, Band XI, Bochum (zugl. Diss. Univ. Bochum 1979)

Nowotny, E. (1999), Der öffentliche Sektor. Einführung in die Finanzwissenschaft, 4. Auflage, Berlin et al.

Oates, W.E. (1968), The Theory of Public Finance in a Federal System, in: Canadian Journal of Economics, Vol. 1, Nr. 1, S. 37 – 54

Oates, W.E. (1972), Fiscal Federalism, New York et al.

Oldag, A. (2002), EU bleibt auf 110,5 Milliarden Euro sitzen, in Süddeutsche Zeitung, Nr. 121 vom 28.5.2002, S. 25

Olson, M. (1969), The principle of "fiscal equivalence": The division of responsibilities among different levels of government, in: American Economic Review, Vol. 59, S. 479 – 487

Ongena, H., Winkler, B. (2001), Fiscal Policy in EMU, in: Artis, M., Nixson, F. (Hg.), The Economics of the European Union. Policy and Analysis, 3. Auflage, Oxford, S. 314 – 352

Ott, G. (1982), Das Haushaltsverfahren in den Europäischen Gemeinschaften, in: WiSt – Wirtschaftswissenschaftliches Studium, 11. Jg., Nr. 8, S. 364 – 369

Ott, G. (1984), Zur Diskussion um „Zahlmeister" und „Nutznießer" der Europäischen Gemeinschaften, in: Koch, W.A.S., Petersen, H.-G. (Hg.), Staat, Steuern und Finanzausgleich. Probleme nationaler und internationaler Finanzwirtschaften im zeitlichen Wandel, Festschrift für Heinz Kolms zum 70. Geburtstag, Berlin, S. 333 – 352

Ott, G. (1987), Internationale Verteilungswirkungen im Finanzausgleich der Europäischen Gemeinschaften, Finanzwissenschaftliche Schriften, Band 34, Frankfurt am Main et al.

o.V. (2001a), Europa-Steuer ist vorläufig vom Tisch, in: Handelsblatt, Nr. 131 vom 11.7.2001, S. 3

o.V. (2001b), Europaparlament lehnt Einführung einer EU-Steuer ab, in: Handelsblatt, Nr. 128 vom 6.7.2001, S. 8

o.V. (2002a), EU-Osterweiterung. Tauziehen um Agrarsubventionen, in: iwd - Informationsdienst des Instituts der deutschen Wirtschaft, 28. Jg., Nr. 16, S. 4 – 5

o.V. (2002b), Kommission sorgt sich über Rückstau in den EU-Strukturfonds, in: Frankfurter Allgemeine Zeitung, Nr. 126 vom 4.6.2002, S. 14

o.V. (2003a), Briten verteidigen EU-Rabatt, in: Frankfurter Allgemeine Zeitung, Nr. 164 vom 18.7.2003, S. 13

o.V. (2003b), Dänemark halbiert die Alkoholsteuer, in: Frankfurter Allgemeine Zeitung, Nr. 229 vom 2.10.2003, S. 15

o.V. (2003c), Deutschland soll weniger an die EU zahlen, in: Frankfurter Allgemeine Zeitung, Nr. 163 vom 17.7.2003, S. 9

o.V. (2004a), 105 Milliarden Euro warten auf Abnehmer, in: Frankfurter Allgemeine Zeitung, Nr. 21 vom 26.1.2004, S. 11

o.V. (2004b), Brüssel besteht auf höheren EU-Ausgaben, in: Frankfurter Allgemeine Zeitung, Nr. 35 vom 11.2.2004, S. 1-2

o.V. (2004c), Eichel erhält 1,4 Milliarden Euro aus Brüssel zurück, in: Handelsblatt, Nr. 100 vom 25.5.2004, S. 4

o.V. (2004d), Entscheiden und blockieren, in: Frankfurter Allgemeine Zeitung, Nr. 141 vom 21.6.2004, S. 2

o.V. (2004e), Großbritannien gegen EU-Finanzplan, in Frankfurter Allgemeine Zeitung, Nr. 163 vom 16.7.2004, S. 12

o.V. (2004f), Zahl der Brüsseler Etat-Gegner wächst, in: Handelsblatt, Nr. 14 vom 21.1.2004, S. 3

Padoa-Schioppa, T. (1988), Effizienz, Stabilität und Verteilungsgerechtigkeit. Eine Entwicklungsstrategie für das Wirtschaftssystem der Europäischen Gemeinschaft, Wiesbaden

Peffekoven, R. (1978), Internationale Finanzordnung, in: Gröner, H., Schüller, A. (Hg.), Internationale Wirtschaftsordnung, Stuttgart, New York

Peffekoven, R. (1980), Finanzausgleich. I: Wirtschaftstheoretische Grundlagen, in: Albers, W. et al. (Hg.), Handwörterbuch der Wirtschaftswissenschaft, Band 2, Stuttgart et al., S. 608 – 636

Peffekoven, R. (1981), Verteilung internationaler Finanzierungslasten, in: List Forum, Band 11, Heft 1, S. 14 – 30

Peffekoven, R. (1982), Das Finanzierungssystem der Europäischen Gemeinschaften, in: WiSt – Wirtschaftswissenschaftliches Studium, 11. Jg., Nr. 9, S. 413 – 417

Peffekoven, R. (1983), Probleme der internationalen Finanzordnung, in: Neumark, F., Andel, N., Haller, H. (Hg.), Handbuch der Finanzwissenschaft, 3. Auflage, Band 4, Tübingen, S. 219 – 268

Peffekoven, R. (1984), Eigene Einnahmen internationaler Organisationen. Zu einem Problem des internationalen Finanzausgleichs, in: Koch, W.A.S., Petersen, H.-G. (Hg.), Staat, Steuern und Finanzausgleich. Probleme nationaler und internationaler Finanzwirtschaften im zeitlichen Wandel, Festschrift für Heinz Kolms zum 70. Geburtstag, Berlin, S. 315 – 332

Peffekoven, R. (1988), Berücksichtigung der Seehafenlasten im Länderfinanzausgleich?, in: Finanzarchiv, N.F., Band 46, S. 397 – 415

Peffekoven, R. (1989), Zur Harmonisierung der Mehrwertsteuer in der Europäischen Gemeinschaft, Hamburg

Peffekoven, R. (1991), Deutscher Finanzausgleich: Modell für Europa?, in: EGmagazin. Zeitschrift für den Binnenmarkt, Nr. 9, S. 26 – 29

Peffekoven, R. (1992), Öffentliche Finanzen, in: Vahlens Kompendium der Wirtschaftstheorie und Wirtschaftspolitik, 5. Auflage, München, S. 479 – 559

Peffekoven, R. (1994), Die Finanzen der Europäischen Union, Mannheim et al.

Peffekoven, R. (1996), Einführung in die Grundbegriffe der Finanzwissenschaft, 3. Auflage, Darmstadt

Peffekoven, R. (1998), Die Europäische Union verlangt keine höhere Mehrwertsteuer, in: Handelsblatt, Nr. 234 vom 3.12.1998, S. 2

Peffekoven, R. (2001), Die Verteilung der Umsatzsteuer ist keine reine Rechenoperation, in: Wirtschaftsdienst, Nr. 4, 81. Jg., S. 203 – 213

Peitsmeier, H. (2004), Rauchen ohne Eichel, in: Frankfurter Allgemeine Sonntagszeitung, Nr. 10 vom 7.3.2004, S. 42

Pohmer, D. (1980), Allgemeine Umsatzsteuern, in: Neumark, F., Andel, N., Haller, H. (Hg.), Handbuch der Finanzwissenschaft, 3. Auflage, Band 2, Tübingen, S. 647 – 707

Popitz, J. (1927), Der Finanzausgleich, in: Gerloff, W., Meisel, F. (Hg.), Handbuch der Finanzwissenschaft, 1. Auflage, Band 2, Tübingen, S. 338 – 375

Raddatz, G., Schick, G. (2003), Wege zur europäischen Verfassung III: Braucht Europa eine Steuer? Zur Reform der EU-Finanzverfassung, Argumente zu Marktwirtschaft und Politik, Nr. 77, Berlin, http://www.stiftung-marktwirtschaft.de/user/11094/ publi/argument77.pdf [8.7.2004]

Rato, R. de, Matutes, A. (1998), Brief an den Präsidenten der Europäischen Kommission vom 1. Juli 1998, Madrid

Regling, K. (1996), Die Entwicklung der Gemeinschaftsfinanzen aus deutscher Sicht, in: Waigel, T. (Hg.), Unsere Zukunft heißt Europa. Der Weg zur Wirtschafts- und Währungsunion, Düsseldorf, S. 210 – 234

Regul, R. (1956), Wirtschaftsintegration und Steuersysteme. Der gegenwärtige Stand der Untersuchungen über das Steuerproblem in der Europäischen Gemeinschaft für Kohle und Stahl, in: Finanzarchiv, N.F. Band 16, S. 313 – 330

Regul, R. (1968), Öffentliche Finanzen im Rahmen der europäischen Integration, in: Wirtschaftsdienst, 48. Jg., Nr. 6, S. 315 – 319

Reister, E. (1975), Haushalt und Finanzen der Europäischen Gemeinschaften, Baden-Baden

Rösl, G. (2002a), Die Umverteilung der Eurosystem-Geldschöpfungsgewinne seit Anfang 2002, in: Wirtschaftsdienst, 82. Jg., Nr. 6, S. 352 – 356

Rösl, G. (2002b), Seignorage in der EWU. Eine Analyse der Notenbankgewinnentstehung und -verwendung des Eurosystems, Schriften zur Wirtschaftstheorie und Wirtschaftspolitik, Band 25, Frankfurt am Main et al. [zugl. Diss. Univ. Bundesw. Hamburg 2001]

Rolfink, A. (1999), Die Akzeptanz staatlicher Finanzierungsinstrumente. Eine empirische Untersuchung der Bürgerpräferenzen, Europäische Hochschulschriften, Reihe 5, Volks- und Betriebswirtschaft, Band 2513, Frankfurt am Main et al. [zugl. Diss. Techn. Hochsch. Aachen 1998]

Rolle, C. (1999), EU-Nettozahlungen – Beuten kleine Länder große aus?, in: Wirtschaftsdienst, 79. Jg., Nr. 3, S. 181 – 184

Rose, F.-J. (2002), Die Neukonzeption der Volkswirtschaftlichen Gesamtrechnungen, in: WiSt – Wirtschaftswissenschaftliches Studium, 31. Jg., Nr. 7, S. 401 – 406

Rose, K., Sauernheimer, K. (1999), Theorie der Außenwirtschaft, 13. Auflage, München

Sachverständigenrat zur Begutachtung der gesamtwirtschaftlichen Entwicklung (1989), Weichenstellungen für die neunziger Jahre, Jahresgutachten 1989/90, Stuttgart

Sachverständigenrat zur Begutachtung der gesamtwirtschaftlichen Entwicklung (1991), Die wirtschaftliche Integration in Deutschland. Perspektiven – Wege – Risiken, Jahresgutachten 1991/92, Stuttgart

Sachverständigenrat zur Begutachtung der gesamtwirtschaftlichen Entwicklung (1994), Den Aufschwung sichern – Arbeitsplätze schaffen, Jahresgutachten 1994/95, Stuttgart

Sachverständigenrat zur Begutachtung der gesamtwirtschaftlichen Entwicklung (1997), Wachstum, Beschäftigung, Währungsunion – Orientierungen für die Zukunft, Jahresgutachten 1997/98, Stuttgart

Sachverständigenrat zur Begutachtung der gesamtwirtschaftlichen Entwicklung (1999), Wirtschaftspolitik unter Reformdruck, Jahresgutachten 1999/2000, Stuttgart

Sachverständigenrat zur Begutachtung der gesamtwirtschaftlichen Entwicklung (2001), Für Stetigkeit – gegen Aktionismus, Jahresgutachten 2001/02, Stuttgart

Sachverständigenrat zur Begutachtung der gesamtwirtschaftlichen Entwicklung (2003), Staatsfinanzen konsolidieren – Steuersystem reformieren, Jahresgutachten 2003/04, Wiesbaden

Schäuble, W., Bocklet, R. (2001), Vorschläge von CDU und CSU für einen Europäischen Verfassungsvertrag. Vorgelegt von der CDU-CSU-Arbeitsgruppe "Europäischer Verfassungsvertrag", Berlin

Scherf, W. (1996), Politische Ursachen und Möglichkeiten einer konstitutionellen Begrenzung der staatlichen Neuverschuldung, in: Staatswissenschaften und Staatspraxis, 7. Jg., Nr. 3, S. 365 – 386

Schick, G., Märkt, J. (2002), Braucht die EU eine eigene Steuer?, in: Deutsche Steuer-Zeitung, 90. Jg., Nr. 1-2, S. 27 – 35

Schmidhuber, P.M. (1991), Die Notwendigkeit einer neuen Finanzverfassung der EG, in: Europarecht, 26. Jg., Heft 4, S. 329 – 340

Scholz, R. (1995), Europäische Union – Voraussetzungen einer institutionellen Verfassungsordnung, in: Gerken, L. (Hg.), Europa zwischen Ordnungswettbewerb und Harmonisierung. Europäische Ordnungspolitik im Zeichen der Subsidiarität, Berlin et al., S. 113 – 127

Schreyer, M. (2000), Die Europäische Finanzverfassung vor der Erweiterung, http://www.rewi.hu-berlin.de/WHI/deutsch/fce/fce100/schreyer.htm [8.7.2004]

Schreyer, M. (2001), The Own Resources System Needs Rethinking, in: Intereconomics, Vol. 36, No. 5, S. 223 – 225

Schreyer, M. (2003), „Wir brauchen ein gerechteres System", Interview in: Handelsblatt, Nr. 188 vom 30.9.2003, S. 6

Seidl-Hohenveldern, I., Loibl, G. (2000), Das Recht der Internationalen Organisationen einschließlich der Supranationalen Organisationen, 7. Auflage, Köln et al.

Seitel, H.P. (1998), Weltpostverein, in: Altmann, J., Kulessa, M.E. (Hg.), Internationale Wirtschaftsorganisationen. Ein Taschenlexikon, Stuttgart, S. 265 – 269

Seiters, R. (1997), Ein Korrekturmechanismus für die Nettozahler, in: Konrad-Adenauer-Stiftung (Hg.), Das Finanzsystem der EU: Neue Ansätze und Perspektiven, Interne Studien, Nr. 142, Sankt Augustin, S. 35 – 39

Sinn, H.-W. (1995), Implikationen der vier Grundfreiheiten für eine nationale Fiskalpolitik, in: Wirtschaftsdienst, 75. Jg., Nr. 5, S. 240 – 249

Sinn, H.-W., Feist, H. (2000), Der Euro und der Geldschöpfungsgewinn: Gewinner und Verlierer durch die Währungsunion, in: ifo-Schnelldienst, 53. Jg., Nr. 31, S. 14 – 22

Sluts, C.-G. (2001), Die öffentlichen Finanzen der Europäischen Union. Status, Funktionen und Perspektiven, Europäische Hochschulschriften, Reihe 31, Politikwissenschaft, Band 431, Frankfurt am Main et al. (zugl. Diss. Univ. Münster 2000)

Spahn, B. (1993), The consequences of economic and monetary union for fiscal federal relations in the Community and the financing of the Community budget, in: European Economy, The economics of Community public finance, Reports and studies, Nr. 5, Luxemburg, S. 541 – 583

Stahl, G. (1987), Die Vorschläge der EG-Kommission zur Haushalts- und Finanzreform, in: Wirtschaftsdienst, 67. Jg., Nr. 4, S. 186 – 191

Stark, J. (1996), Die künftige Finanzierung des EU-Haushaltes und der Beitrag der Bundesrepublik Deutschland, in: Integration, 19. Jg., Nr. 3, S. 159 – 163

Stark, J. (1997), Finanzierung der Europäischen Union: Rückblick, Zwischenbilanz und Ausblick, in: Konrad-Adenauer-Stiftung (Hg.), Das Finanzsystem der EU: Neue Ansätze und Perspektiven, Interne Studien, Nr. 142, Sankt Augustin, S. 23 – 34

Statistisches Bundesamt (1999a), Revision der Volkswirtschaftlichen Gesamtrechnungen 1999 – Anlaß, Konzeptänderungen und neue Begriffe, in: Wirtschaft und Statistik, Nr. 4, S. 257 – 281

Statistisches Bundesamt (1999b), Revision der Volkswirtschaftlichen Gesamtrechnungen 1991 bis 1998. Ergebnisse und Berechnungsmethoden, Wirtschaft und Statistik, Nr. 6, S. 449 – 478

Stehn, J. (2002), Leitlinien einer ökonomischen Verfassung für Europa, in: Die Weltwirtschaft, Vierteljahresschrift des Instituts für Weltwirtschaft an der Universität Kiel, Heft 3, S. 300 – 315

Steyer, R.M. (2001), Transeuropäische Netze. Eine finanzwissenschaftliche Analyse des Auf- und Ausbaus großräumiger Infrastrukturnetze, Europäische Hochschulschriften, Reihe 5, Volks- und Betriebswirtschaft, Band 2763, Frankfurt am Main et al. (zugl. Diss. Univ. Mainz 1999)

Strasser, D. (1991), Die Finanzen Europas. Das Haushalts- und Finanzrecht der Europäischen Gemeinschaften, 7. Auflage, 3. Auflage in deutscher Sprache, Luxemburg

Streinz, R. (2003), Europarecht, 6. Auflage, Heidelberg

Sturm, M. (1997), Budgetdisziplin in der Europäischen Wirtschafts- und Währungsunion. Ursachen übermäßiger Defizite und Wege zu ihrer Begrenzung, Europäische Hochschulschriften, Reihe 5, Volks- und Betriebswirtschaft, Band 2204, Frankfurt am Main et al. (zugl. Diss. Univ. Mainz 1997)

Sturm, R. (1999), Grundlinien britischer Außenpolitik, in: Informationen zur politischen Bildung, Nr. 262, Großbritannien, S. 21 – 24

Sutter, M. (2001), Messung von Abstimmungsmacht und Anwendung auf den EU-Ministerrat, in: WiSt – Wirtschaftswissenschaftliches Studium, 30. Jg., Nr. 6, 339 – 341

Swann, D. (2000), The Economics of Europe. From Common Market to European Union, 9. Auflage, London et al.

Szawlowski, R. (1965), Finanzen und Finanzrecht der internationalen zwischenstaatlichen Organisationen (IZO), in: Gerloff, W., Neumark, F. (Hg.), Handbuch der Finanzwissenschaft, 2. Auflage, Band IV, Tübingen, S. 311 – 348

Tabellini, G. (2002), The EU Needs New Financial Arrangements, http://www.ceps.be/Commentary/Jun02/tabellini.php [1.7.2003]

Tabellini, G. (2003), Principles of Policymaking in the European Union: An Economic Perspective, in: CESifo Economic Studies, Vol. 49, Nr. 1, S. 75 – 102

Thibaut, M., Hoenig, J., Alich, H. (2004), Briten verteidigen EU-Rabatt vehement, in: Handelsblatt, Nr. 131 vom 9.7.2004, S. 3

Thomas, I.P. (1997), Ein Finanzausgleich für die Europäische Union? Eine allokationstheoretische und fiskalföderalistische Analyse, Kieler Studien, Band 285, Tübingen

Tkaczyński, J.W., Rossmann, G. (2001), Die Fonds der Europäischen Union. Finanzinstrumente vor dem Hintergrund der Osterweiterung der Gemeinschaft, Frankfurt am Main et al.

Trzaskalik, C. (2003), Marginalien zum Einnahmebegriff im Sinne von Artikel 106 Grundgesetz, in: Adam, K.G., Franz, W. (Hg.), Instrumente der Finanzpolitik. Grundlagen, Staatsaufgaben, Reformvorschläge, Frankfurt am Main, S. 252 – 262

United Nations (2001), National communications from parties included in Annex I to the convention. Report on national greenhouse gas inventory data from Annex I Parties for 1990 to 1999, http://unfccc.int/resource/docs/2001/sbi/13.pdf [7.8.2004]

Vanheukelen, M. (1996), Stabilization in EMU: A possible role for the EU-budget, in: Karl, H. (Hg.), Die Koordination der Finanz-, Währungs- und Strukturpolitik in der EU, Bonner Schriften zur Integration Europas, Band 7, Bonn, S. 33 – 57

Walter, G. (1996), EU-Finanzierung auf dem Prüfstand – Reform statt Fundamentalattacke, in: Integration, 19. Jg., Nr. 3, S. 164 – 168

Walthes, F. (1996), Europäischer Finanzausgleich, Abhandlungen zur Nationalökonomie, Band 4, Berlin (zugl. Diss. Univ. Erlangen-Nürnberg 1995)

Weides, N.P. (1960), Das Finanzrecht der Europäischen Gemeinschaft für Kohle und Stahl. Ein Beitrag zur Lehre vom internationalen Finanzrecht, Frankfurt am Main, Berlin (zugl. Diss. Univ. Mainz 1960)

Weindl, J., Woyke, W. (1999), Europäische Union. Institutionelles System, Binnenmarkt sowie Wirtschafts- und Währungsunion auf der Grundlage des Maastrichter Vertrages, 4., aktualisierte und erweiterte Auflage, München, Wien

Weise, C. (1997), Deutsche Debatte um den EU-Haushalt. Senkung des Nettobeitrags kein Reformersatz, in: DIW-Wochenbericht, Band 64, Nr. 40, S. 730 – 737

Wernicke, C. (2004), Der Sieg der Maggie Thatcher, in: Süddeutsche Zeitung, Nr. 157 vom 10.7.2004, S. 19

Wessels, W. (1996), Europäische Union – Entwicklung eines politischen Systems, in: Ohr, R. (Hg.), Europäische Integration, Stuttgart, Berlin, Köln, S. 19 – 45

Wieland, J. (2002), Erweitern und Teilen. Die künftige Finanzordnung der Europäischen Union, in: Zeitschrift für Rechtspolitik, 35. Jg., Nr. 12, S. 503 – 508

Wirtschafts- und Sozialausschuß (o.J.), Präsentation des WSA, http://www.ces.eu.int/pages/memo_ces_de.pdf [8.7.2004]

Wissenschaftlicher Beirat beim Bundesministerium der Finanzen (2000), Freizügigkeit und soziale Sicherung in Europa, Schriftenreihe des Bundesministeriums der Finanzen, Heft 69, Berlin

Wissenschaftlicher Beirat beim Bundesministerium für Wirtschaft und Technologie (1999), Neuordnung des Finanzierungssystems der Europäischen Gemeinschaft, Gutachten vom 18. und 19. Dezember 1998, abgedruckt in: Bundesministerium für Wirtschaft und Technologie (Hg.), Der Wissenschaftliche Beirat beim Bundesministerium für Wirtschaft und Technologie, Gutachten vom Februar 1998 bis Juli 2000, Band 16, Stuttgart 2000, S. 2005 – 2041

Wuermeling, J. (1996), Der EU-Haushalt: Politik in ECU, in: Röttinger, M., Weyringer, C. (Hg.), Handbuch der europäischen Integration. Strategie – Struktur – Politik der Europäischen Union, 2. Auflage, Wien, S. 250 – 289

Wuermeling, J. (2003), Proposition d'amendement à l'Article: Partie I, Article 38, Fiche Amendement, http://european-convention.eu.int/Docs/Treaty/pdf/38/Art38 WuermelingDE.pdf [8.7.2004]

Young, H.P. (1994), Cost Allocation, in: Aumann, R.J., Hart, S. (Eds.), Handbook of Game Theory with Economic Applications, Vol. 2, Amsterdam et al., S. 1193 – 1235

Zimmermann, H., Henke, K.-D. (1994), Finanzwissenschaft. Eine Einführung in die Lehre von der öffentlichen Finanzwirtschaft, 7. Auflage, München

Zohlnhöfer, W. (1981), Das Steuerungspotential des Parteienwettbewerbs im Bereich staatlicher Wirtschaftspolitik, in: Boettcher, E., Herder-Dorneich, P., Schenk, K.E. (Hg.), Neue Politische Ökonomie als Ordnungstheorie, Tübingen, S. 82 – 102

FINANZWISSENSCHAFTLICHE SCHRIFTEN

Band 1 Werner Steden: Finanzpolitik und Einkommensverteilung. Ein Wachstums- und Konjunkturmodell der Bundesrepublik Deutschland. 1979.

Band 2 Rainer Hagemann: Kommunale Finanzplanung im föderativen Staat. 1976.

Band 3 Klaus Scherer: Maßstäbe zur Beurteilung von konjunkturellen Wirkungen des öffentlichen Haushalts. 1977.

Band 4 Brita Steinbach: "Formula Flexibility" - Kritische Analyse und Vergleich mit diskretionärer Konjunkturpolitik. 1977.

Band 5 Hans-Georg Petersen: Personelle Einkommensbesteuerung und Inflation. Eine theoretisch-empirische Analyse der Lohn- und veranlagten Einkommensteuer in der Bundesrepublik Deutschland. 1977.

Band 6 Friedemann Tetsch: Raumwirkungen des Finanzsystems der Bundesrepublik Deutschland. Eine Untersuchung der Auswirkungen der Finanzreform von 1969 auf die Einnahmenposition der untergeordneten Gebietskörperschaften und ihrer regionalpolitischen Zieladäquanz. 1978.

Band 7 Wilhelm Pfähler: Normative Theorie der fiskalischen Besteuerung. Ein methodologischer und theoretischer Beitrag zur Integration der normativen Besteuerungstheorie in der Wohlfahrtstheorie. 1978.

Band 8 Wolfgang Wiegard: Optimale Schattenpreise und Produktionsprogramme für öffentliche Unternehmen. Second-Best Modelle im finanzwirtschaftlichen Staatsbereich. 1978.

Band 9 Hans P. Fischer: Die Finanzierung des Umweltschutzes im Rahmen einer rationalen Umweltpolitik. 1978.

Band 10 Rainer Paulenz: Der Einsatz finanzpolitischer Instrumente in der Forschungs- und Entwicklungspolitik. 1978.

Band 11 Hans-Joachim Hauser: Verteilungswirkungen der Staatsverschuldung. Eine kreislauftheoretische Inzidenzbetrachtung. 1979.

Band 12 Gunnar Schwarting: Kommunale Investitionen. Theoretische und empirische Untersuchungen der Bestimmungsgründe kommunaler Investitionstätigkeit in Nordrhein-Westfalen 1965-1972. 1979.

Band 13 Hans-Joachim Conrad: Stadt-Umland-Wanderung und Finanzwirtschaft der Kernstädte. Amerikanische Erfahrungen, grundsätzliche Zusammenhänge und eine Fallstudie für das Ballungsgebiet Frankfurt am Main. 1980.

Band 14 Cay Folkers: Vermögensverteilung und staatliche Aktivität. Zur Theorie distributiver Prozesse im Interventionsstaat. 1981.

Band 15 Helmut Fischer: US-amerikanische Exportförderung durch die DISC-Gesetzgebung. 1981.

Band 16 Günter Ott: Einkommensumverteilungen in der gesetzlichen Krankenversicherung. Eine quantitative Analyse. 1981.

Band 17 Johann Hermann von Oehsen: Optimale Besteuerung. *(Optimal Taxation)*. 1982.

Band 18 Richard Kössler: Sozialversicherungsprinzip und Staatszuschüsse in der gesetzlichen Rentenversicherung. 1982.

Band 19 Hinrich Steffen: Zum Handlungs- und Entscheidungsspielraum der kommunalen Investitionspolitik in der Bundesrepublik Deutschland. 1983.

Band 20 Manfred Scheuer: Wirkungen einer Auslandsverschuldung des Staates bei flexiblen Wechselkursen. 1983.

Band 21 Christian Schiller: Staatsausgaben und crowding-out-Effekte. Zur Effizienz einer Finanzpolitik keynesianischer Provenienz. 1983.

Band 22 Hannelore Weck: Schattenwirtschaft: Eine Möglichkeit zur Einschränkung der öffentlichen Verwaltung? Eine ökonomische Analyse. 1983.

Band 23 Wolfgang Schmitt: Steuern als Mittel der Einkommenspolitik. Eine Ergänzung der Stabilitätspolitik? 1984.

Band 24 Wolfgang Laux: Erhöhung staatswirtschaftlicher Effizienz durch budgetäre Selbstbeschränkung? Zur Idee einer verfassungsmäßig verankerten Ausgabengrenze. 1984.

Band 25 Brita Steinbach-van der Veen: Steuerinzidenz. Methodologische Grundlagen und empirisch-statistische Probleme von Länderstudien. 1985.

Band 26 Albert Peters: Ökonomische Kriterien für eine Aufgabenverteilung in der Marktwirtschaft. Eine deskriptive und normative Betrachtung für den Allokationsbereich. 1985.

Band 27 Achim Zeidler: Möglichkeiten zur Fortsetzung der Gemeindefinanzreform. Eine theoretische und empirische Analyse. 1985.

Band 28 Peter Bartsch: Zur Theorie der längerfristigen Wirkungen 'expansiver' Fiskalpolitik. Eine dynamische Analyse unter besonderer Berücksichtigung der staatlichen Budgetbeschränkung und ausgewählter Möglichkeiten der öffentlichen Defizitfinanzierung. 1986.

Band 29 Konrad Beiwinkel: Wehrgerechtigkeit als finanzpolitisches Verteilungsproblem. Möglichkeiten einer Kompensation von Wehrungerechtigkeit durch monetäre Transfers. 1986.

Band 30 Wolfgang Kitterer: Effizienz- und Verteilungswirkungen des Steuersystems. 1986.

Band 31 Heinz Dieter Hessler: Theorie und Politik der Personalsteuern. Eine Kritik ihrer Einkommens- und Vermögensbegriffe mit Blick auf die Leistungsfähigkeitstheorie. 1994.

Band 32 Wolfgang Scherf: Die beschäftigungspolitische und fiskalische Problematik der Arbeitgeberbeiträge zur Rentenversicherung. Eine Auseinandersetzung mit der Kritik an der lohnbezogenen Beitragsbemessung. 1987.

Band 33 Andreas Mästle: Die Steuerunion. Probleme der Harmonisierung spezifischer Gütersteuern. 1987.

Band 34 Günter Ott: Internationale Verteilungswirkungen im Finanzausgleich der Europäischen Gemeinschaften. 1987.

Band 35 Heinz Haller: Zur Frage der zweckmäßigen Gestalt gemeindlicher Steuern. Ein Diskussionsbeitrag zur Gemeindesteuerreform. 1987.

Band 36 Thomas Kuhn: Schlüsselzuweisungen und fiskalische Ungleichheit. Eine theoretische Analyse der Verteilung von Schlüsselzuweisungen an Kommunen. 1988.

Band 37 Walter Hahn: Steuerpolitische Willensbildungsprozesse in der Europäischen Gemeinschaft. Das Beispiel der Umsatzssteuer-Harmonisierung. 1988.

Band 38 Ulrike Hardt: Kommunale Finanzkraft. Die Problematik einer objektiven Bestimmung kommunaler Einnahmemöglichkeiten in der gemeindlichen Haushaltsplanung und im kommunalen Finanzausgleich. 1988.

Band 39 Jochen Michaelis: Optimale Finanzpolitik im Modell überlappender Generationen. 1989.

Band 40 Bernd Raffelhüschen: Anreizwirkungen der sozialen Alterssicherung. Eine dynamische Simulationsanalyse. 1989.

Band 41 Berend Diekmann: Die Anleihe- und Darlehenstransaktionen der Europäischen Gemeinschaften. 1990.

Band 42 Helmut Kaiser: Konsumnachfrage, Arbeitsangebot und optimale Haushaltsbesteuerung. Theoretische Ergebnisse und mikroökonometrische Simulation für die Bundesrepublik Deutschland. 1990.

Band 43 Rüdiger von Kleist: Das Gramm-Rudman-Hollings-Gesetz. Ein gescheiterter Versuch der Haushaltskonsolidierung. 1991.

Band 44 Rolf Hagedorn: Steuerhinterziehung und Finanzpolitik. Ein theoretischer Beitrag unter besonderer Berücksichtigung der Hinterziehung von Zinserträgen. 1991.

Band 45 Cornelia S. Behrens: Intertemporale Verteilungswirkungen in der gesetzlichen Krankenversicherung der Bundesrepublik Deutschland. 1991.

Band 46 Peter Saile: Ein ökonomischer Ansatz der Theorie der intermediären Finanzgewalten – Die Kirchen als Parafisci. 1992.

Band 47 Peter Gottfried: Die verdeckten Effizienzwirkungen der Umsatzsteuer. Eine empirische allgemeine Gleichgewichtsanalyse. 1992.

Band 48 Andreas Burger: Umweltorientierte Beschäftigungsprogramme. Eine Effizienzanalyse am Beispiel des "Sondervermögens Arbeit und Umwelt". 1992.

Band 49 Jeanette Malchow: Die Zuordnung verteilungspolitischer Kompetenzen in der Europäischen Gemeinschaft. Eine Untersuchung aufgrund einer Fortentwicklung der ökonomischen Theorie des Föderalismus. 1992.

Band 50 Barbara Seidel: Die Einbindung der Bundesrepublik Deutschland in die Europäischen Gemeinschaften als Problem des Finanzausgleichs. 1992.

Band 51 Ralph Wiechers: Markt und Macht im Rundfunk. Zur Stellung der öffentlich-rechtlichen Rundfunkanstalten im dualen Rundfunksystem der Bundesrepublik Deutschland. 1992.

Band 52 Klaus Eckhardt: Probleme einer Umweltpolitik mit Abgaben. 1993.

Band 53 Oliver Schwarzkopf: Die Problematik unterschiedlicher Körperschaftsteuersysteme innerhalb der EG. 1993.

Band 54 Thorsten Giersch: Bergson-Wohlfahrtsfunktion und normative Ökonomie. 1993.

Band 55 Li-Fang Chou: Selbstbeteiligung bei Arzneimitteln aus ordnungspolitischer Sicht. Das Beispiel der Bundesrepublik Deutschland. 1993.

Band 56 Harald Schlee: Einkommensteuerliche Behandlung von Transferzahlungen. Zur Neuordnung der Familienbesteuerung sowie der Besteuerung von Versicherungsleistungen und Sozialtransfers. 1994.

Band 57 Alexander Spermann: Kommunales Krisenmanagement. Reaktionen baden-württembergischer Stadtkreise auf steigende Sozialhilfekosten und Einnahmenausfälle (1980-92). 1993.

Band 58 Otto Roloff / Sibylle Brander / Ingo Barens / Claudia Wesselbaum: Direktinvestitionen und internationale Steuerkonkurrenz. 1994.

Band 59 Claudia Wesselbaum-Neugebauer: Internationale Steuerbelastungsvergleiche. 1994.

Band 60 Stephanie Miera: Kommunales Finanzsystem und Bevölkerungsentwicklung. Eine Analyse des kommunalen Finanzsystems vor dem Hintergrund der sich abzeichnenden Bevölkerungsentwicklung am Beispiel Niedersachsens unter besonderer Berücksichtigung des Landkreises Wolfenbüttel und seiner Gemeinden. 1994.

Band 61 Wolfgang Scherf: Die Bedeutung des kaldorianischen Verteilungsmechanismus für die gesamtwirtschaftlichen Wirkungen der staatlichen Neuverschuldung. 1994.

Band 62 Rainer Volk: Vergleich der Vergünstigungseffekte der verschiedenen investitionsfördernden Maßnahmen. 1994.

Band 63 Hans-Georg Napp: Kommunale Finanzautonomie und ihre Bedeutung für eine effiziente lokale Finanzwirtschaft. 1994. 2., unveränderte Auflage 1994.

Band 64 Bernd Rahmann / Uwe Steinborn / Günter Vornholz: Empirische Analyse der Autonomie lokaler Finanzwirtschaften in der Europäischen Gemeinschaft. 1994.

Band 65 Carsten Kühl: Strategien zur Finanzierung der Altlastensanierung. 1994.

Band 66 Stephan Boll: Intergenerationale Umverteilungswirkungen der Fiskalpolitik in der Bundesrepublik Deutschland. Ein Ansatz mit Hilfe des Generational Accounting. 1994.

Band 67 Karl Justus Bernhard Neumärker: Finanzverfassung und Staatsgewalt in der Demokratie. Ein Beitrag zur konstitutionellen Finanztheorie. 1995.

Band 68 Christian Haslbeck: Zentrale versus dezentrale Internalisierung externer Effekte bei unvollständiger Information. 1995.

Band 69 Regina Müller: Horizontale oder vertikale Transfers zur Durchsetzung eines horizontalen Finanzausgleichs. 1995.

Band 70 Christian Hockenjos: Öffentliche Sportförderung in der Bundesrepublik Deutschland. Darstellung und finanztheoretische Analyse. 1995.

Band 71 Manfred Rosenstock: Die Kontrolle und Harmonisierung nationaler Beihilfen durch die Kommission der Europäischen Gemeinschaften. 1995.

Band 72 Christian Rüsch: Wohnungsbau- und Wohneigentumspolitik im Rahmen der Einkommensteuer. Eine Analyse unter steuersystematischen, verteilungspolitischen und fiskalischen Aspekten. 1996.

Band 73 Stephan Winters: Die kollektive Vorsorge für den Pflegefall im Alter. Eine Untersuchung am Beispiel der gesetzlichen Pflegeversicherung in den Niederlanden. 1996.

Band 74 Knut Blind: Allokationsineffizienzen auf Sicherheitsmärkten: Ursachen und Lösungsmöglichkeiten. Fallstudie: Informationssicherheit in Kommunikationssystemen. 1996.

Band 75 Barbara Petrick-Rump: Ökonomische Wirkungen von Steueramnestien. Untersuchung konkreter Erfahrungen ausgewählter Länder mit dem Einsatz von Steueramnestien anhand eines effizienten Steueramnestieprogramms. 1996.

Band 76 Georg Hirte: Effizienzwirkungen von Finanzausgleichsregelungen. Eine Empirische Allgemeine Gleichgewichtsanalyse für die Bundesrepublik Deutschland. 1996.

Band 77 Ulrike Kirchhoff: Die rheinland-pfälzischen Gemeinden im System des Finanzausgleichs. 1996.

Band 78 Kerstin Keil: Der soziale Mietwohnungsbau: Mängel und Alternativen. 1996.

Band 79 Bernhard Manzke: Kinderlastenausgleich versus verstärkte Einwanderung. Alternative Ansätze zur langfristigen Sicherung der Gesetzlichen Rentenversicherung. 1997.

Band 80 Hariolf M. Wenzler: Institutionenökonomik und öffentliche Finanzkontrolle. Eine Analyse am Beispiel der Europäischen Union. 1997.

Band 81 Joachim Nagel: Supply-Side Policy in den USA. Eine theoretische und empirische Analyse der angebotsorientierten Wirtschaftspolitik Reagans unter besonderer Berücksichtigung steuerlicher Aspekte. 1997.

Band 82 Heinz Lampert: Krise und Reform des Sozialstaates. 1997.

Band 83 Monika Hanswillemenke / Bernd Rahmann: Zwischen Reformen und Verantwortung für Vollbeschäftigung. Die Finanz- und Haushaltspolitik der sozial-liberalen Koalition von 1969 bis 1982. 1997.

Band 84 Berthold Fürst: Die Maastrichter Budgetkriterien im Konflikt mit der Verschuldungsautonomie der deutschen Gebietskörperschaften. 1997.

Band 85 Burkhard Pahnke: Einkommensorientierte Förderung des sozialen Mietwohnungsbaues. Bestandsaufnahme und Kritik. 1998.

Band 86 Judith Safford: Staatsverschuldung im Vereinigten Königreich. Die öffentliche Verschuldung unter der Konservativen Regierung von 1979-1994. Ursachen und Auswirkungen. 1998.

Band 87 Ralf Oberheide: Die Bekämpfung der Steuerumgehung. 1998.

Band 88 Achim Truger: Die neue Finanzwissenschaft zwischen Realitätsferne und Irrelevanz der Annahmen. Eine methodologische Analyse potentieller Verteidigungsstrategien der neuen Finanzwissenschaft gegen den Vorwurf der Realitätsferne ihres entscheidungstheoretischen Fundamentes. 1998.

Band 89 Karin Bickel: Familienbezogene Elemente im System der gesetzlichen Rentenversicherung. Unter besonderer Berücksichtigung von Ein-Eltern-Familien. 1999.

Band 90 Wolfgang Scherf: Schlüsselzuweisungen und Kreisumlage. Die Problematik der Finanzierung der Landkreise am Beispiel des kommunalen Finanzausgleichs von Rheinland-Pfalz. 1998.

Band 91 Sandra Ehmann: Familienpolitik in Frankreich und Deutschland – ein Vergleich. 1999.

Band 92 Hendrik Suermann: Einkommensteuerliche Behandlung von Währungsgewinnen und -verlusten. Eine finanzwissenschaftliche Analyse des Steuerrechts in den USA und in Deutschland. 1999.

Band 93 Rolf Bösinger: Die Neuordnung des bundesstaatlichen Finanzausgleichs 1995. Eine theoretische und empirische Analyse unter Berücksichtigung von allokationstheoretischen und polit-ökonomischen Gesichtspunkten. 1999.

Band 94 Ulrich Ermschel: Finanzwirtschaftliche Konsequenzen beim Übergang auf das Ursprungslandprinzip im Europäischen Binnenmarkt. Eine Untersuchung am Beispiel des unvollkommenen oligopolistischen Neufahrzeugmarktes. 1999.

Band 95 Ute Hansen: Überwälzte Leistungen der Administration. Eine empirische und theoretische Analyse. 2000.

Band 96 Hans-Werner Seiler: Zur Durchsetzung der Einmalbesteuerung deutscher Körperschaftsgewinne. Strategien zur Vermeidung der im deutschen Körperschaftsteuersystem angelegten Benachteiligung ausländischer Anteilseigner. Eine finanzwissenschaftliche Analyse. 2000.

Band 97 Steffen Meyer: Zwischenstaatliche Finanzzuweisungen im zusammenwachsenden Europa. Zur Gestaltung eines Finanzausgleichs für die Europäische Union. 2000.

Band 98 Marion Hübner: Ökodumping? Umweltpolitik in internationalen Oligopolmärkten. 2000.

Band 99 Christhart Bork: Steuern, Transfers und private Haushalte. Eine mikroanalytische Simulationsstudie der Aufkommens- und Verteilungswirkungen. 2000.

Band 100 Norbert Eichler: Die Probleme des Gemeindefinanzausgleichs im Kooperativen Föderalismus. Eine ökonomische Analyse am Beispiel des Bundeslandes Nordrhein-Westfalen. 2000.

Band 101 Wolfgang Scherf: Der Länderfinanzausgleich in Deutschland. Ungelöste Probleme und Ansatzpunkte einer Reform. 2000.

Band 102 Stefan Dietrich Josten: Staatsverschuldung, intertemporale Allokation und Wirtschaftswachstum. Eine theoretische Analyse staatlicher Verschuldungspolitik in Modellen exogenen und endogenen Wachstums. 2000.

Band 103 Axel Breitbach: Steuerhinterziehung und Schattenwirtschaft aus gesamtwirtschaftlicher Sicht. 2000.

Band 104 Alexander Spermann: Negative Einkommensteuer, Lohnsubventionen und Langzeitarbeitslosigkeit. 2001.

Band 105 Michael Broer: Der kommunale Finanzausgleich in Hessen. Historische Darstellung und ökonomische Analyse unter besonderer Berücksichtigung der Schlüsselzuweisungen. 2001.

Band 106 Jan-Paul Ritscher: Der Einsatz von Finanzderivaten unter einer modernisierten Schuldenstrukturpolitik des Bundes. 2002.

Band 107 Martin Gasche: Dynamische Fiskalpolitik. Makroökonomische Wirkungen der Fiskalpolitik in einem Real Business Cycle-Modell. 2003.

Band 108 Felix Brosius: Internationaler Steuerwettbewerb und Koordination der Steuersysteme. 2003.

Band 109 Claudia Hensberg: Eigennützige Regierungen im fiskalischen Wettbewerb um Kapital. 2003.

Band 110 Hans-Martin Grambeck: Konsumsteuerreformen und Konsumbesteuerung. Eine vergleichende Analyse und Bewertung verschiedener Konsumsteuermodelle unter besonderer Berücksichtigung der Probleme in offenen Volkswirtschaften. 2003.

Band 111 Antje Draheim: Probleme der finanzpolitischen Willensbildung in Europa. Eine kritische Analyse der europäischen Haushalts- und Finanzverfassung. 2004.

Band 112 Robert Nuscheler: On Competition and Regulation in Health Care Systems. 2005.

Band 113 Guido K. Raddatz: Das Eigenmittelsystem der Europäischen Union. 2005.

Band 114 Markus Euler: Ansatzpunkte für eine Reform des Finanzierungssystems der Europäischen Union. 2005.

www.peterlang.de

Peter Lang · Europäischer Verlag der Wissenschaften

Guido K. Raddatz

Das Eigenmittelsystem der Europäischen Union

Frankfurt am Main, Berlin, Bern, Bruxelles, New York, Oxford, Wien, 2005.
347 S., 13 Abb., 25 Tab.
Finanzwissenschaftliche Schriften.
Verantwortlicher Herausgeber: Alois Oberhauser. Bd. 113
ISBN 3-631-51412-3 · br. € 56.50*

Die Finanzierung der Europäischen Union ist seit Beginn der europäischen Integration ein fortwährender Konfliktpunkt zwischen den Mitgliedstaaten. Das heutige Eigenmittelsystem, mit dem die EU den überwiegenden Teil ihrer Einnahmen von den Mitgliedstaaten erhält, ist vor allem als Ergebnis politischer Verhandlungs- und Kompromißfindungskunst zu sehen. Transparenz, Bürgernähe und ökonomische Effizienz blieben dabei immer wieder auf der Strecke. Ausgehend von der Frage, welche Einnahmenkompetenzen der europäischen Ebene zugeordnet werden sollten, analysiert der Autor Stärken und Schwächen des Eigenmittelsystems und formuliert die wichtigsten Reformerfordernisse. Dazu gehört beispielsweise die Abschaffung des inzwischen verfehlten Korrekturmechanismus zugunsten des Vereinigten Königreichs.

Aus dem Inhalt: Die historische Entwicklung der Finanzierung des Haushalts der Europäischen Gemeinschaften · Das Eigenmittelsystem der EU im Lichte politischer Rechtfertigungen und finanzwissenschaftlicher Effizienzkriterien · Statistische Grundlagen und Probleme der Berechnung der Finanzbeiträge · Verteilungsgerechtigkeit und Beitragspflichten der Mitgliedstaaten · Ausblick

Frankfurt am Main · Berlin · Bern · Bruxelles · New York · Oxford · Wien
Auslieferung: Verlag Peter Lang AG
Moosstr. 1, CH-2542 Pieterlen
Telefax 00 41 (0) 32 / 376 17 27

*inklusive der in Deutschland gültigen Mehrwertsteuer
Preisänderungen vorbehalten

Homepage http://www.peterlang.de

FSC
www.fsc.org
MIX
Papier | Fördert
gute Waldnutzung
FSC® C083411

Kolibri 360 GmbH
Ferdinand-Jühlke-Straße 7
99095 Erfurt, Deutschland
produktsicherheit@kolibri360.de

Druck:
CPI Druckdienstleistungen GmbH
im Auftrag der
Kolibri 360 GmbH
Ferdinand-Jühlke-Str. 7
99095 Erfurt